W0014255

*Von Joanne Fedler sind bereits folgende Titel erschienen:*
Weiberabend
Endlich wieder Weiberabend
Heißhunger


*Über die Autoren:*

*Joanne Fedler* studierte Jura und engagierte sich in ihrer Heimat Südafrika für Frauenrechte. Sie emigrierte mit ihrer Familie nach Australien, wo sie heute noch lebt. Neben Sachbüchern schrieb Joanne Fedler mehrere erfolgreiche Romane. »Weiberabend«, ihr erstes auf Deutsch veröffentlichtes Buch, stand weit über ein Jahr auf der SPIEGEL-Bestsellerliste.

Neben Sachbüchern und Kurzgeschichten hat der bekannte Psychologe *Graeme Friedman* den Roman »The Fossil Artist« geschrieben, mit dem er 2011 für den Commonwealth Writers' Prize nominiert wurde. Friedman hat 25 Jahre als Psychologe gearbeitet und ist spezialisiert auf Themen rund um Beziehungsprobleme.

# JOANNE FEDLER
## GRAEME FRIEDMAN

# WIE DIE LIEBE BLEIBT

DAS
GEHEIMNIS
ERFÜLLTER PARTNERSCHAFT

Aus dem Englischen
von Katharina Volk

KNAUR

Die englische Originalausgabe erschien 2012 unter dem Titel
»It Doesn't Have To Be So Hard: Secrets to Finding & Keeping Intimacy«
bei Ebury Press, an imprint of Random House Australia Pty Ltd, Sydney.

Besuchen Sie uns im Internet:
www.knaur.de

FSC
www.fsc.org
MIX
Papier aus ver-
antwortungsvollen
Quellen
FSC® C083411

Vollständige Taschenbuchausgabe Januar 2017
Knaur Taschenbuch
© 2012 by Joanne Fedler and Graeme Friedman
© 2014 der deutschsprachigen Ausgabe Knaur Verlag
Ein Imprint der Verlagsgruppe
Droemer Knaur GmbH & Co. KG, München
Redaktion: Franz Leipold
Covergestaltung: ZERO Werbeagentur, München
Coverabbildung: FinePic®, München / Shutterstock
Satz: Adobe InDesign im Verlag
Druck und Bindung: CPI books GmbH, Leck
ISBN 978-3-426-51576-1

2  4  5  3  1

*Für Zed und Tracey*

*»Kaum hatte ich zum ersten Mal eine Liebesgeschichte gehört,*
*begann ich nach dir zu suchen, ohne zu ahnen, wie blind das war.*
*Liebende begegnen sich nicht endlich irgendwo.*
*Sie sind schon immer einer im anderen.«*

Rumi (persischer Dichter und Mystiker, 1207–1273)

# PROLOG

Die beste Geschichte, die Sie jemals gehört haben, war bestimmt eine Liebesgeschichte. Noch nie waren zwei Menschen so verrückt nacheinander gewesen … doch alles Mögliche kam ihnen in die Quere – böse Menschen, tragische Umstände und wer weiß was noch alles. Sie dachten, die Liebenden würden einander verlieren, aber am Ende haben sie es doch geschafft. Oder auch nicht, und war das nicht furchtbar traurig?

Irgendwo in Ihnen, im funkelnden Irrgarten, den wir Phantasie nennen, flackert diese Geschichte noch immer. Ein gläserner Tanzschuh. Ein versteckter Liebesbrief. Ein Fläschchen Gift.

Lange nachdem das Buch beiseitegelegt oder die Erzählung beendet war, hat sich diese Geschichte noch tiefer in Ihre Träume gegraben und es sich dort gemütlich gemacht.

Geschichten helfen uns, dem Leben Bedeutung zu verleihen. Wie der Mythologe Joseph Campbell einmal sagte, sind sie »die Spur, die zu uns selbst zurückführt«. Geschichten sind Laternen, die uns den Weg leuchten, damit wir die Brücke zu unseren Erfahrungen leichter finden. In Geschichten schauen wir zu, wie Menschen mit überwältigenden Problemen und Fragen ringen, große Entscheidungen treffen und sich einander anzunähern versuchen, oft ungeschickt und auf unterschiedlichste Weise – die wir aber immer als menschlich wiedererkennen. Geschichten sprechen unsere rechte Hirnhälfte an, befeuern unsere Vorstellungskraft und ziehen uns in ihren Bann. Was wird er jetzt tun? Trifft sie die richtige Entscheidung? Wird er ihr sagen, dass er sie liebt?

Geschichten öffnen uns die Tür zu Empathie und Kreativität, zwei großen Schatzkammern der Selbsterkenntnis. Durch Geschichten lernen wir unser eigenes Herz besser kennen.

Liebe ist keine abstrakte Idee, sondern eine Geschichte, die sich abspielt, wenn sich zwei Menschen begegnen.

# Der erbärmliche Zustand der Liebe

Als sie sich begegneten, waren sie nicht auf Partnersuche. Daniel machte gerade eine steile Karriere in der digitalen Welt und war noch ziemlich angeschlagen, nachdem Olga wie ein Wirbelsturm in sein Leben hinein- und wieder hinausgefegt war, um mitsamt ihren scharfen Tricks (dass Frauen so etwas mit dem Mund machen konnten …) nach Holland zurückzukehren. Stephanie, Kunstmanagerin, war zum ersten Mal in ihrem Erwachsenenleben Single, nachdem sie endlich ihre Beziehung mit Nathan beendet hatte – wegen völliger Perspektivlosigkeit. Nicht nur, dass sie mit ihm nie zum Orgasmus gekommen war – er wusste es nicht einmal (und mit ihr war alles in Ordnung, nur damit wir uns verstehen – sie hatte tolle Orgasmen mit Alistair gehabt, der an der University of California, Los Angeles, studierte und bald zurückkommen sollte, aber immer noch nicht wieder da war). Und vor allem nervte Nathans Heuschnupfen sie mehr, als unwillkürliches Niesen einen nerven sollte, und das war ein sehr deutliches Warnsignal, was eine langfristige Bindung anging.

Steph und Daniel gingen zufällig beide an einem heißen Samstagabend einkaufen, als die Obst- und Gemüseabteilung schon von den Wochenendeinkäufern geplündert war. Steph musterte die letzten paar Bananen, um welche mit möglichst wenigen braunen Flecken herauszusuchen. Daniel warf einen Blick auf sie in ihrem Sommerkleidchen und ließ sich zu einem etwas ordinären Scherz hinreißen, der einem bei angematschten Bananen schon mal einfallen kann. Sie musste lachen. Schließlich ließen sie das Einkaufen sein und gingen Fish and Chips essen. Und später am selben Abend erlebte Steph einen längst überfälligen Orgasmus auf Daniels Sofa.

Daniel nahm sie mit auf Partys in die angesagtesten Clubs oder zum Kajakfahren nach Thailand. Steph zog ihn schick an und nahm ihn zu Filmpremieren und Vernissagen mit. Himmel, er war ja so witzig. In diesen ersten drei Monaten lachte sie so viel wie … vielleicht noch nie in ihrem ganzen Leben. Er behauptete, das sei sein jüdischer Humor – in der Tradition von Lenny Bruce und Woody Allen. Sie war noch nie mit einem Juden ausgegangen, doch alle ihre Freundinnen sagten, jüdische Jungs gäben die besten Ehemänner ab. Er zog sie damit auf, dass sie das Gehirn der Bande sei. Sie brachte ihn dazu, nachzudenken und Wörter zu benutzen, die mehr als zwei Silben lang waren. Sie fand seinen Charme und seine jungenhafte Art anziehend. Ihre selbstsichere Haltung, ihre Contenance, die Ferne in ihrem Blick und der süße Geschmack ihrer Haut machten ihn wild. Keine zwei Jahre später heirateten sie am Strand, und Mike und Jenny, Stephs protestantische Eltern, sind auf jedem Hochzeitsfoto mit verzerrten Gesichtern zu sehen. Daniel erklärte, er sei beinahe froh, dass seine Eltern schon tot waren, denn wenn man ein Ohr an den Boden drückte, könne man sie in ihren Gräbern rotieren hören. Darüber lachte sich Steph kaputt.

Fünfzehn Jahre später. Daniel ist 48, Steph 43. Sie haben ein familienfreundlich designtes Architektenhaus und eine weniger familienfreundliche Hypothek darauf. Und zwei Kinder: Justin ist 13 und Legastheniker, und die neunjährige Georgia ist pummelig, trotz einer mit Schwimmen, Gymnastik und Stepptanz angefüllten Woche. Nachdem Steph eine Weile mit den flammenden Fackeln Kindererziehung und Karriere jongliert und sich dabei völlig verausgabt hatte, gab sie ihren Job auf, um ganz für die Kinder da zu sein. Daniel leitet inzwischen seine eigene Marketing-agentur für digitale Medien und kommt manchmal rechtzeitig nach Hause, um mit der Familie zu Abend zu essen. Dafür übernimmt er am Wochenende einen Großteil der Fahrdienste für die Kinder und bringt sie zu Sportveranstaltungen, zum Training und zu Freunden. Alles war schön gewesen – eine Zeitlang. Steph hatte es genossen, Hausfrau und Mutter zu sein. Aber jetzt, da die Kinder sie nicht mehr so sehr benötigen, beginnt ihre Contenance zu wackeln und klingen Daniels Witze nur noch abgedroschen. Alles, was er tut, geht ihr irgendwie auf die Nerven. Und das weiß er auch. Sie ist rastlos. Sie will mehr vom Leben, und sie fragt sich, ob Daniel da noch dazugehört. Er arbeitet sich auf und will mehr Sex. Sie denkt daran, wieder arbeiten zu gehen, sich eine neue Garderobe zuzulegen oder sonst irgendetwas für sich zu tun, Herrgott noch mal. Er windet sich innerlich, wenn er die Verachtung in ihrem Blick sieht. Lautstarke Auseinandersetzungen stolpern schließlich über die Worte »Auszeit« und »eine Weile getrennt leben«. Sie hat es bisher nicht gewagt, mit ihren Eltern darüber zu sprechen. Die haben sich endlich mit der Tatsache angefreundet, dass Daniel Jude ist, und betrachten ihn nun als »einen dieser netten, tüchtigen Juden mit Unternehmergeist – seht nur, was für ein Leben er Steph und den Kindern ermöglicht«. Daniel denkt nicht darüber nach, was seine Eltern sagen würden, aber sie hätten ihm ganz sicher haufenweise Schuldgefühle einreden wollen – weil er eine Schickse, eine Nichtjüdin, geheiratet hatte.

Steph und Daniel stecken in der Scheiße. Wenn sie jetzt nichts unternehmen, werden sie entweder als altes Ehepaar enden und einander am Frühstückstisch anbrummen (»Du hast mein Leben ruiniert, du Dreckskerl ... äh, ich meinte, gibst du mir bitte die Butter, mein Lieber?«) oder sich vor dem Scheidungsrichter Beleidigungen an den Kopf werfen.

Bedauerlicherweise sind sie damit nicht allein. Die Scheidungsstatistik macht deutlich, dass unsere gesamte Generation unter einem Aufmerksamkeitsdefizitsyndrom leidet, was die Ehe angeht – wir sind Konsumenten, die Beziehungen wegwerfen wie Verbrauchsgüter, um uns dann ungeduldig nach einem neuen Modell umzuschauen. Eine wirklich langfristige Liebesbeziehung ist ein höchst unwahrscheinlicher Lottogewinn oder ein extremer Ausdauersport für die wahren Masochisten unter uns. Jedenfalls ist klar: Liebe zu finden und sie zu erhalten, das sind zwei Paar Schuhe. Die Menschen, die wir sind, wenn wir uns neu verlieben, verwandeln sich in Fremde, die wir nicht mehr wiedererkennen, wenn die Liebe nicht mehr so taufrisch ist. »Wer bist du eigentlich?«, fragen wir uns selbst und unseren Partner gereizt, angewidert und verständnislos, als sei uns nicht nur das Glück geraubt worden, sondern auch unsere Identität. Was passiert zwischen »Ja, ich will« und »Du mich auch«? Warum ist es so verdammt schwer, die Liebe festzuhalten? Wie verbocken wir es immer wieder? Gibt es vielleicht irgendein Geheimnis, wie es leichter geht? Muss es denn wirklich so schwer sein?

## WER HAT DIE LIEBE BLOSS SO VERSAUT?

Vollgestopft mit unrealistischen Erwartungen und Ansprüchen (den beiden Krebsgeschwüren der Vertrautheit), haben wir schon als Kinder gelernt, dass jedes Mädchen eine zukünftige Prinzessin ist, auch wenn sie als Haushaltshilfe anfängt. Und dass sie, um ihren Prinzen zu finden, nur schön und sexy sein muss – sie braucht nicht gut, freundlich oder klug zu sein, ja nicht einmal zu atmen. (Finden Sie es nicht bedenklich, dass Schneewittchens Prinz sich in sie verliebte, als sie bleich und leblos in einem

Sarg lag? Das Fehlen jeglicher Lebenszeichen törnte ihn anscheinend überhaupt nicht ab …) Und die Jungs bekommen immer das Mädchen, wenn sie nur mit ihrer speziell für sie angefertigten Waffe und dem einen oder anderen Drachen umgehen können. Der kulturelle Hype um Schönheit und Romantik hat mit unserem Liebesleben das gleiche Unheil angerichtet wie die Medien mit unserem Körperbild. Sie haben die Messlatte so hoch gelegt, dass zitternde Knie und Herzrasen das Mindeste sind, was man erwartet, wenn man sich zu jemandem hingezogen fühlt. Weniger gilt nicht. Wir wollen Designerbeziehungen. Königliche Hochzeiten. Seelenverwandtschaft. Wie bei den Promis. Wir sind zu besonders, als dass weniger gut genug für uns wäre. Und wir brauchen für all das gar nichts zu tun. Die Liebe kommt zu uns wie der Pizzaservice.

Hochglanzmagazine, Hollywoodfilme und TV-»Reality Shows« (der Märchenersatz unserer Zeit) verkaufen uns diese Täuschung. Sie verdienen an dem unterschwelligen Gefühl, dass die Liebe ein uns zustehendes Erbe ist, das uns irgendwann in den Schoß fallen, unsere sämtlichen Bedürfnisse erfüllen und uns glücklich machen wird. Ohne »die Liebe« sind wir zu lebenslänglicher Einsamkeit bei Mikrowellen-Fertiggerichten verurteilt – nicht das Happy End, das uns vorschwebte (auch nicht mit einem supertollen Vibrator mit allem Schnickschnack oder einer Gummipuppe mit Echthaar und naturgetreuen Gesichtszügen). Diejenigen unter uns, die noch auf die Liebe warten, könnten auf die Idee kommen, sie bei der Polizei als vermisst zu melden – denn der Betreffende müsste doch wenigstens ins Weltall geschickt oder vom Bermudadreieck verschluckt worden sein, wenn er es bisher versäumt hat, Sie zu seiner Seelengefährtin zu machen. Wir sind manchmal so nah dran, einfach aufzugeben, weil alle Männer Arschlöcher sind und alle Frauen Miststücke (oder so ähnlich). Zu welchem anderen Schluss sollten wir auch kommen?

Diejenigen von uns, die »den Richtigen« oder »die Richtige« gefunden haben, sind auch nicht viel besser dran, nachdem wir unser Gelübde abgelegt, die Torte angeschnitten, das Haus gekauft und die Kinder bekommen haben. Wie uns die traurige Geschichte von Steph und Daniel zeigt, ist »bis ans Ende ihrer Tage« nicht automatisch glücklich. Der Seelengefährte von heute ist der nervige Langweiler von morgen, der schmutziges Geschirr auf der Küchentheke stehen lässt oder aus der Flasche trinkt und sie dann wieder in den Kühlschrank stellt (ist das nicht supereklig?). Den Märchen fehlen die Fortsetzungen, in denen der Prinz sich wieder in einen Frosch und die Heldin in einen Kürbis verwandelt oder seine königliche Hoheit eine Affäre mit der Kammerzofe hat und die Prinzessin zwanzig Kilo zunimmt, weil sie deprimiert und vom Leben enttäuscht alle Mousse au Chocolat im Palast aufisst. Am klassischen idealisierten Ende eines Märchens weist uns nichts darauf hin, dass wir hinterher sehr wohl mit jemandem dasitzen könnten, der nie zuhört oder ständig nörgelt, nie oder immer Sex will, seinen Teil der Hausarbeit nicht übernimmt, zu viele Pfunde an den falschen Stellen mit sich herumschleppt, zu wenig Zeit mit den Kindern verbringt und nichts zu schätzen weiß, was wir für ihn tun. Wenn die Liebe eine Investition wäre, würden wir unser Geld zurückverlangen, kündigen und stattdessen die »Verbittert und verkorkst« abonnieren.

Wahnsinn – kein Wunder, dass wir solche Schwierigkeiten haben. Diese unsinnigen Vorstellungen von der Liebe sind vergiftete Äpfel – verlockend von außen und abscheulich im Inneren. Sie machen uns oberflächlich und neidisch, sie verschmutzen unser Verständnis von wahrer Vertrautheit – der Art Vertrautheit, die wir als Kinder kannten. Die Art, die Rainer Maria

Rilke meinte, als er schrieb: »Liebhaben von Mensch zu Mensch: Das ist vielleicht das Schwerste, was uns aufgegeben ist, das Äußerste, die letzte Probe und Prüfung, die Arbeit, für die alle andere Arbeit nur Vorbereitung ist.« Aber echt, Rilke! Vertrautheit und Nähe in einer monogamen, langfristigen Beziehung am Leben zu erhalten, das ist nichts für Weicheier – da holt man sich besser eine Katze, die sich wenigstens selbst putzt und in ein Katzenklo scheißt anstatt auf einen selbst. Aber wir haben dieses Buch geschrieben, um Ihnen zu sagen, dass Sie die Liebe noch nicht aufgeben sollten. Sie können sowohl das Katzenklo als auch den Kerzenschein haben. Wir stehen an der Schwelle zu einer aufregenden Wiedergeburt menschlicher Beziehungen. Unsere Welt verändert sich – dass Neurowissenschaft, Quantenphysik, Psychologie, Demokratie und Spiritualität immer näher zusammenfließen, bedeutet für uns die Chance, Nähe neu zu definieren. Die Turbulenzen der gesellschaftlichen Evolution haben Ehe und Monogamie (die konventionellen Zwangsjacken der Liebe) aufgewirbelt und ausgespuckt. In der westlichen Welt schütteln die Frauen den Fluch des »biologisch bestimmten Schicksals« ab. Immer mehr Männer bekennen sich fröhlich zum »sensiblen New-Age-Mann« und beteiligen sich ganz selbstverständlich am Füttern und am Brötchenverdienen. Schwule und lesbische Paare heiraten und bekommen Kinder. Die Sexualität in all ihren Formen und ihrer Vielfalt wird immer mehr gefeiert und verstanden. Zölibat, Monogamie, »eheähnliche Gemeinschaft«, Ehe, Scheidung, Patchwork-Familien – alles Ausdruck unserer Entscheidungen auf dem Spielfeld der Liebe. Die Nähe in ihren vielen Farben und Formen kommt endlich zurück ins Haus. Als Spezies sind wir Menschen endlich erwachsen genug geworden, um uns unsere Gedanken über die Vertrautheit bewusst zu machen und uns ihr denkend anzunähern.

Ganz gleich, was die Liebe Ihnen in der Vergangenheit angetan haben mag: Veränderung bringt Hoffnung mit sich. Die Liebe hat eine große Zukunft. In der Menschheitsgeschichte gab es noch nie eine Zeit wie diese, in der so viel falsch läuft und die dennoch den Menschen eine solch große Chance bietet, sie als wahrhaft Gleichberechtigte mitzuerleben.

# Unsere Liebesgeschichten

Die Idee klang gut. Zwei Freunde schreiben zusammen ein Buch. Was soll da schon schiefgehen? Unserer Freundschaft, die vor über zwanzig Jahren bei einem Schriftstellertreffen begann, und der Wärme und Offenheit unserer Familien verdanken wir jede Menge Zeit, uns zu unterhalten – und zu streiten, denn die Kluft zwischen unseren beiden Weltanschauungen ist der Grand Canyon. Graemes Fundament ist die rationale, westliche, theoretische Psychologie, während Jo sich in fernöstlichen spirituellen Praktiken heimisch fühlt. Immerhin respektieren wir einander so sehr, dass Jo nicht die Augen verdreht, wenn Graeme psychologisches Fachchinesisch spricht, und er bemüht sich um Gelassenheit, wenn sie ein »Ritual« vorschlägt.

Außerdem sind wir die Ehe aus entgegengesetzten Richtungen angegangen. Jo glaubte lange, sie würde sich nie auf eine so langfristige monogame Beziehung einlassen, und Graeme glaubte, ohne eine solche Beziehung nicht leben zu können. Genau genommen ist Jo bis heute überzeugt davon, dass Monogamie dem menschlichen Instinkt widerspricht – einmal von den gesellschaftlichen Erwartungen und Konventionen rund um die Arterhaltung abgesehen, hat es rein gar nichts Natürliches oder Instinktives, sich emotional an einen anderen Menschen zu fesseln. Und das auch noch in der expliziten Absicht, auf ewig in dieser Gefangenschaft zu bleiben. Sie will die Liebe ja nicht schlechtmachen oder der Spielverderber sein, wenn es um den Valentinstag geht, aber he, was soll so toll daran sein, fürs ganze restliche Leben nur noch mit ein und demselben Menschen zu schlafen? Sie fragt sich, ob Monogamie überhaupt gut für uns ist, wie Kleie oder Spinat. Wir wissen im Grunde gar nichts, also könnte es doch ungesund sein, das Verlangen nach unterschiedlichen Leuten zu unterdrücken – diese Verdrängung verstopft wahrscheinlich irgendwas in uns, so wie schlechtes Cholesterin. Jo wüsste gern, warum offene Beziehungen – beispielsweise – gesellschaftlich nicht vorgesehen sind? Und ob eine feste Bindung jemals … na ja, Spaß machen kann?

Wenn Jo im Prozess »das Volk gegen die Monogamie« die Staatsanwaltschaft vertritt, spielt Graeme den Verteidiger. Erotische Phantasien von anderen Menschen hält er für natürlich, doch die Grenzen in der Realität zu überschreiten ist seiner Ansicht nach ein Symptom einer kränkelnden Beziehung und kann sie nur verschlimmern. Dennoch werben wir hier nicht für die monogame Intimität als moralisch bessere Wahl. Wir ziehen sie auch nicht deshalb vor, weil sie allgemein am beliebtesten ist. Wir haben uns nur für unsere eigenen Beziehungen dafür entschieden, also kennen wir diese Variante am besten.

Wenn wir zwei unsere Beziehungsprobleme zusammenzählen, ist uns im Laufe unseres Lebens so ziemlich alles begegnet. Jos Arbeit als Beraterin von Opfern häuslicher Gewalt in den 1990er Jahren hat ihren Glauben an gesunde Nähe erschüttert. Viele harte Jahre lang half sie Menschen, sich aus gefährlichen Beziehungen zu befreien, und musste dann hilflos mit ansehen, wie diese Menschen zu ihrem gefährlichen Partner zurückkehrten, um sich erneut misshandeln zu lassen. Da fühlt man sich leicht mal als die miserabelste Opferberaterin der Welt. Graeme arbeitet seit dreißig Jahren als Psychotherapeut. Ausgerüstet mit einem großen Vorrat an Taschentüchern, verbringt er den ganzen Tag damit, Männern, Frauen und Paaren (homo- wie heterosexuellen) zu Einsicht und Selbsterkenntnis zu verhelfen. Er hat

Menschen in ihren besten und ihren schlimmsten Augenblicken erlebt, am Ende und in tiefstem Schmerz. Er hat mit schwer traumatisierten Patienten gearbeitet, Gutachten über Mörder im Todestrakt verfasst, Folteropfer therapiert und in politischen Schauprozessen als Sachverständiger für Freiheitskämpfer gesprochen. Und er hat gesehen, über welch gewaltige innere Ressourcen Menschen verfügen können – zu trauern, Scham und Hass zu überwinden, zu lieben und ihre Fähigkeiten zu inniger Verbundenheit auszubauen.

Doch wie stets hat uns der eigene Lebensweg – von den ersten liebevollen Beziehungen zu Eltern und Geschwistern bis hin zur aktuellen Ehe und zu eigenen Kindern – am allermeisten gelehrt.

## JOS GESCHICHTE

Als ich zehn Jahre alt war, malte mein Vater, ein Comiczeichner, ein Superman-Plakat für mich. Am Himmel über dem Superhelden prangten die Worte »Superman Loves Joanne« – die Messlatte für meine romantischen Erwartungen war gelegt. Als ich mit Mitte zwanzig zur radikalen Frauenrechtlerin wurde, waren sämtliche Träume von einem großen, aufregend finsteren Liebhaber, dessen Leidenschaft mich von den Füßen reißen würde (Sie wissen schon – wie Heathcliff, aber ohne dessen psychotische Angewohnheiten), eines ziemlich grausigen Todes gestorben. Ganz offensichtlich war die Ehe nur etwas für wenig intelligente Mädchen, die nicht das Ziel hatten, zu reisen oder Bücher zu schreiben. Ich würde mich nie zum Altar »führen« oder als Mrs. Sowieso mit dem Nachnamen eines Mannes anreden lassen. Ich stellte mir vor, dass ich ein paar Kinder großziehen würde, gezeugt von verschiedenen Liebhabern, die kamen und gingen, vorzugsweise nach einer Art Rotationssystem wie in einer Sushi-Bar, damit mir nicht langweilig wurde. Das im Rahmen einer Ehe zu bewerkstelligen, deren Schwerpunkt nun mal eher auf Dingen wie Treue liegt, erschien mir nicht machbar.

Ich musste recht früh erwachsen werden – meine ältere Schwester war taub, also begann ich sehr früh zu sprechen (mit neun Monaten, erzählte man mir) und für sie zu übersetzen. Ich lernte, mich an mich selbst zu halten, wenn ich mich mal arm und hilfsbedürftig fühlte, und wurde ziemlich ungeduldig und intolerant, was Hilflosigkeit und Abhängigkeit anging. Also formte ich mich natürlich zu einem Menschen, der niemals abhängig von einem Mann sein würde. Ich flatterte zwischen Männern hin und her, immer mit einem Fuß schon wieder aus der Tür. Tagsüber war ich eine feministische Kriegerin in schwarzen Overknee-Lederstiefeln, doch bei Nacht – und nur, wenn ich ganz allein war – gestand ich mir in tragischen, vor Selbstmitleid triefenden Gedichten meine Sehnsucht nach der einen wahren Liebe, nach dem Richtigen ein.

Mit Ende zwanzig hatte ich genug vom fliegenden Wechsel und freundete mich mit dem klugen, lustigen Typen an, dessen Büro in der juristischen Fakultät, an der ich damals unterrichtete, neben meinem lag. Wir wurden richtig gute Kumpel, er brachte mich zum Lachen. Aber ich hatte kein romantisches Interesse an ihm. Ich meine, he – er war kleiner als ich.

Aber eines Abends nach ein paar Drinks sagte er mir, ich sei die Eine. Also die, mit der er den Rest seines Lebens verbringen wolle. Ich war stinkwütend darüber, dass er eine so wunderbare Freundschaft riskierte, nur weil er mit mir ins Bett wollte (immerhin ganz nett zu wissen). Aber als ich über meine Wut hinwegsah, wurde mir klar, dass ich noch nie einen Mann etwas so Mutiges hatte tun sehen, die großen dunklen eingeschlossen.

Also sagte ich: »Okay, aber nächstes Jahr will ich ein Baby.« Nachdem ich ihn wiederbelebt hatte, erklärte er, er müsse darüber nachdenken, weil er nicht sicher sei, ob er Kinder wolle. Es dauerte nur ein paar Tage, bis er sich wieder meldete: »Ja. Auf geht's.« Ein Jahr später bekamen wir unsere Tochter und ein paar weitere Jahre darauf unseren Sohn. Und die ganze Zeit über vermehrten wir uns unehelich, zum kaum verhohlenen Grauen unserer Eltern.

Acht Jahre später heirateten wir, umringt von ein paar Freunden, barfuß in einem Park. Fragen Sie mich nicht, warum ich das getan habe. Ich weiß es immer noch nicht genau. Ich verstehe jedenfalls, warum die Leute eine solche Scheißangst davor haben, dass sie manchmal kalte Füße bekommen und abhauen. Vielleicht habe ich es deshalb getan, weil es mir so albern erschien. Und wenn es nicht hinhaut, kann ich mich ja immer noch scheiden lassen, oder?

## GRAEMES GESCHICHTE

Während Jo als Teenie ein Superman-Poster in ihrem Zimmer hängen hatte, hing bei mir das eines Super-Seelenklempners: Sigmund Freuds Profil, dessen Konturen durch eine liegende nackte Frau dargestellt wurden. Darüber stand: »Woran ein Mann gerade denkt«. Ich hatte viel zu denken, und Mädchen waren nur ein Teil davon. Meine Eltern liebten mich und sorgten gut für mich, aber ich wuchs in der ständigen Spannung ihrer lieblosen Ehe auf, geprägt von der Resignation meiner Mutter und dem Jähzorn meines Vaters. Ich war ein sensibles Kind mit einem guten Gespür für die Bedürfnisse und Stimmungen anderer Menschen. Und dann starb mein Vater, als ich acht Jahre alt war. Meine Schwester, mein Bruder und ich schlossen einen Pakt: Wenn wir Dad nie erwähnten, würden wir den Schmerz über seinen Verlust nie spüren müssen. Diese Kombination hätte wohl so ziemlich jeden zur Psychologie geführt.

Außerdem machte sie mich zum Serien-Monogamisten. Ich zappte von einer Freundin zur nächsten, blieb selten länger als ein Jahr bei einer hängen, bewältigte die Verliebtheitsphase mit mehr oder weniger seelischer Verbindung, zog mich aber dann zurück, wenn die größeren Herausforderungen echter Nähe anstanden. Von außen wirkte ich wie ein Fels, während ich mich innerlich wie ein Zweiglein fühlte. Ich war mit Schuldgefühlen beladen und von Ängsten getrieben. In meinen Beziehungen fiel ich stets in eine Art Starre, war wie gelähmt von den paradoxen Ängsten vor zu viel Nähe und zu viel Distanz. Wenn du zu intensiv fühlst, so lautete mein unbewusstes inneres Drehbuch, wird jemand sterben.

Mein Unbewusstes hielt mich also gefangen, doch es zeigte mir schließlich auch einen Ausweg: Ich wurde klinischer Psychologe – »um Menschen zu helfen«, sagte ich mir. In Wahrheit wollte ich natürlich mir selbst helfen, indem ich die Zehen ins Meer fernöstlicher Spiritualität tauchte, Meditation ausprobierte und Jung las. Ich war genauso verloren und unfreiwillig distanziert wie eh und je. Falls es da draußen irgendwelche universellen Wahrheiten geben sollte, habe ich sie jedenfalls nicht gehört. Und dann fand ich zur Psychotherapie und zur Welt der Psychoanalyse. Die therapeutische Beziehung gab mir genau das, was ich wollte: das Gefühl, verstanden zu werden, und einen sicheren Ort, an dem ich weinen, meine Wut herauslassen und nachdenken konnte. Ich durfte meine Verluste betrauern und lernte mich selbst besser kennen. Allmählich lernte ich zu lieben, ganz unvollkommen (und zu dieser Zeit begann ich mich erst richtig auf meine Arbeit als Psychotherapeut einzulassen). Erst dann konnte ich mich dafür entscheiden, mit der Frau zusammen zu sein, die später meine Frau werden würde – jemand, mit dem ich gemeinsam weiterlernen und in deren Armen ich immer meinen Weg finden kann, wenn alte Dämonen sich bemerkbar machen. Zwanzig Jahre und drei tolle Kinder später haben wir viel gefunden, womit wir zu kämpfen haben, und viel Liebe, für die wir dankbar sein können.

## SICH KONSTRUKTIV ANEINANDER REIBEN

Jo als ehemalige Frauenrechtsaktivistin hat für dieses Buch eine Vision: Es soll eine Revolution der Nähe anstoßen und Menschen motivieren, die Liebe zu retten wie einen Regenwald oder eine vom Aussterben bedrohte Walart. Graeme hegt die bescheidene Hoffnung, es könnte Menschen dazu bewegen, ein bisschen anders über ihre Beziehungen nachzudenken als bisher, doch er fragt sich schon, wie viele Leser die Weisheiten dieses Buches über die erste Begeisterung beim Lesen hinaus beherzigen werden. Ja, ja, erwidert Jo, aber das ist wie mit dem hundertsten Affen, einer könnte drei ermuntern, und die drei wieder zehn – du weißt schon, es könnte sich wie ein Virus verbreiten. Das ist Graeme ein bisschen zu »esoterisch«, doch selbst er gibt zu, dass auch jedes Paar zum menschlichen Kollektiv gehört und es einen gewissen Dominoeffekt geben könnte.

Um ganz ehrlich zu sein: Als wir mit diesem Projekt begannen, hatten wir keine Ahnung, ob wir das wirklich durchziehen oder einander nur tierisch nerven würden. Unser Schreibstil, unsere Überzeugungen und unsere Lebenspraxis sind völlig entgegengesetzt. Jo ist impulsiv, Graeme bedacht. Jo stürzt sich am liebsten einfach in die Arbeit und lässt die Dinge sich entfalten, während Graeme Strukturdiagramme, Inhaltsübersichten und Arbeitsblätter vorzieht. Jo meditiert und glaubt an Gott, der in Graemes Augen ein Oberbegriff für bestimmte rezeptfreie Medikamente ist. Jo ist überzeugt davon, dass Psychotherapie eine »Krücke« ist und die Leute dabei nur in alten Wunden herumstochern und danach umso mehr an ihren Geschichten festhalten, warum sie das Opfer sind – wenn das stimmte, wäre Graeme seinen Job los. Verstehen Sie, worauf wir hinauswollen? Von der Startlinie weg sah es so aus, als könnte unsere Freundschaft zum Untergang verdammt sein.

Warum also beschließen zwei Leute, die sich nicht einmal auf eine Lieblingssuppe einigen können, gemeinsam ein Buch über Nähe, über Intimität zu schreiben? Es wäre viel einfacher gewesen, das allein zu tun, oder? Dann müsste man mit niemandem streiten, es gingen keine gereizten SMS hin und her, keiner würde einem die Lieblingssätze rausstreichen oder drohen, das Ganze hinzuschmeißen, wenn man diesen Absatz drinlässt. Das Buch allein zu verfassen wäre leicht, bequem. Tja, genau deshalb haben wir das nicht getan. Wir finden, dass ein Buch über Nähe – mit Unterschieden klarkommen und trotzdem eng zusammenbleiben – ganz genau dieses etwas dünne Eis braucht. Unser gemeinsamer Prozess des Schreibens würde den Inhalt spiegeln. Wir würden Löcher in die unreflektierten Annahmen des jeweils anderen bohren, hochgeschätzte Überzeugungen schlucken müssen, dem anderen jede Heuchelei unter die Nase reiben und ihm seine blinden Flecken vor Augen führen. Uns war klar, dass das hin und wieder Auseinandersetzungen geben musste und wir gezwungen sein würden, sie möglichst konstruktiv zu lösen. Entweder einigten wir uns, oder wir würden dem Verlag unseren Vorschuss zurückzahlen müssen.

Aber was genau ist eigentlich Nähe? Intimität, Vertrautheit – Sie wissen schon, das, worum es in diesem Buch geht? Kuscheln? Knutschen? Schmetterlinge im Bauch? Leise Stimmen? Gut zueinander sein? Und nie gemein sein? Jede Menge »Ja, Liebling« und »Wie du willst, Schatz«? Nein, auf keinen Fall, erklärte Jo schaudernd. Und Graeme stimmte zu. Aha! Da hatten wir also etwas, worin wir uns von vornherein einig waren: Nähe beinhaltet Konflikte. Denken Sie ruhig mal darüber nach. Die meisten von uns schaffen es nicht einmal, längere Zeit innerlich vollkommen ruhig und friedlich zu sein. Oder fühlen Sie sich nie hin- und hergerissen? Unsicher? Können Sie sich einfach nicht entscheiden? Wie groß ist also die Chance, dass zwischen zwei völlig verschiedenen Menschen dauerhaft friedliche Einigkeit herrscht? Harmonie ist etwas Schönes – in der Musik oder auch in einem Namen, aber ansonsten beruht sie auf unserem kindlichen Bedürfnis nach Sicherheit und der Illusion, wir könnten alles Unbekannte von uns fernhalten. Ja, ein paar Streitigkeiten (nicht so viele, dass wir uns bedroht fühlen) erhalten eine gewisse Spannung. Wenn wir unsere Unterschiede mit der Planierraupe ausbügeln, walzen wir damit die Erotik platt. Wo bleibt der Nervenkitzel? Ein bisschen Reibung, die den Funken hervorbringt? Ohne Leidenschaft geht der Nähe bald die Puste aus. Wer bedingungslos angehimmelt werden möchte, sollte sich einen Hund zulegen. Wenn Jo mit einem Schleimer und Speichellecker verheiratet wäre, käme es irgendwann zu Verzweiflungstaten, bei denen vermutlich ein Nudelholz oder ein anderer schwerer Gegenstand eine Rolle spielen würde. Graeme steht nicht so auf Nudelhölzer, aber ebenso wenig auf Jasager. Mit einer Frau zusammenzuleben, die ihre eigenen Träume und Ziele hat, kann anstrengend sein, aber es ist auch ausgesprochen belebend.

Also rollen wir den roten Teppich aus für den Star des Abends, den Konflikt. Konflikte sind unausweichlich – in angemessener Dosis und wenn man gut damit umgeht, sogar wünschenswert, und wir werden Ihnen zeigen, warum. Wir definieren uns selbst und unsere Beziehungen, indem wir zusammenstoßen, manchmal sanft, aber mitunter auch ein bisschen derber. Nähe ist eine Herausforderung im Multitasking – wir müssen daran festhalten, wer wir sind (an unserem eigenen ausdifferenzierten Selbst mit seinen Grenzen), und zugleich mit unserem Partner verbunden bleiben (indem wir etwas von uns mit ihm teilen, offen sind für das, was er mitbringt, indem wir zuhören und erzählen). Die Herausforderung besteht darin, ein äußerst schwankungsanfälliges System halbwegs stabil zu halten, ein bisschen Türenknallen, ein »Du bist so blöd« hier und ein »Ich hasse dich!« dort anmutig zu bewältigen und diese Energie in aufregende Streitgespräche und phantastischen Sex umzulenken. Wie wir über die Schlaglöcher auf diesem Weg denken und wie wir mit ihnen umgehen, macht also oft den Unterschied aus zwischen »Sag mir Schweinereien« und »Sag das meinem Anwalt«.

## DIE BLINDEN UND DER ELEFANT

*Jede Geschichte hat drei Seiten:*
*meine, deine und die Wahrheit.*
Joe Massino, Mafiaboss

Es gibt eine uralte Geschichte von einer Gruppe blinder Menschen, die alle einen Elefanten berühren und gefragt werden: »Was ist das?« Derjenige, der den Rüssel berührte, antwortete, es sei eine Schlange, der am Bein hielt es für einen Baumstamm, der Blinde, der das Ohr in der Hand hielt, behauptete, es sei ein Fächer, und der mit dem Schwanz erklärte, es handele sich um ein Seil.

Stellen wir uns also »in einer Beziehung sein« so vor, als berührten wir mit verbundenen Augen einen Elefanten. Wo wir jeweils stehen, bestimmt und begrenzt, was wir wahrnehmen. Keiner von uns kann das ganze Ding auf einmal ertasten. Mit diesem Buch möchten wir zeigen, dass es verschiedene Möglichkeiten gibt, sich in einer Beziehung zu verhalten, zu agieren und zurückzutreten und eine andere Perspektive einzunehmen, die dabei helfen können, Nähe langfristig zu erhalten. Wenn wir also ganz hinten stehen, nur den dünnen Schwanz spüren und es nach Mist stinkt, können wir trotzdem das Bild des ganzen Elefanten, das heißt unserer ganzen Beziehung, vor unserem geistigen Auge festhalten.

Es gibt kein Geheimnis und keine Formel für Nähe. Wir werden hier kein Schema mit Schritt-für-Schritt-Anleitungen vorstellen. Nähe ist grundsätzlich Kür, freie Form, in die jeder von uns sich mit seinem eigenen Körper, seinen eigenen Rhythmen und seiner eigenen Energie hineinbewegt. Es ist also egal, ob ihr Salsa, Samba, Foxtrott, Dirty Dancing oder Walzer vorzieht – solange ihr euch nur zusammen weiterbewegt. Wir hoffen, dass dieses Buch eine neue Denkweise über die Liebe eröffnen wird, die auch zu einer neuen Daseinsweise führen kann.

Und sosehr wir alle eine Ziellinie schätzen – im Gegensatz zu einem Becher Eiscreme oder zur Lieblingsserie im Fernsehen sind Liebe und Nähe endlos. Keine leere Packung, kein Staffelfinale. Sie werden Ihr Leben lang immer wieder neu herausfinden, wer Sie sind, wenn Sie jemand anderen kennenlernen, denn es gibt immer noch mehr zu lernen.

Was wird jetzt eigentlich aus Steph und Daniel? Lassen wir sie einfach stehen, während sie sich an die Kehle gehen? Werden sie wieder zueinanderfinden? Und was ist mit uns, mit Jo und Graeme? Wird unsere Freundschaft das Erscheinungsdatum noch erleben? Wir hoffen, dass Sie uns begleiten, wenn wir im Laufe des Buchs immer wieder mal nach Steph und Daniel schauen und Ihnen andere Paare und Singles vorstellen. Manche von ihnen suchen verzweifelt nach Liebe, andere drohen darin zu ersticken, wieder andere packen an, und manche sagen sich »Ach, was soll der Mist« und werfen das Handtuch. All die Themen, Konflikte und psychodynamischen Prozesse in den folgenden Kapiteln beruhen auf echten Menschen, Beziehungen und Gesprächen, aber die Charaktere sind natürlich reine Fiktion, und jegliche Ähnlichkeit mit echten Personen wäre rein zufällig. Bis auf das Nachwort, in dem es wieder um uns geht. Falls Sie jedoch in den Dramen, die sich jetzt entwickeln werden, irgendwo ein bisschen von sich selbst entdecken, könnten Sie das als Gelegenheit betrachten – als kleine Laterne, die Ihnen den Weg über die Brücke zu Ihrer eigenen Beziehung leuchtet.

# TEIL 1

## WENN WIR UNS BEGEGNEN

# 1. Verlieben

Der Weg zur Nähe kann überall und jederzeit beginnen. Nichts ahnend kümmern Sie sich um Ihre Angelegenheiten, und plötzlich taucht jemand auf, der Ihnen noch nie begegnet ist. Schon passiert es. Sie verlieben sich. Und Ihre Liebesgeschichte beginnt.

## ERIN UND MITCH

An der Bar herrscht Gedränge. Erin tritt unbehaglich von einem Fuß auf den anderen. Ihre Hose ist zu eng. Wäre ich doch lieber zu Hause geblieben, denkt sie. Heute Abend läuft *Sex and the City* im Fernsehen. Und im Tiefkühler ist noch ein Rest Cookies 'n' Cream. Sie zückt ihr iPhone. Eine neue E-Mail legt ihr nahe, sich den Penis vergrößern zu lassen. Sie blickt sich in der Bar um und versucht, die lautesten Männer ausfindig zu machen – diese unsicheren Typen, die nach Aufmerksamkeit lechzen und glauben, ein großes Ding würde ihre Dämlichkeit kompensieren.

Es ist erst kurz nach halb elf – wenn sie jetzt schon geht, wird Tara sich im Stich gelassen fühlen. Erin nippt an ihrem Gin Tonic. Wenn der ausgetrunken ist, gehe ich aber, sagt sie sich. Tara kommt von der Damentoilette zurück, packt Erin bei der Hand und sagt aufgeregt: »Ich habe gerade ein paar Typen kennengelernt. Komm mit!« Erin zieht eine Augenbraue hoch. Taras Geschmack in Sachen Männer ist … nun ja, nicht Erins Geschmack. »Was denn?«, protestiert Tara, als sie zögert. »Die sind wirklich scharf!«

Erin lässt sich hinaus auf den Innenhof zu einem Stehtisch ziehen und beäugt die drei Männer, die darum herumstehen. Okay, vier Gläser Sekt haben Taras Urteilsvermögen nicht vollends getrübt – die Kerle sind tatsächlich süß. Aber Erin ist sicher, dass sie mit keinem von ihnen nach Hause gehen wird, und siehe da, einer trägt sogar einen Ehering. Nach ihrer letzten Beziehung denkt sie doch nicht mehr daran, wegen eines gutaussehenden Mannes gleich wackelige Knie zu kriegen. Bei Gus hätte sie es viel früher merken müssen. Selbst jetzt noch spürt sie dieses Brennen in der Brust – geblieben ist die Demütigung, ihn bei der SMS an irgendeine Frau zu ertappen (»Das hat nichts zu bedeuten, ehrlich nicht!«), die er bei einem Fußballspiel kennengelernt hatte – und in jener Nacht ist er nicht nach Hause gekommen. Inzwischen sind acht Monate vergangen, seit sie ihm den Laufpass gegeben hat – die köstlichsten und schwersten Worte, die sie jemals aussprach. So lange schon keinen Sex … Diese Trockenzeit könnte sie heute Nacht immerhin beenden. Sie wirft einen zweiten Blick auf die Männer – Mr. Eingebildet, Mr. Absolut-Perfekt und Mr. Ehering. Sie trinkt einen Schluck Gin Tonic. Kommt nicht in Frage.

Mitch schiebt sich gerade durch die Menge zu dem Tisch, an dem seine Freunde Tom, Sam und Sams Chef Antonio stehen – Sam hat ihn mitgeschleift, weil er Antonio überreden will, in ihre Fußballmannschaft einzutreten. Nur kurz erhascht Mitch einen Blick auf das lange, dunkle Haar einer Frau an ihrem Tisch. Antonio ist Ende vierzig, gepflegt und gestriegelt wie ein Zuchthengst. Sam vergöttert den Mann. Ist das zu fassen, die Jungs haben schon zwei Frauen aufgegabelt. Die Träger von Top und BH der Brünetten liegen locker auf ihren gebräunten Schultern, die Hose sitzt eng an einem schön gerundeten Po. Er muss den Arm an ihr vorbeischieben, um die Biergläser auf den Tisch zu stellen. Er bemerkt Sams selbstzufriedene Miene – diesen Gesichtsausdruck kennt er gut. Antonio trägt dasselbe siegesgewisse Grinsen im Gesicht. Die Brünette ist scharf, und die Jungs buhlen schon um sie. Tom hat immer noch das erste Bier des Abends in der Hand und wird sicher bald heimgehen, zu seiner Frau Phoebe. Mitch denkt daran, auch nach Hause zu gehen – bei dem, was jetzt hier abläuft, ist kein Platz mehr für ihn. »Entschuldigung«, sagt Mitch, als er sich an Erin vorbei nach vorn beugt, um Sam und Antonio ihr Bier zu reichen.

Erin sieht die Hand mit den Bierflaschen, die oben wie drei extragroße Daumen hervorragen, dann die Arme und die Brust. Und das Lächeln.

»Hallo, ich bin Mitch.« Er verschüttet ein wenig Bier. »Oh Mist, tut mir leid.«

Erin denkt: Er ist ein bisschen ungeschickt, und etwas in ihr findet das irgendwie süß. Und dann mit so großen Händen … reiß dich zusammen, Erin. »Hallo«, sagt Erin und stellt sich und ihre Freundin Tara vor. Sie fährt sich mit den Fingern durchs Haar und blickt auf, in sein Gesicht. Er muss etwa 1,85 Meter groß sein. Einen ganzen Kopf größer als sie. Mr. Absolut-Perfekt bemüht sich, Konversation zu machen, zieht Mitch wegen des verschütteten Biers auf, aber das sei ja nicht so schlimm, weil er »Mädchenbier« gekauft habe – vermutlich ein Witz über die Light-Sorte, die Mitch gewählt hat. Erin sieht Mitch unter dem leichten Bartschatten erröten. Tara lacht, als hätte sie noch nie so etwas Komisches gehört. Einen Augenblick lang verschwimmen die beiden

Charmebolzen, die Erin gegenüberstehen, zu Gus. Sie wendet sich Mitch zu. »Dein Freund fährt einen Porsche, wie er mich unbedingt wissen lassen wollte. Was fährst du denn?«

»Ein Feuerwehrauto«, antwortet Mitch mit einem verlegenen Lächeln. Er trinkt einen Schluck Bier aus der Flasche.

Sie erwidert sein Lächeln. Ihre Augen lachen dabei, was ihm das Gefühl vermittelt, als amüsiere sie sich über einen Witz, den er nicht verstanden hat. Aber sie hält direkten Augenkontakt, so offen, als hätte sie ein Geheimnis, das sie nur ihm anvertrauen wolle. Der Innenhof ist voller Menschen, die umherschlendern und sich an ihnen vorbeischieben. Sie hat die Schultern leicht gedreht, so dass sie nun mit ihm einen intimen kleinen Kreis bildet. Er kann ihr Parfüm oder ihre Haarspülung riechen. Aprikose? Avocado? Verdammt, was weiß er schon von Frauenkosmetik? Seine letzte Beziehung ist fünf Jahre her. Kurz nachdem sie auseinandergegangen war, hatte Natasha so einen Finanzmenschen geheiratet – eine Riesenfeier mit weißem Brautkleid und allem Drum und Dran. Inzwischen hat sie schon zwei Kinder. Mitch hatte seither ein paar One-Night-Stands, wenn er zu viel getrunken hatte, aber danach fühlte er sich immer leer und hatte der Frau in seinem Bett nichts zu sagen.

Seine Unterhaltung mit Erin schließt sich um sie beide wie ein Vorhang, der sie von den anderen abschirmt. Sie arbeitet im Marketing einer Kaffeefirma. Ob er Kaffee trinkt? Ja. Welche Sorte? Ist ihm egal – was eben da ist.

Sie boxt ihn sachte gegen die Schulter. »Du solltest wirklich wählerischer sein. Einige Kaffeesorten sind Müll, voller Chemikalien.«

Er zuckt mit den Schultern. »Ich bin eben nicht pingelig.«

Sie will wissen, warum er Feuerwehrmann geworden ist. Er erzählt ihr, dass er ursprünglich Informatik studierte und es grässlich fand. Dann hat er eine Doku über die Anschläge vom 11. September gesehen und erkannt, dass er sein Leben nicht damit verbringen wolle, auf einen Monitor zu starren. Er wollte etwas tun, das wirklich zählte. All das sagt er ihr, ehe ihm bewusst wird, wie viel er redet. Dass er sein ganzes Leben vor ihr ausbreitet. Aber sie lacht über seine nicht sonderlich witzigen Scherze, und sein Blick wird nicht von ihren Brüsten angezogen – nur von ihrem Mund und ihren Augen, deren warmer Braunton ihn an einen Van-Morrison-Song erinnert. Erin – der Name passt zu ihr, ein bisschen ungewöhnlich, wie aus einem Märchen.

Er setzt sein Leben aufs Spiel, um andere zu retten, denkt Erin. Das ist so verdammt sexy. Sie würde ihn gern fragen, ob er eine Freundin hat, aber … puh, nein. Das wirkt viel zu … begierig. Normalerweise merkt sie doch, ob ein Mann an ihr interessiert ist oder nicht. Aber bei ihm wäre es möglich, dass er nur höflich ist – Feuerwehrleute machen wahrscheinlich Konversationstraining, damit sie etwas Passendes sagen können, wenn sie alte Damen und Kinder in Lebensgefahr retten. Er ist kein Angeber. Er versucht nicht, sie zu beeindrucken. Ja, er wirkt beinahe schüchtern. Kein bisschen Großspurigkeit. Keine Anmache. Nur entspannte Unterhaltung. In dem Stimmengewirr um sie herum kann sie nur noch seine Stimme hören.

Als Tara sagt: »He, Erin, wir sollten dann«, schaut sie auf die Uhr – zwanzig Minuten nach Mitternacht.

Mitch blickt sich um und stellt fest, dass Tom und Sam gegangen sind. Nur Antonio ist noch da.

»Also dann, hat mich gefreut«, sagt sie und lächelt Mitch an.

Sie wendet sich zum Gehen, und er sagt etwas, das sie in dem Lärm nicht ganz versteht. Sie beugt sich zu ihm vor, und er wiederholt: »Na ja, vielleicht zeigst du mir mal, was ein anständiger Kaffee ist …«

37

Sie lächelt. »Das betrachte ich als meine Bürgerpflicht.« Er zückt ein ziemlich altes Handy und reicht es ihr. Sie tippt ihre Nummer ein. Als sie ihm das Handy zurückgibt, streifen sich ihre Hände.

Mitch und Antonio schauen den beiden Frauen nach.

»Gute Arbeit«, sagt Antonio. »Ich hätte sie gern flachgelegt, aber offenbar steht sie auf Männer in Uniform, was?« Mitch ignoriert die Bemerkung, trinkt einen Schluck von seinem lauwarmen Bier und umklammert das Handy in seiner Hosentasche. Sein Herz galoppiert wie ein wildes Pferd.

Sie treffen sich auf einen Kaffee. Erin rät ihm, den Zucker wegzulassen, weil er den Geschmack des Kaffees verdirbt. Er hat noch nie Kaffee ohne Zucker getrunken, aber he, sie ist die Expertin. Sie erzählt ihm von ihrer Mutter, die sich gerade zum – war es das dritte oder vierte Mal? – hat liften lassen. Und von ihrem Bruder Rob, der schwul ist und seit vier Jahren mit seinem Freund Tariq zusammenlebt. »Man hört doch so oft, schwule Männer könnten nicht treu sein«, sagt sie. »Die Leute haben keine Ahnung. Rob und Tariq würden einander nie betrügen – obwohl es heißt, sag niemals nie, oder?« Sie schwatzt von ihrer besten Freundin Tara, die ja so ichbezogen und kindisch sein kann, vor allem in Gegenwart von Männern, aber wenn man sie besser kennt, ist sie einfach nur ein Schatz. Er ist so ein guter Zuhörer, denkt sie. Spontan fragt sie ihn, ob er mit ihr zum Yoga-Kurs gehen möchte, und statt »Yoga ist was für Schwuchteln« oder etwas in der Art antwortet Mitch: »Klar, gerne.«

Ihr zweites Date ist also eine Yoga-Stunde, auf das ein paar Tage später ein Abendessen folgt. Er erinnert sich an alles, was sie ihm erzählt hat, bis hin zu albernen Kleinigkeiten wie dem Namen ihres ersten Hundes – Denture –, der vor ihren Augen überfahren wurde. Er gibt ihr das Gefühl, dass alle ihre Gedanken und Gefühle vollkommen berechtigt sind und dass sie keineswegs überempfindlich oder kleinlich ist. Deshalb ertappt sie sich beim Hauptgang mit dem zweiten Glas Rotwein in der Hand dabei, wie es für sie war, als ihr Vater ihre Mutter wegen einer anderen Frau verließ. Dass sie als Teenager das Gefühl hatte, sich auf die Seite ihrer Mutter stellen zu müssen, so dass ihr Verhältnis zu ihrem Vater sehr angespannt war. Als kleines Mädchen hatte sie ihn vergöttert, doch später erkannte sie, was für ein egoistisches Arschloch er in Wahrheit ist, aber vielleicht glaubt sie das auch nur, weil ihre Mutter es immer gesagt hat … sie ist sich nicht mehr sicher. Zum Glück war ja ihre Cousine Stephanie für sie da, wenn ihr zu Hause alles zu viel wurde – sie haben zusammen Nirvana gehört und ein paar Joints geraucht. Mitch muss unbedingt Steph und ihren Mann Daniel kennenlernen – die beiden sind ihre großen Vorbilder. Erin war Brautjungfer bei Stephs Hochzeit, und sie erzählt ihm von dem gruseligen pfirsichfarbenen Kleid, das sie damals tragen musste. Sie kichern über die Vorstellung von Erin in Pfirsichrosa. »Schreckliche Farbe, steht mir absolut nicht«, sagt Erin und verzieht das Gesicht. Mitch entgegnet, er könne sich niemanden vorstellen, der in Pfirsichfarben gut aussähe – also stimmt er ihr zu, macht aber dennoch ein Kompliment daraus. Und zum ersten Mal seit langer Zeit – nein, vielleicht zum ersten Mal überhaupt – spürt sie dieses komische, flatternde Gefühl, das ihr beinahe Tränen in die Augen treibt, und sie denkt: Er versteht mich wirklich. Ob er mich heute Abend küssen wird?

Mitch kann irgendwie kaum glauben, dass jemand wie sie – so umwerfend schön und klug und lebhaft – offenbar auf ihn steht. Er hört sich, wie er ihr alles Mögliche erzählt, Dinge, die er noch nie zuvor in Worte fassen konnte. Er erzählt ihr von diesem Alptraum, in dem er seine Familie aus dem Feuer retten muss und nach dem er immer mit dem Geschmack von Rauch in der Kehle aufwacht. Von seiner Mutter, die ihm erst kürzlich enthüllt hat, dass sie während der ersten zwei Jahre seines Lebens an postpartaler Depression litt. Und Erin berührt sacht seine Hand und sagt: »Wie kann jemand deprimiert sein, wenn du in der Nähe bist?«

Die Vorstellung, sie zu küssen, macht ihn wahnsinnig nervös, aber er kann kaum noch an etwas anderes denken. Was, wenn sie zurückweicht und sagt: »Tut mir leid, da hast du wohl einen falschen Eindruck bekommen«? Als er sie vom Auto zu ihrer Wohnungstür begleitet, lehnt sie sich an ihn. Spontan legt er den Arm um sie, und sie lehnt den Kopf an seine Schulter. In diesem Moment verfliegt seine Nervosität, er bleibt stehen, wendet sich ihr zu und umfängt ihr Gesicht mit beiden Händen. Er sieht ihr in die Augen, ehe er sie küsst, langsam und innig. Sie schlingt die Arme um seinen Nacken, und er spürt förmlich, wie in seinem Inneren eine Staumauer dicke Risse bekommt.

In ihrer Wohnung umfasst er ihren Po und drückt sie von innen an die Wohnungstür. Sie schnappt nach Luft, als sie seine Erektion an ihrem Bauch spürt.

Geh nicht. Bleib heute Nacht bei mir.

Himmel … Ich kann nicht genug von ihr bekommen.

Oh Gott, ich will ihn. Diese starken Arme … und was für Schultern. Als wären wir füreinander geschaffen.

In den nächsten Wochen vergeht der Arbeitstag wie im Flug. Freunde und Familie kommen zu kurz. Die letzten zwei SMS von Tara beantwortet Erin einfach nicht. Mitch weist Sams Einladung zum Fußballspiel zurück, obwohl Antonio ihnen Plätze in der VIP-Lounge des Stadions besorgt hat. Erin und Mitch wollen nur noch zusammen sein. Reden, Händchen halten, sich eine

Flasche Wein teilen oder einen Hamburger. Gegenstände, die dem anderen gehören – eine Bürste, die in seinem Auto liegen geblieben ist, seine Fußballschuhe in der Ecke ihres Wohnzimmers –, bekommen auf einmal besondere Bedeutung. Sie riecht ihn an sich und will diesen Duft nicht abwaschen. Er findet ein verirrtes Haar von ihr an seinem Pulli und zupft es nicht ab. Sie haben noch nie jemanden kennengelernt, der so gut, so lieb, so verständnisvoll, so einmalig ist.

Die Welt tritt in den Hintergrund, es gibt nur noch sie beide. Dies ist das Ende der Sehnsucht und der Anfang des »wir«, der passendste Augenblick für Rumis Worte: »Liebende begegnen sich nicht endlich irgendwo. Sie sind schon immer einer im anderen.« Wenn Mitch Erin ansieht, erwacht in ihm noch ganz verschlafen das Gefühl, sie vollkommen und schon ewig zu kennen. »Du bist es – endlich.«

Süß, nicht? Vielleicht ein bisschen kitschig, so von außen betrachtet. Aber wenn man selbst in so einer Geschichte drinsteckt, ist es einfach phantastisch – als wären sich soeben Vagina und Penis zum ersten Mal begegnet und hätten begriffen, wozu sie da sind. Sich zu verlieben ist ein schwindelerregendes, erschütterndes Erlebnis, beinahe eine Art Wahn. Zwei Menschen verschwinden in einer zeitlosen Sphäre, lieben sich stundenlang und lassen sich gerade lange genug los, um einem dringenden Bedürfnis nachzugehen oder über den Kühlschrank herzufallen. »To fall in love«, in Liebe hineinfallen, kopfüber. Wenn wir frisch verliebt sind, können wir schon ein bisschen verrückt erscheinen. Wir sind optimistisch und voller Hoffnung. Schwindelig vor Glück. Offen für Neues – bereit, Speisen zu probieren, die wir noch nie gegessen haben, einen Tag auf dem Golfplatz oder beim Pferderennen zu verbringen oder in die Oper zu gehen. Für diesen Zustand hat die amerikanische Psychologin Dorothy Tennov den Begriff »Limerenz« geprägt. Die Magie dieses Gefühls ist dermaßen stark, dass sich der härteste Skeptiker fragen muss, ob das alles nicht doch irgendwie Schicksal sei – wie Platon, der in *Symposion* Liebende als zwei Hälften einer Seele beschrieb, die voneinander getrennt wurden und ihr Leben lang nach der anderen Hälfte suchen. John O'Donohue, der keltische Schriftsteller, schrieb in *Anam Cara*, wie sich zwei getrennte Wesen endlich »begegnen«, nachdem sie sich jahrelang nach ihrem Liebsten gesehnt hatten – ein ergreifender Augenblick des Wiedererkennens zweier Seelen, als hätte sich ein »uralter Kreis« zwischen zwei Menschen geschlossen. »Füreinander bestimmt«, »Schicksal«, »Seelengefährten« und so weiter.

Diese glamouröse Vorstellung wird jedoch bald genug von der Realität eingeholt, wenn man dem Partner nicht mehr tief in die Augen schaut, sondern auf seine schmutzige Unterwäsche im Bad. Außer man kann das Eingeständnis ertragen, dass selbst dem Schicksal Fehler unterlaufen. Keine Sorge, wir haben nicht vor, die Romantik für tot zu erklären. Sie ist der Treibstoff, der eine Beziehung in Gang bringt, und eine der größten Freuden im Leben. Aber da wir hier nun mal wie Erwachsene miteinander reden wollen, müssen wir eines klarstellen: Romantik bedeutet nicht, dass man jemanden kennenlernt. Tatsächlich ist Verliebtsein das genaue Gegenteil – eine vorübergehende Blindheit, die jedoch von selbst heilt, sobald die rosafarbenen Brillengläser Sprünge bekommen und das, was man in den anderen hineinprojiziert hat, allmählich verfliegt. Erst wenn sich der Nebel der Limerenz verzieht, kann man den Menschen vor sich wirklich erkennen.

# DIE CHEMIE DER LIEBE

Was bringt zwei Menschen zusammen? Wenn Erin sagt: »Wir haben uns auf Anhieb verstanden«, und Mitch erklärt: »Die Chemie hat einfach gestimmt«, dann haben beide recht. Die Liebe ist schon eine herrliche Sache, aber die jüngsten Fortschritte in den Neurowissenschaften bringen mehr Klarheit. Forscher konnten drei unterschiedliche physiologische Prozesse ausmachen, die ablaufen, wenn sich zwei Menschen zusammentun.

- *Lust:* der unwiderstehliche Wunsch, zu berühren und sinnlichen Genuss zu erleben; das Begehren von Haut an Haut und der köstlichen Reibung, die entsteht, wenn zwei Körper sich aneinander, umeinander und ineinander bewegen. Sex natürlich – ständige Gedanken an und gelegentliches Erleben von Sex im Aufzug, Sex auf der Motorhaube, Sex auf dem Küchentisch, Sex am Nachmittag, Sex mitten in der Nacht, Sex vor dem Aufstehen, Sex jetzt gleich und dann wieder in zwanzig Minuten, Sex unter der Dusche, Sex im Whirlpool, Sex in der Sauna und was für Sex auch immer, den wir hier nicht aufgelistet haben.
- *Romantische Liebe:* ein Schmerz in der Brust, leichte Übelkeit. Die Anwandlung, zum ersten Mal im Leben Lieder oder Gedichte schreiben zu wollen. Emotionale Schwindelgefühle, Atemlosigkeit. Wie Romeo eben Julia liebte. Manchmal schwer von einer psychischen Störung zu unterscheiden.
- *Emotionale Bindung:* Freundschaft, Kameradschaft, Vertrauen, Respekt, Güte, Großzügigkeit. Gemeinsame Vergangenheit und Erlebnisse. Abhängigkeit. Die Verwicklung zweier Lebensgeschichten miteinander. Manchmal Koabhängigkeit. Kann erstickend oder klaustrophobisch werden, Ablösung fällt schwer.

Die Neurowissenschaftler haben also die Liebe ent-mystifiziert und ent-poetisiert, indem sie bestimmte Neurotransmitter nachgewiesen haben, die an diesen Prozessen beteiligt sind: Substanzen, die Nervenimpulse weiterleiten. In der Leidenschaft gibt das Testosteron den chemischen Ton an (auch bei Frauen). Die romantische Liebe steht mit dem verstärkten Ausstoß von Dopamin und Noradrenalin in Verbindung, und mit einer Verringerung von Serotonin. Emotionale Bindung setzt Oxytocin und Vasopressin frei. Die Lust drängelt sich normalerweise energisch nach vorn, aber sie ist launisch und treibt uns manchmal jemandem in die Arme, den wir als Person eigentlich gar nicht mögen – in den wir uns nie verlieben würden und mit dem wir uns keine langfristige Beziehung wünschen.

Die Lust kann sich zur romantischen Liebe entwickeln und sich mit ihr überschneiden, und die romantische Liebe wiederum reift zur Bindung heran. Es kann natürlich auch andersherum laufen, wie wir seit *Harry und Sally* wissen – zwei Freunde können sich verlieben und dann vor Leidenschaft geradezu entbrennen. Wir Menschen bringen es auch fertig, eine Person zu begehren und in eine andere romantisch verliebt zu sein, während wir an eine dritte gebunden sind, was aus all diesen Bedürfnissen ein ziemliches Chaos entstehen lässt. Fremde, die uns irgendwo begegnen, lassen uns ein paar Dutzend Mal pro Tag an Sex denken. Menschen haben Affären, die »gar nichts bedeuten«. Eine Frau findet sich mit einem unbefriedigenden Sexleben ab, weil »Leidenschaft sowieso irgendwann erlischt« und ihr Mann ihr ja so viel mehr zu geben hat. Bei einer Schüssel Popcorn und einer DVD empfinden wir plötzlich Begehren für jemanden, mit dem wir schon seit ewigen Zeiten nur gut befreundet sind. Wir können jemanden »anbeten« und ein paar Tage später schon einen Umweg zur Arbeit machen, um dieser Person ja nicht zu begegnen. Wir haben heißen Sex mit einem Fremden im Mondschein und stellen dann im hellen Tageslicht fest, dass wir lieber die Steuererklärung machen würden, als uns mit ihm zu unterhalten. Nähe ist keiner dieser Impulse allein.

Von Nähe und Vertrautheit kann man sprechen, wenn man über gewisse Zeit hinweg alle drei erlebt – und zwar immer wieder, sozusagen zyklisch – mit ein und derselben Person. Wie kommt man dahin? So, wie heutzutage alles läuft: durch ein gutes Netzwerk. Tief unten auf der Ebene von Knorpel und Blut sind diese drei Impulse miteinander verbunden. Ein »tiefschürfendes« Gespräch mit jemandem, bei dem man sich die Augen ausheult, kann sich leicht zu unzüchtigen Gedanken daran verirren, dem Gegenüber die Kleider vom Leib zu reißen. Orgasmen wiederum bringen einen dazu, verrücktes Zeug zu sagen wie »Ich liebe dich«, und ehe man sich versieht, spinnt sich ein Netz aus Hirnchemie, Emotionen, Worten und Gedanken, das zwei Menschen aneinander bindet. Was da so klebt? Das ist das Oxytocin, dieses Elixier des Wohlbehagens – als hätte man gerade eine Tafel seiner Lieblingsschokolade gegessen. Es ist die Spezialität von Orgasmen. Jedes Mal, wenn wir schreien »Oh Gott, ich komme!«, wird unser Hirn mit Oxytocin geflutet. Diese kleinen Explosionen im Unterleib machen heimlich Geschäfte mit Neurotransmittern. Was läuft da also ab? Wenn das Stöhnen und Japsen des Orgasmus nachgelassen hat, sehen wir die Person an, die ihn uns beschert hat, und assoziieren dieses weiche, warme Gefühl mit ihr – ganz ähnlich wie Pawlows Hunde Futter mit der Glocke verknüpften. Das ist eine trügerische Partnerschaft, die dazu führt, dass wir ganz leicht (auch mal dummerweise) eine emotionale Bindung zu diesem Fremden in unserem Bett entwickeln. Das kann gefährlich sein, und deshalb sollte man sich gut überlegen, ob man seine Orgasmen wahllos verschenken möchte (in diesem Punkt hatte deine Mutter recht). Den Unterschied zwischen bösen Jungs oder Schlampen und den Menschen, die man gern länger als eine Nacht behalten würde, können Neurotransmitter nicht erkennen. Wenn man sich verliebt, kommt in diesen Cocktail noch ein kräftiger Schuss Dopamin – der Neurotransmitter der Freude, der uns in Euphorie versetzt. Man ist buchstäblich süchtig nach dem Partner, und das von Tag zu Tag mehr. Wenn man dann mit ihm schläft, beginnt die eigene Identität mit seiner zu verschmelzen. Mauern stürzen ein, Grenzen verschwimmen. Aus Ich und Du wird Wir.

Das fühlt sich an wie Nähe. Es fühlt sich phantastisch an (wie könnte es anders sein, wenn man von der eigenen Hirnchemie völlig high ist?). Aber so leid es uns tut, Ihnen das sagen zu müssen: Das ist noch nicht Nähe. Das ist nur besonders intensive Emotion, der PR-Manager von Nähe und Vertrautheit. Und Sie haben sich von seiner Werbung verführen lassen.

# 2. Die Masche

Jeder langfristige Plan braucht gute Publicity. Die Werbekampagne der Nähe nennt man Romantik, aber das ist nur eine Masche. Unter ihrem Einfluss kann man seinen eigenen Gedanken nicht trauen, denn man glaubt zwar, jemanden kennenzulernen, gibt sich in Wahrheit jedoch eher Mühe, ihn nicht kennenzulernen – nicht so richtig. Wir sehen das, was wir sehen wollen. Je weniger wir tatsächlich über ihn wissen, desto attraktiver erscheint er uns. Erica Jong hat das in *Angst vorm Fliegen* auf die Spitze getrieben – der Spontanfick, bei dem zwei Leute sich im Zug begegnen und Sex haben, ohne ein einziges Wort miteinander zu sprechen.

Das ist eine berauschende Zeit auf körpereigenen Drogen in einer Blase vollkommenen Glücks. Aber wir wissen, dass niemand wirklich in der Coca-Cola-Werbung lebt. Die Leute in diesen Spots sind Schauspieler und wurden dafür bezahlt. Die Perfektion, die uns die Romantik verspricht, ist nicht echt. Das wissen wir doch – oder?

Sie verbringen jede Nacht miteinander, abwechselnd in Mitchs und Erins Wohnung. Während dieser ersten paar Wochen pupst keiner von beiden oder vergisst, die Toilettenspülung zu betätigen. Erin findet alles, was Mitch sagt, rasend komisch, und Mitch massiert ihr die Füße und spielt stundenlang mit ihrem Haar, ohne dass seine Finger verkrampfen. Sie sagen nie »Nein« zueinander. Trotz seiner Allergie lässt Mitch Erins Katze Frodo auf seinem Schoß sitzen und zieht sich heimlich Antihistamine rein. Erin kann Ballsportarten nicht ausstehen, schaut aber Fußball mit Mitch und nickt, während er ihr die Regeln erklärt. Sie werden der Gesellschaft des anderen nie überdrüssig oder wünschen sich mal Zeit für sich allein. Niemand schmollt, kritisiert, wird laut oder gereizt. Das Leben ist einfach wunderbar.

Nach einem Monat stellt Mitch Erin seinen Eltern vor, aber er ist nicht scharf darauf, dass sie auch Kayla kennenlernt – seine Schwester kann ziemlich gnadenlos sein. Er macht Erin deutlich, dass er Antonio nicht als Freund betrachtet. »An dem Abend, als wir uns kennengelernt haben, habe ich ihn zum ersten Mal gesehen«, betont er.

Als Erin endlich doch mal ans Telefon geht, fragt Tara: »Hat er deine Mutter schon kennengelernt?«

»Spinnst du? Ich muss ihn da langsam ranführen«, erwidert Erin lachend.

Eines Morgens wacht sie auf und spürt, dass Mitch sie zu sich heranzieht. Ihr Atem riecht nach den Knoblauchgarnelen von gestern Abend, und sie gerät in Panik – normalerweise wacht sie vor ihm auf und putzt sich die Zähne, ehe er sie küsst, aber es ist zu spät. Mitch schiebt sich auf sie und küsst sie mit seinem Morgenatem auf den Mund, und auf einmal spielen die Garnelen von gestern keine Rolle mehr.

In diesen ersten romantischen Tagen präsentiert man sich möglichst vorteilhaft, wie ein Haus, das zum Verkauf steht. Jeder weiß, dass kein Haus mehr perfekt durchgestylt ist, sobald tatsächlich jemand darin wohnt. Aber wenn man sich verliebt, kauft man – genau wie bei einem Haus – einen Traum.

Eines Tages ruft Erin Mitch während der Arbeit an. Nach einem Gespräch mit ihrer Mutter ist sie schlecht drauf. Sie erzählt ihm, dass es ihr nicht gutgeht und sie heute mal früh ins Bett gehen möchte. Ich will nicht, dass er mich in diesem Zustand erlebt, denkt sie sich. Denn da ist diese nagende Ungewissheit, was Mitch von ihr halten wird, wenn er erkennt, wie sie wirklich ist. Sie hat regelmäßig zu meditieren begonnen und dabei schon einiges über sich gelernt nach der Trennung von Gus. Damals fühlte sich etwas in ihr so kaputt und leer an. »Lerne Dein wahres Selbst kennen«, forderte der Flyer, der im Café um die Ecke auslag. Nur ein Meditationskurs für Anfänger. Zumindest hat sie dann an zwei Abenden pro Woche etwas zu tun, statt zu Hause zu sitzen und sich zu bemitleiden, also geht sie hin. Sie meditiert daher noch nicht lange, aber ihr ist bewusst, dass diese immer fröhliche, sonnige Persönlichkeit, in die Mitch sich verliebt hat, nur ein Teil von ihr ist. Etwas Verletzliches kommt daneben zum Vorschein, das einfach nicht so liebenswert ist wie die Frau mit dem strahlenden Lächeln. Im Moment könnte sie eine weitere Zurückweisung nicht ertragen, also hütet sie die Wahrheit und lässt Mitch lieber in dem Glauben, sie sei perfekt. Außerdem fühlt sie sich tatsächlich wie ein besserer Mensch, wenn sie mit ihm zusammen ist.

Verlieben wir uns also unter Vorspiegelung falscher Tatsachen? Aber natürlich – immer. Die Romantik macht Versprechungen, die wahre Nähe unmöglich halten kann. Romantik, das ist der Concealer auf dem Pickelchen, die Retusche für die Orangenhaut, die Pfefferminz-Pastille, die den Mundgeruch überdeckt. Man betrachtet den anderen nicht allzu genau, denn man ist geblendet von dem, was er uns vorspiegelt. Dass man die Narben und kaputten Stellen anfangs nicht sieht, gehört einfach zu dieser Entwicklungsphase einer Beziehung. Echte Nähe kann nur wachsen, wenn wir auch das annehmen, was nicht perfekt ist, wenn unschöne Informationen uns die rosa Brille von der Nase schlagen und uns in emotionale und kognitive Dissonanz versetzen – »Du machst was?« – »Kann man das wegoperieren?« – »Wie viele Kinder?« – und wir nicht zum nächsten Notausgang stürzen, sondern uns damit auseinandersetzen. Jonathan Swifts Gedicht »The Lady's Dressing Room« von 1732 schildert einen solchen Augenblick ungläubigen Entsetzens: Strephon stiehlt sich in das Ankleidezimmer der abwesenden Angebeteten. In der Öffentlichkeit ist Celia die Blüte der Schönheit, doch im persönlichsten Zimmer der Dame findet er ein schmutziges Kleid mit fleckigen Achseln vor, schmutzverkrustete Kämme, Schweiß, Schuppen, Puder und Perücken, ein Tüchlein für die Stirn mit einem großen Fettfleck darauf … Schließlich stößt er auf ihren vollen, stinkenden Nachttopf, und das ist endgültig zu viel für ihn. Der Verehrer schleicht sich angewidert davon und klagt sein Leid: »Oh, Celia, Celia, Celia scheißt.«

Ganz egal, wie sehr man auf jemanden steht – wenn man sieht, wie er in der Nase bohrt oder einen Pickel ausdrückt, kann es blitzartig vorbei sein. In der Phase des Verliebens ist uns übermäßig bewusst, wie unser eigener Körper aussieht. Wir vergessen, dass er nur ein Sack voll alternder Knochen mit zahllosen Schwächen und Mängeln ist, darunter auch diese Fliege in der Suppe des menschlichen Egos: Sterblichkeit. Es wäre uns lieber, nicht mit dem Schweiß, den Schuppen, Exkrementen oder anderen ganz normalen menschlichen »Makeln« unseres Liebsten konfrontiert zu werden, denn dann müssten wir uns der Tatsache stellen, dass nicht nur er ganz und gar menschlich (und somit fehlerhaft) ist, sondern wir selbst auch. Also erzählen Verliebte einander gemeinsam das Märchen, dass keiner von beiden pupse, Ausschlag habe oder sich manchmal so erbärmlich fühle, dass er nicht einmal aufstehen kann. Damit stellen sie sich gleich zu Anfang selbst eine riesige Falle.

Aber jetzt kommt der entscheidende Punkt: Sobald wir mit dem Marketing aufhören, wird es wirklich ernst. Hinter den Kulissen, wo all unsere kaputten Teile herumliegen, da entstehen echte Nähe und Vertrautheit. Nähe fängt erst nach den Werbespots an, und viele von uns kneifen genau in diesem Moment, abgestoßen, desillusioniert und mit allen möglichen Ausreden. An diesem Punkt haben Sie vielleicht auch gute Gründe dafür, die Beziehung zu beenden – Ihnen wird klar, dass Sie in Wahrheit nicht viel gemeinsam haben, oder ihr, dass er ein Arschloch ist, das auf Partys andere Frauen anbaggert, oder ihm, dass sie es ganz ernst meinte mit ihrer Drohung »Wenn du mich je betrügst, schneide ich dir die Eier ab«. Vielleicht waren Sie blindlings in eine echte Psychopathin oder einen Fiesling verliebt, aber das passiert jedem einmal, und statt sich deswegen Vorwürfe zu machen, sollten Sie zusehen, dass Sie wegkommen.

Aber was, wenn man in Wahrheit deshalb abhaut, weil man mit der zerbrochenen Illusion nicht umgehen kann? Vielleicht fühlt es sich so an, als wäre man nicht mehr verliebt – dabei ist man nur aus diesem chemisch induzierten Wunderland herausgetreten. Wir geben oft auf, wenn eine Beziehung gerade richtig ernst werden könnte. Warum wir das tun? Im Grunde nur deshalb, weil wir offenbar erst noch ein bisschen erwachsener werden müssen. Wenn uns die Unzulänglichkeiten anderer Menschen vergraulen, müssen wir uns erst mit unseren eigenen Unvollkommenheiten anfreunden, ehe wir wieder einen Versuch in der Liebe starten. Das ist dieses uralte Klischee, dass man zuerst sich selbst lieben muss, ehe man einen anderen lieben kann.

Wenn wir uns stattdessen dafür entscheiden zu bleiben, obwohl die Illusion der Vollkommenheit verfliegt, wenn wir uns mit den Fehlern des anderen arrangiert, uns verletzlich gezeigt und etwas riskiert haben, stehen wir auch schon vor der nächsten großen Herausforderung. Sich so zu entblößen und emotional so viel in einen anderen Menschen zu investieren weckt in uns ein Grauen davor, ihn zu verlieren. Sich entwickelnde Nähe ist ein Ringelreihen von Risiken. Wir sind verletzlich, warten darauf, dass der andere unsere Geste der Öffnung erwidert, und das spornt uns an, noch ein wenig mehr zu riskieren. Vom ersten »Wird er mich heute küssen?« bis hin zu »Was wird sie sagen, wenn ich ihr vorschlage, bei mir einzuziehen?« riskieren wir Verletzungen, Demütigungen, ein gebrochenes Herz. Dagegen schützt sich jeder anders, je nachdem, wie seine Psyche gebaut ist; und davon hängt auch ab, wie viel derjenige zu riskieren bereit ist. Manche von uns stürzen sich in die Liebe wie ein Surfer in die Wellen, andere stehen lieber am Strand und sehen zu, wie das Wasser ihre Zehen umspielt. Den richtigen Weg gibt es nicht. Nur Ihren Weg.

Erin hatte sich gefragt, ob Mitch sie küssen würde. Mitch traute sich nicht so recht, weil er fürchtete, sie könnte etwas sagen wie »Tut mir leid, da hast du etwas falsch aufgefasst«. Schließlich war sie diejenige, die ein winzig kleines Risiko einging – sie lehnte sich auf dem Weg vom Auto zu ihrer Wohnung leicht an ihn, und das war Ermunterung genug für Mitch.

Eine Woche nach dieser himmlischen ersten Nacht lädt sie ihn zum Essen mit ihrem Bruder Rob und dessen Partner Tariq ein.

Zwei Tage später kauft er ihr einen neuen Bonsai, weil ihm aufgefallen ist, dass der auf ihrem Küchentisch hinüber ist.

Tags darauf kauft sie ihm Unterhosen und fragt sich dann, ob ihn dieses Geschenk beleidigen könnte. Sie will damit ja nicht sagen, dass er dringend neue Unterwäsche bräuchte – nur diese Boxershorts sind einfach so sexy.

»Warum hast du dich von deinem letzten Freund getrennt?«, fragt er am darauffolgenden Abend. Sie erzählt ihm alles.

Jedes Risiko, das die beiden wechselseitig eingehen, bringt sie einander näher, während sie sich zusammen dem Reich der Bindung nähern. Wahrscheinlich sprechen sie noch nicht darüber, aber insgeheim malen sich beide eine gemeinsame Zukunft aus und wälzen bewusst und unbewusst Fragen hin und her wie: Wäre sie eine gute Mutter? Würde er mich betrügen? Wird sie mich enttäuschen, wie ich es schon so oft erlebt habe? Ist er wirklich »etwas Besonderes« oder im Grunde auch nicht anders als die anderen Männer, mit denen ich bisher zusammen war? Sie prüfen einander mit aller gebotenen Sorgfalt, achten auf Gemeinsamkeiten und die Ränder, die sich gut aneinanderfügen. Sie versuchen festzustellen, ob es sicher ist, noch weiter zu gehen, oder ob sie besser jetzt aussteigen sollten, ehe sie zu tief drinstecken.

»Gleich und gleich gesellt sich gern« oder »Gegensätze ziehen sich an«?

»Also, was hat dich ganz am Anfang zu mir hingezogen?«, fragt Erin Mitch eines Abends.

»Im Ernst? Alles.« Er überreicht ihr eine Tafel Schokolade – mit Rum und Rosinen. Sie küsst ihn auf die Wange. Er ist so lieb und aufmerksam, sagt sie. Neulich hat sie beiläufig erwähnt, dass das ihre Lieblingsorte ist.

»Aber was genau?«, fragt sie.

»Ich fand alles an dir umwerfend – deine Figur, dein Gesicht, dein Haar, deine Persönlichkeit. Ist das eine Fangfrage?« Er bricht ein Stück für sie ab.

»Ich meine, warum hast du es nicht bei Tara versucht?«

»Sie ist nicht mein Typ.«

»Was ist denn dein Typ?«

»Du bist mein Typ. Ich könnte dich dasselbe fragen – warum hast du es nicht bei Antonio oder Sam versucht?«

»Brrrr.« Erin schüttelt sich. »Du meine Güte, wir sind wirklich grundverschieden«, bemerkt sie seufzend, als sie sieht, dass Mitch die Rosinen aus seinem Stück Schokolade pult. »Die Rosinen sind doch gerade das Beste. Na ja, Gegensätze ziehen sich an …«

Warum versuchen wir es bei dieser einen Person statt bei einer anderen? Warum hat Mitch sich nicht für Tara interessiert und Erin nicht für Antonio? Was macht jemanden zu »meinem Typ«?

In Mitchs und Erins Fall hat Gegensätzlichkeit viel damit zu tun – sie sprudelt vor Energie, während er eher schüchtern und introvertiert ist. Yin liebt eben Yang. Wir suchen bei anderen, was wir in uns selbst nicht haben, weil wir uns den Kontrast und den Ausgleich ersehnen. Zugleich finden wir aber auch Leute anziehend, die uns sehr ähnlich sind, weil jemand mit der gleichen Religion, der gleichen Kultur und den gleichen Werten uns weniger bedrohlich erscheint. Die meisten von uns möchten ihrem neuen Liebhaber ungern erklären, warum sie nicht auch in den Ku-Klux-Klan eintreten wollen oder niemals rauchen würden. Manchmal versteht man sich auf Anhieb ganz besonders gut mit jemandem, dessen Kindheit sehr ähnlich verlief wie die eigene (weil er zum Beispiel ein Elternteil früh verloren hat). Die meisten Menschen suchen nach einem Partner, der in den wichtigen Punkten mit ihnen übereinstimmt, und sparen sich damit die Mühe, ständig Grundlegendes über sich und ihren Hintergrund erklären zu müssen – und sie finden es fesselnd, dass seine Geschichte ihrer eigenen ähnlich ist. Sind die Unterschiede zu groß, können sie sich unüberwindlich anfühlen. Also: Unterschiede (ob kulturell, religiös, astrologisch, biologisch oder psychologisch) finden wir zwar aufregend, aber Ähnlichkeiten vermitteln uns ein Gefühl der Sicherheit.

Sich zu verlieben hat auch viel mit dem richtigen Zeitpunkt zu tun. Erin und Mitch sind nach der Trennung von unpassenden Partnern beide bereit, sich auf jemand Neuen einzulassen. Nach dem, was sie beide durchgemacht haben, wissen sie umso besser, wonach sie suchen.

Wie wir alle fühlen Mitch und Erin sich sowohl wegen ihrer Unterschiede als auch wegen ihrer Ähnlichkeiten zueinander hingezogen, sowohl von der guten, liebevollen Seite als auch von den traurigen und problematischen Aspekten des anderen. Es wird allerdings seine Zeit dauern, bis beide wissen, wie genau diese Dinge in Schichten angeordnet sind. Im ersten Rausch der Liebe erhaschen sie nur winzige Blicke auf das, was sich in den dunkleren Tiefen des jeweils anderen verbirgt. Erst einmal erkunden sie ihre Übereinstimmungen und Gegensätzlichkeiten, indem sie einander abwechselnd immer intimere Dinge enthüllen.

Erin erzählt Mitch in allen Einzelheiten, wie sie die Scheidung ihrer Eltern erlebt hat. Mitch vertraut ihr das mit der postpartalen Depression seiner Mutter an. Indem sie ihre eigene schmutzige Wäsche preisgeben, testen sie das Einfühlungsvermögen des anderen, erst sehr vorsichtig, denn sie können noch nicht abschätzen, wie weit sie gehen dürfen, ohne vor lauter Bloßstellung am Boden zu kriechen. Sie streicheln das Ego des anderen, bestätigen ihn und geben ihm das Gefühl, begehrenswert zu sein, während sie seine liebevollsten und liebenswertesten Seiten kennenlernen, garniert mit ein paar ausgewählten Flecken und Schrammen, damit sie umso echter wirken. Wenn man sich verliebt, dann fast immer in zwei Menschen – den neuen Partner und sich selbst.

So »besonders«, das heißt als Mittelpunkt der Welt eines anderen, haben wir uns nur als Baby gefühlt (wenn wir Glück hatten). Bei dem Gedanken schüttelt es viele Menschen, aber tatsächlich ist die romantische Liebe ein Echo der ersten Liebe, die wir von unseren Eltern bekamen (oder auch nicht). Diese Erinnerung an das Bedürfnis, die Sehnsucht danach, geliebt zu werden, tragen wir noch als Erwachsene in uns. Tief im Unterbewusstsein sehnen wir uns danach, wieder so idyllisch geliebt zu werden, oder eben auf eine Art, nach der wir uns schon immer verzehrt haben. Sogar die Sprache von Verliebten ist ein Echo dieser ersten Liebe – sie geben sich Kosenamen wie »Engelchen«, »Süße«, »Bärchen« und was einem an Niedlichkeiten und Verkleinerungen sonst noch einfällt. Auch Mitch hat bald einen Kosenamen für Erin, »Böhnchen«, und Erin nennt Mitch immer öfter »Baby«.

Wenn wir in späteren Jahren der Liebe begegnen, ist das eine Art »Wiederfindung« (wie Freud es ausdrückte), eine emotionale Erinnerung an unser erstes Erleben der Liebe, zu dem auch unsere frühesten Erfahrungen von Verlust gehören. Je schwieriger oder schmerzlicher unsere frühe Kindheit war, umso schwerer tun wir uns bei dem Versuch, diesen Mangel auszugleichen. Da wir alle unerfüllte Bedürfnisse, von unseren Eltern anders geliebt zu werden, mit uns herumtragen, suchen wir vielleicht nach einem Partner, der bestimmte Aspekte dieser frühen Erfahrungen in uns wachruft – damit wir sie nachspielen können in der Hoffnung, dass es diesmal anders läuft. So versuchen wir, das Stück umzuschreiben, es mit einem Happy End abzuschließen. Ja, schon klar – das ist verrückt.

Und es funktioniert nicht mit jedem, der uns über den Weg läuft. Wir fühlen uns von bestimmten Menschen angezogen, die in uns ganz bestimmte Saiten zum Schwingen bringen. Die Matrix der Erfahrungen muss passen, wie bei einem Molekül, das nur an einem ganz bestimmten anderen andocken kann. Nach dieser komplexen, unbewussten Formel handeln wir und versuchen, die Frage zu beantworten: Hat mein Wesen bei diesem Menschen ein Zuhause? Es ist, als gäbe es in unserer Psyche ein Zylinderschloss, geformt von unseren ersten Bezugspersonen, in das ein ganz speziell geformter Schlüssel passt.

Vor einem Jahr dachte Erin, Gus sei »der Richtige«. Er war praktisch eine Kopie ihres Vaters Vince. Zum Teil fühlte sie sich unbewusst deshalb so zu Gus hingezogen, weil sie in ihm die Möglichkeit sah, ihre schwierige Beziehung zu ihrem Vater neu zu inszenieren. Gus betete sie geradezu an, und sie fühlte sich beinahe wieder wie Papas kleine Prinzessin. Als Gus sie dann betrog und damit auch diesen Teil der Geschichte wiederholte, fühlte sie sich wieder wie damals, als ihr Vater sie und ihre Mutter wegen einer anderen Frau verlassen hatte. Viele Menschen sind in ihrer Selbsterkenntnis noch nicht weit genug entwickelt, nicht reflektiert genug, um sich bewusst vor dieser Nacherzählung der eigenen Kindheitsgeschichte in Acht zu nehmen. Damit stellen sie sich selbst eine Falle – und werden womöglich ihr Leben lang von einem miesen Partner nach dem anderen betrogen. Erin war so vernünftig, Gus aus ihrem Leben zu verbannen.

Durch diese Erfahrung war sie bereit für eine andere Art Mann. Und oberflächlich betrachtet ist Mitch das genaue Gegenteil ihres Vaters, ein sensibler, zurückhaltender Mann, scheinbar eine viel bessere Wahl als Partner.

Aber stimmt das?

Mitch ist schwer verletzt worden, und man kann darauf wetten, dass seine Narben in der Beziehung mit Erin in Erscheinung treten und den unverarbeiteten Schmerz aus ihrer beider Vergangenheit wachrufen werden. Aber vorerst schweben die beiden auf Wolke sieben, und die wollen wir ihnen nicht nehmen – noch nicht.

Wenig später geht Erin ein weiteres kleines Risiko ein und sagt: »Ich glaube, ich verliebe mich gerade in dich.« Mitch seufzt vor unendlicher Erleichterung und erwidert: »Ich auch. Gott, ich liebe dich, Erin.« Mitch hat sich noch nie stärker und attraktiver gefühlt. Erin fühlt sich wunderbar leicht – nicht einmal ihre Mutter bringt sie mehr dazu, sich innerlich total zu verkrampfen. Alles erscheint ihr leichter zu bewältigen, jetzt, da sie ihn hat. Und sie wünscht sich, dieses Gefühl möge nie verfliegen.

## WENN WIR DEN SPRUNG NICHT SCHAFFEN

Zwei frisch Verliebte sind mit nichts zu vergleichen. Doch im Lauf der Zeit lässt der Rausch nach. Der Morgenmantel klafft offen, und der Kilt wird hochgeweht. Die Phantasievorstellungen – von der geliebten Person wie von uns selbst – müssen sich verabschieden. Wer an der Illusion von Vollkommenheit hängt, so wie Strephon, der wird voller Abscheu die Flucht ergreifen und die Beziehung beenden, sobald sie ihre romantische Hülle abgelegt hat. Aber vielleicht auch nicht. Vielleicht wird er erkennen, dass die Beziehung genau an diesem Punkt die Chance hat, sich von unreifer, hitziger Romantik zu echter Nähe und Vertrautheit weiterzuentwickeln.

Wie wir mit den Unvollkommenheiten des anderen und mit unseren eigenen umgehen, entscheidet darüber, welchen Kurs unsere Expedition zur Nähe einschlagen wird. Einen anderen Menschen lieben zu lernen gibt uns die Möglichkeit, nicht nur diesen anderen, sondern auch uns selbst wirklich kennenzulernen.

Nicht alle haben so viel Glück. Manche haben schon zu kämpfen, um überhaupt so weit zu kommen. Sie bleiben hängen wie eine kaputte Schallplatte und müssen dieselbe traurige Geschichte immer wieder durchspielen, mit verschiedenen Menschen, die sie letzten Endes immer enttäuschen. Es ist, als würde man einfach immer wieder »den falschen Leuten« begegnen oder durch das eigene Verhalten schon den Ansatz von Nähe sabotieren. Wenn man doch eine Beziehung eingegangen ist, dann ist sie von Trauer, Verachtung und Desillusionierung so belastet, dass man es kaum erwarten kann, ihr zu entkommen. Wenn das geschieht, ist es an der Zeit, sich selbst kennenzulernen. Und für manche von uns ist das ein Blind Date.

# 3. Dir selbst begegnen

Warum scheint es manchen Menschen so leichtzufallen, Beziehungen aufzubauen, und anderen so schwer?

## AN MIR LIEGT ES NICHT: DIE PINGELIGE TARA

Tara kann das einfach nicht verstehen – Erin hätte Antonio oder Sam haben können. Beide haben sie mit Blicken verschlungen. Aber nein, sie hat sich für den Typen entschieden, der mal wieder ausschlafen und sich rasieren sollte. Okay, Mitch ist muskulös, und er war sehr nett und so weiter, aber die anderen beiden fahren Porsche, Herrgott noch mal.

Tara musste praktisch einen Lapdance aufführen, um Antonios Aufmerksamkeit zu erringen. Und als sie sich ein paar Wochen später zufällig wieder begegneten, nahm sie ihn schließlich mit nach Hause, um ihn mit der spektakulären Aussicht auf die Stadt zu beeindrucken (und sich selbst zu versichern, dass dieser Blick die erdrückende Hypothek wert ist). Antonio wollte, dass sie eine Linie von seinem Kokain schnupfte. Sie erwiderte, das sei nicht ihr Ding und sie habe morgen Vormittag ein wichtiges Meeting, aber er solle sich keinen Zwang antun. Er war so high gewesen, dass er es die ganze Nacht lang mit ihr treiben wollte. Aber das ist schon eine Woche her, und sie hat immer noch nichts von ihm gehört, bis auf diese rätselhafte Nachricht, mit der er ihre SMS beantwortet hatte. Sie hatte nach einem Vorwand gesucht, um Kontakt zu ihm aufzunehmen, und ihn per

SMS gefragt, ob sie ihr Hermès-Tuch in seinem Porsche habe liegen lassen. »Suche noch«, hatte er geantwortet. Nicht: »Wollen wir uns treffen?« Nicht: »War eine tolle Nacht, müssen wir bald wiederholen«, sondern – »Suche noch«. Was zum Teufel soll das heißen? Tara versuchte, Erin zu erreichen, um vielleicht über Mitch eine bessere Antwort zu bekommen, aber Erin ist nur noch mit Mitch beschäftigt, sie ruft Tara nicht einmal zurück. Und als sie sich endlich doch meldet, erzählt sie Tara, dass Antonio ein Playboy ist und selten zweimal mit derselben Frau schläft.

Obendrein war Tara letzte Woche mit ihrer Freundin Sally aus, die mit einem Typen zusammen ist und zwei weitere hat, die sich sehr für sie interessieren. Als wäre sie die verdammte Bachelorette. »Es gibt einfach zu viele Mütter mit hübschen Söhnen«, seufzte Sally und nippte an ihrem Martini. Tara musste sich zusammenreißen, um ihr nicht ihre Margarita ins Gesicht zu schütten.

Jetzt kann sie nicht mehr aufhören zu weinen – gar kein gutes Image für eine 31-jährige Anwältin mit Aussicht darauf, bald die jüngste Teilhaberin ihrer Kanzlei zu werden. Sie braucht ein bisschen Prozac oder so was. Stattdessen nennt ihre Allgemeinärztin, eine gütige ältere Frau, ihr die Namen zweier Seelenklempner. Tara entscheidet sich für den männlichen. Vielleicht kann der ihr helfen, zu verstehen, wie Männer ticken und warum Antonio sich nicht bei ihr gemeldet hat.

Bis Taras Termin bei dem Psychotherapeuten zustande kommt, liegt die Sache mit Antonio drei Wochen zurück. Ihre Tränen sind längst getrocknet, und sie fragt sich, was sie hier eigentlich will. Es ist alles in Ordnung. Sie hat sogar eine Verabredung mit diesem scharfen Typen, der bei der Seeversicherung im selben Gebäude arbeitet wie sie.

Damit hätte sie nie gerechnet – dass sie bei ihrem ersten Termin hier in Tränen ausbrechen würde. Gerade fasst sie für den Therapeuten noch die Historie ihrer Beziehungen zusammen, und im nächsten Moment ist sie ein schluchzendes Wrack. »Ich habe einfach noch nicht den Richtigen kennengelernt«, sagt Tara. Der Seelenklempner nickt. »Na ja, meine Freundinnen sagen, ich sei zu wählerisch. Meine beste Freundin Erin meint, ich hätte das falsche Beuteschema, aber das ist doch Blödsinn. Mein letzter Freund war toll. Gabriel. Wir waren so wahnsinnig verliebt. Wir haben uns sogar Namen für die Kinder überlegt, die wir eines Tages zusammen haben wollten.« Frische Tränen.

»Was ist dann passiert?«

»Ich weiß nicht; ich glaube, er hatte ein Problem damit, sich zu binden. Er hatte schon seit Jahren geplant, lange durch die Welt zu reisen. Vier Monate nachdem wir uns kennengelernt hatten, sollte es losgehen. Er wollte, dass ich mitkomme, aber ich konnte doch nicht einfach meinen Job aufgeben. In ein paar Jahren könnte ich Teilhaberin sein.«

»Hatten Sie gehofft, dass Gabriel es sich anders überlegen würde, was seine Reisepläne angeht?«

»Ja, natürlich. Warum nicht? Wenn er mich wirklich geliebt hätte … Sie müssen mir helfen, zu verstehen, wie Männer denken.«

»Tara«, sagt der Therapeut, »hier geht es nicht darum, wie Männer denken. Sondern darum, wie Sie denken.«

Tara überlegt, ob das Geld für diese Sitzung nicht in einer Extrastunde mit ihrem Personal Trainer besser angelegt gewesen wäre.

»Mit mir ist alles in Ordnung, und auch damit, wie ich denke. Ich hatte eine glückliche Kindheit, wurde nicht sexuell missbraucht, hatte nie eine Essstörung und so weiter. Natürlich passe ich auf, was ich esse – ich würde lieber sterben, als fett zu werden. Aber ich bin nicht magersüchtig. Das Problem ist, dass da draußen zu viele verdammte Loser rumlaufen.«

Obwohl Tara von dem Psychotherapeuten eher genervt ist, besucht sie ihn weiterhin. Sie weiß selbst nicht genau, warum, aber irgendetwas in ihrem Unterbewusstsein (Verzweiflung vielleicht) hält sie bei der Stange. Unterdessen geht sie ein paar Mal mit dem heißen Typen von der Seeversicherung aus. Und dann sieht sie ihn in der Cafeteria unten mit einer Kellnerin flirten, und als sie ihn damit konfrontiert, sagt er: »He, ich will nur meinen Spaß haben. Ich will mit verschiedenen Leuten ausgehen.« Eine Woche lang vergräbt Tara sich tagsüber in die Arbeit und nachts im Bett in ihr Kissen, wo sie hilflos vor sich hin schluchzt. Zwei Monate später lernt sie auf einer Dinnerparty bei einer Freundin Ben kennen. Er ist eigentlich nicht ihr Typ – Erin hätte sich vielleicht für ihn interessiert –, aber er ist der einzige Single-Mann am Tisch, und Tara wird klar, dass sie verkuppelt werden soll. Trotzdem unterhält sie sich mit ihm und stellt zu ihrer Überraschung fest, dass man mit ihm wirklich gut reden kann. Er spricht nicht die ganze Zeit nur über sich. Er stellt Fragen und hört zu. Er hat warme Augen und schöne Zähne. Er ist Software-Programmierer und bemerkt, sein Job sei wirklich nicht sonderlich spannend (was du nicht sagst, Ben). Aber er interessiert sich sehr für ihre Arbeit und scheint ihren Erklärungen aufmerksam zu folgen, sogar den komplizierten Urheberrechtssachen. Je länger sie sich unterhalten und je mehr Tara trinkt, desto anziehender findet sie ihn. Sie landen schließlich bei ihr zu Hause, und der Sex ist der Wahnsinn – Ben ist wirklich gut mit der Zunge, und er nimmt sich Zeit.

Als sie am Sonntagmorgen aufwacht, fällt ihr Blick als Erstes auf Ben, der mit einem Tablett in den Händen am Bett steht, nackt bis auf eine Küchenschürze. Er hat Rührei, Müsli und Kaffee gemacht. Wie süß, denkt sie verschlafen. Dann wendet er sich ab, um das Tablett auf ihren Nachttisch zu stellen, und sein nackter, haariger, magerer Hintern schwebt einen Meter vor ihrem Gesicht.

»Ich verstehe gar nicht, dass mir das in der Nacht nicht aufgefallen ist«, erzählt sie ihrem Therapeuten in der nächsten Sitzung. »Übermäßig behaarte Männer kann ich nicht ausstehen. Gabriel hat alles mit Wachs enthaart. Und dieser magere Hintern! Ich habe das Frühstück nicht runtergebracht. Er hat sich neben mich gesetzt, mir das Haar aus dem Nacken gestrichen und mich hinters Ohr geküsst« – sie schaudert unwillkürlich –, »und ich fand das so ekelhaft. Ich habe ihm erzählt, ich sei mit meiner Mutter verabredet, und bin ins Bad geflohen. Meine Mutter als Ausrede, ist das zu fassen? Und jetzt ruft er ständig an und schreibt eine SMS nach der anderen, und ich weiß nicht, was ich antworten soll. Am liebsten wäre mir, er löst sich einfach in Luft auf.«

Sie sieht ihren Psychotherapeuten an und seufzt. »Warum mag ich keine netten Männer?«

Und das ist eine sehr gute Frage.


## ZEIT, SICH SELBST ZU BETRACHTEN

Warum fällt es Tara so schwer, sich in die richtige Art Mann zu verlieben? Ben hört sich doch nett an, der Typ Mann, den man gern seinen Eltern vorstellen würde (die höchstwahrscheinlich kein Problem mit seinem haarigen, mageren Hintern hätten). Zu Anfang ihrer Therapie wollte Tara herausfinden, warum sämtliche Männer, die sie kennenlernt, Idioten und Versager sind. Und natürlich ist die Welt voll seltsamer Typen, mit denen wir manchmal auch im Bett landen. Wenn sich da jedoch ein Muster zeigt, muss man sich vielleicht dem einzigen konstanten Faktor zuwenden: sich selbst. Taras Ansicht über die verdammten Versager da draußen verschleiert in Wahrheit nur ihr Grauen davor, dass etwas hier drin nicht in Ordnung sein könnte. Tara ist noch nicht bereit, das einzugestehen, aber sie ist diejenige, die sich als Versagerin fühlt, obwohl sie das ja gar nicht sein kann – oder? Sie ist klug, schön, erfolgreich. Eine Versagerin? Das glaube ich nicht. Und natürlich war Gabriel schuld daran, dass die Beziehung in die Brüche ging, denn warum zum Teufel sollte eine moderne, emanzipierte Frau ihr Leben für einen Mann auf den Kopf stellen? Er war derjenige, der seinen Traum vom Reisen nicht aufgeben wollte. Also muss er auch derjenige sein, der ein Problem mit Bindung hat.

Als sie sich in der Psychotherapie immer sicherer fühlt, öffnet sie die Tür dieses Nichtwahrhabenwollens einen winzigen Spalt. Die phantastische Nacht mit Ben, die so abrupt und angewidert endete, hilft ihr dabei, denn Tara beginnt sich zu fragen, ob ihre Abscheu vor ihm vielleicht ein bisschen überzogen war. Weist sie ihn ernsthaft zurück wegen seines Hinterns? Ein aufmerksamer, intelligenter, großzügiger Mann bringt ihr nach einer phantastischen Nacht das Frühstück ans Bett. Und statt mehr von ihm zu wollen, läuft sie davon. Sie erlaubt sich endlich zu erkennen, dass das Problem eben doch bei ihr liegt, und stellt die Frage, die eine entscheidende Wendung bringen wird: »Warum mag ich keine netten Männer?«

Eigentlich ist es kein Wunder, dass Taras kurzes Interesse an Ben wegen einer Kleinigkeit bezüglich seines Aussehens in Abscheu umschlug. Sie steckt in einer völlig ichbezogenen Art fest, Beziehungen zu anderen zu betrachten, die ihren Blick stark einschränkt – von ihren Chancen auf eine echte Beziehung ganz zu schweigen. Sie ist auf ihre Wunschliste fixiert, und ein Mann kommt nur in Frage, wenn er alle Punkte erfüllt: sexy, toller Job (soll heißen: hohes Gehalt, hohes Ansehen), charismatisch, beliebt, größer als sie. Und, was soll jetzt so schlimm daran sein, wenn man mit jemandem zusammen sein will, der gut aussieht, sich fit hält und gern schick anzieht? Sie achtet doch auch auf ihr Äußeres. Sie wird sich nicht mit jemandem »zufriedengeben«, sich nicht an jemanden verschwenden, der ungepflegt oder zu klein ist – sie hat einen ganzen Schrank voll hochhackiger Schuhe, Herrgott noch mal, darunter einige Jimmy Choos, die ihre Kreditkarte eine ganze Weile belastet haben.

Taras Dilemma kommt uns bekannt vor – wir wollen alle mit einem schönen Menschen zusammen sein, nicht? Aber wenn das mit 31 Jahren immer noch unser oberstes Ziel für eine Beziehung ist, haben wir das Thema wohl als Teenager nicht richtig abgearbeitet, denn Aussehen hat nichts mit Nähe und Bindung zu tun. Wir wollen einen schönen Menschen an unserer Seite, damit wir uns schön fühlen können. Das ist ein starker Hinweis darauf, wie Tara sich selbst in Wahrheit sieht. An einem Mann interessiert sie nicht, wer er ist, sondern was er ihr für ein Bild von ihr selbst vermitteln wird. Sie sucht einen Spiegel, keinen Partner. Also geht sie bei ihrer Suche nach einer Beziehung so vor, dass sie entweder Männer anzieht, die sich nicht binden wollen, oder diejenigen zurückweist, die dazu bereit wären. Sie beneidet ihre Freundin Sally, die behauptet, sie müsse sich zwischen zu vielen tollen Kerlen entscheiden. Aber Tara braucht keine hundert Dates mit hundert neuen Männern. Sie braucht die Erkenntnis, was genau sie selbst zu der Dynamik beiträgt, die sich zwischen ihr und den Männern, die sie attraktiv findet, jedes Mal entwickelt.

Solange Tara das Problem in den Männern sieht, die sie kennenlernt, kann sie das Gefühl, nicht liebenswert zu sein, von sich weg- und anderen zuschieben. Doch so bleibt sie Faktoren ausgeliefert, über die sie keinerlei Kontrolle hat; sie wird zum Opfer. Sich die Frage zu stellen »Warum mag ich keine netten Männer?« ist der Wendepunkt für sie. In diesem Moment denkt sie über sich selbst nach und gesteht sich ein, dass sie diejenige ist, die keine Nähe zulässt. Wenn Tara wahre Nähe und Verbundenheit mit jemandem finden will, muss sie etwas investieren: Sie muss sich ihrer selbst bewusster werden und Verantwortung für ihre Rolle bei ihren Erfahrungen mit Männern übernehmen. Das ist keineswegs deprimierend! Denn es bedeutet, dass sie kein Opfer der »falschen Männer«, des Schicksals oder ihres schlechten Karmas ist, sondern dass sie selbst etwas daran ändern kann, was in ihren Beziehungen passiert.

Die Frage ist: Wird sie diese Macht annehmen und nutzen oder sie lieber nicht anrühren, weil ihr die Arbeit an sich selbst zu schwer ist?

# 4. Flammendes Herz

Manchmal merkt man erst, wie wenig man über sich selbst weiß, wenn es einem ergeht wie Steph und Daniel: Samt Kindern und Hypothek sind sie hilflos in einer halbtoten Beziehung gefangen, die rapide den Bach hinuntergeht. Vor fünfzehn Jahren, mit Erin als ihrer Brautjungfer, war Steph so glücklich gewesen wie noch nie zuvor. Jetzt besitzt sie eine Familie, ein großes Haus, einen erfolgreichen, gut verdienenden Ehemann, und trotzdem hat sie sich noch nie im Leben so elend und allein gefühlt. Was zum Teufel ist da passiert?

Steph bemüht sich, ihre weiße Hose und das Pünktchentop vor Flecken zu bewahren, während sie wütend Chinakohl schnippelt – sie hat ihrer Mutter versprochen, zum Mittagessen Thai-Salat mitzubringen. Der Vormittag war eine einzige Katastrophe. Jemand – nicht sie – hat weiße mit farbiger Wäsche in die Maschine gesteckt, und alle ihre weißen Handtücher haben graue Schlieren. Shadow, Daniels Hund, hat inzwischen vier riesige Haufen im Vorgarten gemacht, und es ist weiß Gott nicht Stephs Aufgabe, sich darum zu kümmern. Daniel weiß das. Sie sammelt keine Hundescheiße auf. Das war die Bedingung, unter der sie den Hund angeschafft haben. Die Kinder haben geschworen, dass sie das tun würden. Daniel hat es ihr auch versprochen. Und nie macht es irgendwer! Sie sollte in dieser weißen Hose wirklich kein Gemüse schneiden, aber wenn sie sich nicht vorhin umgezogen hätte, würde sie jetzt nicht mehr dazu kommen. Die Kinder sind längst noch nicht fertig, obwohl sie in der vergangenen

Stunde schon viermal die Treppe hinaufgebrüllt hat, sie sollten sich umziehen. Justin spielt Minecraft in seinem Zimmer, das von Coldplay in bestem Surround-Sound erschüttert wird, und Georgia sitzt vor Club Penguin auf dem Computer im Arbeitszimmer, noch im Schlafanzug. Als Steph zum fünften Mal nach den Kindern rufen will, kehrt Daniel von seiner sonntäglichen Fahrradrunde zurück. Platzend vor Endorphinen und frischer Luft kommt er in die Küche, lässt den verschwitzten Helm auf die Küchentheke fallen, einfach so mitten auf die Avocados, und schlingt Steph einen Arm um die Taille.

»Hallo, Superhirn«, flüstert er heiser. »Wie wär's mit einem ganz besonderen zweiten Frühstück im Bett? Wie früher, weißt du noch?« Er küsst sie in den Nacken. Von den Kindern ist nichts zu sehen – natürlich erwartet er nicht, in der Küche einen geblasen zu bekommen. Aber das wäre mal spektakulär. Er reibt die verschwitzte Radlerhose an ihrem Po, der in dieser engen weißen Hose verdammt scharf aussieht. Es ist beinahe so, als hätte er vergessen, dass er seit Georgias Geburt so oft mit seiner Frau streitet.

»Lass das. Du bist ganz verschwitzt«, erwidert Steph und wendet den Kopf ab. »Geh duschen. Wir müssen in vierzig Minuten da sein.« Superhirn. Das war Daniels Spitzname für sie ganz zu Anfang, nachdem er einmal bemerkt hatte, sie sei »das Superhirn dieser Bande«. Aber eine gelangweilte Hausfrau und Mutter, die schon längst ins Arbeitsleben hätte zurückkehren sollen, »Superhirn« zu nennen, ist heute beinahe eine beleidigende Ironie.

»Du meine Güte, wir kommen womöglich fünf Minuten zu spät. Wie könntest du je damit leben?«, neckt Daniel sie.

»Meine Mum kann es nicht leiden, wenn wir zu spät kommen.«

»Du kannst es nicht leiden, wenn wir zu spät kommen. Als würde das irgendeine Rolle spielen, du Kontrollfreak.«

Sie schubst ihn mit dem Ellbogen von sich. »Wenn du auch mal irgendetwas tun würdest, müsste ich nicht alles allein machen. Du könntest zum Beispiel mit der Wäsche besser aufpassen, statt sie zu versauen. Oder Hundescheiße aufsammeln. Tu zur Abwechslung mal irgendetwas Nützliches. Bring den Müll raus, sag den Kindern, sie sollen sich fertig machen, Herrgott!«

»Puh, du kannst so eine blöde Kuh sein«, sagt Daniel, plötzlich verärgert. Verdammt noch mal. Immer, wenn er versucht, ein bisschen zärtlich zu ihr zu sein, weist sie ihn ab. Er hat nicht erwartet, dass sie jetzt mit ihm schlafen würde, er ist ja nicht dumm. Aber einmal könnte sie doch statt dem Staubsauger seinen Schwanz rausholen und sich ein bisschen damit beschäftigen?

»Scheiße, Daniel, was willst du eigentlich? Dass ich dich empfange wie einen Helden, mit nackten Titten und einem kühlen Bier in der Hand? Ich war heute nicht drei Stunden mit meinen Freundinnen unterwegs. Justin weigert sich, seine Hausaufgaben zu machen, und spielt seit heute früh Minecraft. Georgia hat ganz allein eine volle Tüte Chips aufgegessen. Das Haus ist ein Saustall. Du tust nichts, gar nichts. Ich hatte den ganzen Tag lang noch keinen Augenblick Zeit für mich, und dann kommst du nach Hause und hast nichts Besseres zu tun, als mich anzugrapschen. Reiß dich gefälligst zusammen!«

Er schnappt sich seinen Helm und zieht dabei die Avocados von der Küchentheke. Sie landen auf dem Boden. »Du meckerst immer nur herum, was ich alles nicht tue, Steph. Ich hab die Schnauze voll. Stell dich nicht so an!« Damit stürmt er hinaus.

Was ist hier los? Warum fährt Steph Daniel gleich so an? Es geht doch scheinbar um eine Kleinigkeit – dass sie ein bisschen zu spät zum Mittagessen bei ihren Eltern kommen könnten. Trotzdem gibt es einen solchen Streit. Steph hat also die Hausarbeit gründlich satt, na und? Ja, sie werden wahrscheinlich zu spät kommen, ist doch keine große Sache? Aber im Umgang dieses Paares miteinander ist das eine sehr große Sache. Sie können nicht einmal über solche Kleinigkeiten höflich miteinander sprechen. Beide sind aufbrausend, herablassend gegenüber dem anderen und schnell verletzt – und dabei ist ihnen nicht einmal bewusst, wie sie sich fühlen oder verhalten.

Was könnte eine bessere Selbstwahrnehmung daran ändern? Es würde doch reichen, festzustellen, wer hier »recht« und wer »unrecht« hat, und dann Letzteren zu einer Entschuldigung zu bewegen?

Wer recht hat und wer nicht, ist völlig unwichtig. Schuld und Vorwürfe sind nicht gerade hilfreich für den langfristigen Erhalt einer Beziehung. Die müssen nämlich zwei Menschen hegen und pflegen, deshalb bringt »recht haben« hier keine Lösung. Wenn einer von beiden »verliert«, verliert in Wahrheit die Beziehung. Und der »Sieger« kann den Ausblick vom moralischen hohen Ross genießen – allein. Was richtig oder akzeptabel ist, ist außerdem immer subjektiv. Was in Ihrer Beziehung funktioniert, funktioniert deswegen noch lange nicht in meiner. Was ich bei meinem Partner toleriere (Faulheit, Vorliebe für Pornos oder einen Ordnungsfimmel), tolerieren Sie bei Ihrem vielleicht nicht. Eine Beziehung wird zwischen den zwei Menschen ausgehandelt, die auf ganz einmalige Art zueinander passen, wie nur diese beiden zueinander passen können.

Selbsterkenntnis bringt Selbstgerechtigkeit zum Schmelzen und hilft uns zu verstehen, was da wirklich zwischen uns abläuft.

Steph beispielsweise regt sich auf, weil ihr Ordnung und Pünktlichkeit furchtbar wichtig sind – das könnte sie auf ihre Kindheit zurückführen, denn ihre Eltern waren ständig zu spät dran, gerieten darüber immer fürchterlich in Streit und verließen dann brüllend das Haus. Deshalb versucht sie als Erwachsene, ihre Umgebung durch Sauberkeit und Ordnung zu kontrollieren – weil es sie tief im Inneren beruhigt. Wenn ihr das bewusst wäre, würde es ihr leichter fallen, Daniel gegenüber nicht so aufbrausend zu reagieren. Aber sie hat einen Tunnelblick, und an diesem einen Tag, an dem alles außer Kontrolle zu geraten scheint, steht sie schon kurz vor der Explosion, als Daniel nach Hause kommt. Er spaziert herein, macht einen auf tollen Hengst, reibt seinen verschwitzten Schritt an ihrer makellos weißen Hose, und – wumm! Sie geht in die Luft. Daniel hingegen hat keine Ahnung, in was er da hineinspaziert ist. Unordnung? Eine halbe Stunde Verspätung? Na und? Er ist bestens gelaunt, voller Energie kommt er von seiner Zeit als Mann unter Männern heim und wünscht sich doch nur ein bisschen Aufmerksamkeit von seiner Frau. Wenn wir das Testosteron aus der Szene herausnehmen könnten, würden wir sehen, dass er tatsächlich – zugegebenermaßen etwas ungeschickt – ihre Nähe sucht, aber er kennt nur eine Möglichkeit, darum zu bitten: indem er sich mit dem letzten Körperteil, mit dem sie gerade irgendetwas zu tun haben will, an ihr reibt. Er weiß nichts von der Wäschekrise, den braunen Tretminen im Vorgarten und ihrer Panik beim Blick auf die Uhr. Er nimmt sie gar nicht richtig wahr, und er erkennt auch nicht, dass er sich mit seiner Erwartung, als toller Hengst bewundert zu werden, selbst ein Bein stellt. Er sieht nur, dass die Frau, die er geliebt und geheiratet hat, zu einer frigiden, gemeinen Zicke geworden ist.

Ohne Selbsterkenntnis schlagen sie um sich wie zwei blinde Boxer, die im Ring herumtaumeln. Und nichts kann sich zwischen ihnen verändern, solange sie nicht erkennen, wie sie beide zu der Situation beitragen.

Je besser wir uns selbst kennen, desto seltener fühlen wir uns in die Defensive gedrängt. Wenn wir unsere psychischen Muster durchschauen, fällt es uns leichter, um Hilfe oder Verständnis zu bitten. So können wir eine Situation entschärfen, ehe es zum Streit kommt. Nehmen wir einmal an, Steph hätte erkannt, woher ihre Panik kommt. Dann könnte sie Daniel um die Hilfe bitten, die sie in diesem Moment benötigt: dass er bemerkt, wie sehr ihre Angst sie belastet, und ihr ein wenig davon abnimmt. Und wenn Daniel Bescheid wüsste, wäre ihm klar, dass Stephs Laune wenig mit ihm zu tun hat. Er bräuchte nur zu sagen: »Hallo, Schatz. Danke, dass du hier die Stellung gehalten hast. Ich weiß, die Zeit wird knapp, also gehe ich schnell duschen und sage den Kindern, dass sie sich fertig machen sollen. Wir sind in zehn Minuten unten, okay?« Damit hätte er seiner Frau gezeigt, dass er ihre Gefühle bemerkt und ernst nimmt. Umgekehrt – hätte sie ihm kurz ins Ohr geflüstert: »He, du siehst scharf aus in deiner sexy Radlerhose. Schade, dass ich sie dir jetzt nicht vom Leib schälen kann«, dann hätte ihr Mann sich so richtig männlich gefühlt (auch ohne einen geblasen zu bekommen).

Aber der Salat ist erst halb fertig, Daniel noch nicht mal geduscht, und beide tappen im Dunkeln, was ihre eigene innere Welt angeht. So können sie nichts weiter tun, als sich gegenseitig zu verletzen und einander Vorwürfe zu machen.

## WAS IM DUNKELN LAUERT:
## UNWISSEND, UNFREI, UNVERZINST

Wie Freud uns klargemacht hat, ist ein so großer Teil unseres Denkens im Unterbewusstsein verborgen, dass wir uns selbst kaum kennen, geschweige denn einen anderen Menschen. Unsere Psyche ist vor uns selbst verborgen, genau wie wir unsere inneren Organe nicht mal eben so betrachten können. Aber wenn man jemanden fragt, was sein Partner für Probleme habe, bekommt man eine ganze Liste. Wahrscheinlich kann derjenige nicht erklären, warum diese Verhaltensweisen oder Eigenarten des anderen ihn wahnsinnig machen. Es versteht ja auch keiner von uns, warum wir immer wieder demselben Muster folgen, obwohl wir wissen, dass es uns nicht glücklicher und unsere Beziehung nicht besser macht.

Dass wir nicht wissen, wer wir sind, ist nur eine der Schwierigkeiten auf dem Weg zu mehr Selbsterkenntnis. Eine weitere ist die Unfreiheit: Teile von uns – Landstreicher, Herumtreiber – drücken sich in den Gassen und Kellerlöchern unseres Unterbewusstseins herum und warten nur darauf, unsere Bemühungen um Nähe und ein gutes Leben im Allgemeinen zu sabotieren. Was zum Kuckuck diese obdachlosen Vagabunden da zu suchen haben, fragen Sie? Tja, wir selbst haben sie dorthin geschickt. Sie sind Anteile von uns, mit denen wir nichts zu tun haben wollen, Aspekte unseres Selbst, mit denen wir als Erwachsene kein Wort gesprochen haben. Meistens haben wir sie nicht einmal mehr bemerkt, seit wir sie ins psychische Exil verbannt haben. Sie sind die Waisenkinder unseres Bewusstseins, die sich in uns verirrt haben: unsere Bedürftigkeit, Gier, Einsamkeit, Angst, Selbstsucht – die ganze klägliche kleine Schar unserer Verletzungen.

Und schließlich haben wir auch etwas in die Geschichten investiert, die wir uns jahrelang erzählt haben. Das hat funktioniert, wir sitzen in unserer Komfortzone und scheuen vor Veränderungen zurück. Wir hängen an den Lebensgeschichten, die wir jahrelang im Portfolio hatten, um zu erklären, wer wir sind: »Ich wurde als Kind ausgesetzt, deshalb kann ich niemandem vertrauen.« »Ich habe meine Mutter verloren, als ich noch ganz klein war.« »Mein Vater hat mich geschlagen.« »Mein Vater wollte lieber einen Jungen.« Oft versperren diese Geschichten uns den Weg zu wahrer Nähe in einer Beziehung, weil wir nicht wissen, wer wir sind oder sein könnten, wenn wir sie auflösen.

Als kleine Kinder erlebten wir alle überwältigende Gefühle und Impulse, die uns schreckliche Angst gemacht haben. Dank der Psyche, die auf Überlebensmodus umschaltete, haben wir sie überstanden und uns unbewusste Mechanismen zusammengebastelt, um uns zu schützen und mit anderen auszukommen. Zugleich haben wir den Schmerz aus unserem Bewusstsein verdrängt – wie durch eine Art seelisches Betäubungsmittel. Im Lauf der Zeit werden diese tief verankerten Mechanismen zur Gewohnheit und sind uns erst recht nicht mehr bewusst. Wir widmen ihnen so wenig Aufmerksamkeit wie dem Atmen oder Schwitzen.

Dann nehmen wir diese Gewohnheiten aus der Kindheit nichtsahnend mit in unsere Beziehungen als Erwachsene. Das ist so, als würden wir bei der Gepäckkontrolle am Flughafen behaupten, selbstverständlich keinerlei gefährliche Gegenstände dabeizuhaben – und dann findet das Sicherheitspersonal ganz unten im Handgepäck eine Nagelschere. Die Reste schmerzlicher alter Gefühle werden in Schachteln gestopft und außer Sicht ganz hinten in den Schrank verbannt – und im Gerangel darum, man selbst und zugleich Teil einer Beziehung zu sein, geraten sie ins Rutschen und poltern herunter. Auf einmal erinnert man sich. Leugnen hält nun mal nicht lange, und Beziehungen rütteln unsere Schatten auf. Deshalb gewinnt man durch sie auch so viel Selbsterkenntnis.

Eine Beziehung ist der Weg in unser eigenes Inneres. Sie ist der Schlüssel, der uns diese schwer zugänglichen Rumpelkammern öffnet.

Was können wir also tun? Es gibt nur einen Weg zum Ziel: Entwicklungsarbeit. Bei dieser Arbeit an sich selbst geht es nicht nur darum, sein Innenleben ein bisschen abzustauben. Nein, das ist harte, schmutzige Arbeit. Eine Schufterei, auf die man höchstwahrscheinlich keine Lust hat und um die man sich lieber drückt, obwohl auch das viel Zeit und Mühe kostet. Man nennt sie auch »Schattenarbeit«, denn sie ist wahrhaftig kein Sonntagsausflug. Aber lassen Sie es uns mal so betrachten: Die einzige Konstante, die Sie in Ihre Beziehungen mitbringen, sind Sie selbst. Nähe beginnt mit Ihnen. Wie sich andere verhalten, haben Sie nicht unter Kontrolle – Sie können nur Ihre eigenen Gedanken, Worte und Handlungen kontrollieren. Solange Sie anderen die Schuld an allem geben, was in Ihren Beziehungen schiefläuft, werden Sie wohl ein »Problem mit Nähe« haben. Wenn Sie von »Ich Ärmste(r) bin das Opfer deines Verhaltens« umschalten auf »Ich habe diese Situation mit erschaffen«, dann übernehmen Sie Verantwortung für Ihr Leben und Ihre Beziehung. Und dann kann sich etwas verändern. Erst dann.

Steph und Daniel können nicht auseinanderklamüsern, wer was zu ihrer Beziehung beiträgt. Wenn sie über die Altlasten, den Selbsthass oder die unerwünschten Gelüste des Partners stolpern, brüllt der eine »Das ist deins!«, während der andere behauptet »Nein, das gehört mir nicht. Das ist dein Ding!«. Ohne Selbstreflexion und ohne die Bereitschaft, die gewonnenen Erkenntnisse mit dem Partner zu teilen, entsteht aus unserem Selbst und dem Krempel des Partners nur ein großes Durcheinander. Streitereien werden hässlicher, und Beziehungen bleiben in chaotischem, unbewusstem Wirrwarr stecken.

Man kann bei jemand anderem nur so weit gehen, wie man schon bei sich selbst gegangen ist. Wenn Sie also nur an der Oberfläche Ihrer inneren Welt gekratzt und den Kontakt zu Ihrem Selbstgefühl verloren haben, können Sie auch einen anderen Menschen nur bis in diese Tiefe kennen. Wenn Sie jedoch Ihre eigenen unterirdischen Gänge erkundet haben, auf dem Bauch durch den Dreck gekrochen und tief in Ihr Inneres vorgestoßen sind, dann kennen Sie den Weg. Sie kennen die Umgebung. Sie sind ein erprobter Veteran, und diese emotionale Aufgeklärtheit bringen Sie auch in die Interaktion mit. Also liegt es in Wahrheit ganz bei uns – wie tief wollen wir uns selbst erkennen und den anderen? Das ist eine wunderschöne Partnerschaft: Während Sie jemanden besser kennenlernen, tun sich in Ihnen kleine Risse auf, und wenn Sie die ein bisschen mit dem Meißel bearbeiten, öffnet sich Ihnen schließlich der Weg in Ihr Inneres. Je besser Sie Ihre innere Landschaft kennen, desto weiter werden Sie ins unerforschte Gebiet der Verbundenheit mit Ihrem Partner vordringen können.

Wenn Sie eine Reihe gescheiterter oder schwieriger Beziehungen hinter sich haben, wenn daran immer die anderen schuld sind, wenn der Gedanke daran, sich näher mit der Vergangenheit zu befassen, Sie überfordert und Sie das partout nicht wollen, wenn Sie schnell verletzt sind und alles persönlich nehmen, wenn Sie übertreiben oder aus Mücken Elefanten machen, um Aufmerksamkeit zu bekommen, wenn Sie sich beleidigt und voll Selbstmitleid zurückziehen, weil etwas nicht wunschgemäß läuft, wenn Sie auf Mitleid spielen, sich erdrückt oder eingeschlossen fühlen oder sich langweilen, wenn Ihr Partner Sie nicht versteht und nie für Sie da ist, wenn Sie immer Kompromisse machen oder Ihre Interessen opfern müssen, wenn Sie das Gefühl haben, dominiert und kontrolliert zu werden – dann können Sie daran etwas ändern. Wir alle können unsere innere Unwissenheit überwinden, unsere inneren Geiseln befreien und unsere alten Geschichten abstoßen, obwohl wir so viel in sie investiert haben. Diese Arbeit zu leisten ist ein radikaler Akt der Selbstliebe.

## DIE JUNGE FRAU, DIE IHR TRAURIGES SELBST ZURÜCKLIESS

Es gibt im Zen eine uralte Geschichte von einer jungen Frau namens Ch'ien. Sie war in einen Waisenjungen verliebt, einen entfernten Verwandten, den ihr Vater bei sich aufgenommen hatte. Als ihr Vater Ch'ien mit einem sehr angesehenen Mann verheiraten wollte, der um ihre Hand angehalten hatte, floh sie mit ihrem Liebsten in ein fernes Land. Sie bekamen zwei Kinder. Ch'ien sehnte sich danach, ihren Vater wiederzusehen und ihn um Verzeihung zu bitten, und so kehrte sie, sechs Jahre nachdem sie davongelaufen war, mit ihrem Mann und ihren Kindern nach Hause zurück. Sie klopfte an die Tür, und ein alter Mann öffnete. »Vater!«, rief sie aus. »Ich bin es, deine Tochter. Ich bin zu dir zurückgekommen. Sieh, dies sind meine Kinder.« Der alte Mann sah sie erstaunt an. »Tochter? Das ist nicht möglich. Du bist oben in deinem Zimmer und trauerst seit sechs Jahren um deine verlorene Liebe.« Als ihr Vater das sagte, sah die Tochter sich selbst die Treppe herabsteigen. Sie trug Trauerkleider, und ihr Gesicht war ganz verhärmt. Die beiden Ch'iens gingen aufeinander zu. Sie umarmten sich, traten ineinander ein und wurden zu einer einzigen Person. Ch'ien sagte: »Ich wusste nicht, dass ich zu Hause war. Mir träumte, ich sei mit meinem Liebsten davongelaufen. Doch jetzt weiß ich nicht mehr, welche von beiden wirklich ich war – die Ch'ien, die davonlief, oder diejenige, die zu Hause blieb.«

Wenn diese Geschichte erzählt wird, lautet die Frage stets: »Ch'ien und ihre Seele sind voneinander getrennt. Welche von beiden ist die wahre Ch'ien?«

Und die Antwort lautet: beide. Bei der Arbeit an sich selbst geht es um genau diese Vereinigung. Wenn wir endlich den Teilen unseres Selbst begegnen, vor denen wir davongelaufen sind, können wir sie »annehmen« und in unsere Psyche integrieren. Und das ist noch nicht alles. Indem wir unsere unschönen Teile wieder hereinbitten, erweitern wir unsere Kapazitäten, über unsere Gefühle nachzudenken und sie zu steuern, für uns einzustehen und Verantwortung zu übernehmen und uns in andere einfühlen, mit ihnen mitfühlen zu können. All das kann nur gut für eine Beziehung sein. »Eins mit sich« zu werden bringt tatsächlich Dividenden. Es kann sein, dass diese Teile schwer zusammenzuhalten sind, weil sie sich fast immer widersprechen. Wenn wir eine gute, aufrichtige Beziehung zu uns selbst haben, werden wir wohl ständig über diese Widersprüche verhandeln müssen und oft hin- und hergerissen oder verwirrt sein. Wir brauchen nichts weiter zu tun, als uns dessen bewusst zu werden, dass es sie gibt und wie sie sich auf unsere engsten Beziehungen auswirken. »Widerspreche ich mir selbst?«, fragte Walt Whitman in seinem »Song of Myself«. »Na schön, dann widerspreche ich mir eben – ich bin groß, ich habe Platz für viele.« Die eigenen Fehler und Schwächen neugierig willkommen zu heißen, statt sie in die Abstellkammer oder auf die Gosse hinauszuscheuchen und sie zu verleugnen, ist das Beste, was man tun kann.

Also wird es Zeit, eine »Willkommen zu Hause«-Party für diese verbannten Teile seiner selbst zu organisieren. Sie müssen sich selbst wiederfinden. Dazu müssen Sie zurückgehen, nach innen gehen, in die Tiefe. Um das Rätsel zu lösen, wer Sie sind und warum Sie manchmal in Gewohnheiten und Mustern hängen bleiben, müssen Sie zurück zu der Stelle, wo das Geschehen seinen Anfang nahm. Zurück an den Tatort.

Also steigen Sie in Ihre Gummistiefel und ziehen Sie die Latexhandschuhe über. Wir gehen rein.

# TEIL 2

# WENN WIR ZURÜCKGEHEN

# 5. Erste Liebe

*In meinem Leben habe ich unvorstellbar viele Katastrophen
durchlitten, von denen ein paar sogar eingetreten sind.*

Mark Twain

Wenn Sie sich zum ersten Mal verlieben, haben Sie Ihre
emotionale Jungfräulichkeit längst verloren. Dieser
erste Kuss mit dem Schwarm der Schule oder dem Mädchen
von nebenan war nicht Ihre Initiation. Die liegt da schon lange
zurück. Wenn wir zwei oder drei Jahre alt sind, haben wir
schon eine ziemlich gute Vorstellung davon, wie Liebe funktioniert. Die Gleise für unsere späteren intimen Beziehungen
sind bereits gelegt. Die Liebesgeschichten, die Sie erleben, sind
nicht besonders oder einmalig, sondern Versionen der Liebesgeschichten, die Ihre Familie und Ihre Kultur Ihnen erzählt haben.

Mitch verdreht die Augen gen Himmel, als er das hört. »Jetzt
sagt nicht, dass diese ersten paar Jahre entscheidend seien. Im
Ernst? Ich kann mich überhaupt nicht daran erinnern.«

Erin lächelt und sagt: »Ich hatte eine glückliche Kindheit.
Meine Familie ist erst später zerbrochen, als ich schon ein Teenager war. Und ich meditiere seit einer Weile und erkenne immer
besser, wer ich jetzt bin. Also muss ich mir diese Arbeit nicht
machen, oder?«

Ob wir uns auf infantile Amnesie berufen oder unsere Traumata mit einem fröhlichen Kichern übertünchen, damit wir uns um diese Arbeit drücken können – die Vergangenheit ist noch immer in uns. Wenn wir sie nicht annehmen und bewältigen, unterdrücken wir sie. Sie geht nicht einfach weg. Sie gärt nur vor sich hin und wartet auf einen günstigen Zeitpunkt.

»Wenn ich verkorkst bin, sind also meine Eltern daran schuld, richtig?«, scherzt Mitch.

Es stimmt, dass Ihre Eltern Sie entscheidend geformt haben (Geschwister und weitere Verwandte, Lehrer und andere bedeutende Figuren Ihrer Kindheit nicht zu vergessen). Das Blöde daran ist, dass Sie keine Kontrolle über diese emotionalen Prägungen haben. Sie haben sie eben mitbekommen, genauso, wie Sie mit Ihrem Temperament oder Ihrer biologischen Ausstattung geboren wurden, sei es ein besonders hässliches Paar Ohren oder eine bedauerliche Neigung zu Darmpolypen. Sie sind nicht gefragt worden, als man Ihnen Eltern zugeteilt hat, und Sie haben auch nicht die Möglichkeit, sie umzutauschen, zurückzuschicken oder bei eBay zu versteigern. Aber es hat keinen Zweck, Schuldzuweisungen zu verteilen, Groll zu hegen oder die Geschichte umschreiben zu wollen. Eine detaillierte Liste von Beschwerden über Ihre Eltern wäre vielleicht großartiges Material für eine Autobiographie, aber als unablässig wiederholte Schallplatte in Ihrem Inneren sorgt sie nur dafür, dass Sie sich weiterhin hilflos und verbittert fühlen und sich in der Opferrolle sehen. Sie hält Sie davon ab, in Ihrer Beziehung erwachsen zu werden. Sie müssen alte Konflikte auflösen, Verantwortung für den Menschen übernehmen, zu dem Sie geworden sind, und schließlich – wenn genug Arbeit bewältigt ist – Ihre Eltern vom Haken lassen. Abgesehen von den Psychopathen unter ihnen haben unsere Eltern nämlich bestimmt ihr Bestes getan, so gut sie eben konnten.

Wenn sie uns geschadet haben, dann im Zweifel unabsichtlich und durch ihre eigene miserable Kindheit und ihren stressigen Alltag bedingt.

## WOZU DIE MÜHE?

Wenn es nicht darum geht, sich an den Eltern zu rächen oder sie zu verklagen, warum diesen uralten Kram überhaupt aufrühren? Warum nicht einfach wahre Größe zeigen und alles direkt »vergeben und vergessen«? Und wenn Sie wütend oder sehr traurig sind oder sich verloren fühlen, könnten Sie doch ein Gläschen trinken oder sich eine Massage gönnen …

Na ja, all das haben Sie schon mal versucht, oder? Wie wir alle. Ein bisschen energische Verdrängung und Ablenkung durch Shopping, Promi-Klatsch, Sport, Arbeit, Fernsehen oder sonst etwas, das außerhalb von einem selbst stattfindet. Die Anspruchsvollen unter uns beginnen ein rigoroses Selbsthilfeprogramm mit »Ommm« und »im Hier und Jetzt sein«, damit sie die Sauerei der Vergangenheit auf dem spirituellen Weg umgehen können. Und wir wissen doch alle, wie viel das nützt: Um die Vergangenheit kann man sich nicht drücken, man kann sie nicht abwimmeln oder ignorieren. Sie besteht auf ein persönliches Gespräch. Wenn Sie sich darauf einlassen, stoßen Sie dabei vielleicht auf die Art Erkenntnis, die über Ihr zukünftiges Liebesleben entscheiden kann. Lesen Sie das ganze Buch oder nur das letzte Kapitel? Wenn Sie gleich zum Ende vorblättern, erfahren Sie wahrscheinlich, wer der Täter ist. Allerdings lernen Sie nie die Charaktere kennen und können den eleganten Plot oder die Feinheiten des Stils nicht genießen. Schlimmer noch – Sie wüssten nicht einmal, was Sie verpasst haben.

Selbst spirituelle Traditionen wie der Buddhismus, der das Im-Hier-und-Jetzt praktisch erfunden hat, schicken uns auf Schnitzeljagd in die Vergangenheit, damit wir sie loslassen können. Jeder Augenblick der Gegenwart, sagt der buddhistische Mönch Thich Nhat Hanh aus Vietnam, entsteht aus der Vergangenheit. Und jeder Augenblick der Zukunft beginnt im gegenwärtigen Augenblick. Emotionen haben also ein Geburtsdatum. Unser heutiger Schmerz ist wie durch eine Nabelschnur mit der Vergangenheit verbunden. Wenn Sie sich leicht aufregen, sich verschließen oder auf bestimmte Auslöser unangemessen reagieren, machen Sie sich klar: Ihr Schmerz hat eine Geschichte. Ihre Aufgabe besteht darin, seinen Ursprung zu erkennen. Andernfalls können Sie Ihre Reaktion im Hier und Jetzt nicht ändern. Wenn Sie sich der Vergangenheit nicht offen stellen, folgen Sie nur Ihren Gewohnheiten. Dieser Autopilot-Modus wird von den unbewussten Mustern unserer Vergangenheit gesteuert. Wenn Sie sich Ihrer Vergangenheit stellen, ziehen Sie sie zur Verantwortung, statt Ihre Gegenwart zu zerstören und nicht einmal zu wissen, weshalb.

Es gibt keine Abkürzungen. Wenn Sie es wirklich ernst damit meinen, Nähe zu bewältigen, müssen Sie bei Kapitel 1 anfangen: Ihre frühe Kindheit in Ihrer Familie – diese Jahre, an die wir uns schwer erinnern können. Wenn Sie Zugang zu einem Prolog haben, umso besser. Die Dramen vorheriger Generationen, über die niemand spricht, die Familiensagen und -geheimnisse, die Gespenster und Leichen im Keller, die losen Enden von Ängsten und Wünschen, all das hat sich in Ihr Liebesprogramm eingeschlichen wie ein Computervirus und formt unmerklich Ihre Persönlichkeit.

Einige hatten mehr Glück als andere, aber wir alle haben auf dem Weg von der Kindheit ins Erwachsenenleben Schaden genommen. Nicht genug Luftpolsterfolie, zu viele Schlaglöcher und unabsichtlich achtlose Behandlung. Wenn Ihre Eltern immer müde, abgelenkt, deprimiert oder krank waren und Ihnen nicht die Aufmerksamkeit schenken konnten, die Sie sich so dringend gewünscht haben, könnten Sie daraus schließen: »Ich bin zu anstrengend«, »Ich bin zu empfindlich«, »Ich kann mich nur auf mich selbst verlassen« oder »Ich brauche niemanden«. Waren Sie hingegen zu gut verpackt, erstickend dick eingewickelt, haben Ihre Eltern Sie zu sehr beschützt, folgern Sie daraus vielleicht: »Ich bin dafür verantwortlich, dass andere Menschen glücklich sind« oder »Ich darf mich nie von Menschen trennen, die mich lieben, denn das würde sie vernichten«. Wenn Sie als Baby weinen mussten und niemand Sie getröstet und auf den Arm genommen hat, dann haben Sie gelernt, sich mit allen Mitteln selbst zu beruhigen, sobald Sie Stress haben. Wenn Sie in Ihrer Angst getröstet wurden, sind Sie in der Gewissheit aufgewachsen, dass Sie nicht allein sind und sich auf andere verlassen können. Kinder sind erstaunliche Überlebenskünstler, die sich höchst einfallsreich an ihre Umgebung anpassen. Und dann glauben wir unser restliches Leben lang an diese Fiktion, die wir damals konstruiert haben.

So entstehen die rettenden Narrationen – Geschichten über uns, die wir uns zurechtlegen. Sie helfen uns, die Kindheit seelisch einigermaßen intakt zu überstehen. Doch um zu überleben, mussten Sie Teile von sich selbst abwerfen, die zu sperrig oder zu schwer waren – so, wie Sie zu schwere Schuhe oder eine zu enge Jacke ausziehen würden, wenn Sie schnell wegrennen oder von Bord springen müssten. Wenn Sie Zuwendung und Unterstützung gebraucht hätten (die wir alle brauchen), aber Ihre Bedürfnisse nicht erfüllt wurden, haben Sie diesen bedürftigen Teil von sich fallen lassen oder versteckt. Wie alles, was wir zurücklassen oder vergraben, finden diese Teile trotzdem irgendwann zu Ihnen zurück. Sie tauchen ganz plötzlich auf. Dann tun wir so, als wären sie uns fremd. Ungefähr so: »Himmel, diese Frau vorhin an unserem Tisch hat vielleicht genervt. Sie hat in einer Tour von sich gesprochen. Nur ich, ich, ich. Wie grässlich narzisstisch.«

Wenn Sie sich über andere Menschen ärgern oder aufregen, ist das ein Hinweisschild, das nach innen zeigt. So etwas ist eine kostbare Chance, die eigenen Reaktionen genauer zu betrachten. Vielleicht stellen Sie dann fest, dass da in Wahrheit ein Teil Ihrer selbst an die Tür hämmert, der wieder ins Bewusstsein eingelassen werden möchte. Und genauso lernen wir in Beziehungen etwas über uns selbst. Wie ein Zahnspiegel oder ein Röntgenbild zwingen andere Menschen uns dazu, Aspekte unseres Selbst zu betrachten, die für uns allein nicht sichtbar sind. Doch weil wir diese gefährlichen, unberechenbaren Anteile auf gar keinen Fall wieder hereinlassen wollen, danken wir dem anderen nicht etwa auf Knien dafür, sondern werden wütend auf ihn. Er hat da jemanden eingeladen, ohne uns vorher zu fragen. Also werfen wir lieber die ganze Beziehung weg, samt dem Schlüssel zum persönlichen Wachstum.

Aber irgendwann kommt der Punkt – oft dann, wenn wir furchtbar leiden –, an dem wir ein Muster erkennen und einsehen, dass es vielleicht doch an uns liegt und nicht nur an den anderen. Und wir begreifen, dass wir diese Teile unseres Selbst nicht länger ignorieren können. Die rettenden Narrationen, die uns halfen, als Kinder zu überleben, sind nicht mehr aktuell. Sie sind nicht mehr stimmig. Sie funktionieren nicht mehr.

Sie können sich darauf verlassen, dass der Schmerz Ihrer ganz früh erlittenen Verletzungen sich in Ihren Beziehungen manifestieren wird. Also, zurück zu Mitch. Was ist in seiner frühen Kindheit geschehen? Welche rettenden Geschichten erzählt er sich?

Mitch ist in einer ganz normalen Mittelschichtfamilie aufgewachsen. Sein Vater Trevor hatte eine vielversprechende Sportlerkarriere vor sich, die er jedoch wegen einer Knieverletzung aufgeben musste. Also kaufte er eine Bäckerei und heiratete bald danach Connie, eine Freundin seiner jüngeren Schwester. Connie war gepflegt und klug und arbeitete als Personalleiterin in einem kleinen Unternehmen. Sie liebte die Unabhängigkeit, die der Beruf ihr verschaffte – niemals wollte sie enden wie ihre Mutter, die nicht einmal die Schule abgeschlossen, sondern vier Kinder großgezogen hatte und in Depressionen versunken war, sobald das letzte Kind zu Hause ausgezogen war.

Trevor war ein stiller, nachdenklicher Mann, der um drei Uhr früh aufstand, um zu backen, und erst abends mit dem Papierkram fertig war. Als Connie nach zwei Jahren Ehe schwanger wurde, nahm sie sich beruflich eine Auszeit und hoffte, dass sie recht bald ein zweites Kind bekomme, damit das erste einen Spielkameraden hätte. Sie brachte Kayla zur Welt, die häufig unter Koliken litt und immer schwer zu beruhigen war. Trevor war selten zu Hause, und Connie strampelte sich ganz allein ab. Ihr Selbstbewusstsein als kompetente, tüchtige Frau wankte. Sie wollte nie so werden wie ihre eigene, depressive Mutter, also löste sie diesen inneren Konflikt dadurch, dass sie ihren Zustand zum hormonell bedingten »Baby Blues« erklärte. Das geht bald vorbei, sagte sie sich. Niemand brauchte zu erfahren, wie verzweifelt und allein sie sich mit ihrem neugeborenen Baby fühlte, das ihr doch eigentlich eine große Freude sein sollte. Je stärker das Gefühl wurde, die Kontrolle über ihr anfälliges Baby zu verlieren, desto härter hatte sie mit der Ambiguität und Unberechenbarkeit des Mutterseins zu kämpfen. Sie sehnte sich nach ihrem hübschen Büro mit einem Stapel Arbeit auf dem Tisch und ihrer To-do-Liste mit der befriedigenden Spalte von »Erledigt«-Häkchen am Ende der Woche. Doch sie riss sich zusammen, ließ sich nichts anmerken und tat, was getan werden musste.

Kayla blieb ein »schwieriges« Kind – sie brauchte Mittelohrdrainagen und entwickelte eine Laktoseintoleranz. Die ständig wechselnden Bedürfnisse ihres Kindes brachten Connie an den Rand ihrer Kräfte. Und als sie dann endlich das Gefühl hatte, wieder ins Gleichgewicht zu kommen, stellte sie fest, dass sie erneut schwanger war. Eines Abends weinte sie allein im Bad vor sich hin, schämte sich zutiefst dafür und hätte gar nicht erklären können, warum sie eigentlich weinte. Zusätzlich zu Kaylas Trotzanfällen musste sie nun eine chronische Morgenübelkeit ertragen.

Mitch kam zehn Tage vor Kaylas zweitem Geburtstag zur Welt. Connie sah Trevor nur ein einziges Mal im Leben weinen – am Tag von Mitchs Geburt. Er küsste seine Frau auf die Stirn und erklärte, sie habe ihn zum glücklichsten Mann der Welt gemacht.

»Da hast du ja ein tolles Geburtstagsgeschenk bekommen – einen kleinen Bruder!«, jubelten Tanten und Großeltern auf Kaylas Geburtstagsparty. »Will aber ein Hündchen«, jammerte Kayla.

Trevor nahm sich eine Woche frei, um sich um Frau und Sohn zu kümmern. Connie genoss die Aufmerksamkeit und Unterstützung ihres Mannes und war optimistisch, dass sie mit dem neuen Baby leichter wieder zu einem festen Tagesablauf finden würde. Mitch wirkte so viel ruhiger und »einfacher« als Kayla damals, und das Stillen klappte gut.

Doch nach dieser einen Woche ging Mitchs Vater wieder zur Arbeit, und Kayla, die nach der Aufmerksamkeit ihrer Mutter gierte, jammerte, weinte und begann erst recht zu toben, wenn sie ihren Willen nicht bekam. Einmal versuchte Connie, sie zu beruhigen, aber das kleine Mädchen riss sich los und trat ihr dabei unabsichtlich gegen die Brust. Am nächsten Tag schwoll Connies Brust an, und sie bekam eine Brustdrüsenentzündung, die das Stillen unerträglich schmerzhaft machte. Sie verzerrte das Gesicht, sobald Mitch zu saugen begann, und konnte ihm dabei kaum in die Augen sehen. Manchmal weinte sie dabei, und ihre Tränen tropften auf sein Gesicht. Wenn er schrie, weil er sich nicht wohl fühlte oder Hunger hatte, reagierte sie nur langsam und musste sich ernsthaft dazu überwinden. Mitch war ein großes kräftiges Baby und immer hungrig, und das ursprünglich so ruhige und »einfache« Kind begann zu quengeln und zu jammern.

Connie war entsetzt – »eine zweite Kayla« war einfach zu viel. Sie wechselte Mitchs Windeln so hastig, dass sie dabei manchmal ein bisschen grob mit ihm umging. Gelähmt von ihrer Depression und kraftlos, weil die anstrengende Kayla ihr sämtliche Energiereserven raubte, war sie außerdem zu müde, um mit Mitch zu kommunizieren, zu spielen, seine Entwicklung zu stimulieren. Wenn Trevor abends endlich nach Hause kam, zog sie sich in passiv-aggressives Schweigen zurück und schmollte den ganzen Abend lang.

So verliefen die ersten paar Monate von Mitchs Leben. Zwar heilte die Brustdrüsenentzündung bald aus, und Connie ging es auch psychisch etwas besser, aber es blieb das Gefühl, dass sie nichts mehr geben konnte. Mitch war weniger fordernd und anspruchsvoll als seine Schwester, also war er derjenige, bei dem Connie Abstriche machen konnte. Sie beachtete ihn viel weniger und tat nur das Allernötigste. Sie ließ Mitch oft stundenlang weinen, und seine Gefühle flatterten ihm davon wie eine Schar

Tauben, die sich in einem emotionalen schwarzen Loch verloren.

An einen bestimmten Vorfall erinnert er sich nicht, aber Connie sehr wohl – als er achtzehn Monate alt war, bedeckte Kayla ihn von Kopf bis Fuß mit Kuscheltieren. Als Connie das Zimmer betrat, sah sie das dreieinhalb Jahre alte Mädchen auf einem großen Haufen Teddybären und Plüschdinos liegen. »Wir kuscheln alle mit dem Baby«, erklärte Kayla, und erst jetzt begriff Connie, dass Mitch irgendwo unter diesem Haufen liegen musste. Als sie ihn herauszog, war er noch bei Bewusstsein, aber vollkommen starr, und er atmete nicht. Einen unendlichen, entsetzlichen Augenblick lang glaubte sie, er könnte nicht mehr atmen, doch dann hob sich seine Brust, und er schnappte japsend und keuchend nach Luft. Connie brach in Tränen der Scham und Erleichterung aus.

Das Verhältnis zwischen Kayla und Mitch wurde im Lauf der Jahre besser – sie versuchte zumindest nie wieder, ihn umzubringen. Doch dieser Waffenstillstand hielt nur, solange Mitch sich im Hintergrund hielt und der stille, brave kleine Bruder blieb, der seiner großen Schwester nicht das Rampenlicht streitig machte. Für ihn war es eine große Erleichterung, als Kayla später ihre Begabung fürs Turnen entdeckte. Ihr Ehrgeiz und ihr Drang nach Wettkampf galten nun dem Sport und sorgten dafür, dass sie viel trainierte und selten zu Hause war. Im Laufe der Zeit gewann Connie einen Teil ihres früher so schwungvollen Selbst zurück, vor allem, seit sie wieder in Vollzeit arbeitete. So wurde Mitch mit acht Jahren zum Schlüsselkind, das von der Schule kam, sich selbst etwas zu essen machte und dann, wenn es kein Fußballtraining hatte, allein den Ball gegen die Garagenwand kickte. Ab und zu blickte er die Straße entlang in der Hoffnung, dass sein Vater bald nach Hause kommen und nicht zu müde sein würde, um noch ein bisschen mitzuspielen.

Ob Mitch sich daran erinnert oder nicht, diese frühen Monate und Jahre seines Lebens haben ihn entscheidend geprägt. Und sie können uns eine Menge darüber verraten, wie er sich in einer Beziehung mit jemandem wie Erin verhalten wird.

Die Psychoanalyse erklärt uns das Geschehen folgendermaßen: Wenn ein Baby schreit, weil es Angst hat oder sich unwohl fühlt, projiziert es seine Gefühle hinaus in die Welt, und damit sie gelindert werden können, müssen sie aufgenommen werden (in der Psychologie spricht man von Containing). Wenn sich eine Mutter fragt: Was braucht mein Baby? Was empfindet es gerade jetzt? Was muss ich tun, um es zu beruhigen?, dann empfängt sie diese nach außen projizierten Gefühle – sie will dahinterkommen, was ihr Baby fühlt. Wenn sie das Baby dann füttert oder wickelt oder tröstet, explodiert bei ihrem Kind auf der psychischen Ebene ein Feuerwerk, denn es hat erlebt, dass jemand anderes

- die Gefühle überlebt hat, die für das Baby selbst unerträglich waren,
- sie nicht mit den gleichen Gefühlen erwidert hat (keine Vergeltung oder Strafe),
- sein Unwohlsein aufgenommen und darüber nachgedacht hat.

Wenn das schlimme Gefühl gelindert wird, lernt das Baby einen ziemlich raffinierten psychologischen Kniff, den man Introjektion nennt. Es erschafft in sich selbst eine Vorstellung, ein geistiges Abbild einer Figur, die schwierige Gefühle bewältigen kann. Wiederholt sich diese Erfahrung oft genug, entsteht der Eindruck, dass diese Figur (die Unwohlsein beseitigen kann) nicht nur außerhalb des Babys, sondern auch in ihm ist. Und so lernen menschliche Wesen, mit Schmerz, Angst, Panik und Kummer umzugehen: Indem jemand anderes das für uns und mit uns tut, wenn wir noch kaum den Kopf heben können. Schließlich entwickeln wir die Fähigkeit, unsere Emotionen selbst zu regulieren, statt sie auszulagern, damit jemand anders das für uns regelt. Grob gesagt, wir lernen, Disstress zu »bewältigen«. Wir sehen etwas da draußen, wir erleben, wie es sich anfühlt, und nach einer Weile können wir es in uns selbst reproduzieren. Schmerzliche oder unangenehme Gefühle auszuhalten lernen wir genauso wie die Sprache unserer Eltern – durch Imitation. Mütter und Väter müssen im Containing nicht perfekt sein, aber wenigstens so gut, dass ihre Kinder diese Erfahrung machen können. Das nennt man dann »ausreichend gute Eltern« – ein Begriff, den Psychologen verwenden und der nicht zweitklassig bedeutet, sondern eben ausreichend, nicht perfekt.

Wenn in diesen aufregenden ersten Monaten jemand für uns da war, der unsere Gefühle angemessen auffangen konnte, fällt es uns viel leichter, unangenehme Emotionen zu verarbeiten. Der »Container« vermittelte uns Sicherheit. Im Verstand eines Babys sieht das ungefähr so aus:

Disstress + Mama (Container) = Erleichterung

Schön für diejenigen von uns, die so einen Container hatten. Aber was, wenn unsere Mutter nicht das war, was die Psychoanalytikerin Gianna Williams als konkav bezeichnet (also etwas, das aufnehmen kann), sondern konvex – was bedeutet, dass unsere Emotionen einfach zu uns zurückprallten? Dann sieht die psychische Gleichung so aus:

Disstress + zurückgespiegelter Disstress = Vernichtungsangst

94

Dies kann sich tatsächlich anfühlen wie der Weltuntergang. Kleinkinder denken »magisch« – sie können Phantasie nicht von Realität unterscheiden. Sie erleben Feindseligkeit als sehr gefährlich und zerstörerisch. Ein zornig brüllendes Baby ist also auch ein sehr verängstigtes Baby, denn es hat das Gefühl, dass seine ganze Welt, seine Existenz bedroht ist. Solche Gefühle kann niemand ertragen. Also tun Kinder, die sich häufig verlassen fühlen, was sie nur können, um diesen Zustand des »Außer-sich-Geratens« zu vermeiden. Sie trennen diesen Teil ihres Selbst von sich ab, so ähnlich wie der Bergsteiger Aron Ralston, der 2003 in Utah verunglückte. Seine Hand wurde unter einem Felsbrocken eingeklemmt, und er amputierte sie schließlich mit seinem Taschenmesser, um sich zu befreien. Als Kinder schneiden wir Teile unseres emotionalen Selbst ab, um zu überleben.

Mit einer Mutter, die eher konvex als konkav war, erfuhr Mitch nicht genug Containment. Ohnehin musste er immer mit Kayla um die Aufmerksamkeit seiner Mutter konkurrieren, und als zweites Kind mit einer anstrengenden älteren Schwester bekam er davon weniger, als er gewollt oder gebraucht hätte. Als Connie während ihrer Brustdrüsenentzündung beim Stillen das Gesicht verzerrte, assoziierte Mitch die Befriedigung seiner Grundbedürfnisse mit Schmerz und Gereiztheit seiner Mutter. Sie war nie ganz präsent, weil sie leer und depressiv war. Meistens hatte er wahrscheinlich das Gefühl, dass sie gleich gehen würde oder nur halb da war. Wenn sie nur langsam auf seine Bedürfnisse reagierte, was bedeutete das für Mitch, wenn er dringend etwas brauchte? Sie versuchte, das Stillen »möglichst schnell hinter sich zu bringen«, und ging manchmal etwas grob mit ihm um – und Mitch, der sich allmählich entwickelte, blieb nichts anderes übrig, als sich um die einzige Allmacht in seinem Leben herum zu formen. Ohne Stimulation von seiner erschöpften Mutter konnte Mitch nur an die Decke starren und sich in den Schlaf weinen. Babys sind stumme Zeugen der Dynamik, die sie umgibt, doch sie haben keine Möglichkeit, sie zu verarbeiten oder zu begreifen.

Mitchs Mutter tat das natürlich nicht absichtlich, aber sie muss ihm als Baby vermittelt haben, dass sie seine Bedürfnisse oder Gefühle nicht überleben konnte, weil sie viel zu intensiv waren. Der Container war angefüllt mit seinem eigenen Leid und hatte kaum noch Platz für Mitchs Projektionen. Also hat Mitch vermutlich gelernt zu überleben, indem er immer weniger Raum einnahm, keinen großen Lärm machte oder zu viel forderte. Seine Bedürftigkeit, seine dringenden Impulse und seine Anspannung vergrub oder verleugnete er. Er entwickelte eine bestimmte Persona: Mitch, den »stillen, schüchternen Typen«. Wer dem erwachsenen Mitch begegnet, schätzt ihn wahrscheinlich als zurückhaltend und introvertiert ein. Wenn wir Mitch sagen würden, dass in ihm eine kleine Kayla steckt, die kreischend verlangt, endlich herausgelassen zu werden, würde er uns zum Teufel schicken.

## DAS FLÜSTERN DER VERGANGENHEIT

»Ja, aber«, könnten Erin und Mitch jetzt einwenden, »was können wir da jetzt noch tun? Wir erinnern uns kaum an unsere frühe Kindheit.«

Viele Leute können sich an überhaupt nichts erinnern, was sie vor ihrem vierten Lebensjahr erlebt haben. Die meisten haben nur eine Handvoll Erinnerungen aus der Zeit, bevor sie sechs oder sieben waren. Und dabei handelt es sich oft nur um die Erinnerung an eine andere, ursprüngliche Erinnerung, die wahrscheinlich von vornherein eine verzerrte Wahrnehmung der

Realität darstellte. Was Verwandte Ihnen erzählen, kann nützlich sein, aber womöglich beginnen Sie mit dieser Arbeit erst, wenn Ihre Eltern schon verstorben sind. Oder Ihr Verhältnis zu Ihren Eltern oder Geschwistern lässt es nicht zu, sich mit ihnen hinzusetzen und sie ausgiebig nach diesen ersten Jahren auszufragen. Außerdem wären auch ihre Geschichten und Erinnerungen unvollkommen, widersprüchlich, eingefärbt von ihren eigenen Überlebensmechanismen. »Die Wahrheit ans Licht bringen« (falls es die überhaupt gibt) werden Sie also wohl nicht, aber das ist nicht schlimm. Sie brauchen nur so viel von der Vergangenheit zu wissen, wie für Ihre Erfahrungen in der Gegenwart wichtig ist und Ihnen hilft, sich selbst klarer zu erkennen und erwachsener zu werden.

Sie können mit allen Geschichten arbeiten, die Sie geerbt haben, und mit so viel oder so wenig Information, wie Sie bekommen können. Zum Glück gibt es andere Möglichkeiten, der Vergangenheit auf die Spur zu kommen. Archäologen und Paläontologen untersuchen Artefakte, Fossilien, Bodenproben und Spurenelemente oder Strukturen, um herauszufinden, was vor Tausenden oder Millionen von Jahren geschah. Sie finden Spuren in Ihrem Inneren, Hinweise darauf, wie Sie Ihre früheste Kindheit erlebt und sich Ihrer Umgebung angepasst haben. Neurologische Bahnen und Strukturen im Gehirn werden schon vor der Geburt angelegt; da die grundlegendsten dieser Strukturen sich verfestigen und Veränderungen widerstehen, gibt Ihr jetziges Verhalten Ihnen auch Hinweise darauf, was in Ihren ersten Jahren geschah. Ihre Beziehung zu Ihrem Partner – oder die Schwierigkeiten, einen Partner zu finden – wirft ein Licht auf die Dynamik, deren Bedingungen Sie sich anpassen mussten. Ihre Verletzungen scheinen in Ihrer engsten Beziehung auf wie geheime Botschaften, die in unsichtbarer Tinte hinterlassen wurden.

Die Buddhisten sagen, dass die Geschichte uns zwar beeinflusst, aber letztendlich ebenso eine Illusion ist wie die Zukunft. Wir haben nur das Jetzt, diesen Augenblick. Wenn wir nicht an den Tatort zurückkehren können, um ihn zu untersuchen, arbeiten wir eben mit dem Geflüster unserer persönlichen Geschichte. Es ist in den Mustern unserer Beziehungen auszumachen, in den »Knöpfen«, die unser Partner bei uns drückt. Unsere Aufgabe besteht darin, Ungeduld, Wut, Distanzierung oder Gefühle des Verlassenseins im Hier und Jetzt wahrzunehmen und ihnen mit Achtsamkeit und Mitgefühl zu begegnen. Die Teile von uns selbst zu lieben, die so wenig Liebe bekommen haben.

Wenn unsere Reaktionen also schon im Säuglingsalter entstehen, wie können wir sie jetzt verändern? Man kann die Geschichte nicht neu entwerfen, aber wir würden dieses Buch nicht schreiben, wenn Menschen sich nicht verändern könnten. Wir können das. Doch je eingefahrener ein Reaktionsmuster ist, desto schwerer fällt es uns, es zu verändern, genau wie ein Raucher, der seit zehn Jahren qualmt, sich mehr anstrengen muss, um damit aufzuhören, als jemand, der erst letzten Monat damit angefangen hat.

Wir brauchen Mitgefühl – nicht nur mit unseren allzu menschlichen Eltern oder anderen Bezugspersonen, sondern auch mit uns selbst. Alle Liebesbeziehungen sind verdammt schwer und stellen uns auf die Probe. Aber es hat ja auch niemand behauptet, dass es ganz einfach sein würde, oder? Beziehungen sind Brutkästen unserer Menschlichkeit. Zu wissen, wer wir sind und wie wir Liebe (oder einen Mangel an Liebe) zum allerersten Mal erfahren und erlebt haben, erhöht unsere Chance, die Narration vom »mittleren Kind«, vom »einsamen Einzelkind« oder vom »überlebenden Kind« allmählich loszulassen. Vielleicht verstehen wir unsere eigene Ungeduld als Erwachsene besser, wenn wir erkannt haben, dass wir als Kind ständig gehetzt und dazu gezwungen wurden, zu schnell erwachsen zu werden. Und statt uns selbst wegen unserer Ungeduld zu hassen, erlauben wir uns, jetzt Tempo rauszunehmen. Die Verletzungen der Vergangenheit wollen nur, dass wir ihre Gräber besuchen und ihnen die letzte Ehre erweisen. Wir müssen keine Grabsteine mit in die Zukunft schleppen. Wir können einfach ein paar Blumen niederlegen und weitergehen.

# 6. Im Dreieck

Mitch ist ja nur die eine Hälfte der Geschichte. Was ist mit Erin? Wie wird ihre Vergangenheit sich in der Beziehung zu Mitch auswirken?

## WAS ERIN ERLEBTE

Bei Vince, einem gutaussehenden Orthopäden und Chirurgen frisch von der Uni, und Trish, einem Model Anfang zwanzig, war es Liebe auf den ersten Blick. Er war klug und witzig. Sie hatte ein ansteckendes Lachen, flammend rotes Haar und grüne Katzenaugen. Beide troffen nur so vor Charme und Charisma.

Ihre Hochzeit war einen Bericht im Gesellschaftsteil wert. Man brauchte nur einen einzigen Blick auf die beiden zu werfen, um zu erkennen, wie ärmlich die eigene Beziehung daneben aussah. Trish gab die großen Laufstege bald auf und modelte Umstandsmode. Eine Woche nach Erins Geburt – eine schnelle, saubere Operation, die einer von Vince' Kollegen durchführte – stand sie mit ihrem neugeborenen Baby vor der Kamera und posierte für Fotostrecken zu Artikeln in diversen Frauenzeitschriften. Wenn Trish zwischen Mutter-Kind-Gruppen, musikalischer Früherziehung und Babyschwimmen mal einen Moment Zeit hatte, rief sie Vince an, um ihm zu erzählen: »Ich habe so einen süßen Bikini für sie gefunden«, oder: »Sie hat sich ganz allein aufgesetzt, das hättest du sehen sollen!« Als Erin neun Monate alt war, ging Vince nicht nur wegen seiner Pflichten im OP nicht mehr ans Telefon. Er hörte ja gern etwas über sein kleines Mädchen, aber er war ein vielbeschäftigter Mann, und Trish verstand offenbar die Worte »Mach es kurz, Liebling« nicht.

Kurz vor Erins erstem Geburtstag meldete Trish sie bei einem »Beautiful Baby«-Wettbewerb an. Zu gewinnen gab es ein Fotoshooting und die Chance, als Gesicht einer neuen Windel groß rauszukommen. Erin wurde von einem blonden Baby mit blauen Augen ausgestochen, eine Ungerechtigkeit, die Trish noch jahrelang ärgerte. Ihnen blieb nur das Bild von Erin, auf dem sie mit rosa Schleife im Haar in einem Picknickkorb saß. Es hing gerahmt im Wohnzimmer.

Trish war unübertroffen darin, den Haushalt zu managen, Erin eine engagierte Mutter zu sein und obendrein Dinnerpartys für Vince' Vorgesetzte, Kollegen aus dem Ausland und hin und wieder ihre Freundinnen aus der Modewelt zu organisieren. Vince nahm an internationalen Ärztekongressen teil und eignete sich stets die aktuellsten medizinischen Verfahren an. Wenn er verreist war, nahm Trish Erin mit in ihr riesiges Doppelbett, um nicht so allein zu sein. Im Dunkeln flüsterte sie Erin zu, dass sie ihr kleiner Schatz sei, etwas ganz Besonderes, und dass Trish sie mehr liebe als alles auf der Welt. Wenn Vince dann nach Hause kam, ging er als Erstes zu seiner »kleinen Prinzessin«, um ihr seine Geschenke zu bringen. Doch zum Schlafen wurde Erin wieder in das Kinderbett in ihrem Zimmer gebracht, wo sie weinte und jammerte, bis ihre verärgerte Mutter in der Tür erschien. »Mit bösen Mädchen kuschelt niemand«, schalt sie, oder: »Dein Gesicht bleibt für immer so hässlich, wenn du nicht aufhörst zu weinen.« Und Erin verkroch sich verwirrt in ihrem Bettchen, allein und verlassen.

Als einer der Pioniere einer neuen Operationstechnik war Vince bei Kongressen ein gefragter Redner, der immer gern eingeladen wurde. Außerdem beschloss er, jedes Jahr zwei Wochen lang ehrenamtlich irgendwo in der Dritten Welt zu arbeiten. Trish war stolz auf seine Erfolge und ließ sich keine Gelegenheit entgehen, mit ihrem brillanten Mann zu prahlen, aber sie gewöhnte sich nie daran, dass er so oft verreiste. »Warum lässt du mich allein? Ich brauche dich. Ich bin so einsam ohne dich«, warf sie ihm weinend vor. »Du brauchst mich nicht, und du hast doch Erin«, erwiderte Vince seufzend, während er mit der Auswahl der passenden Krawatte rang. »Passt die gestreifte besser zu dem dunkelblauen Hemd oder die getupfte hier?« Trish wandte sich ab und sagte zu Erin: »Du gehst nicht einfach weg und lässt Mummy allein, nicht wahr, mein Schatz?«

Sobald Vince dann von seiner Reise wieder zurückkam, wurde Erin weggeschickt und sollte allein spielen. Ihre Eltern gingen ins Schlafzimmer und schlossen sie aus. Manchmal setzte sie sich davor, ganz still, und zupfte am Teppichboden oder kratzte leise mit den kleinen Fingernägeln über die Maserung der Tür.

Solange Vince weg war, redete Trish ständig mit Erin über ihn. »Ich gehe heute zum Friseur, damit ich besonders hübsch aussehe, wenn dein Daddy nach Hause kommt. Was meinst du, bin ich schön genug für Daddy?«, fragte sie zum Beispiel. Oder: »Glaubst du, in ihrem neuen Kleid wird Mummy deinem Daddy gefallen?« Erin kannte die richtigen Antworten. »Ja, Mummy. Du bist die Allerschönste im Land. Du wirst Daddy am besten gefallen.«

Vince war fast nur noch unterwegs. Wenn er dann nach Hause kam, wurden die Streitereien immer heftiger und die Geräusche aus dem Schlafzimmer immer lauter. Eines Nachts hörte Erin Trish schluchzen: »Ich will unbedingt noch eines. Bitte, Vince, ich wünsche es mir so sehr.« Als Erin viereinhalb war, kam ihr kleiner Bruder Rob zur Welt. Die wenigen Familienferien wurden normalerweise um Vince' Kongresse herum organisiert. Die letzte dieser Reisen ging nach Barcelona, wo er einen Vollzeit-Babysitter engagierte, der sich um die Kinder kümmerte, während er und Trish die Stadt erkundeten oder am Pool des Hotels saßen und Cocktails tranken. Zwischendrin entschuldigte Vince sich immer wieder, um »berufliche« Telefonate zu führen.

Einen Monat nach diesem Urlaub in Barcelona griff Trish zum Telefon, um ihre Mutter anzurufen, und hörte, wie Vince in seinem Arbeitszimmer auf der anderen Seite des Hauses mit einer Frau sprach, die er »Süße« nannte. Trish hatte er nie so genannt, nicht ein einziges Mal.

Vince zog aus. Sechs Monate später folgte die hässliche Scheidung des schönen Paares. Trish behielt das Haus und die Kinder.

Nachdem Vince ausgezogen war, schlief Erin bei ihrer Mutter im Bett, bis dieser Platz von einer Reihe neuer Freunde besetzt wurde. Die brausten in Trishs Leben hinein und wieder hinaus, stets begleitet von den entsprechenden Dramen. Erin entwickelte ein hervorragendes Gespür dafür, wann die neueste Affäre ihrer Mutter zu kränkeln begann, und sparte extra für diese Gelegenheiten ihr Taschengeld auf. Davon kaufte sie dann Trish einen Blumenstrauß im Laden an der Ecke. Sie wurde zur kleinen Vertretungsmutter für ihren Bruder Robert und brachte sich selbst bei, wie man Nudeln kocht und Rührei macht. Trish saß oft in ihren hochhackigen Schuhen auf der Veranda, ein Glas Wein in der Hand, sah Erin dabei zu, wie sie die Blumen im Garten goss oder den Müll rausbrachte, und rief: »Was würde ich nur ohne dich tun?«, oder: »Du bist das Beste, was dein Vater mir je geschenkt hat.«

Als Erin im Teenageralter die ersten Einladungen zu Partys bekam, wurde ihr Verhältnis zu Trish angespannter. Trish um Erlaubnis zu bitten, am Samstagabend mit Freundinnen auszugehen, wenn Trish gerade einmal keinen Freund hatte, war eine Tortur. »Und mit wem soll ich mich dann unterhalten?«, fragte Trish häufig. »Ich weiß nicht, Mum. Leih dir doch eine DVD aus oder so«, schlug Erin vor. Wenn Erin dann gehen wollte, lag Trish im Bett mit einem Eisbeutel auf der Stirn, gegen ihre »Migräne«. »Bringst du mir bitte ein paar Schmerztabletten und ein Glas Wasser?«, stöhnte sie. Im Laufe der Zeit lernte Erin in hundert Varianten zu lügen und zu gehen. Hundert Möglichkeiten, ihrer Mutter weh zu tun. Hundert Möglichkeiten, eine furchtbar schlechte Tochter zu sein.

## WARUM DAS WICHTIG IST –
## EIN DREIECK BILDEN

Erin würde sich selbst als »fröhlich, lebhaft und dynamisch« beschreiben, und genau das ist Mitchs erster Eindruck von ihr. Ihre Familiengeschichte zeigt uns, dass sie ein »einfaches« Baby war und der absolute Liebling ihrer Mutter. Zu behaupten, dass sie von ihren Eltern geliebt wurde, wäre ein wenig untertrieben. Sie sagt selbst, dass sie als Kind sehr verwöhnt und stets daran erinnert wurde, wie hübsch und besonders sie war. Erst als Teenager sah sie ihre glückliche Welt auseinanderfallen.

War das nicht mindestens »ausreichend gut«? Sollte das nicht eine hervorragende Grundlage für zukünftige Beziehungen sein?

Tja – Erins Problem ist, dass sie nie eine gesunde Dreiecksbeziehung erlebt hat.

»Dreiecksbeziehungen« haben bedauerlicherweise einen schlechten Ruf, weil wir sie als Erstes mit peinlichen Orgien und schmierigen Pornos assoziieren. Intimität ist aber ein exklusiver

Club nur für Pärchen. Das Duo sticht üblicherweise das Trio aus, was sowohl sinnvoll als auch mathematisch sauberer ist: In einem Paar ist niemand ausgeschlossen. Doch wenn es darum geht, unsere Fähigkeiten in Sachen Nähe und Intimität zu entwickeln, muss jeder lernen, wie es ist, das fünfte Rad am Wagen zu sein.

Wenn Sie an Ihre wilde Jugend zurückdenken, bedauern Sie vielleicht, dass Sie nie eine Dreierbeziehung hatten (und fühlen sich deshalb schon ausgeschlossen). Aber glauben Sie es uns ruhig: Doch, Sie hatten eine, erinnern sich nur nicht daran. Nicht, weil Sie betrunken oder »stoned« waren, sondern noch ganz klein. Und die Erfahrung war wahrscheinlich nicht angenehm.

Wenn wir als Babys schon sprechen könnten, würden wir der Welt etwas von tiefstem Kummer erzählen. Sobald das Universum, das nur aus der Dyade Mama & ich besteht, auseinanderfällt, verändert sich alles. Wir erkennen, dass es da draußen noch mehr Entitäten gibt. Andere große Menschen. Andere kleine Menschen. Menschen, die kommen und gehen. Nichtmenschliche »andere«: Arbeit (Mum geht und bleibt stundenlang weg), Krankheit (Mum hat keine Kraft) und was sonst noch alles (Opa hat einen Schlafanfall erlitten, das Geld reicht nicht für die Miete, eines der anderen Kinder muss ins Krankenhaus), Mums eigenes Leben (Yoga-Kurse, Tennis, Arzttermine, zu denen sie kein Baby mitschleppt). Diese unumkehrbare Erkenntnis tut weh und führt uns zu den Anfängen des Selbst. Wir werden mit Dreierbeziehungen konfrontiert. Unsere Welt hat sich radikal gewandelt. Statt »Alles dreht sich um mich« heißt es jetzt »Und was ist mit mir?«, und wir stürzen in den Abgrund der Trennungsangst.

Erin wurde in ein Dreieck aus Mutter–Vater–Baby hineingeboren. Es gibt darin zwei Verbindungen, die sie einschließen (sie und Dad, sie und Mum) und eine (die zwischen Mum und Dad), die sie ausschließt. Dieses Arrangement gibt es in zahllosen Varianten – von gleichgeschlechtlichen Elternpaaren bis hin zu Alleinerziehenden, von der Familie mit nur einem Kind bis zu großen oder Patchwork-Familien. Die Konfiguration unterscheidet sich vielleicht, aber das Prinzip bleibt gleich: Ein Baby muss sich mit der Tatsache arrangieren, dass es ein Teil mehrerer Dreierbeziehungen ist und manchmal ausgeschlossen und isoliert sein wird. So erlebt sich jedes Kind zum ersten Mal als Zuschauer statt als Teilnehmer. Es beobachtet nur. Und nur durch diese Triangulierung lernen wir, dass:

- unsere Eltern eine Beziehung miteinander haben,
- wir in einer Beziehung zu jedem Elternteil stehen,
- andere uns von außerhalb einer Beziehung betrachten können.

Introjektion ist entscheidend dafür, wie Sie lernen, Ihre Gefühle zu regulieren. Eine Bezugsperson fängt Ihr Unwohlsein auf, hält es aus, denkt darüber nach und setzt es in Worte oder Taten um, die Ihnen Erleichterung bringen. Und Sie erschaffen eine Kopie dieser Figur, die mit schwierigen Gefühlen umgehen kann, in sich selbst. Genauso wichtig ist diese Erfahrung, dass es einen außenstehenden Beobachter gibt, damit Sie einen inneren Beobachter schaffen können.

In der Psychoanalyse bezeichnet man die Ausprägung dieser Fähigkeit, andere zu beobachten und zu begreifen, dass man selbst beobachtet wird, als dritte Position. Wir werden den Begriff hier ebenfalls in diesem Sinn verwenden, aber wir werden ihn auch ausdehnen auf eine Strategie, die Menschen nutzen können, um Nähe zu fördern. Damit meinen wir ein psychologisches Manöver, bei dem wir mit mehreren Perspektiven zugleich jonglieren: dem eigenen Blickwinkel, dem Blickwinkel des anderen (Empathie) und der Vogelperspektive, aus der wir unsere Interaktionen beobachten können. So sind wir in der Lage, jemanden anzuschreien und gleichzeitig zu denken »Ich bin aber gerade nicht besonders nett« – so, wie ein Mensch, der uns beobachtet, unser Verhalten vielleicht wahrnehmen würde. Das ist die Fähigkeit, die uns erlaubt, den ganzen Elefanten zu sehen, samt den Blinden, die ihn abtasten.

## WIE EINE »POSITIVE VERLETZUNG« BEI DER LOSLÖSUNG HILFT

Es ist schwer genug, ein Stück Käsekuchen oder einen Eimer Popcorn teilen zu müssen. Noch viel schwerer ist es, jemanden zu teilen, den man liebt. Als sich in Ihre besondere Zweierbeziehung mit einem Elternteil jemand hineindrängte und Sie das, was für Sie bisher »Meins! Meins!« war, teilen mussten, war das eine einschneidende Erfahrung. Aber es wäre falsch, dieses schmerzliche Erlebnis als tragisch anzusehen. Es gehört zu den unvermeidlichen Verletzungen, die wir alle als Kinder durchmachen – den sozusagen »positiven Verletzungen«, die Voraussetzung für gesunde Beziehungen sind. Triangel tun weh, aber sie sind notwendig. Sie lehren uns, wie es ist, ausgeschlossen zu sein, und dadurch wiederum erwerben wir eine Fähigkeit, die für Nähe in einer Beziehung absolut grundlegend ist: Wir lernen, getrennt zu sein.

Wie das geht? Wir lernen, widersprüchliche Gefühle auszuhalten, ohne eines von beiden zu neutralisieren oder zu leugnen. So grässlich wir es auch finden, wenn wir uns ausgeschlossen fühlen – zugleich lieben wir unsere Eltern (beide für sich). Das ist unsere erste Lektion darin, denselben Menschen zugleich zu hassen und zu lieben. Und das ist einer der Schlüssel zu erfolgreichen Beziehungen später im Leben. Ambivalenz und widersprüchliche Gefühle auszuhalten, ohne dass sie uns überwältigen oder vernichten, lehrt uns, diese andere Beziehung zu ertragen, die außerhalb von uns ist und uns ausschließt. Dadurch erwerben wir eine innere Stabilität – etwas muss nicht mehr »entweder – oder« sein, sondern kann beides zugleich und dennoch in Ordnung sein. Hier erleben wir das Gefühl ausreichender Sicherheit und Geborgenheit. Wir wissen jetzt, dass das »Ich« manchmal im Mittelpunkt der Welt steht und manchmal am Rand. Als Erwachsene erhalten wir eine Beziehung aufrecht, indem wir Schwankungen in der Stimmung zwischen uns, in unseren Gefühlen, in der erotischen Anziehung und so weiter als unvermeidlich akzeptieren. Wir lassen zu, dass alles seine Zeit hat, wie die Jahreszeiten. Wir arrangieren uns mit Ebbe und Flut. Wir versuchen nicht, einen bestimmten Zustand festzuhalten wie in Beton gegossen. Doch in diesem Wissen um stete Veränderungen müssen wir uns auch sicher fühlen können. Wir müssen in der Lage sein, auch im Auf und Ab zu entspannen und das zu akzeptieren, was die Japaner »wabi-sabi« nennen: Schönheit, die unvollkommen, unbeständig und unfertig ist.

Was hat Erin also als Kind über gesunde Trennung und das Aushalten von Ambivalenz gelernt? Leider nicht genug. Sie erlebte zwei Erwachsene, die zwischen Phasen der Verbundenheit miteinander und solchen, in denen sich ein Elternteil ausgeschlossen, im Stich gelassen und verletzt fühlte, hin- und herwechselten. Erins Familie konnte mit Dreiecksbeziehungen nicht gut umgehen. Als Erin bewusst wurde, dass ihre Eltern ein Paar waren und sie selbst das Bindeglied, das jedoch aus dieser Zweierbeziehung ausgeschlossen war, empfand sie sich als »Ausgestoßene«. Wie sie dieses frühe Verlusterlebnis bewältigte – und wie ihre Bezugspersonen sie dabei unterstützten oder nicht –, steht im Zentrum ihrer psychologischen Entwicklung. Hier wurden die gewohnheitsmäßigen Reaktionen gebahnt, denen sie später in ihren Beziehungen folgen würde.

In dem Dreieck, das natürlicherweise entsteht, wenn die Fruchtblase platzt und – huch! – ein weiterer Mensch auf der Bildfläche erscheint, konnte weder Trish noch Vince das Gefühl ertragen, das fünfte Rad am Wagen zu sein. Als Erin zur Welt kam, verliebte Trish sich in sie (und noch einmal ganz neu in sich selbst: »Sieh nur, wie gut ich das gemacht, was für ein wunderschönes Kind ich hervorgebracht habe«), und Vince wurde in der Hierarchie ihrer Zuneigung entsprechend herabgestuft. Als vergöttertes Einzelkind und erfolgreicher Chirurg (»Ach, Herr Doktor, Sie sind ja so wunderbar – sehen Sie nur, Sie haben mich geheilt!«) war er es nicht gewohnt, die zweite Geige zu spielen, also widmete er sich verstärkt dem Bereich, in dem er weiterhin auf einen Sockel gehoben wurde: der Arbeit. Je mehr er arbeitete, desto distanzierter wurde er und desto mehr fühlte sich Trish zu wenig beachtet und geschätzt. Sie begann zu schimpfen: »Glaubst du vielleicht, dass ich es zu einem der besten Models in diesem Land gebracht habe, um dann den ganzen Tag zu Hause sitzengelassen zu werden und Windeln zu wechseln?« Worauf er etwas in der Art erwiderte: »Reg dich nicht so auf, Trish, du wolltest es doch so. Niemand hat dich gezwungen, Mutter zu werden.« Und so begann der Reigen von Streit und Versöhnungssex.

Als Kleinkind wurde Erin aus der aufregenden und beglückenden Versöhnung ihrer Eltern buchstäblich ausgeschlossen. Sie wurde an den Rand gedrängt und musste dieses Erlebnis ohne jede Hilfe verarbeiten. Wie ein Jo-Jo schnellte sie zwischen dem Gefühl, geliebt und bewundert zu werden, und dieser Verlassenheit hin und her. Das hätte durchaus eine »positive Verletzung« sein können – Teil eines notwendigen Entwicklungsprozesses –, wenn Erins Eltern als Container für ihren Schmerz und ihre Wut zur Verfügung gestanden hätten. Doch Trish ließ Erins Kummer einfach abprallen und sagte ihr, so sei sie ein böses Kind oder hässlich. Trishs Selbstwertgefühl (liebenswert zu sein) war abhängig von der Bestätigung durch ihren Mann und die restliche Außenwelt. Sobald sie sich verloren oder ungeliebt fühlte, brauchte sie einen Spiegel, der ihr zeigte, wie schön und besonders sie war. Und wenn Vince nicht zur Verfügung stand, musste eben Erin dafür herhalten. Aber wir wollen Trish jetzt nicht mit Steinen bewerfen, denn ihr Narzissmus entstand zweifellos aus Verlusten in ihrer eigenen Kindheit, die nicht ausreichend verarbeitet wurden. Hier geht es nicht um Schuldzuweisungen, sondern um Verständnis.

Vince' konvexe Reaktion war subtiler, doch auch seine Aufnahmefähigkeit für Erins Zornestränen war begrenzt. Er konnte nur die »gute« Erin aushalten und bestätigen. Als sie noch ein Baby war, reichte er sie an Trish weiter, sobald sie »schwierig« wurde, und erklärte, er müsse jetzt arbeiten. Später ermahnte er Erin mit der Drohung, dass er ihr von seiner nächsten Reise kein Geschenk mitbringen würde, wenn sie nicht brav war.

Erin lernte also sehr früh, dass es für ein wütendes oder trauriges Baby in der Welt ihrer Eltern keinen Platz gab. Sie entwickelte emotionale Überlebensstrategien, um ihre Eltern glücklich zu machen. Für ihre Mutter war sie eher Freundin als Kind; sie sorgte dafür, dass Trish sich bewundert und beachtet fühlte. Sie wurde in den Narzissmus ihrer Mutter einbezogen und verfing sich in den vielen Bedingungen, an die die Liebe ihrer Mutter gebunden war: Beweise mir, dass ich etwas ganz Besonderes bin, sonst bin ich verletzt. Wenn du mir die kalte Schulter zeigst, mache ich dasselbe mit dir. Erin fungierte als eine Art Anhängsel oder Erweiterung ihrer Mutter. Sie durfte sich nicht von ihr lösen, sondern stand ganz im Dienst von Trishs narzisstischen Bedürfnissen.

Die Verletzlichkeit ihres Vaters spürte sie nicht – er verhielt sich so, als sei er es selbstverständlich wert, von allen geliebt zu werden. Für ihn spielte sie also die Rolle der niedlichen, einnehmenden kleinen Prinzessin. Erin hatte es folglich schwer mit der Introjektion ihrer selbst als jemand, der die Wut und den Kummer des Ausgeschlossenseins aushalten kann. Stattdessen sah sie sich selbst nur dann als liebenswert an, wenn sie kooperativ war, fröhlich, lebhaft und sich stets der Bedürfnisse anderer bewusst. Sie lernte, dass bestimmte Teile ihrer selbst »böse« und nicht liebenswert waren, und vor diesen musste sie sich schützen – sie unterdrücken.

Für viele Kinder, die »erfolgreich« zu narzisstischen Erweiterungen ihrer Eltern wurden, so wie Erin, wird es richtig schwer, wenn sie ihren Drang, sich zu lösen, endlich ausdrücken. Genauso erging es Erin bei ihrem ganz natürlichen Versuch als Teenager, unabhängiger zu werden: Ihre Mutter war verletzt, fühlte sich im Stich gelassen und wurde sogar krank. Da Erin keine eigenen Gefühle haben durfte, muss sie als Teenager unter starker Ambivalenz und Schuldgefühlen gelitten haben, denn sie fühlte sich verantwortlich dafür, dass ihre Mutter unglücklich war.

*Wir sehen die Dinge nicht so, wie sie sind,*
*sondern so, wie wir sind.*
Talmud

In einer Beziehung kann das subjektive Erleben für uns sehr hinderlich sein. Wir werden unbeweglich, können uns nicht von der Stelle rühren und nur noch so weit sehen, wie es diese Perspektive erlaubt. Wir verlieren an Breite und Tiefe. Wir geben die Neugier auf. Wir werden zu Gefangenen unserer einmal gefassten Meinung. Er kommt immer zu spät nach Hause. Sie fasst mich nie an. Wenn wir jemanden mit Etiketten versehen, kann er nicht mehr geheimnisvoll und interessant sein.

Natürlich können wir gar nicht anders, als die Welt aus unserer eigenen Perspektive zu betrachten. Aber der Buddhismus und andere spirituelle Traditionen lehren uns, dass wir nicht in unserer Sichtweise steckenbleiben dürfen. Wenn wir nämlich davon überzeugt sind, dass wir recht haben oder unsere Sichtweise moralisch, spirituell, rational oder intellektuell besser ist, beginnen wir zu urteilen: Meine Perspektive ist besser als deine. Der Drang, recht haben zu wollen, ist ein Verteidigungsmechanismus des »Egos«, des Teils von uns, der Widerspruch, Ambivalenz, Widersprüchlichkeit oder Infragestellung nicht ertragen kann. Je mehr wir aus dem Ego heraus handeln, desto mehr bestehen wir darauf, dass unsere Art die einzig richtige ist. Jemand, der seinen Partner einschüchtert oder dominiert, kann der ganzen Beziehung seine Perspektive aufdrücken.

Wenn jemand recht hat, muss der andere unrecht haben. Und recht zu haben (was immer das heißen mag) verschafft uns vielleicht kurzfristige Genugtuung, aber es bringt uns dem Partner nicht näher. Wenn man die Welt nur aus seiner eigenen, egozentrischen Perspektive betrachten kann, sehen wir uns leicht als Opfer, geben anderen die Schuld und werden immer wieder enttäuscht.

Beziehungen lehren uns, zu akzeptieren, dass jemand die Welt anders sieht als wir. Wir bekommen die Chance, einem anderen Menschen wirklich gut zuzuhören, uns in seine Lage zu versetzen und auszuhalten, dass unsere Perspektive nur eine von vielen ist. Wir geben ein bisschen, bekommen ein bisschen, tolerieren die Tatsache, dass es nicht immer nach uns geht, setzen uns dafür ein, den Partner glücklich zu machen, und er tut dasselbe für uns. Dabei werden die Grenzen der eigenen Wahrnehmung durchlässiger, und wir entwickeln Toleranz, Empathie, Achtung, Güte, Mitgefühl und andere Stärken, die uns über unser Ego und unsere Selbstbefangenheit hinausführen.

Den ganzen Elefanten erkennen zu können, obwohl man immer noch nur einen kleinen Teil von ihm berührt – die dritte Position einzunehmen –, geht noch einen Schritt darüber hinaus. Wenn zwei Menschen aufeinandertreffen, denen es wichtig ist, recht zu haben, und die sich angegriffen fühlen oder dem anderen Vorwürfe machen, dann wird diese Beziehung steckenbleiben. Die dritte Position bietet eine Möglichkeit voranzukommen: Sie ist eine objektive Betrachtungsweise, die beide Perspektiven berücksichtigt und zusammenhält, sogar, wenn diese scheinbar völlig unvereinbar sind. Um diese Position einzunehmen, müssen Sie Ihre Ego-Brille ablegen und eine andere Perspektive entwickeln. Sie müssen sich ansehen, wie Sie beide sich verhalten und was in der Beziehung geschieht, als wären Sie ein neutraler Beobachter. Konflikte werden idealerweise gelöst, indem beide Partner in irgendeiner Form die dritte Position einnehmen können. Allerdings wird es immer vorkommen, dass einer der beiden zu gestresst, zu verletzt oder zu wütend ist, während der andere es schafft, die dritte Position für die gesamte Beziehung beizubehalten. Wenn nur einer von beiden dazu in der Lage ist, kann das die Dynamik schon verändern. Wenn es beide können, transformieren sie ihr Verhältnis auf beinahe magische Weise.

Das ist eine psychische Fitnessübung, für jeden Einzelnen so unterschiedlich schwierig, wie seine Zehen zu berühren. Wie schwierig es wird, hängt von Ihrer Flexibilität und Motivation ab und davon, wie intakt Ihr Ego ist und wie sehr Sie daran hängen, recht zu haben. Sie müssen sich vielleicht ordentlich strecken, aber mit etwas Übung wird es immer leichter. Manche Menschen sind dazu tatsächlich nicht in der Lage. Selbst wenn sie wollen, schaffen sie es vielleicht mal an einem besonders guten Tag, an dem sie sich stark genug fühlen. Man muss emotional einigermaßen fit sein, achtsam und mitfühlend genug und ausreichend vertraut mit dem eigenen Schatten. Die meisten von uns können diese Position ebenso wenig lange halten wie einen Orgasmus. Wir erreichen sie ganz kurz und verlieren sie wieder. Eine ausgesprochen menschliche Erfahrung. Die Fähigkeit, perspektivisch aus sich herauszugehen, ist der Kern aller Lösungen für unsere Beziehungsprobleme.

Wir können sie uns auch wie einen Hafen vorstellen. Wir laufen ihn immer wieder an, genauso, als würden wir uns um Achtsamkeit oder Gegenwärtigkeit bemühen – wie der Meditierende zu seinem Atem zurückkehrt, der Mönch ein Gebet wiederholt, der Gärtner dasselbe Fleckchen Erde hegt. Nähe »atmet«: Sie drückt uns zusammen, dann dehnt sie uns wieder aus. Wir stolpern, verlaufen uns, verlieren die Orientierung. Durch die Arbeit der Nähe finden wir zu uns zurück.

Niemand kann Ihnen sagen, wie »lieben« geht. Ebenso wenig kann Ihnen jemand den Weg zur dritten Position zeigen oder erklären. Jeder findet seinen eigenen Weg, indem er seine Partnerschaft hegt und stützt.

# 7. Sich vor Leid drücken

*Was ist die Hölle?*
*Ich denke, sie ist der Schmerz darüber,*
*nicht mehr lieben zu können.*

Fjodor Dostojewski, Die Brüder Karamasow

Idealerweise bietet eine Beziehung uns einen Kontext, in dem wir unser Bindungsverhalten beobachten können. Allerdings vermeiden manche von uns solche Nähe um jeden Preis, und zwar ihr Leben lang. Wer will schon so verwundbar sein? Wer will all diesen Schmerz erleben? Wenn jemand sich nicht bewusst gegen eine Beziehung entscheidet, sondern ihr aus Angst ausweicht, sagt er vermutlich Dinge wie: »Ich bin einfach noch nicht bereit für eine feste Beziehung«, »Ich habe noch nicht den Richtigen getroffen« oder »Ich will meinen Spaß haben, ich bin gern allein«. Um zu verstehen, was da wirklich abläuft, sehen wir uns mal Taras Nacht mit Antonio an …

## WENN ES NUR UM MICH GEHT

Antonio dreht sich auf die Seite. Sein Penis hängt erschlafft auf seinen Oberschenkel hinab. Er will nur noch die Augen schließen und schlafen. Die Kleine hinter ihm schmiegt sich an ihn. Wie heißt sie gleich wieder? Tori? Tina? Tara? Irgendwie so ähnlich. Sie fängt an, ihn auf den Rücken zu küssen. Sie hält inne.

»He, was hast du da am Rücken?«

»Weiß nicht, was meinst du denn?«

Sie berührt eine Stelle zwischen seinen Schulterblättern, dicht unterhalb des Nackens. »Sieht aus wie ein Leberfleck …«

»Keine Ahnung«, brummt er.

Er will jetzt endlich schlafen, aber sie lässt ihn nicht in Ruhe. Was will sie denn noch? Sie hatte doch einen Orgasmus. In der Hinsicht können die Frauen sich wirklich nicht über ihn beklagen. Es muss schon fast Tag sein. Das erste Morgengrauen schimmert durch ihr Schlafzimmerfenster. Er könnte ein paar Stunden schlafen und seine beiden Weimaraner, Vixen und Nixon, etwas später am Vormittag füttern. Das Mädchen schlingt einen Arm um seine Taille. Allmählich wird es klaustrophobisch hier. Er drückt auf einen Knopf an seiner Armbanduhr, um zu sehen, wie spät es ist. 4.57 Uhr. »Mmm, das war so schön …«, murmelt das Mädchen ihm ins Ohr. Mädchen kann man eigentlich nicht mehr sagen, wenn er es recht bedenkt. Die Kleine liegt weit über seinem normalen Limit – normalerweise ist für ihn bei dreißig Schluss.

»Immer gerne«, sagt er, »aber ich muss jetzt los.«

Sie zieht den Arm zurück. Er schwingt die Beine über die Bettkante. Schützend zieht sie die Bettdecke hoch und wendet sich von ihm ab. Sie fragt nicht einmal, wohin er muss oder warum.

»Ich muss meine Hunde füttern«, erklärt er. »Wenn ich nicht bald nach Hause komme, zerkauen sie mir noch die Möbel.«

»Du hast Hunde?«, fragt sie leise.

»Zwei. Die besten Freunde, die ein Mann sich wünschen kann«, antwortet er. »Bei der Scheidung wurden sie mir zugesprochen.«

»Du bist geschieden?«, fragt sie.

»Ja, seit sechs Jahren.«

Das Mädchen schweigt.

»Sie hat tatsächlich versucht, mir die Hunde wegzunehmen, aber ich habe ihr gesagt, dann würde ich sie umbringen lassen.« Antonio lacht.

Das Mädchen lacht nicht. »Wie lange warst du denn verheiratet?«

»Drei Jahre.«

»Hast du Kinder?«

Er lacht höhnisch. »Sie wollte welche, aber da habe ich mich quergestellt. Noch mal Glück gehabt.«

Er zieht sich an. Er redet zu viel, erzählt ihr zu viel von sich, aber er will so schnell wie möglich hier raus. Ihm ist bewusst, dass er sich ihr gegenüber mies verhält, aber he – sie wollte es doch genauso wie er. Sie hat ihn angemacht, nicht andersherum. Eigentlich ist sie nicht mal sein Typ, sofern er so etwas überhaupt hat. Er steht einfach auf Frauen, dafür kann er nichts. Er ist eben ein Mann.

»Magst du keine Kinder?«, fragt sie.

»Sind für mich wie Brüste. Bei jemand anderem habe ich nichts dagegen.« Er lacht über seinen eigenen Witz und bindet sich die Schuhe zu. Wo sind seine Brieftasche und der Schlüsselbund? Er lässt den Blick durch den Raum schweifen – ah, da, auf dem Frisiertisch.

Seit der Scheidung versuchen die Leute ständig, ihn zu verkuppeln, aber sie setzen ihm immer nur abgehalfterte Weiber vor – alle über fünfunddreißig, ein paar waren sogar geschieden und hatten Kinder. Als könnte er solchen Mist in seinem Leben gebrauchen.

Er geht zu dem Tisch und steckt Brieftasche, Schlüssel und Handy ein. In dem Durcheinander aus Ohrringen, Halsketten und Parfümflakons steht ein gerahmtes Foto von einem kleinen Mädchen mit blonden Locken, das lächelnd zur Kamera hochschaut. Ein Schmetterling ist auf eine Wange gemalt. Er fragt sich beiläufig, ob das Tina – nein, sie heißt Tara, ziemlich sicher Tara – als kleines Mädchen ist oder ihre Nichte oder die Tochter einer Freundin. Etwas zupft innerlich an ihm, nicht ganz Erinnerung, nicht ganz Wunsch. Auf einmal hat er einen Bärenhunger. Als hätte er seit Tagen nichts gegessen. Ja, er fühlt sich schon ganz schwach vor Hunger. Auf dem Weg nach Hause könnte er sich ein paar McMuffins zum Frühstück holen.

Er wendet sich der Frau zu, die nun zusammengekrümmt auf der Seite liegt. Nur ihre Augen und der zerzauste Schopf gucken über der Bettdecke heraus, die sie schützend an sich drückt. Ihr Augen-Make-up ist verschmiert, vielleicht von der wilden Nacht, vielleicht auch vom Weinen.

»Also, wir sehen uns«, sagt er.

Sie nickt, ohne ihn anzusehen, und starrt stumm ins Leere.

»Die Hunde …«, setzt er an.

Beinahe hätte er die Hand ausgestreckt, um diesen Lockenkopf zu streicheln, doch dann würde sie erst recht versuchen, ihn hierzuhalten, und er will jetzt nur noch weg. Er weigert sich, sich deswegen mies zu fühlen. Herrgott, wenn er jedes Mal ein schlechtes Gewissen haben müsste, weil er nach dem Sex wieder geht, würde er sich dauernd beschissen fühlen. Er verlässt die Wohnung, steigt ins Auto und beugt sich vor, um den Motor anzulassen. Dabei kneift die Hose leicht an seinem Bauch. Er wird sich jetzt was zu essen holen, die Hunde füttern, ein bisschen schlafen und dann ins Fitnessstudio gehen. Wer seinen Spaß mit Mädchen haben will, die halb so alt sind wie er selbst, der muss sich fit halten. Es gibt nichts Schlimmeres als eine Wampe.

Ein Körnchen narzisstischer Antonio steckt in uns allen, aber manche Menschen machen eine ganze Persönlichkeit daraus. Sie hören nicht zu, sie reden – vor allem über sich selbst –, und wenn ihnen dann mal die Puste ausgeht, fragen sie: »So, jetzt aber genug von mir – was denkst du über mich?« Alles muss nach ihrem Willen laufen – sie fahren, sie suchen das Restaurant aus, diese Mineralwassermarke trinken sie nicht, und über alles andere bestimmen sie ebenfalls. Antonio gabelt eben Frauen auf und lässt sie dann wieder fallen nach dem Motto: »Ruf mich nicht an, ich rufe dich an« – was er nie tut, außer er braucht jemanden fürs Bett oder schicke Begleitung für irgendeinen offiziellen Anlass. Doch in jedem Narzissten steckt ein verängstigter Kontrollfreak.

Antonio lebt seine Eitelkeit als Weiberheld aus. Er übt Macht aus, indem er Frauen zu Objekten macht und sie als Erweiterung seines narzisstischen Egos benutzt. Sein schickes Auto, sein riesiges Haus und die großen, lebhaften Hunde unterstreichen seine eigene Schönheit, Kraft und maskuline Aggression. Niemals würde Antonio sich eingestehen oder gar anderen zeigen, wie leer viele Zimmer in seinem prächtigen Haus sind. Männer wie Antonio behaupten oft, sie fänden Frauen in ihrem Alter nicht attraktiv. Natürlich nicht – diese Frauen könnten ihm tatsächlich »gewachsen« sein, und Antonio interessiert sich nicht für gleich Starke. Frauen in seinem Alter, deren Selbstwertgefühl nicht hauptsächlich an ihrem Aussehen hängt, machen ihm Angst. Sie würden über seine Prahlereien nur lachen und ihn allzu leicht durchschauen. Gegen diese Art Verwundbarkeit schützt er sich, indem er sie als »alt« abstempelt und jüngeren Frauen nachsteigt, die sich von seinem Reichtum und seinem weltgewandten, geübten Charme leichter beeindrucken lassen.

Antonio würde von sich behaupten, der glücklichste Mann der Welt zu sein. Er hat sich die Narration zurechtgelegt, dass er gern allein ist und sich nicht ernsthaft mit jemandem abgeben will, der nicht »auf seinem Level ist« (sprich: gut aussehend, topfit und erfolgreich). Er ist noch in keiner seiner Beziehungen treu geblieben und hat auch die Ehefrau betrogen, die er einst geliebt hat. Er jagt ständig irgendetwas »da draußen« hinterher und zieht sich in sein großes, leeres Schloss zurück, wenn ihm alles zu viel wird. Er lebt wie auf Kredit und will entweder nicht sehen oder nicht wahrhaben, wie wertlos all seine Ego-Erweiterungen im Grunde sind und was für einen Preis sein Verhalten hat. Eine einzige echte Krise, und seine substanzlose Welt bricht zusammen.

Doch vorerst eilt er von einer Begegnung zur nächsten und sucht angeblich nach dieser perfekten Frau, die ihm Erfüllung bringen kann. Natürlich hat er sie noch nicht gefunden. Das liegt daran, dass er einer Illusion nachjagt, und es ist ihm nur recht so, denn auf diese Weise muss er sich nie auf echte Nähe und Bindung einlassen.

## ALS DER PRINZ ERWACHTE

Vor seiner Erleuchtung war der Buddha ein Prinz namens Siddhartha, der in Indien im Vorgebirge des Himalaja lebte. Prinz Siddharthas Mutter starb wenige Tage nach seiner Geburt. Um ihn vor Leid zu schützen, befahl sein Vater, der König, dass der Junge den Palast nicht verlassen und niemals einen armen, kranken oder alten Menschen zu Gesicht bekommen dürfte. Mit sechzehn Jahren wagte er sich doch hinaus und wurde zum ersten Mal in seinem Leben mit Kummer und Schmerzen alter, armer, kranker und sterbender Menschen konfrontiert. Was er sah, traf ihn so tief, dass er jahrelang nach einer Lösung dieser Probleme suchte. Er schwor, unter einem Baum sitzen zu bleiben, bis er den Grund für menschliches Leiden erkannt habe. Bei dieser Meditation gewann er schließlich die Erkenntnis, dass Leid unvermeidbar ist, solange wir es durch Festhalten an den Dingen und Widerstand gegen Veränderungen selbst erschaffen.

Der Buddhismus ermuntert uns, Freundschaft mit unserer Sterblichkeit zu schließen – zugegebenermaßen eine nicht alltägliche Freundschaft. Unvergänglichkeit ist ebenso eine Illusion wie unsere Vorstellung, irgendetwas »unter Kontrolle« zu haben. So akzeptieren wir schließlich unser eigenes Ende (wie das Ende allen Lebens) als das einzig Unvermeidliche. Wir erkennen, dass der Tod unausweichlich ist und der Zeitpunkt unseres eigenen Todes ungewiss, und das führt uns zu der Frage: Wie soll ich leben?

## ANTONIOS PALAST

Antonio hat sich solche Fragen nie gestellt. Wie Prinz Siddhartha hat er sich sein Leben lang nicht über die Mauern seines Palastes hinausgewagt und sich nie der Realität gestellt, dass er – wie jeder Mensch – altert und sterben wird.

Um Antonio zu verstehen, muss man sich den Palast ansehen, in dem er aufgewachsen ist. Man könnte annehmen, sein ungezügelter Egoismus als Erwachsener käme daher, dass er als Kind zu sehr verwöhnt wurde. Aber so war es nicht. Er hat eines mit Siddhartha gemeinsam: Auch Antonio verlor seine Mutter kurz nach der Geburt – allerdings starb sie nicht, sondern sie ließ ihn zurück. Sie war gerade achtzehn Jahre alt und von zu Hause davongelaufen, als sie ihn in einem Krankenhaus in Rom zur Welt brachte. Ihre Eltern in Positano an der Amalfiküste hatten die junge Schwangere aus Scham weggesperrt, und sie sehnte sich nach dem aufregenden Leben in Rom. Also lief Antonios Mutter, schwanger im achten Monat, davon und fuhr mit dem Bus nach Rom. Die Fahrt löste die Wehen aus, und als sie in Rom ankam, hatte sich der Muttermund schon auf fünf Zentimeter geweitet. Sie gebar das Kind und machte sich gleich danach zum zweiten Mal innerhalb von zwei Tagen aus dem Staub. Ihr Baby ließ sie in der Obhut des Schwesternordens zurück, um die nächsten zwei Jahre lang alles zu schnupfen, zu spritzen oder zu rauchen, was sie nur bekommen konnte, bis sie schließlich von ihrer Familie gerettet wurde.

Inzwischen lebte Antonio bei seinen Adoptiveltern. Gaetano Conti, ein Diplomat, und seine Frau Lea stammten beide aus Mailand und würden ihre Kinder zu Weltbürgern erziehen: Gaetano wurde nach Indien, Südafrika, Polen und schließlich in die USA entsandt.

Die Contis hatten vergeblich versucht, ein eigenes Kind zu bekommen, und schließlich aufgegeben und sich für eine Adoption entschieden. Sie waren selig darüber, nun Eltern eines gesunden kleinen Jungen zu sein, und als Antonio vier Monate alt war, trat Gaetano seinen Posten in Neu-Delhi an. Lea ahnte nicht, dass sie zu diesem Zeitpunkt im zweiten Monat schwanger war. Da ihr in den ersten Wochen in Indien ständig übel war, ging sie schließlich zu einem Arzt. Der tastete ihren Bauch ab, wies mit einem Nicken auf das Baby auf ihrem Arm und erklärte, wahrscheinlich leide sie am »Delhi-Bauch«, der indischen Version von Montezumas Rache, aber wäre es vielleicht auch möglich, dass die Signora schwanger sei?

»Nein«, antwortete Lea. »Mein Mann und ich können keine Kinder bekommen. Diesen Schatz hier hat uns der liebe Gott geschenkt.«

»Tun Sie mir den Gefallen«, sagte der Arzt, »und lassen Sie mich trotzdem einen Schwangerschaftstest machen.«

Nachdem Lea und Gaetano sich von dem Schock erholt hatten, witzelten sie die restliche Schwangerschaft lang über Leas stetig wachsenden »Delhi-Bauch«. Lea erklärte im Scherz, bald würden sie praktisch Zwillinge haben, Antonio und Donato, und sie nahm ihre Mutterrolle so dankbar an wie ein Gottesgeschenk. Als sich Leas nächster Anflug von »Delhi-Bauch« einstellte und Sabina zur Welt kam, war Antonio drei. Zwei Jahre später – inzwischen war die Familie nach Pretoria gezogen, weil Gaetano dorthin entsandt worden war – folgte das dritte leibliche Kind, ein weiterer Junge namens Patrizio.

Obwohl Lea und Gaetano alle Kinder gleich liebevoll und fürsorglich großzogen, kam Antonio wie viele adoptierte Kinder nie ganz darüber hinweg, dass seine leibliche Mutter ihn nicht hatte haben wollen. Donato (der Name bedeutet »von Gott geschenkt«) war das Kind, das seine Adoptiveltern sich in Wahrheit gewünscht hatten. Ihn, Antonio, hatten sie nur als zweitklassigen Ersatz bei sich aufgenommen. Das war die Narration, die er schon in sich ahnte, lange bevor er sie intellektuell begreifen konnte. Die Ankunft von Sabina und Patrizio zementierte sein Gefühl des Andersseins endgültig. Es kam ihm so vor, als gäbe es da die Familie und dann noch ihn, ein Stück abseits, nur ein Satellit, der um den Planeten Conti kreiste. Die drei leiblichen Conti-Kinder bewältigten die Herausforderung häufiger Umzüge, indem sie besonders fest zusammenhielten. Antonio begegneten sie mit eher behutsamer Zuneigung und Neugier, die Antonio stets als Abwehr interpretierte, als wäre er in ihre private Party hineingeplatzt.

Er legte sich einen etwas derben, draufgängerischen Charme zu. Wenn er irgendwo zu Besuch war, verhielt er sich auch so und genoss die Freundlichkeit seiner Gastgeber mit einer Art flüchtiger, nonchalanter Verbundenheit. Mit dieser Strategie wurde er in der Welt der Wirtschaft, in der sich Charisma, dreiste Intelligenz und Risikobereitschaft besonders auszahlen, sehr erfolgreich. In der Überzeugung, dass nichts auf der Welt von Dauer sein konnte, band er sich an nichts und niemanden außer an die einzige Konstante in seinem Leben – sich selbst. Ansonsten interessiert ihn nur, was in diesem Augenblick für ihn greifbar ist.

Doch unbewusst sucht Antonio nach dem Gefühl der Zugehörigkeit, nach Geborgenheit bei jemandem, dem er nicht gleichgültig ist. Die einzige Ausnahme in seinem Leben war die schöne Claudette, eine junge französische Anwältin, deren ständiges Pendeln zwischen französischer Leidenschaftlichkeit und eiskalter Distanziertheit ihn faszinierte und erschütterte. Sie stritten sich oft fürchterlich. Schließlich gaben beide verbittert auf und trennten sich. Antonio kehrte zu seiner vorherigen Strategie zurück, sich gegen den Schmerz der Gleichgültigkeit zu schützen, indem er selbst gleichgültig gegenüber allen anderen war. Dass er sich Taras Namen nicht merkt, ist typisch dafür, wie er seine Angst, verlassen zu werden, nach außen projiziert.

Antonio kann noch lange so weitermachen, seinen Illusionen und seinem Vergnügen nachjagen, doch das ist kein Ersatz für Nähe und Vertrautheit. Lust um ihrer selbst willen ist flüchtig. Sie hat den Teilen von uns, die sich nach Sinn und Bedeutung sehnen, nichts zu geben, und wird unweigerlich Kummer und Leid nach sich ziehen. Irgendein Ereignis in Antonios Leben – eine schlimme Diagnose oder ein Vorfall, der ihm sein Alter vor Augen führt – wird diesen oberflächlichen Sinn untergraben und ihn zwingen, sich seinem Mangel an Bindungen und Beziehungen zu stellen. Schafft Antonio es nicht, bei jemandem zu bleiben, auch wenn es mal schwierig wird, dann wird seine eigene innere Leere ihn schließlich verschlingen.

# 8. Die verlorenen Anteile

Während Antonio sich alle Mühe gibt, Nähe zu vermeiden, ist Tara die ganze Zeit auf der Suche danach. Wäre es möglich, dass sie auf der falschen Spur ist? Vielleicht muss sie zuerst etwas in sich selbst finden. Wie Ch'ien nach Hause zurückkehren musste, um mit dem Selbst vereint zu werden, das sie zurückgelassen hatte, sollte Tara nach zu vielen schmerzlichen Erlebnissen mit Männern wie Antonio erst einmal rückwärtsgehen, ehe sie vorwärtskommen kann.

## WENN WIR DAS WOLLEN, WAS WIR NICHT HABEN KÖNNEN: TARA

Tara erzählt ihrem Therapeuten von ihrer Freundin Sally. Warum hat die es so verdammt leicht? Gleich drei Männer sind hinter ihr her, allesamt tolle Typen. Und Barbara, eine Kollegin, mit der sie manchmal zum Mittagessen geht? Barbara hat nach ihrem Uni-Abschluss einen Klassenkameraden geheiratet, der wahnsinnig gut verdient, und inzwischen haben sie zwei entzückende Kinder, ein umwerfendes Haus in einem Vorort und ein perfektes Leben. Wie kann es sein, dass jemand wie Barbara alles so richtig hinbekommt? Tara will ja nicht gemein sein, aber Barbara ist nicht mal wirklich hübsch.

Tara setzt die Therapie fort. Sie will dahinterkommen, warum ihr Begehren so schnell in Abscheu umschlägt. Im Lauf der Wochen freundet sie sich allmählich mit dem Gedanken an, dass sie vielleicht etwas ändern muss. Sie beginnt in der Therapie, mehr von ihrer Vergangenheit zu erzählen, und erkennt das Muster, dem sie bei ihren Begegnungen mit Männern folgt. Irgendwann kommt sie an den Punkt, an dem sie die Verantwortung dafür, dass sie so unglücklich ist, nicht mehr der langen Liste von vermeintlichen Idioten zuschieben kann, mit denen sie bisher zusammen war. Es wird Zeit für einen gründlichen Blick in den Spiegel.

## WAS TARA ERLEBTE

Taras Mutter saß abends gern vor dem Fernseher und strickte, und am Donnerstagvormittag spielte sie Bridge. Wenn Taras Vater versuchte, sich im Haushalt nützlich zu machen, seufzte sie und murmelte so etwas wie »Herrgott, du kriegst auch gar nichts hin«, weil er es nicht schaffte, den neuen Fernsehschrank von IKEA zusammenzubauen, und sie einen Handwerker holen musste. Dafür erbot er sich, den Wocheneinkauf zu übernehmen, den Garten zu gießen – er wäre auch bereit gewesen, die Katze spazieren zu führen, wenn Katzen Gassi gehen müssten. Wenn sie ihre Lieblingssendung ansah, brachte er ihr ein Tablett – mit Spitzendeckchen darauf – mit ihrem Tee und Keksen auf einem kleinen Teller. »Du stehst mir im Bild«, murrte sie.

Als kleines Mädchen dachte Tara sich kurze Theaterstücke aus oder bastelte etwas aus Filz, um es ihrer Mutter zu zeigen. »Nicht jetzt«, sagte ihre Mutter, wenn Tara fragte, ob sie ihr das Stück vorspielen könnte. Taras Bastelarbeiten bedachte sie mit einem »Was ist das?«. Taras Mutter war eigentlich keine gemeine Person. Sie brachte jeden Tag gutes Essen auf den Tisch, flickte Taras Kleidung und holte sie von der Schule ab. Aber sie schien es ständig eilig zu haben, irgendwo anders hinzukommen. Gereizt wurde sie, wenn sie warten musste, weil Tara aus irgendeinem Grund zu spät dran war.

Rückblickend erkennt Tara, dass bei ihr zu Hause ihre Mutter immer recht hatte – ganz egal, was Tara oder ihr Vater auch versuchten, nichts wurde von dieser diktatorischen Mutter und Ehefrau mit Zuneigung oder Anerkennung belohnt. Da Tara ihre Mutter als aggressiv und kritisierend erlebte, wurde ihr Bedürfnis nach Liebe und Bestätigung nicht erfüllt. So wandte sie sich schon früh ihrem Vater zu, einem schüchternen, friedfertigen Biomedizintechniker. Er war aufmerksam, sanft und liebevoll und schien in der »besonderen« Beziehung zu seiner Tochter regelrecht aufzublühen, denn auch er genoss die menschliche Wärme, an der es in seiner Ehe so sehr fehlte. Doch als Tara heranwuchs, wurde die Beziehung zu ihrem Vater schwieriger. Außerdem wurde sie ständig daran erinnert, dass ihre Mutter den höchsten Status und damit das Sagen hatte. Sie wurde das Gefühl, dass die Liebe ihres Vaters nur ein kleiner Trostpreis sei, nie ganz los. Wonach sie wirklich gierte, waren Liebe und Anerkennung ihrer Mutter.

Kleine Mädchen identifizieren sich mit Teilen beider Eltern. In Dingen, die grundlegend für ihre Geschlechterrolle und ihr sexuelles Selbstverständnis sind, richten sie sich üblicherweise nach ihrer Mutter. Tara löste ihr Problem mit der Zurückweisung der Mutter unbewusst dadurch, dass sie sich mit ihr identifizierte. Sie versuchte, ihr näherzukommen, indem sie einige ihrer Eigenschaften annahm. Ihre übermächtige Mutter teilte ihre Gedanken und Emotionen durch ihre Worte, Stimmungen und ihre Körpersprache mit, und ihre Tochter übernahm sie für sich. Als älteres Kind und erst recht als Teenager war sie immer öfter genervt von ihrem Vater. Sie begann, seine Fehler und Schwächen ebenfalls boshaft zu kritisieren und sich auf die Seite ihrer Mutter zu stellen.

Dies also ist das Szenario, das sie mit »netten Männern« nachspielt – Männern, die aufmerksam und liebevoll sind. Im Drehbuch ihrer eigenen Familie wurden nette Männer so dargestellt, dass sie sie schließlich als unfähig, machtlos, überanhänglich, kurz als Version ihres Vaters wahrnahm. Deshalb schlägt sexuelle Anziehung bei ihr oft in Abneigung um. Ein Mann, der sie an ihren Vater erinnert, löst in ihr das Muster aus, das ihre Mutter zum Vorbild hat – er weckt in ihr Verachtung und den Drang, sich von ihm zu distanzieren. Umgekehrt erinnert ein Mann mit hohem Status, der mit Zuneigung geizt und sich ihr gegenüber kühl verhält, Tara an den Elternteil, nach dessen Liebe sie sich verzehrte. Er weckt ihre Bedürftigkeit – die Sehnsucht des kleinen Mädchens nach der Liebe und Aufmerksamkeit seiner Mutter.

Was Beziehungen angeht, kennt Tara bisher nur schwarz-weiß: Ein Partner übernimmt die Rolle des bedürftigen, klammernden Schwächeren, der dem anderen nachläuft. Dieser spielt den herabwertenden Starken, der eigentlich zu gut für den Schwächeren ist. Wenn sie mit einem netten Mann zusammen ist, sieht sie ihn in der Rolle des klammernden Schwachen und kommt sich zu gut für ihn vor. Wenn sie mit dem tollen Hengst zusammen ist, wird sie zum kleinen Mädchen, das in seiner Bedürftigkeit darum bettelt, dass er etwas von seiner Macht und Schönheit mit ihr teilt.

## WAS WÜRDE DER BUDDHA SAGEN?

Tara behauptet, sie suche nach Liebe. Das sagt sie jedenfalls. Aber wie verhält sie sich tatsächlich? Was würde der Buddha dazu sagen? Vor allem zu ihrer angewiderten Reaktion auf Bens mageren Hintern? Der Buddha hatte einen dicken Bauch. Würde sie ihn von der Bettkante stoßen? (Vermutlich ja – leider. Mit einem: »Bisschen viele Windbeutel gegessen, Sid?«)

Der Buddha würde Tara leise fragen, ob ihre Schwierigkeiten, Liebe zu finden, daher rühren könnten, dass sie sich nicht sonderlich liebevoll verhält. Ihre Art, scharf zu kritisieren und andere zu verurteilen, bringt sie nicht weiter und macht sie nicht stärker. Welcher Normalsterbliche könnte ihrer Vorstellung von absoluter Perfektion auch nur nahe kommen? Tara wendet viel Zeit dafür auf, ihren eigenen (sterblichen, fehlbaren) Körper und ihr Image zu »perfektionieren«, weil sie Unvollkommenheit als Versagen empfindet. Natürlich kann sie nicht recht begreifen, warum Gabriel sich verzogen hat – sie war »perfekt« und trotzdem noch nicht gut genug für ihn. Ihr logischer Juristinnenverstand findet, dass sie doch »alles zu bieten hat«. Wie kommt es dann, dass sie immer noch allein ist? Wenn sie »perfekt« ist und dennoch zurückgewiesen wurde, kann sie weiterhin daran glauben, dass mit ihr alles in Ordnung ist und Gabriel das Problem war. Und der Typ vor ihm. Und der davor.

Wenn sich hier etwas ändern soll, wird Tara sich damit beschäftigen müssen, wie sie über Menschen urteilt. Sie braucht echte Kraft – nicht die Sorte »sexy Überflieger-Anwältin«, sondern die tiefe innerliche Stärke, die auf Selbsterkenntnis und Selbstakzeptanz beruht. Um die zu finden, muss sie aufhören, sich selbst und andere zu verurteilen. »Ach was«, könnte Tara einwenden, »ich bin nur anspruchsvoll. Ich darf doch wohl meine Vorlieben haben, oder?« Klar darf sie das. Aber das Urteilen über uns selbst und andere verursacht viel Leid – das wir uns selbst zufügen. Alles, was existiert, sowohl das »Gute« als auch das »Schlechte«, ist ein Teil dessen, »was ist«. Die spirituelle Weisheit lehrt uns, dass Kritik an dem, was ist, ungefähr so nützlich und klug ist, wie den Donner anzubrüllen, weil er so einen Krach macht. Das können wir lange tun, aber es wird uns nirgendwohin bringen.

Wenn man ständig Dinge als »angenehm« oder »unangenehm« beurteilt, gewöhnt man sich an, Dinge zu bewerten, zu kategorisieren, in Schubladen zu stecken, auseinanderzupflücken und zu kritisieren (klingt nach einem ganz normalen Arbeitstag in einer Anwaltskanzlei, oder?). Doch diese Einstellung schafft innere Unruhe und Unzufriedenheit in sämtlichen alltäglichen Interaktionen und Handlungen. Man wird zum Connaisseur der Unzufriedenheit – Restaurants sind wahlweise zu laut, zu voll, überheizt, oder das Personal ist unfähig. So sind wir mit nichts zufrieden, nichts ist in Ordnung einfach so, wie es ist. Was natürlich rein gar nichts mit unseren überzogenen Ansprüchen oder Erwartungen zu tun hat …

## WAS KANN TARA ALSO TUN?

Ein Vorschlag: Sie könnte mit dem Meditieren anfangen. In der Meditation lernt man, die unablässigen Bewertungen, die spontan in uns aufsteigen, zur Ruhe zu bringen, Raum zwischen diesen Gedanken zu schaffen. Im Lauf der Zeit weitet sich dieser Raum aus, und in dieser Stille können wir echten Seelenfrieden finden. Wenn Meditation sie nicht reizt, könnte sie es auch mit Deepak Chopras Vorschlag aus *Die sieben geistigen Gesetze des Erfolgs* versuchen: sich bemühen, erst eine Stunde am Tag nicht zu bewerten oder zu urteilen, dann ein paar Stunden und schließlich einen ganzen Tag lang.

Wenn sie sich in eine Welt ohne Werturteile versetzt, wo die Vögel und die Spinnen einfach nur sie selbst sind, könnte sie ein

Gleichgewicht wiederfinden, das im menschlichen Erleben so oft fehlt. Die Person, zu der Tara sich entwickelt hat, würde höchstwahrscheinlich versuchen, ihre Meditation oder ihren kontemplativen Spaziergang so schnell wie möglich hinter sich zu bringen, damit sie sich wieder ihren Akten und den inzwischen versäumten Anrufen widmen kann. Für sie wird es eine besondere Herausforderung sein, ihrem inneren Widerstand mit Mitgefühl zu begegnen – nicht mit Urteilen wie: »Ich kann nicht mal meditieren, was bin ich für ein Versager?« Sobald wir Dinge bewerten und mit einem Etikett versehen, brechen wir den Diskurs mit ihnen ab. Wir legen sie mit unseren Urteilen lahm. Wir lernen sie nicht mehr besser kennen und lehnen es ab, ihre Geheimnisse zu ergründen.

Wenn Tara dieses Nichtbewerten außerhalb ihrer Beziehungen übt, wird sie Fortschritte darin machen. Dann könnte sie diese neue Fähigkeit wieder in ihre Beziehungen einbringen. Nehmen wir mal an, sie würde Ben zurückrufen und ihm eine zweite Chance geben. Wenn sie ihn das nächste Mal nackt sieht, würde sie dann feststellen: »Oh, sieh mal, Ben hat einen haarigen, mageren Hintern.« Sie würde ihre eigene Abscheu wahrnehmen, beobachten – neugierig, ohne zu werten. Statt sich fälschlicherweise ganz mit dieser Reaktion zu identifizieren (Oh Gott, ist das widerlich, da kann man ja gar nicht hinschauen! Iih! Wie konnte ich nur mit dem schlafen?), könnte sie sie begrüßen wie einen Besucher, der nur kurz vorbeischaut, und sich vor Augen halten, dass alle Emotionen aufflammen und wieder in sich zusammenfallen. Sie meißeln sich nicht von selbst in Stein. Wenn Tara nur feststellen könnte, »was ist«, ohne das positiv oder negativ zu bewerten, wäre der nächste Schritt, ihre Aufmerksamkeit wieder auf ihren eigenen Körper zu richten. Wenn sie an sich etwas findet, womit sie nicht ganz glücklich ist, könnte sie es folgendermaßen versuchen: »Na, so was, ich habe Cellulite an den Oberschenkeln. Oh, da ist ein graues Schamhaar. Erstaunlich, ist das da etwa eine Falte?« Wieder könnte sie ihren Selbsthass einfach nur zur Kenntnis nehmen, ohne zu werten. Notiert: Abscheu, Selbsthass ... als schriebe sie eine Einkaufsliste, die wirklich nicht weiter wichtig ist.

Dieser Prozess kann eine große Veränderung bringen. Die Unvollkommenheiten ihrer Partner können ihr den Weg zu mehr Selbstliebe zeigen. Das Maß der Abscheu und die Unfähigkeit, kleine Makel ihrer Partner zu verzeihen, spiegelt ihre Ansprüche an sich selbst wider – was ihren Körper und ihre Arbeit angeht. Sie würde also erkennen, dass sie in Wahrheit gar nicht über Ben urteilt, sondern über sich selbst. Wenn sie begreift, dass sie Unvollkommenheiten anderer nicht hinnehmen kann, weil sie sie an sich selbst nicht erträgt, kommt sie vielleicht noch einen Schritt weiter. Dann würde sie ihren eigenen menschlichen Schwächen mitfühlend begegnen und sie annehmen, als in Ordnung so, wie sie sind, und als verzeihlich. Zu jedem Akt der Güte sich selbst gegenüber gehört das entsprechend großzügige Verhalten gegenüber ihrem Partner. Während sie sich ihrer selbst immer mehr bewusst wird und Mitgefühl für sich selbst entwickelt, wird sie sich auch der Möglichkeit öffnen, Unvollkommenheiten anderer zu tolerieren.

»Alles, was uns an anderen missfällt, kann uns zu besserer Selbsterkenntnis führen«, soll Carl Gustav Jung einmal gesagt haben.

Spirituelle Lehrer wie Stephen und Ondrea Levine oder Harville Hendrix raten uns, eine Beziehung als spirituelle Praxis zu betrachten. Manche meinen sogar, der Partner sei unser eigentlicher »Guru« oder Lehrer, weil er alles widerspiegelt, was wir über uns selbst lernen müssen.

Tara hat im Grunde kein solides Selbstgefühl, das unabhängig ist von den Ereignissen, Menschen oder Umständen um sie herum. Wenn sie nicht erfolgreich im Beruf und makellos gepflegt ist, die richtige Kleidung trägt und den richtigen Wein trinkt, wer ist sie denn dann? Aus spiritueller Sicht könnte man sagen, dass sie ihr Ego in lauter äußere Zeichen, in materielle Dinge und Statussymbole gehüllt hat (genau wie Antonio). Stets sucht sie bei anderen Bestätigung, bewusst oder unbewusst, und ihr Differenzierungsgrad ist zu gering. Die »Differenzierung des Selbst« ist ein Schlüsselkonzept von Murray Bowen, einem Pionier der Familientherapie. Wer einen »geringen Differenzierungsgrad« aufweist, richtet sich in seinem Denken und Handeln entweder nach den anderen oder versucht, andere dazu zu bringen, mit ihm konform zu gehen. Dahinter steht das starke Bedürfnis nach Bestätigung und Akzeptanz durch andere. Aus dieser Perspektive ist Tara emotional mit ihrer Familie und deren dysfunktionalem Umgang mit Gefühlen verschmolzen.

Tara muss erkennen, dass auch ihre eigene »Perfektion« in allen möglichen Aspekten nur eine vorübergehende »Errungenschaft« ist, die mit der Zeit oder durch die Umstände verblassen wird. Dann kann sie verstehen, warum der Untergrund, auf dem sie eine Beziehung aufzubauen versucht, so solide ist wie Treibsand. Um etwas Festes, Solides zu bauen, das den unvermeidlichen Stürmen des Lebens – Krankheiten, Alter, Verlust und andere Schicksalsschläge – standhalten kann, braucht sie ein besseres Fundament. Sie wird daran arbeiten müssen, in sich selbst eine mitfühlende und nicht urteilende Position zu finden. Vielleicht gelingt es ihr, selbst zu der bestärkenden mütterlichen Stimme zu werden, die ihr stets gefehlt hat.

Die Welt des »Ich bin, was ich anhabe« hat Tara nicht gut gerüstet für Nähe und Verbindung. Sie hat die Sprache echter

Zuneigung nicht gelernt und bringt zu wenig Großzügigkeit, freundliche Betrachtungsweise und Nachsicht gegenüber Unvollkommenheit mit. Solange sie in diesem Modus feststeckt, wird sie Mühe haben, echte Nähe mit einem anderen Menschen zu erleben, und sie wird auch von sich selbst weiterhin abgeschnitten sein.

Sollen wir uns also nicht in unserer Phantasie den perfekten Partner ausmalen? Können echte Menschen uns von vornherein nur enttäuschen, wenn wir uns den idealen Partner erträumen? Wann sind Maßstäbe gesund, und ab wann sind sie so hoch, dass wir uns damit jegliche Chance auf dem Markt der Partnersuche verbauen? Strapazieren wir unser Glück, wenn wir nur mit Menschen ausgehen, die einer bestimmten Kultur oder Religion angehören, die eine bestimmte Größe, ein bestimmtes Alter, Gewicht oder Einkommen aufweisen? Ist es in Ordnung, wenn man nur einen Nichtraucher will? Jemanden ohne Halbglatze?

Phantasien und Träume sind etwas Wunderbares, solange sie das wahre Leben nicht stören. Maßstäbe sind in Ordnung, solange man sich bewusst ist, dass »Maßstäbe« oder »ein gewisses Niveau haben« keine neutrale Position, sondern mit einer Wertung verbunden ist – ich bin besser als du. Werturteile sind eines der Dinge, mit denen wir unsere Beziehungen sabotieren – nicht nur die Beziehungen zu unseren Partnern, sondern auch zu uns selbst. Was wir an anderen verurteilen, das hat ebenso wie die »Maßstäbe«, die wir anlegen, oft etwas mit oberflächlichen Eigenschaften zu tun, nicht jedoch mit den inneren Werten oder mit dem grundsätzlichen Wert eines menschlichen Wesens. Man wird uns nach denselben Maßstäben beurteilen, mit denen wir selbst andere messen. Wenn uns gutes Aussehen wichtig ist, nehmen wir damit das Aussehen in unser Beziehungsvokabular auf. Jemand würde sich vielleicht selbst acht von zehn möglichen Punkten für sein Aussehen geben, aber man sollte sich fragen, ob man immer an so einer hohen Zahl gemessen werden möchte. Frauen hätten vielleicht gern etwas Spielraum für die Demütigungen und Deformationen der Schwangerschaft oder die wenig glamourösen Zeiten der Wechseljahre. Männer wünschen sich Verständnis für gelegentliche Impotenz oder diese depressive Lebensphase nach einer Entlassung. Wenn Geld uns sehr wichtig ist, wie wird unsere Beziehung dann während einer Pechsträhne oder finanziellen Durststrecke aussehen? Wir legen die Modalitäten unserer intimen Verbindung fest, indem wir nichts weiter tun, als uns selbst – unsere Werte, Wünsche und Vergangenheit – in die Beziehung einzubringen.

Gutes Aussehen und Jugendlichkeit sind ein unsicheres Geschäft. Sie sind vergänglich und werden eines Tages verfallen. Menschen, in die wir uns verliebt haben, werden vielleicht krank oder verzweifeln regelmäßig an ihrem »Bad Hair Day«. Uns selbst ergeht es nicht anders. Und dann geht die Beziehung in die Brüche.

In ihrem Roman *Liebespaarungen* schreibt Lionel Shriver, mit der Entscheidung, wen wir heiraten, wählen wir letztendlich den Menschen aus, dem wir beim Sterben helfen werden. *Schluck.* Wer hat etwas von Sterben gesagt, und hat das irgendwas mit Bettpfannen zu tun? Die meisten von uns denken nie über den tiefen Zungenkuss des Augenblicks hinaus und werden sich nicht bewusst, dass wir eine heilige Entscheidung zu treffen haben: Wer soll unsere Hand halten, wenn wir ein Kind gebären, einen Elternteil verlieren, wegrationalisiert oder verklagt werden oder nach dem letzten PAP-Abstrich oder der Prostatauntersuchung eine schlimme Diagnose erfahren? Aber genau darum geht es. Wenn Sie jemanden heiraten oder eine langfristige Bindung mit ihm eingehen, entscheiden Sie darüber, wen Sie in einem Notfall als Erstes anrufen, wer die nötigen Formulare unterschreiben soll, wenn Sie bewusstlos sind und notoperiert werden müssen. Wer allein für Ihre Kinder verantwortlich sein wird, falls Sie zuerst sterben. Wir lieben inniger, wenn wir den Schmerz ertragen können, jemanden zu verlieren. Sie müssen erkennen, dass Ihre Beziehung Ihnen Freude und Kummer bereiten wird und dass im vollen Spektrum des Lebens und Liebens ungeheure Schönheit liegt.

Wenn Tara es mit einer festen Beziehung ernst meint, muss sie ein paar liebgewonnene Überzeugungen loslassen. Einige davon ketten sie an ein Leben in Einsamkeit.

TEIL 3

# WENN ES ANSTRENGEND WIRD

# 9. Tiefer

Sie haben es geschafft. Sie haben sich tatsächlich verliebt. Sie ändern Ihren Facebook-Status von »Single« auf »In einer Beziehung«. Diesmal könnte es wirklich ernst werden. Der Sex ist immer noch toll, aber in Ihnen beiden reift noch tiefere Zuneigung, während Sie der »Schattenseite« des Partners begegnen. Sie haben Fürze im Bett überlebt, PMS, wie er einen Kellner anschnauzt, ihre »permanente« SMS-Schreiberei. Doch Sie sind noch da. Etwas in Ihnen entspannt sich – Sie müssen nicht perfekt sein, um geliebt zu werden. Der Schwerpunkt zwischen Lust und wachsender emotionaler Bindung verschiebt sich allmählich. Es gibt Augenblicke echter Vertrautheit, und Sie entwickeln ein tieferes Verständnis Ihrer Beziehung unter der Oberfläche dessen, was Sie zunächst zueinander hingezogen hat.

## UND NOCH EINMAL THEMA ANZIEHUNG

Ein paar Monate sind vergangen, und es wird deutlich, dass an der Mischung von Erins und Mitchs Psyche und Persönlichkeit mehr dran ist als nur »Gegensätze ziehen sich an«. Was wirklich zwischen ihnen passiert, ist geheimnisvoller und lässt sich nicht auf eine einfache Formel reduzieren.

Robin Skynner, ein britischer Familientherapeut, stellte fest, dass Beziehungspartner oft ähnliche Erfahrungen in ihrer Herkunftsfamilie gemacht haben. Vielleicht haben beide sehr früh einen Elternteil verloren, die Eltern wurden geschieden, waren übermäßig streng oder kalt. Das Verrückte ist, dass diese zwei Menschen zueinanderfinden, ohne diese Ähnlichkeiten je anzusprechen oder sich ihrer auch nur bewusst zu sein. Es ist beinahe so, als hätte die geheime Geschichte unserer Psyche eine limbische Schwingung, die der andere wahrnehmen kann, ähnlich wie Pheromone.

Mitch und Erin sind beide bei Eltern aufgewachsen, deren Ehe wenig inspirierend war. Nähe verkümmerte wie eine nie gegossene Topfpflanze. Als Kinder lernten sie, ihre Bedürftigkeit zu unterdrücken. Beider Eltern konnten aus völlig unterschiedlichen Gründen die emotionalen Bedürfnisse ihrer Kinder nicht ertragen und kamen mit Widerstand überhaupt nicht zurecht. In beiden Familien bedeutete traurig so viel wie schlecht. Beide Kinder wurden dafür belohnt, dass sie brav waren, keine Dramen machten und sich um sich selbst kümmerten. Diese gemeinsame Erfahrung führt dazu, dass Erin und Mitch etwas von sich selbst im jeweils anderen erkennen, als sprächen sie dieselbe unbewusste Sprache und lägen auf der gleichen Wellenlänge.

Wir suchen uns oft Partner aus, die eine ähnliche Kapazität für Unabhängigkeit und Nähe aufweisen wie wir selbst. Wenn zwei Menschen einen völlig unterschiedlichen Differenzierungsgrad haben, wird einer von beiden unweigerlich Mist bauen, unbewusst oder absichtlich.

Betrachten wir zum Beispiel Erins Ex-Freund Gus: Er hat seine Schwierigkeiten, sich zu binden, dadurch signalisiert, dass er mit einer anderen Frau schlief. Vielleicht war er zu dem Zeitpunkt betrunken oder hat sich nicht viel dabei gedacht, aber unbewusst hatte er erkannt, dass er mit Erin nicht mithalten, mit ihr nicht den Level von Bindung und Nähe halten konnte, den sie sich wünscht. Also war es gut für Erin, dass sie Schluss gemacht hat.

Erin und Mitch haben bisher miteinander mitgehalten, Schritt für Schritt. Obwohl beide »das brave Kind« waren, setzten sie das ganz unterschiedlich um. Mitch war »brav«, indem er Emotionen unterdrückte und seine Bedürfnisse rationalisierte. Erin war »brav«, indem sie aus sich herausging, sich ausdrückte – aber nur, solange sie fröhlich und glücklich war. Beide sehen im anderen etwas, das sie selbst gern entwickeln würden: Erin findet es großartig, dass Mitch weiß, welche Richtung sein Leben nehmen soll, und sich der Aufgabe verschrieben hat, »Gutes zu tun«. Er wirkt so solide, ist sich seiner Ziele gewiss und bildet damit ein Gegengewicht zu ihrer eigenen Flatterhaftigkeit (sie hat immer noch keine Ahnung, welchen beruflichen Weg sie wirklich einschlagen will, und sie weiß, dass sie dadurch ihren Vater enttäuscht). Mitch repräsentiert die Stabilität, Sicherheit und Kraft, die Erin hinter ihrer funkelnden, selbstsicheren Fassade fehlen. Außerdem liebt sie ihn dafür, dass er nicht so fordert, klammert und urteilt wie ihre Eltern. Er scheint mit recht wenig zufrieden zu sein. Er verlangt keine Fehlerlosigkeit von ihr – und sie hat es so satt, das perfekte Kind ihrer Eltern zu sein. Doch er interessiert sich für sie, ist neugierig und macht so einen niedlichen Ausdruck mit den Augenbrauen, um ihr zu zeigen, dass er ihr zuhört. Mitch hat dank der Depressionen seiner Mutter eine gute Schule durchlaufen. Er liebt das Gefühl, anderen helfen zu können und als »verständnisvoll« geschätzt zu werden. Da er von sich aus so zurückhaltend ist, erkennt Erin, was es für ihn bedeutet, so intensiv zu fühlen – etwas ganz Besonderes. Für sie ist offensichtlich, dass er sein Herz sehr selten verschenkt, doch sie hat es erobert.

Mitch empfindet Erins verspielte, spontane Art und ihre scheinbar ungehemmte Leidenschaft wie Sonnenschein auf den Schatten seiner Kindheit, ein Heilmittel für seine deprimierten, unzugänglichen inneren Anteile – die Anteile seiner Eltern, die er als Kind internalisiert hat. Erin wirkt stark und unabhängig. Bei ihr fühlt er sich frei und unbelastet. Er braucht sich nicht anzustrengen, um seine eigenen Bedürfnisse zurückzuhalten. Er kann loslassen. Sie wird ihn nicht als zu viel, als überwältigend empfinden. Sie ist neugierig, möchte wissen, wie er die Dinge sieht, was er fühlt, und sie weicht kein bisschen zurück, wenn er es ihr sagt. Es ist, als würde er nicht nur sie besser kennenlernen, sondern auch sich selbst. Er fand schon andere Frauen aufregend, aber noch nie zuvor konnte er die Worte »Ich liebe dich« auch nur denken, geschweige denn aussprechen. Beide fühlen sich belebt und gestärkt vom jeweils anderen, und dieser Zustand wirkt wie ein besonders kräftiger Klebstoff, der sie als Paar zusammenhält.

## GEHEIME GÄRTEN

Wachsende Nähe und Vertrautheit bringen größere Verantwortung mit sich. Die Verliebtheitsphase ist ein Cupcake gegen die Konditortorte, die als Nächstes kommt. Wappnen Sie sich für Vertreibung aus dem Paradies reloaded. Die ursprüngliche Geschichte steckt längst vergessen irgendwo tief in Ihrer Psyche – der Schmerz, plötzlich nicht mehr der Nabel von Mutters Welt zu sein. Verdammt, jetzt müssen Sie das noch mal durchmachen und akzeptieren, dass Ihr Liebster nicht Ihnen gehört (nicht?), Sie nicht die Exklusivrechte an seiner Zuneigung und Aufmerksamkeit haben (nein?) und er ein Leben außerhalb Ihrer Beziehung hat (echt?). Irgendwann kommt in jeder Beziehung der Punkt, an dem die schillernde Blase um zwei Menschen dünner wird. Nicht, weil sie sich nicht genug lieben oder irgendetwas falsch machen, sondern weil sie wie alle lebendigen Energien aufflammt, nachlässt und in einen anderen Zustand übergeht. Sie müssen Ihren Frieden mit der »Andersheit« finden, sowohl in Ihrem Partner (die dunkleren, weniger liebevollen Teile und die Tatsache, dass sein Blick manchmal von Ihnen abschweift) als auch außerhalb (sein Interesse an anderen Dingen da draußen, wie Freunden, Familie und Beruf). Auf einmal will der Partner ein Wochenende »mit den Jungs«, oder die Partnerin möchte einen »Mädelsabend« … Liebt er/sie mich etwa nicht mehr?

An diesem Punkt ist es schwer, sich nicht zu fühlen und zu verhalten, als wäre man sechzehn: Oh Gott, er/sie langweilt sich mit mir … Sie müssen Ihren Partner aber auf diese Art und Weise verlieren, wenn die Beziehung vorankommt. Nähe unterliegt einem Rhythmus des Zusammenziehens und Ausdehnens. Wir wollen alle frei sein und freie Menschen lieben. Handschellen und Fesseln mögen im Schlafzimmer Spaß machen, aber nicht im Alltag. Liebe ist keine Leine und kein Knebel. Liebe beweisen wir dadurch, dass wir den Menschen, den wir lieben, loslassen, damit er seine geheimen Gärten genießen kann: einsame Spaziergänge am frühen Morgen, Freundschaften, Sport, Literaturzirkel, E-Mail-Kontakte, Bier oder ein Schaumbad.

Eine wunderschöne, uralte Geschichte der Sufis erzählt von einem Mann namens Nuri Bey. Einer seiner Diener trug ihm zu, dass seine junge Ehefrau sich verdächtig verhalte und den Diener nicht in eine alte Truhe in ihrem Gemach schauen lasse. Nuri Bey fragte seine Frau, ob er in die Truhe sehen dürfe. Sie entgegnete, es sei ihr lieber, er täte es nicht. Doch sie bot ihm den Schlüssel zu der verschlossenen Truhe an unter der Bedingung, dass er den Diener entließ. Nuri Bey tat, was sie verlangt hatte. Doch als er sah, wie bekümmert seine Frau war, befahl er seinen Gärtnern, die Truhe im hintersten Winkel des Gartens zu vergraben.

Das Rührende an dieser Geschichte ist, dass Nuri Bey von vornherein die »Ich bin hier der Boss«-Nummer hätte abziehen und die Truhe aufbrechen können. Stattdessen entschied er sich dafür, die Wünsche und die Privatsphäre seiner Frau zu respektieren.

Wenn Sie auf diese freiwillige Art die Privatsphäre eines anderen schützen, verlieren Sie weder an Selbstachtung noch an Macht – Sie gewinnen beides. Sie können niemanden zwingen, sein Selbst mit Ihnen zu teilen. Ihr Partner wird Ihnen seine Geschichten erzählen, seine Geheimnisse anvertrauen, Ihnen enthüllen, wovon er träumt und was er bereut – wenn er sich bei Ihnen sicher fühlt. Das dauert seine Zeit, und es lässt sich nicht beschleunigen, indem man quengelt, manipuliert oder nervt. Privatsphäre ist nicht gleichbedeutend mit Heimlichtuerei. Wenn jemand, den man liebt, Zeit für sich allein braucht, dann weist er einen damit nicht zurück. Das ist auch für einen selbst eine Gelegenheit, allein zu sein.

Nach vier Monaten Beziehung zieht Erin bei Mitch ein. Es bricht ihr das Herz, dass sie Frodo abgeben muss, aber sie ist fest entschlossen, und Rob und Tariq nehmen ihn. Erin ist dahintergekommen, dass Mitch gegen Katzen allergisch ist, und sie liebt ihn mehr als ihren Kater. Tom und Sam, Mitchs Freunde, ziehen ihn damit auf, wie schnell die Sache so ernst geworden ist – »Die spult ganz schön vor, was?« Er kontert scherzhaft, im Endeffekt gehe es um die Wäsche: Er habe es satt, nichts Frisches zum Anziehen zu haben, wenn er bei Erin übernachte. Natürlich würde er vor Erin niemals solche Witze reißen, denn erstens wäre sie verletzt, und zweitens ist das gar nicht wahr. Doch er ist nun mal ein Mann und will das Gesicht nicht verlieren. In Wahrheit fällt es ihm allmählich schwer, von ihr getrennt zu sein. Und je deutlicher er das spürt, desto stärker wird seine Angst, sie zu verlieren. Vielleicht wacht sie eines schönen Tages auf, und die Tatsache, dass er Feuerwehrmann ist, erscheint ihr auf einmal gar nicht mehr so beeindruckend.

Also suchen sie gemeinsam ein neues Sofa aus, in Erins Lieblingsfarbe – Blau. Sie kaufen eine schicke Lampe fürs Schlafzimmer. Sie reden darüber, sich vielleicht einen Hund anzuschaffen, von dem Mitch nicht die Augen tränen. Während die Intensität dieser ersten glühenden Monate allmählich nachlässt, hängen beide insgeheim ihren nagenden Zweifeln nach. Wie wird das mit uns laufen? Werden wir zusammenbleiben? Wird er/sie mich irgendwann satthaben? Dann sucht man nach Möglichkeiten, etwas Sicherheit ins Ungewisse zu bringen. Zusammenzuziehen ist eine davon – so zementieren wir eine Beziehung. Es spricht unsere stillschweigenden Bedürfnisse an – emotionale Bindung, vielleicht eines Tages Kinder –, indem es ein Gefühl der Sicherheit nährt. Man tauscht ein wenig Unabhängigkeit gegen ein bisschen Sicherheit. Man bringt Opfer (gibt zum Beispiel seine Katze ab ☹). Auf einmal muss man jemandem Rechenschaft über alles Mögliche ablegen: Wann kommst du heute Abend nach Hause? Mit wem spielst du Squash? Du willst bitte was zum Abendessen kochen? Aber das ist nicht so schlimm. Es fühlt sich gut an, wenn sich jemand für alles interessiert, was man tut.

Man macht immer mehr gemeinsam, kreiert Routine und Rituale, um die Grundsteine für eine stabile Beziehung zu legen. Sonntagmorgens bringt er ihr Kaffee, Croissants und die Sonntagzeitung ans Bett. Dienstagabends geht man im Steakhouse essen. Samstagnachmittags liebt man sich ausgiebig und geht dann essen oder ins Kino. Den Film sucht man abwechselnd aus. Man spricht einander nur noch mit Kosenamen an. Niemand sonst nennt den Partner so, also drückt man ihm damit den Stempel »Meins« auf. Man besitzt die exklusiven Namensrechte.

Mit der Anschaffung einer gemeinsamen Geschichte, eines gemeinsamen Zuhauses und Freundschaftskreises – und später Bankkonten und Kindern – schwingt das Pendel in die andere Richtung. Statt Sex jede Nacht weicht die Leidenschaft immer öfter der Müdigkeit oder dem Bedürfnis, den Spätfilm im Fernsehen zu schauen. Die Balance zwischen Lust, Romantik und Bindung verschiebt sich.

## WENN SICH ZWEI GESCHICHTEN UMEINANDER VERDREHEN

Wie ein Baby das völlig neuartige Ergebnis der kombinierten DNA beider Eltern ist und niemals die exakte Kopie nur eines Elternteils, so ist eine Beziehung das Produkt der psychologischen Geschichten zweier Menschen, die sich miteinander verbinden. Sie ist mehr als die Summe ihrer Teile, nämlich der beiden Individuen. Sie bildet eine dritte Einheit, ein dynamisches Zusammenspiel dieser Teile, die eine neue, gemeinsame Welt erschaffen. Dass Mitch so aufmerksam ist, was Erins Gemütszustand angeht, und so wenig von ihr fordert, macht ihn in Erins Augen zu einem seltenen Exemplar, verlässlich und stark. Dass Erin sehr gut für sich selbst sorgen kann, ist eine große Erleichterung für Mitch. Er kann sich entspannen und sie genießen. Sie ist ein glücklicher, stabiler Mensch. In gewisser Weise glauben Mitch und Erin das. Sie glauben, der andere sei so, wie sie ihn sehen, und sie selbst seien so, wie der andere sie sieht. Aber so einfach ist das nicht. Unter jeder dieser angenehmen Eigenschaften verbirgt sich eine Dynamik, die leicht zu Konflikten führen kann. Was würde mit dieser gegenseitigen Anziehung geschehen, wenn sich herausstellt, dass Mitch in Wahrheit doch nicht so ein Fels in der Brandung und Erin nicht so unabhängig und fröhlich ist, wie sie erscheint? Werden sie sich dann nicht mehr lieben? Wird ihre Beziehung auseinanderfallen?

Bisher lief alles himmlisch. Der erste Streit steht ihnen noch bevor. Bringen wir also ein kleines Ärgernis ins Spiel und schauen, was passiert.

# 10. Der erste Streit

Mitch hat es gern ordentlich. Erin findet das niedlich. »Heißt es nicht immer, nur schwule Männer seien wirklich ordentlich?«, bemerkt sie kichernd. Bei Rob und Tariq ist es so aufgeräumt und sauber wie in einem Museum. Mitch gibt ihr recht, Robs und Tariqs Wohnung sieht phantastisch aus. »Phantastisch?« Erin rümpft die Nase. »Sie ist steril.« Erin kann sich nicht einmal angewöhnen, Schubladen zu schließen oder die Sportklamotten von gestern vom Boden aufzuheben. Dazu kommt sie erst, wenn sie die Wäsche macht. Als sie allein gelebt hat, stapelte sich das schmutzige Geschirr zwei oder drei Tage lang in der Spüle, bis sie nichts Sauberes mehr hatte. Aber seit sie mit Mitch zusammenlebt, kommt es nicht mal ansatzweise so weit – vorher steht er am Spülbecken.

Mitch ist bewusst, dass Unordnung ihn irritiert, aber er kennt seine innere Landschaft nicht gut genug, um dieses unangenehme Gefühl mit seiner Kindheit in Verbindung zu bringen – mit Dingen, die ihn geängstigt haben, vor allem Kaylas heftigen Wutanfällen. Damals versuchte er unbewusst, sich zu beruhigen, indem er Dinge in eine bestimmte Ordnung brachte. Oft baute er kleine Städte mit ordentlichen Schlangen von Spielzeugautos und -figuren. Auf der Feuerwache ist er berüchtigt dafür, wie penibel er seine Einsatzfahrzeuge in Ordnung hält und sämtliche Ausrüstung doppelt überprüft. Im Einsatz treffen sie auf pures Chaos, und seine Aufgabe ist es, dieses Chaos einzudämmen und Schäden zu begrenzen. Genau das, was er in seiner Phantasie in seinem Kinderzimmer gespielt hat – ein Feuerwehrmann in Windeln.

Es ist Dienstag, und Erin ist gerade vom Fitnessstudio nach Hause zurückgekehrt. Sie steht unter der Dusche, als Mitch heimkommt. Er hat eine anstrengende Schicht bei der Feuerwache hinter sich. Er geht ins Schlafzimmer, und das Bett ist so ordentlich gemacht, wie er es heute Morgen hinterlassen hat, die Kissen sorgfältig paarweise am Kopfende arrangiert. Erins Sportklamotten sind über den Fußboden verstreut. Während der ersten paar Wochen ihres Zusammenlebens hat Mitch sie immer aufgehoben und in den Wäschekorb geworfen.

Aber heute steht er vor ihrem Durcheinander und ballt die Fäuste. Erin kommt ins Schlafzimmer, und aus ihrem Haar tropft Wasser ihren Rücken hinab.

»Hallo, Baby«, sagt sie.

»Hallo«, erwidert er knapp. »Kannst du deine Sachen nicht in den Wäschekorb räumen?«

Erin bleibt abrupt stehen. So hat sie ihn noch nie gehört.

»Wie bitte? Was ist denn mit dir los? Ich bin gerade erst aus dem Fitnessstudio heimgekommen. Ich mache das schon noch.«

»Ich weiß, wo du warst. Ich habe es satt, nach Hause zu kommen und dir hinterherzuräumen.«

»Tja, dann lass es doch! Ich mache das schon.«

»Warum tust du es dann nicht? Hast du denn keinen Funken Selbstachtung?« Er bereut die Worte schon, als er sie noch kaum ausgesprochen hat.

Inzwischen kämpft sie mit den Tränen und einem scheußlichen, nagenden Gedanken: Wer ist dieser Mann? Habe ich einen Fehler gemacht? Sie bringt kein Wort heraus. Wenn sie jetzt etwas sagt, fängt sie womöglich an zu weinen, und er soll sie nicht weinen sehen. Sie hebt ihre Sportsachen auf, verlässt das Schlafzimmer und geht mit ihrem Kummer ins Bad, wo sie den Stoff des Anstoßes in den Wäschekorb wirft und sich die Nase putzt.

So etwas haben wir alle schon erlebt. Wie leicht wir andere verletzen, und wie leicht wir selbst verletzt sind. Wegen etwas Schmutzwäsche. Kleinigkeiten. Wenn zwei Menschen sich wirklich lieben, würde so etwas doch gar nichts bedeuten? Macht Mitch nicht aus einer Mücke einen Elefanten? Tja, die Wahrheit ist, dass Kleinigkeiten eben doch etwas bedeuten, aber nur deshalb, weil diese kleinen Auseinandersetzungen etwas Wichtiges bereithalten: den Schlüssel zu der Erkenntnis, wo die Beziehung ins Schleudern geraten könnte.

Je besser zwei Menschen sich kennenlernen, desto mehr werden sie in die tieferen Geschichten des anderen hineinverwickelt. Sie binden einander in ein seltsames, geheimnisvolles Skript zu dem Stück ein, das sie unbewusst spielen. Wenn man sich zu jemandem hingezogen fühlt, ist das nie ein simples »Gegensätze ziehen sich an« oder eine bestimmte Mischung aus Hormonen und Pheromonen. Es geht um ein komplexes Zusammenspiel zwischen der Vergangenheit beider Partner und darum, wie diese Geschichten miteinander »tanzen«. Wir werden genauso davon angezogen, wie wir uns aufgrund unserer Verletzungen verstehen und zusammenpassen, wie durch unseren Sinn für Humor und unsere Fröhlichkeit. Wenn wir gemeinsame Muster in unserer Beziehung bilden und dann gern darin steckenbleiben, schaffen die Schwierigkeiten oft die mächtigste Anziehung. Jeder nimmt eine Rolle oder Position ein, mit der er die des Partners ergänzt: Einer rettet, während der andere hilfsbedürftig ist. Einer jagt gern, während der andere sich zurückzieht. Der eine ist kritisch, der andere gedemütigt. Diese Rollen können hin und her wechseln oder fest verteilt bleiben, aber sie werden vorhersehbar. Dadurch erlauben sie einem Paar zusammenzubleiben, denn beide verhalten sich einigermaßen berechenbar. Sie können aber auch eskalieren. Das Verrückte ist, dass diese Muster, die irgendwann so furchtbar schmerzhaft werden, oft aus genau den Dingen entstehen, die diese zwei Menschen ursprünglich zueinander hingezogen haben – aus den offensichtlichen Gegensätzen.

Wie können wir Mitchs und Erins Streit nun so dekomprimieren, dass uns verständlich wird, was hinter dem kleinen Ausbruch des Ordnungsfanatikers steckt?

Szene: *Mitch kommt herein. Er ist angespannt, und ihm ist bewusst, dass der Tag stressig war, aber wenn man ihm auf der Straße begegnet wäre und gefragt hätte: »Wie geht es dir?«, dann hätte er gesagt: »Gut!« Ein Bierchen, und alles ist wieder in Ordnung.*

Viele von uns laufen auf diesem unbewussten »Es geht mir gut!«-Autopiloten und haben gar kein Gefühl dafür, wie es ihnen in Wirklichkeit geht. Aber ob Mitch das bewusst ist oder nicht, nach diesem harten Tag ist sein innerer Container voll. Er kann keine Anforderungen von anderen mehr aufnehmen. Bei einem Einsatz heute mussten er und sein Team einen verunglückten Autofahrer mit Spreizer und Rettungsschere aus dem Wrack seines Wagens befreien – sie brauchten zwei Stunden, und währenddessen hätten die Sanitäter den Patienten ein paar Mal fast verloren. Aber he, er hat schon Schlimmeres gesehen. Für solche Situationen wurde er ausgebildet. Er ist ein Feuerwehrmann, das ist sein Job. Doch als Mitch zur Tür hereinkommt, steckt er voller Anspannung, die er den ganzen Tag lang mit sich herumgetragen hat – er braucht Trost und Erleichterung. Er braucht jemanden, der sich um ihn kümmert.

Szene: *Mitch betritt das Schlafzimmer, und Erins Sportklamotten lie-*
*gen auf dem Boden. Auch nichts, was er nicht schon gesehen hätte.*
*Sie lässt ihre Sachen immer einfach fallen, und jetzt mal im Ernst: Wir*
*reden von einem Tanktop, einer Capri-Leggings und einem Paar So-*
*cken.*

Aber diese paar verstreuten Sachen lösen in Mitch die unbewusste Reaktion aus, dass a) er ihre schmutzige Wäsche aufheben
muss und b) sie selbst so in Unordnung ist, dass sie ihm das, was
er in diesem Moment so dringend braucht, nicht wird geben können (genau wie seine Mutter ihm nicht geben konnte, was er
brauchte, als er klein war). In Mitchs Welt kann eine auch nur
momentan unordentliche Frau nicht für ihn da sein. Das ist seine
Narration, sein Skript. Natürlich ist ihm all das nicht bewusst,
also was tut er? Er sieht den Fehler bei ihr.

Szene: *Jetzt wird die Dynamik wirklich interessant. Mitch ist sich*
*seiner komplexen Reaktion auf Erins Unordnung nicht bewusst, und*
*um sich gegen diese Gefühle der Verletzlichkeit zu schützen, fährt er*
*das einzige emotionale Manöver auf, das er kennt: Er kritisiert sie.*
*»Kannst du deine Sachen nicht in den Wäschekorb räumen?«*

Auf Erin wirkt das wie ein Schlag ins Gesicht. Wer ist dieser
Mann? Diese Seite kannte sie gar nicht an ihm. Diese … wüten-
de, aggressive, kritische, gemeine, hässliche Seite. Bisher hat sie
sich bei ihm immer sicher gefühlt. Und in diesem Augenblick
reagiert sie nicht auf Mitch, den Mann, den sie immer besser
kennenlernt, sondern auf einen feindseligen Mann. Denn für
diesen vorwurfsvollen, kritischen Tonfall gibt es noch keinen ihr
bekannten Knopf – sie kann sich nicht erklären, wo er herkommt. Bisher hat sie in der Vergangenheit wenig Erfahrung mit
aggressiven Männern gemacht, sondern hauptsächlich mit ihrem
eigenen Vater. Das ist ihre Narration, ihr Skript.

Sehen Sie, wie die beiden Skripten sich verhaken? Mitch projiziert etwas auf Erin, weil in seinem speziellen Lebensrollenheft drinsteht, dass er sich mit der Verantwortung für unordentliche Frauen überfordert fühlt. Und sie verteidigt sich mit einer Mischung aus ihrer eigenen Geschichte – der Teenager, der auf seinen überkritischen Vater reagiert – und den Projektionen, die Mitch ihr entgegenschleudert.

SZENE: *Jetzt bricht die Hölle los. Sie fetzen sich, werfen sich hässliche Worte an den Kopf.*

Beide befinden sich auf unsicherem, fremdem Terrain. Um sich zu schützen, greifen sie zu ihren altbewährten Mitteln der Verteidigung. Unbewusst fallen sie in die Muster, die sich in ihrer Psyche gebildet haben, als sie noch klein waren. Wie zwei Igel ziehen sie sich fest zu einer schützenden, stachelbewehrten Kugel zusammen.

So beginnt ein ganz spezieller Tanz innerhalb einer Beziehung – einer fängt an, und der andere steigt mit ein. Welch ein wirres Knäuel von Narrationen!

## WENN GEDANKEN ZU GESCHEHNISSEN WERDEN

Auf dem Gebiet der Quantenphysik mussten Wissenschaftler in den vergangenen paar Jahrzehnten etwas einsehen: Wenn es um die Frage geht, wie das Universum funktioniert, hängt die Antwort auch vom Beobachter ab. Der Welle-Teilchen-Dualismus (besteht Licht aus Wellen oder aus Partikeln?), der Forscher vor ein so paradoxes Problem stellte, verschob die Frage schließlich auf eine andere Ebene: Die Antwort hängt davon ab, wer das Licht beobachtet, das Experiment durchführt. Wie wir etwas beobachten, entscheidet über das Resultat. Das ist eine Erkenntnis, die wir unbedingt auf unsere Beziehungen übertragen sollten.

Die Psychologie hat ihre eigene Art, das zu erklären. Sie enthüllt, wie stark die Dynamik ist, die wir in unseren Beziehungen erschaffen. Als Mitch glaubt, Erin könne sich nicht um sich selbst kümmern (weil schmutzige Teilchen von ihr überall herumliegen) und folglich auch nicht für ihn da sein, projiziert er das nicht nur auf sie, sondern in sie hinein. Er verändert buchstäblich ihren inneren Zustand so, dass sie sich genau so verhält, wie er es befürchtet. Indem er erwartet, dass sie nicht für ihn da sein wird, setzt er ein Drehbuch um, das genau dazu führt. Wir kennen das als selbsterfüllende Prophezeiung. Was er erwartet, erlebt er auch. Nichts ahnend arrangiert er die Szene so, dass in ihr eine bestimmte Reaktion ausgelöst wird – und sie sich schließlich weinend von ihm zurückzieht. Erin spielt die Rolle seiner weinenden, zurückgezogenen Mutter Connie. Mitch hat ein bestimmtes Bild von seiner Mutter internalisiert, mit dem er nichts zu tun haben will, also schiebt er es Erin zu. Das nennt man in der Psychoanalyse projektive Identifizierung: Er spaltet einen Teil seines Selbst ab, den er nicht ertragen kann, schiebt ihn weg in den interpersönlichen Raum zwischen ihm und seiner Partnerin, die ihn wiederum von dort aufnimmt. Das Gegenüber nimmt also unbewusst den abgespaltenen, nach außen projizierten Teil an und verhält sich, als gehörte dieser Teil zu ihm.

Der Teil von sich, den Mitch abspaltet und in Erin projiziert, ist die »nicht verfügbare, chaotische Bezugsperson«. Erin verhält sich entsprechend. In diesem Zustand sieht Mitch sie nicht wirklich als eigenständige Person. Er bezieht sich in seinem Handeln auf den Teil seines Selbst, aber so, als wäre das Erin – er identifiziert diesen Teil mit ihr. Mitchs Selbstempfinden ist verarmt und Erins verzerrt.

Später beim Abendessen hält Mitch das angespannte, bedrohliche Schweigen und Erins gequälten Blick nicht mehr aus. Er blickt auf und sagt: »Wir hätten heute beinahe ein Opfer verloren.« Erin fragt ihn, was passiert sei. Er erzählt ihr, wie verängstigt der verunglückte Autofahrer war. »Du hättest sein Gesicht sehen sollen. Er hatte Todesangst. Ich bin ganz sicher, dass er dachte, er würde sterben. Ich habe ihm immer wieder gesagt, dass alles gut wird und wir ihn bald rausholen … schön weiter atmen, nur weiter atmen … aber das war nur ein beschissener Spruch. Wir glaubten nämlich beide, dass er sterben würde.« Während er spricht, die Spannung ein wenig lockert und etwas Bewegung in die dicke Luft ihres Streits atmet, erwacht Erins Mitgefühl. »Ich hätte wohl besser selbst auf mich hören sollen, als ich vorhin nach Hause gekommen bin … und nur schön atmen …«

Erin lächelt ihn an und legt die Hand auf seine. Beim Meditieren hat sie gelernt, dass man sich tatsächlich erden und beruhigen kann, indem man sich aufs Ein- und Ausatmen konzentriert. Sie sagt, sie könne verstehen, dass er seinen Stress nach so einem traumatischen Tag an ihr ausgelassen hat. Er entschuldigt sich, weil er sich wegen ihrer Sportklamotten so angestellt hat. Sie nimmt die Entschuldigung an und sagt, sie könne sich gar nicht vorstellen, wie schwer es sein muss, bei der Arbeit um Menschenleben zu kämpfen. »Nächstes Mal«, sagt sie mit leiser, rauchiger Stimme und schiebt die Hand in seinen Nacken, »sag es mir einfach, dann kümmere ich mich um dich. Ich weiß ganz genau, was da hilft … Und ich verspreche dir, wenn ich mit dir fertig bin, wirst du sehr, sehr tief atmen …«

Es gibt keine gründliche Analyse dieses Vorfalls – zu diesem Zeitpunkt hat keiner von beiden den nötigen Einblick, aber sie bringen ausreichend Verständnis füreinander auf. Während er darüber spricht, wie furchtbar ausgeliefert, hilflos und verwundbar der Unfallfahrer war, bestärkt Erin ihn in seiner Männlichkeit und Retterrolle. Und sie erkennt eine Tiefe in Mitchs eigener Verletzlichkeit, die er ihr so noch nicht zeigen kann. Beinahe bekommt Erin diese Verletzlichkeit zu fassen, doch wie ein Fisch flitzt sie davon und versteckt sich zwischen Seetang und Felsen. Trotzdem findet sie in diesem Moment Trost für ihn. Sie fragt ihn, wie er sich fühlt, hört sich alles an, was er sich von der Seele reden muss, und lobt ihn dafür, dass er Leben rettet. Obwohl ihre gemeinsame Reise erst beginnt, hat Erin erkannt, dass es für Mitch kaum zu ertragen ist, verletzlich und hilflos zu sein. Also findet sie eine Möglichkeit, ihn sanft dafür zu tadeln, wie er vorhin reagiert hat – sie scherzt mit ihm und schlägt vor, nächstes Mal für Entspannung zu sorgen, indem sie mit ihm schläft. Das ist eine geschickte und kreative Lösung für ihren ersten kleinen Krach. Allerdings wird sie nicht ewig funktionieren. Beide müssen sich selbst und den anderen noch viel besser kennenlernen, wenn sie die Rätsel und Herausforderungen meistern wollen, die vor ihnen liegen.

Erin und Mitch haben jetzt zwei Möglichkeiten: Entweder tun sie so, als sei dieser Streit ein Ausrutscher gewesen – sie entschuldigen sich, versöhnen sich, bügeln die Falten aus, die ihre bisher so seidig glatte Beziehung dadurch abbekommen hat, und versprechen einander, sich nie wieder wegen alberner Kleinigkeiten zu streiten. Oder sie erkennen den Vorfall als Guckloch, der einen tieferen Einblick in ihre Beziehung ermöglicht. Diese Fragen könnten sie sich dabei stellen:

- Wer bin ich? Das ist das »Selbst«, das ich in die Beziehung mitbringe, der Teil von mir, der anders ist als du und den ich um jeden Preis behalten muss.

- Was ist meins? Was bringe ich in die Beziehung ein? Wofür muss ich in der Beziehung Verantwortung übernehmen?
- Was ist deins? Wofür musst du in der Beziehung Verantwortung übernehmen?
- Wie interagieren unsere verschiedenen Anteile miteinander? Was erschaffen wir zusammen?

Das kann nur gelingen, wenn Sie wissen, was von dem ganzen Krempel Ihnen gehört, und dazu stehen. Und wenn Sie den Krempel Ihres Partners erkennen und ihm zurückgeben, so als würden Sie Bunt- und Weißwäsche für die Waschmaschine sortieren: Okay, das hier ist meins, das ist seins. Wenn Sie erkennen, wo Sie aufhören und jemand anderes anfängt, sind Sie wahrer Intimität schon sehr nahe.

Reibung, Meinungsverschiedenheiten, Verstimmung, Sackgassen – all diese Interaktionen können Sie nutzen, um die tieferen Ebenen Ihrer Beziehung zu erforschen. Ein Streit ist ein Bote, eine Nachricht von den unsichtbaren Mustern zwischen uns. Er kann sogar etwas sehr Schönes sein, wie ein Sandkorn, das nervt und reizt und um das sich mit genug Zeit und Geduld in einer Auster eine prächtige Perle bildet.

Nur schön atmen – das ist ein großartiger Unterbrecher, wenn zwei Menschen in einem krisenhaften Moment aufeinanderprallen. Die Wissenschaft hat endlich die fernöstliche Yoga-Praxis eingeholt und nachgewiesen, dass sich unsere chaotischen Betawellen – Gehirnwellen einer bestimmten Frequenz – in Stresssituationen beruhigen, sobald wir anfangen, tief zu atmen. Tief und ruhig zu atmen aktiviert Alphawellen, die uns entspannen.

Emotionen kommen und gehen wie der Atem. Wenn Mitch also sein Haus betritt und mit Unordnung konfrontiert wird, kann er innehalten und atmen. Das wird ihm helfen, seine Gefühle wie Ärger und Gereiztheit wahrzunehmen und als das zu erkennen, was sie sind – veränderliche Zustände, die vorbeigehen werden. Vielleicht erkennt er sogar, dass Ärger und Gereiztheit die darunter liegende Angst verbergen – das Grauen, hervorgerufen vom Gefühl der Hilflosigkeit angesichts des traumatisierten Autofahrers, der um sein Leben kämpfte. Doch auch diese Gefühle werden vorbeigehen. Indem er in die Spannungen in seiner eigenen angsterfüllten Brust und den Streit mit Erin hineinatmet, erlaubt sich Mitch, die Situation zumindest ein bisschen aus der dritten Position zu betrachten. Und was sich noch vor kurzem unerträglich anfühlte, ist auf einmal gar nicht mehr so schlimm.

# 11. Eifersucht

Ob man das nun als Vorteil oder Belastung empfindet, es ist eine Tatsache, dass man in einer monogamen Beziehung die exklusiven Rechte an bestimmten körperlichen und emotionalen Kontakten mit jemandem hat – andere sind ausgeschlossen. Zumindest lautet so das Versprechen. Wie ein einmaliges Kunstwerk ist diese Verpflichtung einem auserwählten Menschen gegenüber so besonders, weil viele von uns vielleicht gern mal nebenher mit anderen attraktiven Interessenten herumspielen würden – aber es nicht tun. Auf unseren Herzen und Genitalien befinden sich »Reserviert«-Schilder. So entsteht ein Territorium, zu dem nur wir beide Zugang haben. Es ist unser Privatgrundstück, und widerrechtliches Betreten wird strafrechtlich verfolgt.

Wenn die rosafarbene Seifenblase der Romantik platzt, wird Ihnen bewusst, dass Sie beide keineswegs allein auf der Welt sind und Menschen und andere Faktoren, die schon vor Ihnen da waren, diesem Privatgrundstück ziemlich nahe rücken. Ihrer beide Familien. Geschichten. Schwiegermütter. Ein Kind aus erster Ehe. Stress bei der Arbeit. Eine Ex-Frau. Freundschaften mit anderen Menschen. Da draußen wimmelt es nur so von unangenehmen Überraschungen, die darauf warten, auf Sie herabzuprasseln. Und wieder muss sich die Dynamik ändern, um Raum für eine dritte Präsenz zu schaffen.

Eine neue Beziehung bedroht bereits existierende Freundschaften – man hat nicht mehr so viel Zeit für die Freunde, braucht ihre Gesellschaft nicht so wie früher. Freundschaften können verkümmern, wenn man sie vernachlässigt, und jämmerlich eingehen. Freundschaften und andere enge Beziehungen sind jedoch wichtig fürs Gleichgewicht. Sie helfen uns, an unserer Identität und Selbstdifferenzierung festzuhalten. Manchmal brauchen wir die Hilfe von Freunden, um eine dritte Position einnehmen zu können – wenn wir zum Beispiel von unserer Beziehung erzählen oder sie bitten, uns eine andere Perspektive auf die Dynamik zu geben. Wie räumen wir also diesen bereits bestehenden Beziehungen Platz ein und gehen möglichst geschickt mit ihrem Eindringen in die Zweisamkeit um?

Einige von uns gestehen den Partnern herzlich gern platonische Liebe und Zuneigung zu Familie und Freunden zu und reichlich Freiraum für alle möglichen Aktivitäten ohne uns. Sobald allerdings Sex ins Spiel kommt, regredieren vernünftige Erwachsene irgendwie zu Teenagern. Wir tun einfach so, als fände unser Partner nie jemanden außer uns scharf, als wünschte er sich nie einen Flirt oder sogar einen Freibrief für eine einzige Nacht.

Trotzdem passiert es – Sie entschuldigen sich kurz, und wenn Sie von der Toilette zurückkommen, schreibt Ihr Partner eine SMS an eine gewisse Pamela (»Nur eine Kollegin«, erklärt er achselzuckend). Oder Sie sehen Ihre Liebste im Fitnessstudio mit diesem Typen im schicken Trikot flirten – er sieht aus wie Brad Pitt und legt ihr eine Hand auf die Schulter (»Wer? Josh? Das ist nur ein netter Fitnesstrainer«). Doch Ihnen ist vollkommen klar, dass »nett« nicht das richtige Wort für einen Mann mit einem perfekten Sixpack und Rennpferdwaden ist. Und da ist sie: Eifersucht, die hässliche Schwester der Bindung.

Robert und Tariq sind seit vier Jahren zusammen. Sie haben sich in einer Schwulenkneipe kennengelernt, sind zusammen nach Hause gegangen und waren seither nicht mehr voneinander getrennt. Tariqs Eltern sind aus Indien eingewandert, als er sechs Jahre alt war. Er ist kein praktizierender Hindu und lebt nicht einmal mehr vegetarisch. Als Rob ihn Trish vorstellte, nahm sie ihn beiseite und fragte: »Dafür habe ich dich also großgezogen? Damit du bei einem Farbigen landest?«

»Wäre dir ein Jude lieber?«, gab Rob zurück.

»Wie bitte? Ich habe nichts gegen Juden«, entgegnete Trish. »Ich finde Daniel ganz großartig.«

Aber je besser Trish Tariq (und seine außergewöhnlich kreativen Kochkünste) kennenlernte, desto mehr wuchs er ihr ans Herz. Rob und Tariq leben in einer Wohnung, die sie zusammen gekauft und renoviert haben. Rob ist Geschichtslehrer an einer Mädchenschule, Tariq ist Architekt.

Tariqs bester Freund heißt Steve. Die beiden waren vor ein paar Jahren mal ein Paar, ganze zwei enttäuschende Wochen lang. Kaum hatten sie Schluss gemacht und den Sex eingestellt, merkten sie, dass sie Freunde bleiben wollten – sie hatten viel gemeinsam, vor allem viel Gesprächsstoff, da Steve auch Architekt ist. Robert hat kein Problem damit, dass Tariq und Steve Freunde geblieben sind – er hat schließlich auch Freunde. Steve ist ein feiner Kerl. Heute Abend haben sie ihn und einen weiteren Freund, Corey, zu sich zum Abendessen eingeladen. Rob macht Lamm à la Jamie Oliver, und Tariq bereitet den Salat und eine Sahnetorte mit Himbeeren und weißer Schokolade zum Nachtisch zu. Mitten in den Vorbereitungen ruft Corey an – er hat gerade einen dringenden Auftrag reinbekommen, der bis morgen fertig sein muss, also kann er nicht zum Abendessen kommen. Es tut ihm furchtbar leid, dass er so kurzfristig absagen muss.

»Kein Problem, Corey. Ich hoffe, du schaffst deine Deadline morgen«, sagt Tariq. »Bis bald!« Er wirft Rob einen Blick zu. »Corey kann nicht kommen.«

Robert, der gerade Knoblauch für die Marinade schält, runzelt die Stirn. »Dann müssen wir jemand anderen einladen«, sagt er drängend. »Wir haben so viel zu essen …«

»Gibt es morgen eben Resteessen«, winkt Tariq beiläufig ab.

»Nein, im Ernst, wir müssen noch jemanden einladen. Damit es eine gerade Zahl gibt.«

Tariq zuckt mit den Schultern. Jetzt ist es sowieso schon zu spät, und jeder, den sie jetzt noch anrufen, wird das Gefühl haben, nur als kurzfristiger Ersatz eingeladen zu werden. Außerdem freut er sich auf ein bisschen ungestörte Zeit mit Steve – sie sind schon ewig nicht mehr dazugekommen, sich ausführlich zu unterhalten, und er hat Steve eine Menge zu erzählen.

»Drei ist aber keine gute Zahl, Ti, das funktioniert einfach nicht. Wir brauchen einen Vierten. Wie wäre es mit Gavin?«, beharrt Rob.

»Vergiss es. Zu viele Muskeln und zu wenig Hirn. Möchtest du dir wirklich den ganzen Abend lang Gerede über Fußball anhören?« Tariq versteht das einfach nicht. Sie hatten schon ein paar Mal nur einen Gast zum Essen. Rob stellt sich wirklich albern an.

Rob wendet sich ab, verwirrt und verletzt. Warum macht Tariq so eine große Sache daraus? Sie könnten doch seine große Schwester Erin anrufen und sie und Mitch einladen – die beiden haben sie seit ihrer Einweihungsparty nicht mehr gesehen, und mit einer spontanen Einladung hätten sie kein Problem. Er macht Tariq den Vorschlag.

Tariq schüttelte den Kopf. »Jetzt hör endlich auf, Rob, du bist so was von kindisch«, sagt er. »Ich habe keinen Nerv für so etwas. Ich gehe jetzt in die Weinhandlung, den Merlot holen.«

»Ich habe kein gutes Gefühl dabei«, versucht Rob es noch einmal.

»Wir haben oft nur einen Gast zum Essen.«

»Aber nicht Steve, verdammt noch mal!«, platzt Rob zu seiner eigenen Überraschung heraus.

Beide halten inne.

»Was hast du gegen Steve?«, fragt Tariq.

»Nichts, er ist klasse«, antwortet Rob. Er kann es nicht in Worte fassen, aber wenn Steve heute Abend der einzige Gast ist, wird er sich ausgeschlossen fühlen.

»Na also, und?«

Rob gerät ins Schwimmen. »Tja, wie wäre es, wenn ich einen von meinen Ex-Lovern einlade? Joel vielleicht?«

Das ist ein Schlag unter die Gürtellinie. Robs Ex-Liebhaber Joel hat ganz zu Anfang versucht, Robs und Tariqs Beziehung zu sabotieren, indem er Rob ständig Geschenke geschickt und eine SMS nach der anderen geschrieben hat. Joel ist außerdem 1,90 m groß und Triathlet, während der eher schmal gebaute Tariq mit seinen nicht einmal 1,70 m Rob schon öfter anvertraut hat, wie es sich für ihn anfühlt, in der schwulen Gemeinschaft mit dem »Typ Joel« konkurrieren zu müssen.

Tariq verzieht das Gesicht. »Du kannst so abscheulich und unreif sein – du benimmst dich wirklich kindisch. Warum willst du mir unbedingt weh tun? Manchmal verstehe ich dich einfach nicht«, sagt er und stürmt davon, um Wein zu kaufen.

Wir wissen alle, wie es sich anfühlt, ausgeschlossen zu werden. Sich wie ein reifer Erwachsener zu verhalten fällt uns schwer, wenn wir uns bedroht fühlen. Manchmal fällt man dann ins Verhalten dieses kleinen Kindes zurück, das ausgeschlossen wurde – vor allem, wenn man keine guten Rollenvorbilder hatte. Die hätten einem helfen können, ein gesundes, starkes Bild von sich selbst zu introjizieren als jemand, der Gefühle des Ausgeschlossenseins gut aushalten kann. In diesem Moment jedoch sind Tariq und Rob denkbar weit von der dritten Position entfernt. Beide können die Situation nur aus dem jeweils eigenen Blickwinkel sehen. Rob ist während dieses Streits eine ganze Zeitlang nicht einmal bewusst, dass er sich bedroht fühlt. Steve war schon mehrmals bei ihnen zu Besuch – und Rob hatte kein Problem damit. Aber da Corey jetzt ausfällt, werden er und Tariq zum ersten Mal mit Steve allein sein, und das ist der Knackpunkt. Rob ist bewusst, dass Tariq und Steve mal ein Paar waren und immer noch eine enge Freundschaft pflegen, die sich auch auf ihren gemeinsamen Beruf stützt. Rob hat Angst davor, dass Steve und Tariq bei diesem Essen »das Paar« sein könnten und er sich wie das fünfte Rad am Wagen fühlen wird. Eine vierte Person am Tisch würde nicht nur diese Mischung verdünnen, sondern in Robs unbewusster Vorstellung Steve auch einen »Partner« für diesen Abend zuweisen – und dann würde Rob sich nicht so bedroht fühlen. Verhält er sich kleinlich und albern? Das spielt keine Rolle. Es kommt allein darauf an, wie er sich fühlt und wie er und Tariq damit umgehen.

Tariq hingegen ahnt nicht einmal, was in Rob vorgeht. Rob und er sind ein Paar, dieser Status ist für ihn völlig selbstverständlich, und für Steve interessiert er sich in der Richtung überhaupt nicht mehr. Er kann Robs Gedanken nicht folgen und kommt nicht dahinter, was an dieser vierten Person am Tisch so wahnsinnig wichtig sein soll. Er hat das Gefühl, manipuliert zu werden, und darauf reagiert er defensiv. Als Robert dann herausrutscht, dass es ihm um Steve geht – womit er andeutet, dass Steve eine Bedrohung für ihre Beziehung sei –, folgt Tariq tatsächlich Robs Skript vom fünften Rad am Wagen und wirft ihm vor, er sei kindisch. Tariq nimmt die Rolle eines wertenden, kritisierenden Elternteils ein und unterstreicht damit noch Robs eingebildete Szene, in der er das verlassene Kind und Tariq und Steve das erwachsene Paar sind.

Rob wollte sich bei Tariq wieder geborgen und sicher fühlen, aber durch diesen Versuch, sich rückzuversichern, empfindet er jetzt noch mehr Distanz und Bedrohung. Obendrein fühlt er sich gedemütigt und ist deshalb wütend auf Tariq. Also kritisiert er ihn, denn Rob will sich nicht kindisch vorkommen und im Unrecht sein. Wenn er Tariq als den »Bösen«, unsensiblen Part hinstellen kann, darf er selbst die Rolle des ungerecht behandelten Opfers spielen. Und so entbrennt ein heftiger Streit, der noch in der Luft hängt, als Steve später zum Essen erscheint.

Deswegen gerät das Lamm viel zu trocken, und niemand kann den Abend genießen.

Wie hätte dieser Abend aussehen können, wenn es Tariq oder Rob (oder beide) geschafft hätten, irgendeine Form der dritten Position einzunehmen?

Wenn eine Situation so außer Kontrolle gerät, können wir einfach atmen, um uns unserer Gefühle bewusst zu werden. Wenn Sie selbst nicht wissen, was Sie fühlen, können Sie das auch nicht von anderen erwarten. Als Baby stand es uns zu, dass unsere Bezugspersonen unsere Bedürfnisse erraten – gewissermaßen unsere Gedanken lesen. Erwachsen zu werden bedeutet, dass wir diesen Job allmählich selbst übernehmen. Wir lernen, unsere

Stimmung selbst zu regulieren und die eigenen Ängste aufzufangen. Das ist die private innere Arbeit, die jeder leisten muss, um für eine echte Beziehung als Erwachsener bereit zu sein. Wenn in Ihrem Inneren ein einziges emotionales Chaos herrscht, werden Sie auch Chaos hervorbringen. Die meisten von uns brauchen dennoch den Partner, damit er manche Dinge für uns fühlt, aber wenn wir ihn überladen, wirft er uns diese geballte Ladung wieder vor die Füße. Wenn Rob also auf seine eigenen Gedanken und Gefühle besser eingestimmt wäre, könnte er erkennen, dass er befürchtete, sich ausgeschlossen zu fühlen, wenn Steve allein zum Essen kommt. Dass Tariq und Steve Insiderwitze teilen würden, die er nicht versteht, weil die beiden eine gemeinsame Geschichte haben, von der Rob nur weiß, was Tariq ihm erzählt hat. Tariq und Steve könnten sogar noch Geheimnisse haben, von denen er nie erfahren wird.

Man muss so etwas erkennen, um die Verantwortung dafür zu übernehmen. Wenn Rob diese Gefühle erkennt, kann er entscheiden, wie er damit umgeht. Er könnte zum Beispiel Tariq sagen, was er empfindet, etwa so: »He, Ti, ich fühle mich da ein bisschen außen vor. Na ja, du und Steve … ihr habt eine gemeinsame Geschichte. Ich weiß, das klingt albern, und die Sache ist lange her und so weiter … aber ich hätte gern noch einen weiteren Gast hier, damit ich mich nicht ausgeschlossen fühle und eifersüchtig werde.« Womöglich wäre es dann für Tariq ganz einfach gewesen, den Mann, den er liebt, zu beruhigen. Er könnte Rob zum Beispiel versichern, dass er sich absolut nicht bedroht zu fühlen braucht, und ihm versprechen, sich mit Steve nicht lang und breit über Dinge zu unterhalten, die Rob nicht interessieren.

Und ja, es ist für die meisten von uns verdammt schwer, so schnell zu schalten. Wenn Rob jedoch die rote Flagge seiner

Angst erkennen könnte, hätte er auf »Pause« drücken und sich eine kurze Auszeit nehmen können, um ein paar Mal tief durchzuatmen, ein Glas Wein zu trinken oder eine Runde um den Block zu drehen. Er könnte in so einem Moment meditieren, bei diesen Gefühlen bleiben und sich vor Augen halten, dass sie vergehen werden. Jegliche Form von Meditation würde ihm helfen, »bei dem zu sein, was ist«, und voller Güte und Mitgefühl festzustellen, dass er sich verletzlich fühlt. Er könnte das Wissen, dass Tariq ihn liebt, wachrufen und diese beiden paradoxen Gefühle zugleich in seinem Geist halten – seine Eifersucht zusammen mit der tröstlichen Gewissheit, dass er geliebt wird.

Tariq seinerseits hätte anders reagieren können, als sich über Robs »alberne« Forderung nach einem weiteren Gast aufzuregen. Er könnte Robs seelischen Zustand mitfühlend betrachten und einfach feststellen, dass sein Partner aufgebracht ist. Mit genügend Achtsamkeit hätte er bemerkt, wie Robs innerlicher Konflikt zum Konflikt zwischen ihnen beiden wird, bei dem sie Robs internalisiertes Gefühl des Ausgeschlossenseins ausagieren. Tariq könnte die dritte Position einnehmen, indem er weder zum kritisierenden Elternteil wird (Robs Skript) noch zum unfair behandelten Partner (Tariqs Skript), indem er Robs inneren Zustand nicht mit ausagiert, sondern zum Container wird, der Robs psychischen Zustand aufnehmen und bewusst darüber nachdenken kann, wenn Rob nicht dazu in der Lage ist. Er könnte seine Gereiztheit zügeln, indem er sich klarmacht, dass Robs Angst und Eifersucht bei ihm eine bestimmte Reaktion auslösen, um dann aus einem anderen, mitfühlenderen Teil seines Selbst heraus anders zu reagieren.

Das ist eine große Aufgabe, und oft gelingt sie auch sehr achtsamen Paaren erst, nachdem der Streit schon ausgebrochen ist. Aber diese Art Einsicht kann verhindern, dass er außer Kontrolle gerät. Tariq bräuchte nichts weiter zu tun, als Rob in den Arm zu nehmen und ihm zu versichern: »Das mit Steve ist längst vorbei. Er ist keine Konkurrenz für dich. Dich liebe ich, und mit dir will ich zusammen sein.«

Aus buddhistischer Sicht würde man Robs Eifersucht als Ausdruck eines ungesunden Anhaftens betrachten und ihn ermuntern, sich um Loslösung, um Nicht-Anhaftung zu bemühen. Aber was bedeutet Nicht-Anhaftung, und wie passt sie zur Liebe, zu der so viel emotionale Bindung an einen anderen Menschen gehört? Wenn jemand, den wir lieben, stirbt oder uns verlässt, haben wir alle das Gefühl, uns würde das Herz gebrochen. Wenn wir jemanden lieben, möchten wir ihn in unserem Leben haben, aber unsere Liebe kann sich als verzweifelte Gier nach seiner Gegenwart manifestieren. Dann sind wir besitzergreifend, eifersüchtig und von der Angst getrieben, ihn zu verlieren (an einen anderen Menschen oder an den Tod). Wenn Liebe zu einer Form emotionalen Besitzens wird – das ist die »Anhaftung«, die der buddhistischen Lehre zufolge Leid verursacht. Wir können allerdings auch frei lieben (oder frei zu lieben lernen), ohne Bedingungen (ohne die Bedingung, dass unsere Liebe erwidert wird, ja sogar ohne dass die geliebte Person am Leben sein müsste). Wenn wir jemanden mit offenen Händen lieben und ihn mit all seinen Seiten unterstützen, wird unsere emotionale Bindung tiefer, nicht schwächer.

## WENN BLICKE SCHWEIFEN

Die Entscheidung für eine monogame intime Beziehung mit einer bestimmten Person ändert bedauerlicherweise nichts daran, dass man auch andere Menschen attraktiv findet oder begehrt.

Wir alle finden viele Menschen anziehend. Eine enge monogame Beziehung setzt uns unter Druck, erstens möglichst nicht über diese Neigungen zu reden und ihnen zweitens schon gar nicht nachzugeben.

Wir tun alle so, als sei unser Partner der begehrenswerteste und sowieso der einzige Mensch auf Erden, mit dem wir zusammen sein oder schlafen wollen. Und wir fühlen uns schnell bedroht oder werden eifersüchtig, wenn dieser Partner einen anderen Menschen mit demselben Begehren in den Augen ansieht, mit dem er früher uns angesehen hat.

»Ich nehme die frittierten Krabben, bitte«, sagt Mitch.

Die Kellnerin lächelt ihn an und notiert die Bestellung. Sie ist groß und blond, und ihr Dekolleté ist ein Naturschauspiel. Doppel-D, mindestens. Erin sieht, wie Mitchs Blick über diese Brust huscht. »Und für mich den gegrillten Lachs, bitte«, schnaubt Erin etwas barsch.

Als die Kellnerin weg ist, sieht Erin Mitch mit hochgezogenen Brauen an.

»Was ist?«, fragt er.

»Ich dachte, ich hätte gesehen, wie du ihr auf die Brüste starrst«, sagt Erin.

»Na ja, die waren schwer zu übersehen«, entgegnet Mitch.

»Und … was meinst du? Findest du sie scharf?«, fragt Erin.

Mitch nimmt einen großen Schluck Bier. Natürlich findet er sie scharf. Sie ist scharf. Also warum stellt Erin so eine Frage? Ist das eine Falle? Will sie ihn in die Ecke drängen? Wenn er abstreitet, dass sie scharf ist, weiß Erin doch, dass er lügt. Wenn er zugibt, dass sie scharf ist, wird Erin verletzt sein, weil Mitch eine andere Frau begehrenswert findet. Er ist geliefert, so oder so. Und das ist ihm klar.

»Ja, ich finde sie scharf«, sagt Mitch. Doch er weiß, dass Erin getroffen ist und sich ausgeschlossen fühlt. Und weil er sie liebt, möchte er Erin versichern, dass er zwar auch nur ein Mann ist und blind sein müsste, um diese Kellnerin nicht scharf zu finden, aber deswegen noch lange nicht mit ihr schlafen will. Also schiebt er rasch ein »Aber du bist schärfer« hinterher. Er legt eine Hand auf ihr Knie, beugt sich vor und küsst sie. »Mein süßes Böhnchen.«

## WIE EIFERSUCHT ENTSTEHT

Wenn es uns nicht gelingt, unsere kindlichen Gefühle der Eifersucht, des Ausgeschlossenseins oder der Angst davor, nicht gut genug zu sein, irgendwann aufzulösen, schleppen wir sie mit ins Erwachsenenleben. Wie blinde Passagiere verstecken sie sich in unserem Unterbewusstsein und sorgen weiterhin dafür, dass wir uns minderwertig fühlen und Neid oder Hass auf andere empfinden, die das haben, was wir wollen.

Neid und Eifersucht, so erklären uns die Psychoanalytiker, sind nicht dasselbe. Neid hat seinen Ursprung in der frühesten Kindheit, in einer Phase, in der das Baby noch nichts von Beziehungen ahnt, die es ausschließen. Er entsteht vor dem ersten Dreier (dem Verlusterlebnis der Triangulation). Neid braucht nur zwei Menschen – ein anderer hat etwas, das man haben will: Man beneidet ihn um seinen Erfolg, seine Figur, seine Intelligenz. Erst wenn eine dritte Person ins Spiel kommt, hat die Eifersucht ihren großen Auftritt, wie damals, als wir noch ganz klein waren und Daddy sich in die »Mum und ich«-Welt drängelte oder ein neues Baby die Geschwisterrivalität auf den Plan rief. Bei Erwachsenen manifestiert sie sich als Beklommenheit, Misstrauen und Befürchtungen, die Liebe oder Zuwendung zu verlieren, die wir von jemandem bekommen – weil derjenige sie dann jemand anderem geben könnte. Dieser »Andere« oder Dritte wird zum Rivalen, und am meisten fürchten wir uns davor, mit diesem Eindringling verglichen zu werden und schlechter abzuschneiden.

In unserem Fall fürchtet Rob, dass Tariq Steve attraktiver, klüger und witziger finden könnte als ihn (und einen größeren Schwanz hat er wahrscheinlich obendrein). Erin sieht, wie Mitch die scharfe Kellnerin bewundert, und braucht die Bestätigung, dass er nur sie begehrt, weil sonst ihr Selbstwertgefühl Schaden nehmen würde.

Eifersucht ist ein tückisches Gewächs. Ein einziges Samenkorn kann blitzschnell zu einer wahren Obsession wuchern. Sie wird stur, drängt sich ständig auf und lässt einen nicht mehr los. Wenn man eifersüchtig ist, beschuldigt man seinen Partner hartnäckig, eine Affäre zu haben, beinahe so, als wollte man bestätigt bekommen: »Ja, ich habe dich betrogen.« Selbst wenn der Partner den Vorwurf ehrlich verneint, glaubt die Eifersucht ihm nicht. Sie bleibt beharrlich, als würde man erst Ruhe finden, wenn die schlimmste Befürchtung bestätigt ist. Nur diese Antwort findet man glaubhaft. Erins Frage an Mitch ist ein Test – mit einer Leugnung würde sie sich nicht abspeisen lassen. Er soll aussprechen, dass er die Kellnerin scharf findet, ja. Denn die schlichte Wahrheit lautet: Das ist sie. Aber selbst wenn Mitch eine gewisse Erregung verspüren sollte, wird er ihr nicht nachgeben, weil er Erin liebt. Eifersucht lässt nicht zu, dass man seine Emotionen so sortiert – sie verknüpft die eigene Angst mit einer objektiven Tatsache (die Kellnerin ist scharf) und lässt nur noch einen Schluss zu: Er wird mich betrügen.

Eifersucht kann sehr zäh an einem kleben. Oft ist sie ein Schutzschild gegen Gefühle, die man sogar noch schlimmer fände, etwa unterdrückte Schuldgefühle, Scham oder Aggression, die aus Verletzungen der Vergangenheit stammen. Sie könnte auch eine Projektion sein – des eigenen Verlangens danach, den Partner zu betrügen, oder der eigenen Minderwertigkeitsgefühle. (Bestimmt werde ich jeden Moment als Hochstaplerin durchschaut. Ich bin nicht liebenswert, also wie könnte sie mich wirklich lieben? Sie muss jemand anderen toller finden.) Auch Erin mustert die Kellnerin, und sie vergleicht deren Figur mit ihrer eigenen. Mitch bewundert vielleicht nur ganz arglos die Aussicht.

Was passiert also, wenn Sie auf einmal übermäßig eifersüchtig und besitzergreifend werden oder möchten, dass Ihr Partner eifersüchtig wird? Das ist natürlich schwierig für Nähe und Vertrautheit. Wenn Sie in Ihrer Eifersucht verstrickt sind und sich nicht rühren können, ohne sich gegen ihre Fesseln stemmen zu müssen, dann sollten Sie vielleicht ein paar Schritte zurückgehen und ein bisschen an sich arbeiten, bis Sie in der Lage sind, sie loszulassen. Von Eifersucht geprägte Beziehungen können auf fatale Weise reizvoll sein, weil besitzergreifende Eifersucht leicht mit Leidenschaft zu verwechseln ist. Er lässt mich nicht aus den Augen. Er mag es nicht, wenn ich mich mit einem anderen Mann unterhalte. Er mag es, wenn ich mich so und so anziehe. Er will immer wissen, wo ich bin. Anfangs gibt einem diese Art Aufmerksamkeit vielleicht das Gefühl, etwas Besonderes zu sein. Aber das ist einer dieser Fälle, in denen das, was man empfindet, und das, was tatsächlich geschieht, zwei Paar Schuhe sind. Dann wird es allmählich unheimlich, wenn der Partner jede Ihrer Bewegungen überwacht, heimlich Ihre Taschen durchsucht oder die Nachrichten auf Ihrem Handy liest oder – jetzt wird es wirklich beängstigend – verkündet, dass er ohne Sie nicht leben könne. Das ist keine Nähe. Das ist eine Besessenheit, die nichts damit zu tun hat, wie wunderbar und einzigartig Sie sind. Hier wird

Eifersucht benutzt, um Sie zu kontrollieren. Obendrein kippt Eifersucht oft in Aggression. Wenn solches Verhalten auch nur das kleinste bisschen eskaliert, haben Sie es mit waschechter häuslicher Gewalt zu tun. Wo Brutalität herrscht, kann es keine Nähe und Vertrautheit geben, ganz egal, unter welchen Umständen. Wenn Gewalt ins Spiel kommt, ist es höchste Zeit, den nächsten Ausgang zu suchen und sich schleunigst in Sicherheit zu bringen.

## DIE SEGNUNGEN DER EIFERSUCHT

Sollte man also leugnen, dass man auch andere Menschen attraktiv findet, um die Gefühle des Partners nicht zu verletzen? Sollte man ihm versichern, dass er der Einzige auf der Welt sei, zu dem man sich hingezogen fühlt? Wäre das nicht die liebevolle Reaktion auf seine Eifersucht?

Das könnte man tun, ja, aber machen wir uns nichts vor. In Wirklichkeit wäre das erstens gelogen (jeder von uns könnte sich mal zu jemand anderem hingezogen fühlen), zweitens würden wir damit gewisse Energien unterdrücken, die eben nicht nur monogam sind, und drittens wäre es geradezu herablassend. Es zeugt nicht gerade von Achtung und Vertrauen, wenn wir glauben, lügen zu müssen, damit das empfindliche Selbstwertgefühl des Partners nur ja nicht bedroht wird. Da ist es doch gesünder, sich die Rolle des »Dritten« oder »Anderen« in unseren Beziehungen einmal genauer anzusehen und kreativ zu werden – vielleicht finden wir eine bessere Möglichkeit, »das Andere« in unsere Beziehung einzubringen.

Eifersucht an sich ist nicht unbedingt zerstörerisch. Sie ist sogar essenziell für unsere psychologische Reifung, denn sie lehrt uns, Beziehungen auszuhalten, die unabhängig von uns existieren. Wenn wir uns mit unserer Eifersucht auseinandersetzen, tut das zwar weh, aber wir werden mit anderen konfrontiert, müssen uns mit ihnen vergleichen, uns ausgeschlossen fühlen und lernen, die Übergänge zwischen Gemeinsamkeit und Alleinsein zu bewältigen. All das dient der Differenzierung zwischen uns selbst und anderen – und die kann gar nicht anders geschehen. Eifersucht ist ein Anzeichen für stark empfundene Liebe. Sie ist ganz normal, und wenn man klug damit umgeht, hat sie ihren Platz in unseren Beziehungen.

Also, was, wenn Sie etwas tun, das Ihren Partner eifersüchtig macht? Statt seine Gefühle zu verharmlosen oder als lächerlich hinzustellen, könnten Sie Mitgefühl für sein empfindliches Ego aufbringen (das kennt schließlich jeder von uns, oder?). Sie könnten seine Eifersucht aufnehmen und für ihn halten, ehe sie außer Kontrolle gerät. Indem Sie Eifersucht als Chance erkennen, können Sie lernen, konstruktiv mit ihr umzugehen. Vielleicht ändern Sie Ihr Verhalten ein wenig, um ihm zu versichern, dass Sie zwar Kontakt zu Menschen außerhalb Ihrer Beziehung brauchen, eventuell sogar die Freiheit, mit anderen zu flirten, dass das aber keine Bedrohung für ihn darstellt und Sie nicht die Absicht haben, ihn zu verlassen. Garantien gibt es allerdings keine. Man kann einander keine Treue-Gewährleistung ausstellen – und auch das gehört zu den Geschäftsbedingungen einer Bindung: die Freiheit, zu gehen. Wenn jemand nicht an seiner Eifersucht arbeitet, besteht die reale Gefahr, dass der Partner irgendwann die Schnauze voll hat und die Beziehung so darunter leidet, dass er einen womöglich tatsächlich verlässt (na, wenn das keine selbsterfüllende Prophezeiung ist …). Daran arbeiten, Ihre Beziehung weiter zu vertiefen, ist das Beste, was Sie tun können, denn diese Tiefe ist wie ein Messgerät, das Ihnen noch am ehesten das tatsächliche Risiko dafür anzeigt, dass Ihr Partner untreu sein könnte.

Wir können auch dafür sorgen, dass die Eifersucht nicht in schlechte Gesellschaft gerät, sondern ihr Leid mit den Richtigen teilt, die es auch wirklich halbieren. Wenn sie nämlich mit mangelndem Selbstwertgefühl, projizierten Schreckensbildern und anderen üblen Typen des Unterbewusstseins herumhängt, wird sie gefährlich. Setzt sie sich stattdessen mit Humor zusammen, mit gesundem Selbstempfinden, Phantasie und dem Gefühl, für den Partner liebens- und begehrenswert zu sein, kann man sogar einen richtig netten Nachmittag mit ihr verbringen. Eifersucht ist zu allem Möglichen gut, und der Reiz, den sie erzeugen kann, ist nur ein Beispiel dafür: Oh ja, Mitch (könnte Erin mit lüsternem Grinsen denken), sobald wir zu Hause sind, kannst du es mir besorgen, wie du es ihr gern besorgen würdest. Wenn beide Partner scherzhaft über diese dritte Person sprechen, die Idee eines »Dritten« als Flirt zwischen sich beiden nutzen können, entsteht genau dieser spielerische Kitzel. Paradoxerweise verliert die Eifersucht damit ihre Macht. Wenn sie sich nicht in dunklen Ecken herumdrückt, kann sie die Beziehung nicht heimlich sabotieren. Die Paartherapeutin Esther Perel, Autorin von *Wild Life: Die Rückkehr der Erotik in die Liebe*, würde sogar sagen, dass es frisches erotisches Knistern erzeugt, die Fremdheit eines »Dritten« in den eigenen Partner hineinzuphantasieren. Wenn Sie sich vorstellen, dass Ihr Partner die Vorstellung von jemand anderem genießt, und es schaffen, neugierig darauf zu sein, was er dabei denkt oder empfindet, haben Sie eine heiße neue Zone zu erkunden. Und wenn Sie sich vorstellen, dass jemand anderes Ihren Partner begehrt, können Sie ihn mit diesen fremden Augen ganz neu entdecken, sein »Anderssein« wieder bewusst wahrnehmen – das könnte verdammt heiß und aufregend werden.

# 12. Tote Hose

Phoebe kann sich nicht entscheiden: der Italiener um die Ecke (Toms Lieblingslokal) oder das Ubuntu, ein neues afrikanisches Lokal, auf das sie wahnsinnig neugierig ist, seit sie diese begeisterte Restaurantkritik gelesen hat. Gerichte von Marokko bis Malawi, hieß es, darunter auch Speisen aus Ghana, wo Phoebe als Tochter einer australischen Entwicklungshelferin und ihres ghanaischen Partners geboren wurde. Phoebes Eltern zogen mit ihr nach England, als sie neun Jahre alt war, aber neun Jahre in Accra waren mehr als genug, um die Aromen Ghanas und den Hauch eines afrikanischen Akzents in ihrer Zunge zu verankern. Wenn sie nur an Fufu denkt, das Grundnahrungsmittel Westafrikas aus gestampftem Yams und Kochbananen, läuft ihr das Wasser im Mund zusammen.

Sie möchte an ihrem sechsten Hochzeitstag in einer besonderen Lokalität feiern. Als sie Tom schon eine SMS schreiben will, um ihn zu fragen, was er möchte, überlegt sie es sich anders; vielleicht sollte sie ihn einfach überraschen? Allerdings steht er nicht so auf Überraschungen. Während sie die SMS schreibt, muss sie kichern. Die einzige echte Überraschung wäre ja, wenn sie schwanger wäre. Sie sind beide noch jung – sie ist 31, Tom 33; beide haben einen gutbezahlten, stressigen Job, so dass sie die Hypothek auf ihr Reihenhaus hoffentlich in ein paar Jahren abbezahlt haben werden. Sie liebt Tom und weiß, dass auch er sie liebt. Er ist aufmerksam, respektvoll, und sie fühlt sich immer wohl mit ihm. Sie braucht nur zu denken »Eine Tasse Kaffee wäre jetzt schön«, und schon bringt er ihr eine.

Phoebe ist dankbar dafür, Tom in ihrem Leben zu haben. Wie leicht hätte sie wie ihre Freundin Serena werden können, die von einer Beziehungskrise in die nächste stürzt und unmögliche Männer offenbar magnetisch anzieht. Aber eine glühende Feministin zur Mutter zu haben war wohl eine gute Vorbeugung gegen Serenas Schicksal, überlegt Phoebe. Die Vorstellung, irgendein Mann könnte ihr sagen, was sie anziehen soll, ihr verbieten, sich mit anderen Männern zu unterhalten, ganz zu schweigen davon, die Hand gegen sie zu erheben, ist lächerlich. Phoebe ist mit Frauenliteratur groß geworden, mit den Büchern farbiger Frauen – Bessie Head, Toni Morrison, Maya Angelou. Bücher über Vertreibung und Kolonialisierung, zum Beispiel *Nervous Conditions* von Tsitsi Dangarembga, haben ihr geholfen, die Komplikationen ihrer gemischten Abstammung zu ertragen. Als Teenager mit schwarzer Hautfarbe und einer weißen Mutter hatte sie es im ländlichen Yorkshire nicht leicht. Doch die Bücher bestärkten sie darin, dass wir alle einfach Menschen sind. Außerdem beweisen Fossilien, dass wir unter der Haut alle Afrikaner sind, wie sie dem Meer weißer Gesichter in ihrem Klassenzimmer erklärte. Das war eines der Dinge, die sie zu Tom hinzogen – ihre dunkle Haut war für ihn überhaupt kein Thema. Früheren weißen Liebhabern war gar nicht bewusst gewesen, dass sie eine Art umgekehrten Rassismus pflegten, wenn sie den Kontrast ihrer miteinander verschlungenen Glieder bewunderten – als hätten sie einen exotischen Fisch gefangen. Sie war aber kein Koi im Teich irgendeines Mannes.

Phoebes Handy meldet piepsend eine SMS: »Können gern Afrikanisch probieren xoxo.« Der Gute – Phoebe weiß, dass Tom die scharfen Gewürze und den Räucherfisch ihrer Heimat gar nicht mag. Die knoblauchlastigen Gerichte aus Mama's Trattoria sind ihm lieber. Könnte eine Knoblauchfahne die Chance auf etwas Romantik nach dem Abendessen ruinieren? Immerhin ist heute ihr Hochzeitstag. Wenn sie ein bisschen Wein trinken, kann er sich vielleicht entspannen, und wenn sie dann wieder zu Hause sind …

Sie schlafen seit vier Jahren nur noch selten miteinander. Gar nicht mehr seit dem letzten Versuch vor acht Monaten, an Toms Geburtstag, als er ihn nicht hochkriegte. Sie hielt ihn in den Armen, sagte ihm, dass sie ihn liebe und Sex nicht so wichtig sei, dass er bestimmt recht habe und es nur am Stress liege. Danach buchten sie die Reise nach Hawaii für die Weihnachtsferien in der Hoffnung, dort drüben komme vielleicht alles wieder in Ordnung.

Phoebe schaut zu dem gerahmten Foto von ihr und Tom an ihrem Hochzeitstag hinüber. Um in dieses Hochzeitskleid zu passen, nahm sie damals fünf Kilo ab. Verdammt, sah sie gut aus … Und am Anfang ihrer Ehe war der Sex gar nicht so übel – vielleicht sogar gut. Sie war diejenige mit mehr Erfahrung und der größeren Libido. Toms Geschmack in Sachen Sex war konservativ – als schämte er sich seiner natürlichen Impulse ein wenig und könnte sich nicht entspannen und gehenlassen. Ab und zu leckte er sie, aber sie hatte immer das Gefühl, dass er es nicht gerade gern tat und nur ihr zuliebe, was wiederum ihr den Genuss verdarb. Und er mochte es gar nicht, wenn sie ihn mit dem Mund befriedigen wollte – das war nicht zu übersehen. Anfangs hatte sie das sehr verwundert. Welcher Mann bekam denn nicht gern einen geblasen? Lag es an ihrer Technik? Bisher hatte sich jedenfalls noch keiner beklagt. Und Tom wollte nicht, dass sie es weiter versuchte. »Ich mag das einfach nicht. Das hat nichts mit dir zu tun, es liegt an mir«, versicherte er ihr. Die meisten ihrer Freundinnen beklagten sich eher darüber, dass ihre Ehemänner und Freunde ständig einen geblasen haben wollten. Das mochte merkwürdig von ihr sein, aber Phoebe genoss es richtig. Sie hat Sex immer geliebt. Ein Schauer der Frustration läuft ihr über den Rücken.

Was war schiefgegangen? Anfangs hatten sie beide befriedigende Orgasmen erlebt. Nach den ersten paar Monaten schliefen sie irgendwie immer seltener miteinander, erst nur noch alle zwei Wochen, dann einmal im Monat, dann kaum noch. Wollte er sie nicht mehr? In den ersten Monaten dieses Beinahe-Zölibats hatte sie das Thema ein paar Mal vorsichtig angesprochen, doch er hatte ihr immer versichert, dass er sie begehrenswert finde – er sei nur müde, gestresst, habe irgendwelche Schmerzen, eine Erkältung oder müsse am nächsten Tag sehr früh aufstehen. Im Laufe der Jahre hatte sie ein wenig zugenommen, aber Tom beruhigte sie und sagte ihr, dass sie immer noch sehr attraktiv sei, auch wenn sie jetzt eine Nummer größer trug. »Ich liebe dich so, wie du bist«, sagte er immer. Der Schatz.

Gespräche über Sex verliefen immer angespannt. Er wandte sich von ihr ab, allein schon dadurch getroffen, dass sie das Thema überhaupt ansprach. Und dann schliefen auch ihre sexuellen Bedürfnisse allmählich ein. Phasenweise wachten sie wieder auf, oft wenn ein Mann – bei der Arbeit oder auf einer Party – sie angemacht hatte. Natürlich ließ sie denjenigen abblitzen. Aber wenn sie dann feucht vor Verlangen nach Hause kam, lief sie bei Tom gegen eine Wand – er stand einfach nicht zur Verfügung. Schließlich bestellte sie sich über das Internet einen Vibrator. Ein bisschen fühlte sie sich dabei, als sei sie Tom untreu, aber ihre Frustration war stärker als ihre Schuldgefühle. Jetzt benutzt sie ihn, wann immer sie ein Ventil braucht. Der Vibrator versagt wenigstens nie. Und sie versucht zu vergessen, dass sie nicht beim Gedanken an Tom ganz nass wird, sondern Phantasien von einem ihrer Kollegen hat – Jake ist ein arroganter, herablassender Arsch, der ganz genau weiß, welche Knöpfe er bei ihr drücken muss. Er ist das genaue Gegenteil von Tom.

Aber vielleicht geht ja heute Abend etwas. Vielleicht gibt Tom sich mal mehr Mühe. Phoebe ruft beim Italiener an und bestellt einen Tisch. Dann schreibt sie Tom eine SMS: »19.30 Trattoria. Alles Gute zum Hochzeitstag, Schatz X.«

Tom lächelt auf sein Handy hinab. Er ist erleichtert, nun doch keine fremde Speisenkarte nach irgendetwas durchforsten zu müssen, das er essen kann. Phoebe versteht ihn. Er kann sich wirklich glücklich schätzen. Er hat ihr zum Hochzeitstag ein Verwöhnprogramm in einem teuren Wellness-Hotel gekauft – darüber wird sie sich bestimmt freuen. Halb acht ist ziemlich früh. Das bedeutet, dass sie vor zehn wieder zu Hause sein will. Dann wird sie ein paar Gläser Wein getrunken haben. Sie wird ihn bei der Hand nehmen, ihn mit diesen tiefen, seelenvollen Augen ansehen und sagen: »Heute ist unser Hochzeitstag. Komm, feiern wir ihn.« Tom seufzt.

Er liebt seine Frau. Er findet sie nur nicht mehr so erregend wie früher. Das hat nichts mit ihr zu tun – sie ist schön, absolut umwerfend. Ist es nicht normal, dass man nach einer Weile einfach keinen Sex mehr will? Hört man das nicht ständig über die Ehe? Er wird überhaupt nur noch selten wirklich scharf, und dann tut es auch eine Minute Wichsen vor ein paar Pornobildchen.

Er sackt in seinem Sessel zusammen, ein kaltes, scheußlich leeres Gefühl im Bauch.

Autsch. Was ist denn hier los? Führen Tom und Phoebe, deren Beziehung so von Aufmerksamkeit und Respekt geprägt ist, eine glückliche Ehe? Sie streiten nie. Ist das nicht ein Kennzeichen einer erfolgreichen Beziehung? Sie schlafen aber auch nie miteinander. Bedeutet das nun, dass sie ein Problem mit Nähe und Intimität haben? Wenn Tom Phoebe liebt, warum kriegt er dann bei ihr keinen hoch? Kann Phoebe eine befriedigende, langfristige Beziehung mit ihrem Vibrator führen? Was können die beiden tun?

## KEIN STREIT, KEIN SEX

Paare, die nicht streiten, schlafen nicht miteinander.

Leidenschaft braucht ein bisschen Sand im Getriebe. Beim Sex reiben, stoßen, ziehen und kratzen wir. Die Psychoanalytikerin Margaret Crastnopol bezeichnet das als »Reibung« – konstruktive Spannungen, die dadurch entstehen, dass wir auf »gesunde« Weise aneinanderstoßen. Das bringt Aufregung, nicht nur im Bett, sondern in allen Bereichen einer Beziehung. Um die Erregung zu erhalten, müssen wir zusammenstoßen – und deshalb kann eine Versöhnung so intensive Gefühle hervorrufen und der Sex danach so ungeheuer toll sein. Wer von uns hat nicht schon mal absichtlich Streit angefangen oder den Partner provoziert, um einen Konflikt zu schaffen – damit eine Verbindung spürbar wird und man emotional und sexuell wieder zusammenkommt? Aber wenn wir nicht gelernt haben, richtig zu streiten oder unsere Aggression auf gesunde Weise auszudrücken, was geschieht dann? Unsere Wut wird ins Unterbewusstsein verschoben und dort verdrängt oder verleugnet. Genau das ist im Moment das Problem bei Phoebe und Tom.

Um sich selbst zu definieren, müssen Sie sowohl die Unterstützung und Liebe Ihres Partners spüren als auch Widerstand. Hindernisse auf dem Weg bringen Aspekte Ihrer Persönlichkeit zum Vorschein, die für Ihr menschliches Wachstum unverzichtbar sind. Spannungen, Streit und Konflikt beleben Nähe und definieren ihre Grenzen – sie sind nicht bloß Probleme, die durch

Kommunikationsfehler entstehen und möglichst schnell gelöscht werden sollten wie ein Feuer. Wenn Harmonie dadurch entsteht, dass Sie Teile Ihrer menschlichen Natur unterdrücken oder leugnen, verlieren Sie sich selbst, und die Beziehung wird zu einer Art Anti-Liebe, der jede echte Verbundenheit fehlt. Um seelisch weiter zu wachsen und sich zu verändern, braucht man den anderen als Vehikel und als Hindernis.

Phoebe und Tom sind so sehr damit beschäftigt, es dem anderen recht zu machen, dass sie jegliche Reibung wegpoliert haben. Dabei haben sie das Gefühl für ihr differenziertes Selbst verloren. Nicht nur Narzissten oder Menschen, die keine Kompromisse eingehen können oder alles kontrollieren müssen, sind zu wenig differenziert. Auch Jasager haben ein eher formloses Selbst, das ihnen wie Wasser durch die Finger rinnt. Sie richten sich immer nach der Meinung oder Sichtweise anderer Menschen (»Was meinst du?« »Was möchtest du denn machen?« »Mir egal, solange du glücklich bist.«). Jasager haben Schwierigkeiten, zu äußern oder auch nur zu erkennen, was sie selbst fühlen oder denken, und deshalb erlauben sie anderen, alles Mögliche für sie zu entscheiden. Zwischen diesen beiden Polen gibt es einen Bereich der gesunden Differenzierung, wo man weder zu allem ja und amen sagt noch es auf jeden Konflikt ankommen lässt, aus Trotz und »aus Prinzip«. Hier können wir das Gefühl für unser eigenes Selbst wahren und zugleich mit dem Partner verbunden sein.

## WAS PHOEBE ERLEBTE

Phoebes Mum Alice starb, als Phoebe einundzwanzig war. Alice war eine gewinnende, lebhafte Feministin mit explosivem Temperament. Phoebes Vater Akwasi versuchte oft, Streit zu vermeiden, indem er sich nachgiebig und kompromissbereit zeigte. Auf dieses Verhalten reagierte Alice jedoch oft mit Verachtung und spitzer Zunge. Hin und wieder, wenn sich genug Frustration aufgestaut hatte, stürmte er aus dem Haus und verschwand für ein paar Stunden. Als Kind fürchtete Phoebe die Wutausbrüche ihrer Mutter und suchte Schutz in den Armen ihres Vaters. Ohne Geschwister war sie exponiert – niemand lenkte von ihr ab, sie konnte sich nirgends verstecken.

Als Teenager begann Phoebe, sich zu wehren. Die Streitereien zwischen Mutter und Tochter wurden immer heftiger, und danach zogen sich beide kochend vor Wut in ihr jeweiliges Schlafzimmer zurück. Am nächsten Morgen war Alice dann wieder so fröhlich und gewinnend wie immer, als wäre nichts geschehen, und Phoebe fühlte sich von ihr ausgestochen und beschämt – warum konnte sie nicht so großzügig sein und »vergeben und vergessen« (der Lieblingsspruch ihrer Mutter)? Also zog sie sich zurück, schmollte ein, zwei Tage lang hilflos vor sich hin und bemühte sich, angesichts des Überschwangs ihrer Mutter wenigstens höflich zu sein.

Als sie siebzehn war, verließ ihr Vater wütend das Haus, wie schon so oft, und kam nie zurück. Akwasi wartete vor dem Supermarkt, in dem Phoebe jobbte, und erklärte ihr, dass er Alice' Wutanfälle nicht mehr ertragen konnte. Er hatte sich bemüht, aber da Phoebe jetzt die Schule abgeschlossen und einen Studienplatz an der London School of Economics bekommen hatte, wollte er nach Ghana zurückkehren und dort hoffentlich wieder im öffentlichen Dienst arbeiten. Bald schickte er ihr Geld für das Flugticket, und sie besuchte ihn während ihrer ersten Semesterferien. Dann sah sie ihn zwei Jahre lang nicht, während ihre Mutter gegen den Brustkrebs kämpfte – ein Kampf, den sie schließlich verlor. Alice' Krankheit weckte in Phoebe eine Art schuldbewusster Geduld, und wann immer sie konnte, stieg sie in den Zug nach Hause und kümmerte sich um ihre sterbende Mutter.

Phoebe machte in ihrer Familie nie die Erfahrung, dass es außer dramatischem Streit und fröhlichem Leugnen desselben noch andere Möglichkeiten gab. Sie erlebte nie, wie ein Konflikt zwischen zwei Menschen wirklich gelöst wurde. Die Dynamik zwischen Alice, Akwasi und Phoebe lehrte sie genau das Gegenteil: dass Wut und Hass nicht zusammen mit Liebe und Zuneigung existieren konnten, sondern diese beiden Welten streng getrennt werden mussten. Phoebe konnte sich darauf verlassen, dass ihre Mutter ihr beistehen würde, wenn sie sich ungerecht behandelt fühlte – ob ein Mitschüler sie schikanierte oder ein Lehrer ihren halben Aufsatz durchgestrichen hatte. Aber wenn sie weinte, weil sie sich das Knie aufgeschürft oder mit einer Freundin gestritten hatte, hieß es: »Stell dich nicht so an.« Ihre Mutter war die Quelle von Angst und Kummer, vor denen sie in die sanften, aber kraftlosen Arme ihres Vaters floh. Sie hatte nie die Chance, zu lernen, dass Liebe und Konflikt innerhalb einer Beziehung koexistieren – und wie man das aushält. Konflikte mussten geleugnet werden, damit Liebe existieren konnte. Wo es Konflikte gab, konnte keine Liebe sein. Sie liebte und hasste ihre Mutter gleichermaßen, aber es war, als hätte sie zwei Mütter, die sie nicht miteinander in Übereinstimmung bringen konnte. Schließlich begrub sie diesen inneren Konflikt zusammen mit dem vom Krebs gezeichneten Leichnam ihrer Mutter.

Tom wuchs als jüngster von drei Söhnen in einer strenggläubigen katholischen Familie auf. Aus irgendeinem Grund, dem die Ärzte nie auf die Spur kamen, erlitt seine Mutter nach ihren ersten drei Kindern eine Fehlgeburt nach der anderen. Sobald sie wieder schwanger war, verordneten die Ärzte ihr Bettruhe, und sie blieb liegen und betete stoisch, bis Flecken auf dem weißen Betttuch Gottes Entscheidung über ihren Fötus anzeigten. Ehe Tom fünf Jahre alt war, verloren seine Eltern acht ungeborene Kinder. Nach der letzten Fehlgeburt musste die Gebärmutter entfernt werden. Auch das nahmen Toms Eltern als Gottes Willen hin und widmeten sich ganz der Erziehung ihrer drei Söhne.

Toms Vater unternahm mit seinen Jungs Camping- und Angelausflüge. Die Familie besuchte regelmäßig die Kirche, und ein Bruder nach dem anderen wurde Ministrant. Die Kirche organisierte Picknicks, eine Suppenküche, Spendensammlungen und andere Wohltätigkeitsaktionen. Toms Eltern waren mit dem Gemeindepfarrer, Pater Brian, gut befreundet, und als er versetzt wurde, freundeten sie sich mit Pater Danilo an. Respekt wurde Tom durch göttliche Anweisung vermittelt: »Du sollst Vater und Mutter ehren« und »Behandele andere so, wie du von ihnen behandelt werden möchtest«. In seiner Familie brauchte niemand »die andere Wange« hinzuhalten, weil es äußerst selten etwas setzte, metaphorisch oder tatsächlich. Jeder Anflug von Wut wurde augenblicklich erstickt.

Toms älterer Bruder Michael war der Schelm der Familie, und weil er Menschen zum Lachen brachte, konnte er sich ein wenig mehr erlauben als seine Brüder. Aber auch er wagte es nicht, zu fluchen oder den Namen des Herrn zu missbrauchen. Am Esstisch der Familie lernten Tom und seine Brüder die entspanntere, menschliche Seite ihrer Gemeindepfarrer kennen. Vor allem Pater Brian schockierte Toms Eltern gelegentlich mit seinem schottischen Humor und seinen Wortspielen. Die Jungs freuten sich immer sehr, wenn er zum Abendessen kam.

Tom wuchs in einer sehr sicheren Welt auf – wie in einer warmen Badewanne.

Jetzt, da wir etwas mehr über ihre Herkunft wissen, wird Toms und Phoebes Situation schon verständlicher. Phoebe hat in Tom einen Partner gefunden, der ihre unbewussten Versuche, keine Konflikte in ihrer Beziehung zuzulassen, voll und ganz unterstützte. Beide unterdrücken Unstimmigkeiten und weichen automatisch auf besonders zuvorkommendes Verhalten aus, bis die Kameradschaft wieder da ist. Ihre Freunde und Verwandten würden sie als liebevolles Paar bezeichnen, dessen Beziehung von größtem Respekt und Aufmerksamkeit geprägt ist.

Doch unter der Oberfläche haben sowohl Phoebe als auch Tom entsetzliche Angst, dass ihre Wut den Menschen, den sie lieben, vernichten könnte. Phoebe hat sich endlos mit ihrer Mutter gestritten, doch Tom drückt bei ihr nicht dieselben Knöpfe wie damals Alice. Nein, in der unbewussten Inszenierung ihrer Geschichte spielt er die Rolle von Phoebes sanftmütigem Vater Akwasi. Die Narration ist die Geschichte eines Paares, das Zuflucht vor einer beängstigenden Macht sucht. In der Vergangenheit waren das Phoebe und Akwasi, jetzt sind es Phoebe und Tom. Sie projizieren sämtliche Gefühle der Feindseligkeit nach außen, auf eine dritte Instanz, die wie ein schwarzes Loch wirkt und jeden Ausdruck von Enttäuschung und Wut einfach wegsaugt.

Die beiden können buchstäblich nicht streiten; sie wissen nicht, wie das geht. Und das wirkt sich auf ihr Sexleben aus – sie können auch nicht miteinander schlafen. Toms Angst vor der eigenen Aggression, noch kompliziert durch andere Aspekte seiner Kindheit, bewirkt, dass er nicht scharf auf Phoebe werden kann. Erektionen bleiben ihm versagt, seine Potenz ist völlig entwaffnet. Phoebe unterdrückt ihre Frustration und Wut aus Angst, Tom zu verlieren. Wenn sie ihn nämlich damit konfrontieren würde, könnte er zusammenbrechen, auf sie losgehen oder sie verlassen, fürchtet sie. Dass diese Konfrontation auch ein positives Ergebnis haben könnte, kann sie nicht glauben, weil sie noch keine positive, robuste Konfrontation erlebt hat, die gut ausging. Lust und romantische Liebe, die sie in der Anfangsphase der Beziehung füreinander aufbringen konnten, sind längst erloschen. Emotionale Bindung ist die letzte Überlebende der Bedürfnisse, die sie ursprünglich zusammengeführt haben. Trotz Phoebes feministischer Haltung und Toms Respekt vor ihrer Unabhängigkeit haben sie es geschafft, in einem diktatorischen Zustand der Co-Abhängigkeit (im Sinne der dependenten Störung) fast zu ersticken.

## WENN NÄHE DIE EROTIK KILLT

»Die Marinara-Sauce ist köstlich. Und dein Fisch?«, erkundigt sich Tom.

Sie sitzen in einer ruhigen Ecke in Mama's Trattoria, und von der dicken Kerze rinnt rotes Wachs durch eine Lücke im Kraterrand um die Flamme. »Nicht schlecht«, sagt Phoebe und kann sich die nächsten Worte gerade noch verkneifen, nämlich: »Ziemlich fad, ehrlich gesagt. Neben dem Fisch im Ubuntu würde diese Pasta schmecken wie eine Notration aus der Tüte.« Sie trinkt noch einen Schluck Wein.

Im Lauf des Abends werden es vier Gläser, während Tom noch am ersten herumnippt. Sie gehen zu Fuß nach Hause, und Tom stützt sie mit einem Arm um die Schultern. »Danke für das schöne Geschenk«, sagt Phoebe und kichert dann. »Mein Körper könnte ein bisschen Verwöhnen wirklich gebrauchen.«

»Ich dachte, das würde dir gefallen.« Er lächelt nervös.

Phoebe spricht ein wenig undeutlich. »Tom, mein Liebling, du bist ja so aufmerksam.« Sie zieht ihm das Hemd hinten aus der Hose und schiebt die Hand darunter, auf seine nackte Haut.

So hält sie ihn immer noch, als sie sich ungelenk durch die Haustür nach drinnen quetschen. Automatisch greift er nach dem Lichtschalter und schiebt die Tür hinter ihnen zu. Sie zieht ihm das Hemd ganz aus der Hose und zerrt an seinem Gürtel.

»He, die Jalousien sind offen, jeder kann uns sehen!«

»Ist mir egal«, sagt sie. Schon hat sie ihm die Hose heruntergezogen, die Hand in seine Unterhose geschoben und bearbeitet seinen schlaffen Penis.

»Phoebe, warte!«, stößt Tom hervor und packt sie am Handgelenk. »Ich kann nicht, so nicht. Das Licht … die Nachbarn …«

»Herrgott, Tom!« Phoebe reißt sich von ihm los und taumelt rückwärts. »Wen kümmern schon die Nachbarn! Was ist mit uns?«

Aber es gibt kein »uns«, nicht in erotischer Hinsicht. Tom kann sie nur ausdruckslos anstarren – unmöglich, ihr das Grauen zu erklären, das ihr Begehren in ihm wachruft.


Langfristige Partnerschaften stehen immer vor der Herausforderung, die Leidenschaft auf Dauer am Leben zu erhalten. Die Monogamie ist für die menschliche Spezies eine relativ neue Sache, und unser genetisches Erbe macht sie manchmal zum Kampf. Zwei Menschen können einander anbeten, sich geliebt und geschätzt fühlen und trotzdem Dauerflaute im Bett erleben. Warum auch gute Ehen in Turbulenzen geraten und »Schuld« herzlich wenig damit zu tun hat, ist eigentlich gar nicht schwer zu verstehen. Das hat mit einer Schwachstelle zu tun, über die man in einer Ehe nicht oft redet.

In ihrem Buch *Wild Life: Die Rückkehr der Erotik in die Liebe* behauptet Esther Perel, dass Liebe und Leidenschaft oft gegensätzliche Ziele verfolgen. Liebe bringt Sicherheit, Respekt und Bindung, während Leidenschaft Abenteuer, Konflikte und Ungewissheit hervorruft, manchmal sogar Macht und Dominanz. Um die erotische Phantasie wieder in Gang zu bringen, muss man in die finstern Schatten der erotischen Unterwelt hinabsteigen, sagt sie.

Der Feminismus hat die Dynamik zwischen heterosexuellen Partnern verschoben. Heutzutage gilt die Vorstellung, Frauen hätten sich Männern zu unterwerfen, als lächerliches Fossil aus patriarchalen Zeiten. Wie viele emanzipierte Frauen in Beziehungen, die von Respekt geprägt sind, beginnt auch Phoebe sich zu fragen, ob ihre selbstverständliche Forderung nach »Gleichberechtigung« und Gleichbehandlung in der Ehe ihr die Grundlage für langfristig erhaltene Erotik raubt. Je mehr Nähe und Vertrautheit Phoebe und Tom entwickelten, desto weniger knisterte es zwischen ihnen. Eine Beziehung wie zu einer besten Freundin und Mitbewohnerin reißt nun mal niemanden vom Hocker, wenn von der Geilheit irgendwann nur noch zärtliche Zuneigung übrig ist. Phoebe sehnt sich danach, dass der Mensch, der sie so gut kennt wie kein anderer, sie so schmerzlich begehrt, wie man sich manchmal nach jemandem verzehrt, den man nicht haben kann. Sie will nicht länger zusehen, wie ihr Sexleben mit einem leisen Flackern erstirbt – als Opfer ihrer Vertrautheit und Kameradschaft.

Tom käme im Traum nicht darauf, einen Umschlag aus ihrem Schreibtisch zu nehmen, ohne sie vorher um Erlaubnis zu fragen. Aber sie will nicht, dass er so rücksichtsvoll vorgeht, wenn er etwa die Hand um ihre Brust schmiegen möchte. Ein vorausgeschicktes »Darf ich?« oder »Würdest du heute Abend gern, äh, also, du weißt schon, ein wenig intim werden?« erstickt natürlich jede lüsterne Anwandlung im Keim. Das ist eine spannende, kniffelige Frage: Warum lässt sich dieser Respekt nicht in die Erotik übertragen?

Perel zufolge liegt das daran, dass wir in der Liebe mit dem anderen verschmelzen, während Erotik über Trennung funktioniert. Wir müssen den »Fremden« im anderen sehen können, damit Begehren aufkommt. Das ist einer der Gründe, weshalb Menschen Affären haben – um die Erotik in ihrem Leben aufzuladen. Um sexuell wirklich lebendig zu sein, müssen wir in unserer Phantasie zu Ehebrechern werden, unseren Partner verführen wie einen Fremden, sein »Anderssein« herausstellen, so tun, als könnten wir ihn nicht so einfach haben.

Das Problem ist, dass Phoebe in Tom nur den Menschen sehen kann, der ihr die Hand streichelt, wenn sie unter Migräne leidet, oder ihr eine Wärmflasche macht, wenn sie ihre Tage hat. Sie muss ihn als einen leidenschaftlichen Fremden sehen, der sie packen, an die Küchentheke pressen und schmutzige Sachen zu ihr sagen würde, wie sie sie bisher nur in Pornos gehört hat (die sie sich im Studium angesehen hat, eine reine Recherche für eine feministische Arbeit zu dem Thema). Und da mag die Feministin in ihr noch so schäumen – bingo, Baby. Ende der Trockenzeit. Der Monsun ist da.

Phoebe denkt, dass es nicht so sein sollte, aber feministische Theorie verhilft ihr nicht zu ehelichen Orgasmen. Manchmal fragt sie sich, ob Tom wirklich der richtige Mann für sie ist. Vielleicht könnte einer dieser Typen, die unverhohlen ihre dunkle Haut bestaunen, leichter ins lüsterne Herz der Finsternis vorstoßen. Von einem Mann wie ein Sexobjekt betrachtet und behandelt zu werden mag dem »falschen Bewusstsein« entsprechen, durch das sie begehrt, was das patriarchale System sie zu begehren gelehrt hat – das hat sie jedenfalls der Feminismus gelehrt. Doch Phoebe ist das scheißegal. Im Moment will sie heißen Sex mit ihrem Mann. Und auf der Suche nach Hinweisen, wie sie den bekommen könnte, fällt ihr ein, dass sie den schärfsten Sex aller Zeiten vor fünf Jahren hatten, nach einem äußerst seltenen, aber hässlichen Streit. Als sie ihn eigentlich am wenigsten mochte.

Wenn sie mit ihrem Vibrator masturbiert, stellt sie sich dabei ihren Kollegen Jake vor mit seinem überheblich-markanten Kiefer und den provokanten Witzchen. Obwohl seine ungenierte Maskulinität sie beinahe abstößt, findet Phoebe sie zugleich erregend. Als sie noch Single war, wäre sie niemals mit einem Mann wie ihm ausgegangen. Sie hätte nicht neben ihm aufwachen oder auch nur mit ihm befreundet sein wollen. Aber wenn sie sich vorstellt, wie er in sie eindringt und sie die Fingernägel in seinen Rücken gräbt, macht sie das so scharf, dass es ihr fast peinlich ist.

Wenn Tom vor Bildern von Frauen masturbiert, die sich selbst als »Schlampen und Huren« bezeichnen, wird er kurz in ein dunkles, unerforschtes Reich der Begierde versetzt. Dabei fühlt er sich schmutzig und schämt sich. Er würde nie mit einer dieser Frauen Hand in Hand spazieren gehen oder sie küssen.

Wenn Phoebe und Tom sich selbst gegenüber aufrichtig sein könnten, würden sie erkennen, dass sie etwas begehren, was sich nicht nach den Regeln der Gleichberechtigung oder Political Correctness richtet. Diese Erregung, die aus einem verborgenen Teil des Körpers kommt, kennt keine Sprache. Sie ist ein komplexes Mysterium aus Träumen, Mythen, Phantasien, Konditionierungen, Erziehung und Biologie. Was viele von uns sich in den heiligen dunklen Ecken unseres erotischen Königreichs ausmalen, ist irrational, unerklärlich und ein wenig beängstigend. Frauen wollen nicht wirklich von Fremden gefesselt und beleidigt werden und sich dabei schmutzige Kommentare über ihre diversen Körperteile anhören. Allerdings finden sie in der Geborgenheit einer festen Beziehung, einer Ehe, vielleicht etwas erregend, das sie im wahren Leben in Todesangst versetzen würde. Aber wenn sie sich nicht sicher genug fühlen, diese Wahrheiten auszusprechen, werden sie in der Ehe weiterhin unterdrückt und zahm bleiben – und sexuell gelangweilt bis ans Ende ihrer Tage leben.

Fabelhafter Sex kann höflich und respektvoll sein. In einer Partnerschaft, die auf gegenseitigem Respekt beruht, muss jedoch auch Raum für Leidenschaft bleiben. Sie können zärtlich Liebe machen mit demselben Menschen, der Sie mit dem Reiz der Gefahr in den Wahnsinn stürzt. Sie können Leidenschaft erfahren, wo Sie auch Liebe, Unterstützung und Trost finden – das ist heiße Nähe. Ein manchmal übersehenes Geschenk des Feminismus ist doch, dass er uns als Frauen stark genug und als Männer aufgeklärt genug gemacht hat, um uns Dingen zu stellen. Auch diesen seltsamen und beunruhigenden Kräften, die tief im dunklen Wald der Lust herumrascheln.

Im alltäglichen Leben wünschen wir uns alle Gleichberechtigung und Respekt. Aber hinter der geschlossenen Schlafzimmertür sollten wir auch unser Recht auf einen Fick wahren, der die Wände wackeln lässt.

# 13. Langeweile und Grenzen

Obwohl weder Tom noch Phoebe die Grenze überschritten und tatsächlich eine Affäre angefangen hat, suchen beide anderswo nach Befriedigung ihrer sexuellen Bedürfnisse. Beide haben in ihrer Vorstellung Sex mit anderen, ob es Pornobilder sind oder Phantasien von einem Kollegen. Es gibt keinen Konflikt, keine Reibung, die einen Funken entzünden und die Leidenschaft in ihrer Beziehung neu entfachen könnte. Aber nicht nur Langeweile kann eine Beziehung schleichend einschläfern. Zu viel Aggression kann ebenfalls eine Atmosphäre von Hass und/oder Angst schaffen, die Grenzen niederwalzt und Erotik killt. Sich ordentlich aneinander zu reiben ist eine Sache, sich gegenseitig auszuradieren eine ganz andere. Ein gesunder, fröhlicher Dreier ist nicht dasselbe wie eine giftige Dreiecksbeziehung.

## STEPH IST MÜDE. SIE IST FAST IMMER MÜDE

Sie schaut gerade eine Wiederholung von *Friends*, als Daniel von der Arbeit nach Hause kommt. Sie blickt nicht vom Fernseher auf.

»Stell dir vor, was mir heute passiert ist«, sagt Daniel und lässt seine Jacke auf die Sofalehne fallen. Sie rutscht herunter und bleibt als zerknittertes Häuflein liegen.

Steph schnauft gereizt. »Ich bin zu müde für Ratespielchen. Sag es mir einfach.«

»Herrgott, Steph, ich dachte, vielleicht interessiert es dich wenigstens ein bisschen, wie das Dach über unseren Köpfen finanziert wird … ach, vergiss es.«

»Und was ist mit dem, was unter diesem Dach passiert? Du interessierst dich nicht für meinen Tag, also warum sollte ich mich für deinen interessieren?«

Daniels Gemotze fühlt sich für sie an wie noch mehr Unordnung, die sie aufräumen müsste.

»Scheiß drauf. Ich gehe mit Shadow spazieren«, knurrt Daniel und stürmt nach oben.

Steph zappt ein paar Minuten durch die Programme, aber überall kommt gerade Werbung. Für beschissene Waschmittel. Wenn sie noch eine einzige glückliche Hausfrau das Loblied irgendeines Putzmittels singen hört … haben diese Leute denn kein Leben? Seufzend schaltet sie den Fernseher aus. Auf dem Weg durch die Küche in den Garten schnappt sie sich eine Schachtel Streichhölzer. Ganz hinten, wo die Wäschespinne steht, nimmt sie eine Zigarette aus der Tasche, zündet sie an und inhaliert genüsslich. Diese kleinen Sünden verschaffen ihr einen gewissen Kick, denn sie weiß, wie wütend Daniel wäre, wenn er sie dabei erwischen würde.

Das Unkraut ist noch höher gewuchert. Seit drei Monaten nörgelt sie deshalb an Daniel herum, damit er sich endlich darum kümmert. Sie geht in die Hocke und beginnt, eine Pflanze nach der anderen auszureißen, während sie weiter ihre Zigarette pafft. Sie darf nicht vergessen, dass Justin diese Woche von einem weiteren Erziehungspsychologen begutachtet werden soll. Hurra, noch ein Bericht, auf den sie sich freuen kann. Noch mehr Psychogeschwafel, das ihr erklärt, ihr Sohn habe »Schwierigkeiten«. Haben wir nicht alle unsere Probleme? Sie hat sich immer als Person gesehen, die anpackt und Dinge geregelt kriegt … aber das ist lange her. Damals lag das Leben wie eine weiße Leinwand vor ihr, und sie glaubte, sie könnte entscheiden, womit sie sie füllen würde. Besondere Augenblicke. Abenteuer. Fernreisen. Romantikurlaub mit reichlich Sex an idyllischen Fleckchen.

Ha! Sex. Einer der Stacheln zwischen ihr und Daniel. Sie hatte schon vor ihm Freunde, und keiner von denen hat sich je beklagt. Sie ist nicht prüde – das sagt Daniel nur, um sie zu verletzen. Bei Nathan hatte sie nie einen Orgasmus, weil er ... na ja, er war recht unerfahren, und sie wollte ihn nicht verletzen. Daniel hat sie früher scharfgemacht, aber jetzt ist sie nur noch gelangweilt. Sie hat seine ständigen Schikanen ebenso satt wie das Gefühl, dass sie ihn enttäuscht hat. Nach Georgias Geburt wollte sie einfach nicht mehr mit ihm schlafen. Sie dachte, das Verlangen nach Sex würde schon wiederkommen, wenn die Kinder etwas größer wären und sie sich nicht mehr immer so erschöpft fühlte. Doch ihre Libido war nicht nur im Urlaub, sie gilt bis heute als vermisst. Und Daniel hat sie nur immer weiter unter Druck gesetzt. Nörgelt und setzt ihr zu, damit sie ihm einen bläst. Soll sie das vielleicht genießen? Sie weiß, dass er spät nachts noch in sein Arbeitszimmer geht, wenn er glaubt, sie schlafe schon. Wahrscheinlich, um sich Pornos anzusehen. Ein Teil von ihr findet diese Vorstellung widerlich, doch zugleich ist sie erleichtert. Wenigstens schleppt er seine Erektionen nicht mit ins Schlafzimmer.

In der Vergangenheit hat Daniel ein paar Mal scherzhaft »einen Dreier« angeregt, aber sie weiß, dass das kein Scherz ist. Sie bräuchte ihm nur grünes Licht zu geben, und ehe man »billige Nutte« aussprechen könnte, läge schon eine in ihrem Bett. Steph weiß nicht, warum sie so entsetzt war, als er vorschlug, sie könnten doch einen Dildo benutzen, um dem Sex ein bisschen »Würze zu verleihen«. Sie hat selbst schon einen benutzt, für sich allein. Aber in seiner Gegenwart – das erscheint ihr so schmutzig, so schäbig. Er sieht gern zu, wie sie sich selbst streichelt. Früher hat er ganz oft darum gebeten, ihr dabei zuschauen zu dürfen. Sie war nur dazu bereit, wenn das Licht ausgeschaltet blieb, und unzählige Male hat sie ihm einen Orgasmus vorgespielt, um es hinter sich zu haben und endlich schlafen zu können. Zu Beginn ihrer Beziehung hat Daniel ihr hin und wieder anvertraut, was ihn scharfmacht. Sie erinnert sich noch genau daran, wie er einmal gestand, dass er gern von ihr dominiert werden würde. Sie war in Lachen ausgebrochen. »So genau will ich das alles gar nicht wissen«, hatte sie gesagt. Danach war er still geworden. Sie hatten nie wieder über erotische Phantasien gesprochen.

Sie hat ja auch ihre erotischen Träume, aber irgendwie macht das reale Sexleben mit Daniel sie einfach nicht mehr an. Er ist nicht der Mann, in den sie sich verliebt hat. Oder vielleicht doch, und sie hat sich verändert. Anfangs schienen sie füreinander bestimmt zu sein. Ihre Hochzeit war absolut perfekt. Das haben alle gesagt. Ihre eigene Mutter glaubt inzwischen, Daniel scheine die Sonne aus dem Arsch. Seit sie erkannt hat, was für ein tolles Leben er Steph und den Kindern ermöglicht, ist sie blind für all seine Fehler. Zwischen Steph und Daniel waren früher nicht einmal ihre religiösen Unterschiede ein Problem – sie einigten sich früh darauf, die Kinder nicht in einer bestimmten Religion aufwachsen zu lassen. Es gab eben Ostereier, Weihnachtsgeschenke und Matzen zum Passahfest. Wie konnte aus ihrer Beziehung das hier werden? Sie ertragen einander nur noch, reden aneinander vorbei. Und diese ständige Gereiztheit und Frustration, wie eine Krankheit mit einer schlechten Prognose. Daniel, der Mann, in den sie so verliebt war, ist zu jemandem geworden, den sie kaum mehr leiden kann. Verdammt, wenn die Kinder nicht wären …

Vielleicht hätte sie doch Alistair heiraten sollen. Er hätte sie so glücklich gemacht. Sie hätte den Rat ihrer Mutter befolgen und warten sollen, bis er aus L.A. zurückgekommen wäre, statt sich von Daniels egozentrischem Charme einwickeln zu lassen. Wenn sie auf Alistair gewartet hätte, wäre er vielleicht wiedergekommen, statt in L.A. zu bleiben. Sie schaut auf die Uhr und überlegt, wie spät es wohl in Kalifornien ist. Und ob Alistair noch an sie denkt. Liegt er manchmal wach und grübelt darüber nach, dass er lieber Steph hätte heiraten sollen statt seiner jetzigen Frau, wie immer sie heißen mag?

Ziemlich traurig, oder? Dass Hoffnung so vertrocknen und sich in Abneigung verwandeln kann … Viele Ehen überstehen die Belastungsprobe, Kinder großzuziehen. Für die Frau bedeutet das unter anderem lähmenden Schlafmangel, unschöne körperliche Veränderungen, erlahmende Libido, und wenn sie wegen der Kinder zu Hause bleibt, opfert sie auch ihr Berufsleben und ihre Karriere. Das Ganze ist ein Frontalangriff auf die romantische Liebe, der tiefe Krater hinterlässt. Vor allem in Beziehungen, in denen die Frauen »einfach nicht in Stimmung« sind, während sich die Männer hingegen sexuell ausgehungert fühlen.

Steph hat ihr Selbstbild als Frau von Welt vollständig verloren. Sie richtet ihre Wut gegen Daniel und erkennt nicht, dass man sich immer auch selbst verletzt, wenn man jemand anderem weh tut. Statt für erotische Reibung zu sorgen, ist der Konflikt zwischen ihnen zu Antipathie entartet, ohne Güte oder Mitgefühl. Das Leben hat Steph und Daniel zwar ein paar besondere Schwierigkeiten aufgebürdet – Justin hat Lernschwierigkeiten, die teils schon als »Behinderung« bezeichnet wurden, und Georgia ist übergewichtig. Aber viele Paare haben sehr viel Schlimmeres zu bewältigen und schaffen es trotzdem, ihre liebevolle

Bindung aufrechtzuerhalten. Das Problem ist, dass Steph diese Ehe emotional bereits aufgegeben hat. Sie lebt in der Vergangenheit (indem sie eine frühere Beziehung und die ersten Jahre ihrer Ehe verklärt) oder in der Zukunft (indem sie sich vorstellt, wie das Leben unter anderen Umständen sein könnte). Ständig vergleicht sie das Jetzt mit dem Damals, als sie und Daniel sich ineinander verliebt haben. Wie Tara betrachtet sie Männer äußerst kritisch, aber Steph ist mit dem Kerl verheiratet, über den sie dauernd urteilt. Das ist nur einer der Punkte, in denen sie Mühe hat, überhaupt in ihrer Beziehung präsent zu sein. Im Kleingedruckten von Nähe und Intimität steht das Gleiche wie in den Bedingungen des Lebens: dass wir jemanden werden lieben müssen, der unvollkommen ist – ihn lieben und unvollkommen geliebt werden, an der Liebe festhalten durch die Stromschnellen der Vergänglichkeit, denn nichts bleibt, wie es war. Das Ehegelöbnis weist ausdrücklich darauf hin: »in Reichtum und Armut, Gesundheit und Krankheit«. Unser Leid entsteht aus der Unfähigkeit, zu akzeptieren, dass nichts für immer bleibt, wie es ist. Jenseits der Lust und der romantischen Liebe werden wir mit den gewaltigen Fragen echter Nähe konfrontiert: Kann ich den anderen auch lieben, wenn er Krebs bekommt? Wenn er sein Haar, ein Bein, alle Zähne, seinen Job verliert oder im Rollstuhl sitzt? Wenn er pflegebedürftig wird? Inkontinent? Krankhaft fettleibig? Senil? Nähe zwingt uns dazu, uns selbst zu fragen: Was genau liebe ich an diesem Menschen? Kann ich nur das lieben, was angenehm und schön ist?

Steph schafft es nicht, Verluste zu verarbeiten – den Verlust ihrer romantischen Ideale, ihres Berufslebens, ihrer Vorstellung von der perfekten Familienidylle. Sie wünscht sich, alles Mögliche wäre anders (genau genommen wünscht sie sich, Daniel wäre anders). Warum sollte sie sich verändern? Ihre Beziehung ist zum Sündenbock für alles geworden, was ihr ihrem Empfinden nach entgangen ist oder genommen wurde. Wen kümmert es da, was Daniel macht?

Und genau da liegt das eigentliche Problem. Die Verbindung zwischen ihnen ist abgerissen. Sie schert sich keinen feuchten Dreck mehr um ihn.

Daniel schließt die Tür zu seinem Arbeitszimmer. Es ist 23.43 Uhr.

Er loggt sich in seinem Computer ein und klickt seinen liebsten Chatroom an. Und er hasst sich dafür. Beinahe kann er seine Mutter hören: »Macht ein netter jüdischer Junge solche Sachen?« Er weiß, dass seine Eltern stolz auf das wären, was er beruflich erreicht hat, aber mit dem Zustand seiner Ehe hätten sie nicht vor den Nachbarn prahlen wollen. Wäre es besser gewesen, wenn er eine Jüdin geheiratet hätte? Er hatte sich nie zu einer jüdischen Frau hingezogen gefühlt. Sie schienen immer so viel von ihm zu erwarten. Seit seiner Bar-Mizwa hat er keine Synagoge mehr von innen gesehen. Dieser ganze religiöse Kram ist ihm unheimlich. Er glaubt nicht an Gott (»Wer könnte nach dem Holocaust noch an einen Gott glauben?«, hat seine Mutter immer gesagt). Von seinen Wurzeln wollte er nur so weit weg wie möglich. Der Tod seiner Eltern war eine Befreiung für ihn. Er hat seine gesamte Geschichte weggeworfen, als er Steph geheiratet hat. Jetzt spürt er eine so gähnende Leere in sich, dass er sie nur noch mit irgendetwas füllen will. Shantelle zum Beispiel.

Er treibt sich eine halbe Stunde lang in dem Chatroom herum und hofft, dass Shantelle online ist. Bei ihrem letzten Chat hatte er den geilsten Orgasmus seit langem. Sie hat all die schmutzigen Sachen gesagt, die er so gern von Steph hören würde. Nachdem er gekommen war und sie ebenfalls (behauptete sie zumindest), hatte er geschrieben: »Brennst du mit mir durch?« Sie hatte erwidert: »Ha ha, schön wär's. Ich glaube nicht, dass mein Mann damit einverstanden wäre. Aber wir treffen uns wieder hier, ja? X.«

Daniel sucht immer noch nach Shantelle. Er fragt sich, wer sie im wahren Leben sein mag und ob ihr Mann sich im Bett so leer und gefrustet fühlt wie er selbst mit Steph. Doch Shantelle ist heute Nacht offenbar nicht online. Wenn es tatsächlich zu einem Treffen käme, würde sie dann mit ihm schlafen? Er giert nicht nur nach Sex, sondern auch danach, umarmt, überall berührt, geküsst zu werden. Er ist nicht stolz auf das, was er hier tut, aber ein Mann kann es eben nicht ewig aushalten, immer nur abgewiesen zu werden. Er will doch nur von einer Frau begehrt werden. Ihm würde es schon reichen, nur zu wissen, dass er mit jemandem schlafen könnte. Mit jemandem, der ihn wirklich will.

## STAMMEN WIR NUN VON VERSCHIEDENEN PLANETEN, ODER SIND WIR NUR SEXUELL UNREIF?

Könnte es sein, dass Männer einfach Arschlöcher sind und Daniel nur ein Mann wie alle anderen? Wenn er Steph wirklich liebte, würde er sich dann in Chatrooms herumtreiben? Sollten wir ihn verbannen und ihr den Pokal für das beste Opfer überreichen? Er versucht vielleicht, sich auf etwas verwegene Art zu helfen, aber stimmt es wirklich, dass er keine Nähe und Zärtlichkeit will, sondern nur Sex? Alles, was er tut – wie er sich Steph zu nähern versucht (zugegebenermaßen ungeschickt) und dann online in seiner Einsamkeit versinkt –, ist ein Schrei nach Liebe.

Leider packt er das Problem auf eine unbeholfene Art an, die ihn von vornherein zum Scheitern verurteilt. Forscherinnen wie Bettina Arndt haben uns gezeigt, dass Männer wie Daniel, die in ihrer Beziehung gerade mal die Überlebensration Zuwendung bekommen, zutiefst abhängig von ihrer Partnerin sind und sich mit wenig bis null Zärtlichkeit und Nähe abfinden, um nur ja ihre Familie nicht zu verlieren. Außerdem wissen sie, dass »da draußen« nicht viel Besseres auf sie wartet. Daniel hat zwangsweise die Gewohnheit entwickelt, um Sex zu betteln und sich dabei auf Stephs ständige Zurückweisung gefasst zu machen, die seiner Selbstachtung und seinem Selbstempfinden als Mann schwer zugesetzt hat. Und was ist mit Steph? Ist sie nur das arme Opfer von Daniels Libido? Hat sie ihre eigene wirklich verloren? Sind ihre kleinliche Gehässigkeit und ihre Nörgelei gerechtfertigt?

Vielleicht könnte man aus Daniels und Stephs Situation den unvermeidlichen Schluss ziehen, dass Männer und Frauen in dieser Hinsicht einfach grundverschieden sind – Männer sind eher geil und wollen mehr Sex als Frauen, und Frauen wollen mehr kuscheln, reden und emotionale Nähe spüren als Männer. Daniel und Steph haben lange Zeit eine weitverbreitete Dynamik verkörpert: Sie braucht das Gefühl von Nähe und Verbundenheit, um Lust auf Sex zu bekommen (das Vorspiel beginnt im Prinzip damit, dass er morgens die Spülmaschine ausräumt), während er Sex braucht, um sich ihr nahe zu fühlen. Vielleicht passen die beiden Geschlechter einfach nicht zusammen.

Nun, gewisse Unterschiede lassen sich natürlich nicht leugnen. Genderdifferenzen allerdings so stereotyp zu betrachten kann eine Art Faulheit sein: Man schrumpft komplexe Zusammenhänge ein und klopft sie platt, um Ängste und Probleme in Beziehungen auf möglichst einfache Weise wegzuerklären. Die Frage lautet doch, ob diese radikale Geschlechtertrennung unsere Fähigkeit, uns im Testosteron-Östrogen-Dschungel wiederzufinden, beschränkt oder verbessert. Wir wissen, dass Männer Nähe und Frauen Sex wollen. Es gibt wohl Unterschiede darin, wie wir das jeweils ausdrücken und uns dahin vortasten, und wir sollten uns solcher geschlechtsbedingten Differenzen bewusst sein, aber sie sind nicht in Stein gemeißelt. Kultur und Geschichte entwickeln sich weiter, und das gilt auch für die menschliche Sexualität. Diese Differenzen verändern sich ja schon innerhalb jedes Einzelnen von uns: Junge Männer sind meist in erster Linie auf Sex aus und dann erst auf Nähe. Doch je älter Männer werden, desto mehr wünschen sie sich ein Gleichgewicht zwischen Sex und Nähe, das dem Wunsch ihrer Partnerinnen recht nahe kommt. In schwulen, bisexuellen und allen anderen nichtheterosexuellen Beziehungen gibt es offenbar dieselben Schwierigkeiten wie bei heterosexuellen Paaren. Uns nur auf die biologischen Unterschiede zu konzentrieren bringt uns also nicht sonderlich weit.

Außerdem ist dieses »Wir gegen sie«-Denken doch ein veraltetes Skript. Frauen fällt es immer leichter, auch im Bett klar zu äußern, was sie möchten (»Nicht so viel davon … ein bisschen mehr hiervon …«), und Männer freunden sich mit ihrer weiblichen Seite an. Dank Dr. Kinsey, Shere Hite, Eve Ensler und anderen sexuellen Aufklärern wissen wir heute, dass der »On«-Schalter bei jedem Menschen mysteriöserweise anderswo liegt. Dem einen gefallen vielleicht Mädchen, die wie Jungen aussehen, während der andere eher auf große Brüste steht. Manche fahren auf Peitschen und Ketten ab, andere würden die Polizei rufen, wenn jemand im Schlafzimmer Handschellen zückt. Manche wollen es mit dem Mund, andere von hinten. Einige werden vielleicht beim Anblick von Strapsen nass, während es manche anmacht, Windeln zu tragen. Außerdem muss sich niemand fürs ganze Leben auf einen Antörner festlegen. Unsere Libido und unsere Sexualität verändern sich mit den Jahren. Manche von uns sind ihr halbes Erwachsenenleben lang heterosexuell veranlagt, und plötzlich folgen sie einer homosexuellen Neigung. Unsere sexuelle Identität ist genauso einmalig wie unsere Fingerabdrücke. Die meisten von uns haben nicht genug erotische Erfahrung und auch nicht die nötige Reife, um sich ihrer Begierden wirklich bewusst zu sein – bis sie sich selbst und einen anderen Menschen lang und gründlich genug kennengelernt haben. In unseren Beziehungen haben wir Gelegenheit, unsere eigene sexuelle Veranlagung genauso zu erkunden wie die emotionale.

Dazu muss man sich in dieser Beziehung jedoch sicher fühlen. Wir alle nehmen Sex sehr persönlich, weil er so eng mit unserer Identität verknüpft ist. Zurückgewiesen werden, versagen, den Partner nicht befriedigen können, zu schnell oder zu langsam sein – sämtliche Empfindlichkeiten werden auf die Spitze getrieben, wenn es ums Ficken geht. Ganz abgesehen davon, dass Begehren so oft von Scham oder Schuldgefühlen überlagert wird, und zwar aufgrund der theatralischen, erotophoben Neurosen, welche die westliche Kultur sowie die jüdischen und christlichen Religionen uns einimpfen. Ist man frigide, wenn man es nur auf eine Art mag? Ist man pervers, wenn man es auf jede nur denkbare Art mag, diverse Objekte, Outfits und Videokameras eingeschlossen? Wird man vom Masturbieren blind? Wenn man mit einer Person gleichen Geschlechts schlafen will, ist man dann automatisch homosexuell? Statt über unsere Begierden und Phantasien zu reden, unterdrücken wir sie. Wer möchte schon ausgelacht, empört abgewiesen oder als »krank« bezeichnet werden?

Daniel hatte es versucht – erinnern Sie sich noch? Er erzählte Steph von seiner Phantasie, dominiert zu werden. Und Steph lachte – wahrscheinlich aus Verlegenheit. Damit brachte sie ihn jedoch zum Schweigen, ohne es zu wollen oder zu bemerken, und blockierte diesen Weg der gemeinsamen Entdeckung für sie beide.

Das Problem rührt teilweise auch daher, dass Sex in den Anfangsphasen der Lust und der romantischen Liebe eine so große Rolle spielt und dann immer weiter nach hinten rückt, wenn eine Beziehung ihren ersten Reifezyklus zur emotionalen Verbundenheit durchmacht. Dann glauben wir, die Libido sei für immer verschwunden, und erkennen nicht, dass sie nur mal eine Auszeit nimmt. Während dieser Zeit könnten wir ein paar Post-its am Ehebett gebrauchen, die uns daran erinnern: »Haltet durch!« Diese Durststrecke durchzuhalten und bei dem gegenwärtig zu bleiben, was in unserer sexuellen und emotionalen Beziehung schwierig oder unangenehm ist, bringt uns einen neuen Frühling der Intimität. Selbst wenn unser Sexleben manchmal dem »Mars-Venus-Stereotyp« zu entsprechen scheint – Dinge verändern sich, und eine andere Dynamik wird möglich. Je älter Frauen werden, desto sexuell befreiter werden sie. Je älter Männer werden, desto mehr Nähe suchen sie. Das Aufregende daran ist: Wenn wir reifer werden, wenn wir auch in den unschönen Zeiten zusammenhalten und Möglichkeiten finden, die unterschiedlichen Bedürfnisse und Begierden des jeweils anderen zu erfüllen, dann ist es umso wahrscheinlicher, dass wir immer kompatibler werden, sowohl sexuell als auch emotional.

Wenn ein Kind kommt, gerät die Libido der Frau oft ins Stocken oder verschwindet völlig – und das ist gesund für die Mutter-Kind-Bindung. Und ja, diese Verdrängung des Mannes (oder Partners bei einem gleichgeschlechtlichen Paar) als Objekt ihrer Zuneigung – auch die ist unvermeidlich. Eine natürliche Ebbe in den Gezeiten der Nähe. Aber genau jetzt kann ein Mann wirklich beweisen, wie heldenhaft und emotional großzügig er ist – dadurch, wie er mit dieser Verdrängung umgeht. Er muss lernen, Teil einer gesunden Dreierbeziehung zu sein, sich ausgeschlossen und getrennt zu fühlen, aber dennoch emotional präsent zu sein. Schmollen, Rückzug oder Wut sind menschliche Reaktionen unseres Egos. Zeit, die dritte Position einzunehmen, die Zurückweisung zu fühlen, aber am Gesamtbild der Beziehung festzuhalten – zu der jetzt das neue Baby gehört. Die vorübergehende Zurückweisung ist nur ein kleiner Teil dessen, was sich in dieser Beziehung gerade abspielt. Und sie bedeutet nicht, dass die beiden Partner sexuell inkompatibel geworden wären.

In seinem Buch *Die Psychologie der Leidenschaft* erklärt Dr. David Schnarch, Sex sei meistens so etwas wie ein »Resteessen«. Sexuell kompatibel zu sein bedeutet nicht, dass man jemanden gefunden hat, der das tun will, was man auch will, und das nicht tun möchte, was man auch nicht möchte. Jeder von uns will etwas anderes, und kompatibel wird man, indem man den sexuellen Vorlieben eines anderen Platz einräumt.

Wie können Paare also während dieser sexuellen Hungerkur ihre emotionale Verbundenheit bewahren? Man kann seinem Frust immer liebevoll Ausdruck verleihen: »Ich sehne mich so nach ein bisschen Zeit allein mit dir. Weißt du eigentlich, wie scharf ich auf dich bin?« Verbalerotik, intime Gespräche, Berührungen – sich umarmen, streicheln, die Füße massieren – all das sind Möglichkeiten, körperlich und psychisch intim verbunden zu bleiben.

Daniel reagiert trotzig, weil er mit dieser Verdrängung nicht gut zurechtgekommen ist, und sucht sich andere Ventile für seine sexuellen Bedürfnisse. Man könnte in ihm nur allzu leicht den Bösen sehen, denn schließlich ist er in dieser Beziehung derjenige, der seinen Frust ausagiert. Doch dieses Ausagieren ist eine

Reaktion auf eine ganz bestimmte emotionale Dynamik, die sich zwischen zwei Menschen abspielt. Was zwischen Steph und Daniel geschieht, hat mit Steph genauso viel zu tun wie mit Daniel.

Da Shantelle nicht aufzutreiben ist, klickt sich Daniel durch ein paar Pornobilder und kommt schnell zum Orgasmus. Er schaltet den Computer aus, gequält von einem namenlosen, elenden Gefühl, und schleppt sich die Treppe hinauf ins Bett. Auf dem oberen Treppenabsatz steht Georgia – sie lutscht am Daumen wie früher, als sie noch ganz klein war, und hält einen ihrer Teddybären im Arm.

»Was ist denn, Schätzchen?«, fragt Daniel.

»Ich habe ganz schlimm geträumt«, sagt sie mit tränennassen, aufgerissenen Augen.

Daniel bringt sie wieder in ihr Bett und deckt sie zu. Dann legt er sich daneben auf den Boden und hält ihre Hand, bis ihm der linke Arm einschläft.

## WAS HAT SUCHT MIT LIEBE ZU TUN?

Können wir es Daniel verdenken, dass er online nach Shantelle sucht oder sich Pornos ansieht? Online-Pornographie und Chats können Erleichterung und Spaß bringen. Manchmal mögen solche Seiten sogar zu Liebe und Nähe führen. Im Moment sind sie Davids einzige Möglichkeit, sich sexuell abzureagieren – aber das hat seinen Preis. Während Daniel auf den Bildschirm starrt, wird in seinem Geist die Assoziation von pornographischen Bildern mit sexueller Befriedigung verstärkt, und sein Gehirn wird mit Dopamin geflutet – dem Neurotransmitter der Freude und Belohnung. Das Gefährliche an Dopamin ist, dass es sich an neuronale

Bahnen heftet und sie fest und sicher mit den Verhaltensweisen oder Gedanken verbindet, in deren Zusammenhang der Dopamin-Ausstoß erfolgt ist. Deshalb macht Sex süchtig. Das kann ein großartiges Plus für Paare sein, wenn es sie in der Beziehung zusammenhält. Daniels wachsende Sucht nach virtuellem Sex in Chatrooms ist zwar ein Symptom seiner unerfüllten, unglücklichen Beziehung, aber sie frisst diese Beziehung zugleich von innen her auf. Sie ist zur schlechten Gewohnheit geworden. Jeder, der eine solche Angewohnheit hat – Nägelkauen, Rauchen, Alkohol, Glücksspiel –, weiß, wie schwer man sie wieder loswird.

Die neurologische Aktivität, die zu einem gewohnheitsmäßigen Verhaltensmuster gehört, breitet sich buchstäblich im Gehirn aus – diese Gewohnheiten übernehmen immer mehr von dem, was Neurologen als »Hirnkarten« bezeichnen. Jedes Mal, wenn eine »schlechte Angewohnheit« wiederholt wird, gewinnt sie wieder ein Stück Land auf der Hirnkarte und besetzt damit Platz, der nun für eine »gute« Angewohnheit nicht mehr zur Verfügung steht. Wenn sich eine schlechte Angewohnheit einmal verfestigt hat, ist sie nur schwer zu durchbrechen. Hat sie sich erst in einem Gebiet festgesetzt, ist sie sehr viel schwerer wieder rauszuwerfen.

Wenn Daniel sich weiterhin von diesen nicht ungefährlichen Aktivitäten erregen lässt, wird sich sein Verhältnis zu Steph möglicherweise verändern. Noch fühlt er sich zu ihr hingezogen, aber es könnte sein, dass er sie bald nicht mehr aufregend findet. Seine Sucht könnte die Möglichkeit, ihre Intimität wieder aufzubauen, untergraben wie gefräßige Termiten.

Woran kann man feststellen, ob man süchtig nach Pornographie ist oder ob man sie nur dazu nutzt, die eigene reale sexuelle Beziehung anzuheizen? Man ist pornosüchtig, wenn der Partner einen ohne Pornographie nicht mehr erregt oder man in seiner Phantasie mit Pornodarstellern zusammen ist, während man in Wirklichkeit mit seinem realen Partner schläft. Wenn man dann zum Orgasmus kommt, verstärkt die Ausschüttung von Dopamin die Pornobilder zusätzlich. Die sexuelle Befriedigung kommt von der Vorstellung, den Pornostar zu vögeln, nicht vom Sex mit dem Menschen in seinem Bett. (Und wie viele von uns können schon mit einem Pornostar konkurrieren?) Das süchtige Gehirn wird durch diesen Prozess verändert, man baut neuronale Bahnen aus, die solche Bilder und Empfindungen mit Freude assoziieren. Wie gesagt – fabelhaft, wenn man sich mit seinem Partner einig ist, wann und wie oft, und beide es zusammen genießen. Aber was, wenn der eine Lust empfindet und der andere nicht?

Außerdem gewöhnt man sich mit der Zeit an die süchtig machende Substanz und braucht immer mehr davon, das heißt eine immer stärkere Stimulation. Um im Wettbewerb zu bestehen, müssen Pornoseiten immer stärkere Reize bieten. Wenn einem letzte Woche noch zwei scharfe Babes ausreichten, die sich selbst befriedigten, dann brauchst man diese Woche vielleicht schon zehn Lesben, die eine Orgie feiern, und nächste Woche – wer weiß? Antonio hat diese Art Konditionierung, was echte Frauen angeht, denn »Egal, wie scharf die Kleine sein mag, irgendwann hat man sie über«. Man braucht wieder etwas Stärkeres. Die Droge wirkt sonst nicht mehr. Also muss man von sexuellem Gras zu Kokain vorrücken.

Den sexuellen Appetit mit Pornos zu befriedigen ist die Suche nach einem erregenden »Anderen«, wenn unsere echte Beziehung fade geworden ist. Langweilig wird uns nur, was sich nicht bewegt oder verändert. Manchmal braucht eine festgefahrene Beziehung ein drittes Element, um eine neue Dynamik in der Zweierbeziehung zu entwickeln. Manche Sextherapeuten empfehlen Paaren, sich einen idealen Liebhaber auszumalen und als ideellen Dritten zum Sex dazuzuholen. Das verhilft vielleicht dem einen zum Orgasmus, aber es erschafft nicht Nähe, sondern Distanz. Denn es ist das Bild des Phantasie-Lovers, das sein Hirn umbaut, nicht der echte Partner in seinem Bett. Auf diese Weise entfernt man sich noch weiter von Nähe und Vertrautheit und benutzt den Körper des Partners ein bisschen wie eine Erweiterung der eigenen Hand oder des Vibrators – nur als ein Mittel zum Zweck, sich sexuell zu erleichtern. Dieser »Dritte« kann für eine Beziehung gesund oder ungesund sein. Nur Sie selbst sind in der Lage zu erkennen, was auf Ihre Beziehung zutrifft.

Wenn man Pornos oder erotische Phantasien oder eingebildete Liebhaber benutzt, lautet die Frage immer: Verstärkt das die Intimität mit dem Partner oder zerstört es sie? Erregt mich der echte Sex, oder sind es nur die Phantasien? Wenn man nicht mit Leib und Seele bei dem Menschen sein kann, den man liebt, weil man in seiner Vorstellung einen Menschen vögelt, den man nicht haben kann, dann ist man nicht präsent, sondern abwesend.

Dr. Ian Kerner, Autor von *She Comes First*, schlägt eine Menge Möglichkeiten vor, wie man den Spaß an aufreizend unanständigem Sex und Genuss am eigenen Partner wiederfinden kann. Beispielsweise, indem man sich gegenseitig seine erotischen Träume erzählt, an öffentlichen Orten wie in einem Restaurant oder Taxi herummacht oder Sex hat, wo andere einen sehen könnten (möglichst ohne eine Verhaftung zu riskieren – obwohl das die interessante Variante von Sex hinter Gittern ins Spiel bringen würde). Man kann auch Sexspielzeug ausprobieren, sich beim Sex filmen, sich Rollenspiele ausdenken oder einen Dreier planen, der dann ja nicht unbedingt stattfinden muss. Auch damit holt man sich einen »Dritten« ins Bett, aber man tut es ge-

209

meinsam. Das kann ungeheuer spannend sein und die Erregung in einer engen Beziehung aufrechterhalten.

Sexuelle Objektivierung, also das (auch gedankliche) Erschaffen von Sexobjekten, ist in einer liebevollen Paarbeziehung an sich nicht problematisch. Mit Objektphantasien herumzuspielen kann viel Spaß machen, wenn beide Partner dasselbe Spiel spielen. Allerdings nicht, wenn die Frau mit dem Mann im Bett liegt und er mit Jennifer Lopez. Diesen gemeinsamen Platz zu schaffen erhält Nähe trotz der Distanz, die Pornographie erzeugt.

## GEGENWÄRTIG SEIN
## ODER DAS ZEN DER SCHÖNHEIT

Weder Daniel noch Steph ist in der eigenen Beziehung wirklich präsent. Sie ist in Gedanken schon dabei, ihn zu verlassen, und er sucht anderswo nach Befriedigung. Beide sterben vor Hunger – er nach Sex und Nähe, sie nach einem anderen Leben. Beide häufen innerlich Beschwerden über den anderen an, weil sie in der Vergangenheit feststecken. Wenn sie nicht erkennen, was in ihnen selbst vorgeht, werden sie weiterhin um sich schlagen und sich gegenseitig verletzen, bis ihre Liebe und Intimität endgültig zu Bruch gegangen sind.

Untreue, Geheimnisse und Lügen keimen in diesen Spalten der Abwesenheit zwischen zwei Menschen. Man kann nur fremdgehen, wenn man nicht ganz und gar in einer Beziehung ist. Ganz in einer Beziehung engagiert zu sein und mit einer anderen herumzuspielen funktioniert nicht. Ein Teil von uns wird sich aus der festen Beziehung davonschleichen, allein schon, damit die Täuschung gelingt.

Daniel schlüpft ins Bett. Steph hat sich die Decke fast bis über den Kopf gezogen und liegt mit dem Rücken zu ihm. Er riecht sie an der Bettwäsche, den unverkennbaren Steph-Duft, eine Mischung aus ihrem Schweiß, ihrem Shampoo, ihrem Parfüm und dieser undefinierbaren Süße, die ihn so berauscht hat, als sie sich kennenlernten. Etwas wallt in ihm auf, und er hebt die Hand, um sie zu berühren, vielleicht ihr Haar zu streicheln. Neulich Nacht ist er über Tantra-Sex gestolpert und hat sich stundenlang festgelesen an etwas, das sich heilige Berührung nennt: jemanden so berühren, als wäre er oder sie das Heiligste auf Erden. Etwas in ihm will unbedingt erleben, wie sich das anfühlt.

Doch er hält inne, zieht sich zurück.

Er dreht sich auf die Seite, und so liegen sie nun da, ohne sich zu berühren, wie voneinander abgeschnitten. Er schließt die Augen und spürt zu seiner Überraschung, wie ihm eine Träne über die Wange rinnt. Dann stellt er den Wecker auf sechs Uhr.

Steph ist wach. Sie hat den Kopf so voll. Sie hört Daniel die Treppe heraufkommen und zieht sich die Bettdecke über die Schultern. Er schlüpft neben ihr ins Bett, und sie bemüht sich, sich nicht zu rühren. Sie spürt, wie er näher kommt, und hält den Atem an. Dann seufzt er und dreht sich weg. Und sie liegt mit offenen Augen in der Dunkelheit und denkt: »Ich darf morgen bloß nicht die Mayonnaise vergessen.«

Die Entscheidungen, die wir in jedem Augenblick treffen, setzen eine ganze Welt in Bewegung. Eine Welt der Verbundenheit oder eine Welt der Distanz.

# TEIL 4

# DREIECKS-
# BEZIEHUNGEN

# 14. Das destruktive Dreieck

ntimität braucht Widerstand. Wattepolster und Kissen können keine erotischen Funken schlagen, wie Tom und Phoebe feststellen mussten. Zwischen Steph und Daniel hingegen besteht zu viel Reibung, durch die ihr auf Machtspielchen beruhendes System ebenso unhaltbar ist wie das knisterfreie von Phoebe und Tom. Sex ist bei ihnen seit Jahren mit Aggression verbunden, wird zur Strafe vorenthalten und schafft keine Nähe, so dass ihr Sexleben im vergangenen Jahr vollkommen eingeschlafen ist.

Wenn in einer Beziehung konstruktive Konflikte und Spannungen fehlen, wird man womöglich von Verzweiflung, Erregung oder Wut dazu getrieben, sie sich anderswo zu suchen.

## IM SCHEINWERFERLICHT, IM DUNKELN

Mitch spürt einen drohenden Krampf in der linken Wade und fährt langsamer. Er hat seit fast einer Woche nicht mehr trainiert und auch das Spiel am Wochenende verpasst, weil er stattdessen mit Erin bei einer Theatervorstellung war, die sie nicht verpassen wollte. Dafür ist er heute viel weiter geradelt als seine üblichen zwanzig Kilometer. Die Flasche Wasser, die er vor dem Training getrunken hat, ist in seiner Blase angekommen, und er muss sich erleichtern. Diesen Vorort kennt er nicht besonders gut, aber er weiß, dass es ein Stück weiter einen recht versteckt liegenden Park gibt.

Er biegt dorthin ab, fährt durch einen Seiteneingang hinein und einmal darum herum auf der Suche nach den Toiletten. Als er ein BMW-Cabrio ganz allein auf dem kleinen Parkplatz entdeckt, bremst er ab. Es sieht genauso aus wie Daniels neues Auto, in dem Mitch letzten Sonntag eine Runde mitgefahren ist. Daniel hatte das Dach geöffnet und war so aufs Gas getreten, dass sie die Geschwindigkeitsbegrenzung weit überschritten. »Wenn du das mit deinem Feuerwehrauto machst, ist es ganz legal«, hatte Daniel mit etwas schleimigem Grinsen gesagt. »Dann macht es bestimmt nur halb so viel Spaß, aber du kannst dich ja noch auf das Feuer freuen.«

Daniels Bemerkung hatte Mitch an Erins erste Worte an ihn erinnert. »Was fährst du denn?« Auf der Stelle hatte er seine Chancen bei dieser wunderschönen Fremden auf null geschätzt – irrtümlicherweise. Er hatte nicht mehr herausgebracht als ein selbstironisches, beinahe entschuldigendes »ein Feuerwehrauto«.

Doch es hatte sich herausgestellt, dass er damit genau das Richtige gesagt hatte. Man kann nie wissen …

Mitch hat den Gedanken an Karriere und einen phantastisch bezahlten Job längst aufgegeben. Er wird nie einen Porsche besitzen wie sein Freund Sam. Wie lange, fragt er sich, wird Erin von seinem Beruf noch verzaubert sein, der nun mal mit dem Gehalt eines Feuerwehrmanns einhergeht? Wenn sie eines Tages Kinder haben und immer noch in einer Wohnung hausen, während ihre Freundinnen Swimmingpools bauen lassen, ihre Häuser erweitern und Urlaub in exotischen Paradiesen machen … Nicht, dass Erin eine verwöhnte Prinzessin wäre, aber wie soll er ihre Erwartungen an die Zukunft erfüllen?

Moment mal, das *ist* Daniels Wagen. Mitch kann das Wunschnummernschild erkennen: DMAN1, als hätte Daniel eine ganze Flotte »DMEN« zu Hause stehen. Vielleicht ist Daniel auf eine Fahrradrunde hergekommen – aber nein, dann hätte er nicht den BMW genommen. Kein Fahrradträger. Dann läuft er vielleicht eine Runde mit seinem Hund, obwohl am Parkeingang groß und deutlich auf einem Schild steht: »Hunde verboten«. Aber Daniel schert sich nicht um Regeln, die er nicht selbst aufgestellt hat.

Der drohende Krampf in der Wade stört immer mehr. Mitch hält neben dem BMW, steigt vom Rad und stützt sich an eine Eiche, um ein paar Dehnübungen zu machen. Der Park ist menschenleer auf diese Art, die einen auf den Gedanken bringt, alle möglichen seltsamen Dinge könnten hier unbemerkt bleiben. Inzwischen ist es dunkel, die Parkwege sind spärlich beleuchtet. Plötzlich tauchen ein Mann und ein Frau auf, die unter einer der Laternen hindurchgehen. Mitch weicht in den Schatten der Eiche zurück, als er Daniel erkennt. Er steht im Schutz des Baumes und fragt sich, warum er sich eigentlich versteckt – es ist doch Daniel. Warum nicht hallo sagen? Weil Mitch die Frau bei Daniel nicht kennt. Und weil Daniel eine Hand in ihrem Rücken liegen hat.

Daniel geht auf sein Auto zu – er und die Frau werden ganz dicht an Mitch vorbeikommen. Unter der nächsten Laterne kann Mitch Daniels Begleiterin besser erkennen. Sie sieht jung aus, mit einem frischen Gesicht und platinblondem Haar. Sie trägt hohe Absätze und ein violettes, hautenges Kleid. Mitch schiebt sich um den dicken Baumstamm herum, und Laub raschelt unter seinen Füßen. Daniel hat sich zu der Frau hinabgebeugt und spricht leise mit ihr. Was er sagt, kann Mitch nicht verstehen, aber diese Haltung wirkt … vertraulich? Er hört nur ihren Namen, Shantelle, und ihr glockenhelles Lachen, bei dem Mitch ein Kribbeln spürt, als wimmelte seine Haut von Läusen. Es schnürt ihm die Brust zu. Er fühlt sich wie ein Zehnjähriger, der bei einem gruseligen Versteckspiel im Keller herumschleicht. Er hört das Piepsen der Zentralverriegelung, und die Rücklichter tauchen das Gras zu beiden Seiten der Eiche in einen orangeroten Schein.

Daniels Stimme treibt von der anderen Seite des Baums herüber. »Das ist der Kampfwagen«, sagt er. »Mit Turbolader. Ordentlich Power. Spring rein.«

Daniel und die Frau steigen ins Auto. Mitch schluckt. Was hat er da gerade beobachtet? Wahrscheinlich ist sie seine Cousine oder eine Nichte, denkt er. Ich fahre besser weiter. Er schiebt sein Fahrrad tiefer in den Schatten unter den hohen Bäumen und steigt auf. Ehe er losfährt, blickt er noch einmal zu dem Auto zurück, wo er selbst im Halbdunkeln sehen kann, dass der Kopf der Frau außer Sicht verschwunden ist. Falls das Daniels Cousine sein sollte, ist das, was sich in dem Wagen abspielt, ziemlich sicher illegal und würde der Familie gar nicht gefallen.

Er fährt so schnell nach Hause, wie seine Beine treten können, und pisst sich beinahe in die Hose. Zum Pinkeln ist er ja nicht gekommen.

Es gibt Geheimnisse, in die man lieber nicht eingeweiht sein möchte. Geheimnisse, die einen verbrennen und die, wenn sie doch herauskommen, alles ringsumher verschlingen und eine völlig veränderte Landschaft zurücklassen. Mitch gehört nicht zu denen, die sich in anderer Leute Angelegenheiten einmischen. Er rettet Menschen aus dem Feuer – er legt den verdammten Brand nicht selbst. Aber er weiß, dass das, was er da gesehen hat, Erin verletzen wird, und das betrifft Mitch sehr wohl. Für Erin war Steph immer die große Schwester, die sie gern gehabt hätte. Stephs Mutter Jenny steht Erin sogar noch näher. Und diese Sache könnte Stephs Familie in Stücke sprengen.

Hauptsächlich ist Mitch wütend auf Daniel. Er ballt unwillkürlich die Fäuste – Herrgott, wenn Daniel jetzt vor ihm stünde ... Aber er ist ja nicht einmal sicher, was er beobachtet hat. Vielleicht hat er das Ganze völlig falsch interpretiert. Ach, Schwachsinn, er weiß doch, was er gesehen hat. Daniel hat Shantelle abgeholt. Ist sie eine Prostituierte? Aber – Daniel? Verdammt, wer hätte das gedacht? Der Kerl spielt so gekonnt den liebenden Ehemann und Vater des Jahres. Mitch fragt sich, was Jenny wohl jetzt von ihrem perfekten Schwiegersohn halten würde.

Sollte er Erin davon erzählen? Ebenso gut könnte er ihr ein Messer zwischen die Rippen jagen. Was wäre denn in diesem Fall richtig? Wenn er verschweigt, dass Daniel Steph betrügt, macht er sich praktisch zum Komplizen. Wobei eigentlich? Ehebruch? Was, wenn Daniel sich irgendeine Geschlechtskrankheit holt und Steph damit ansteckt? Steph hat ein Recht, davon zu erfahren. Vielleicht sollte Mitch auch Daniel damit konfrontieren? Aber wie denn? »Hab dich neulich Abend im Park gesehen. Bist du da öfter?« Bisher hat er sich mit Daniel immer nur bei ein paar Drinks über belangloses Zeug wie Fußball und Politik unterhalten. Und der Typ stellt sich immer über Mitch – er ist zehn Jahre älter, hat ein großes Haus, macht das große Geld und lebt in einer luxuriösen Egosphäre, in die Mitch nie aufsteigen wird. Dafür hat Mitch sich zwar bewusst entschieden, aber so sieht Daniel das nicht. Nein, Mitch hat keine Ahnung, wie er Daniel auf die Szene im Park ansprechen sollte. Sein eigener Vater hat nie viele Worte gemacht, und wenn doch, dann ging es um Sport oder die Supermärkte, die seine Marge so tief drückten, dass er ihnen sein

Brot demnächst noch schenken würde. Und was soll Daniel schon dazu sagen? Da musst du mich mit deinem Freund Antonio verwechselt haben?

Mitch braucht Rat und wendet sich wie immer an seinen vernünftigen, klugen, treuen und glücklich verheirateten Freund Tom.

Aus Daniels Sicht ist sein Verhalten gerechtfertigt. Er bekommt zu Hause keinen Sex. Und solange er vorsichtig ist (natürlich hat er Kondome gekauft – er ist ja schließlich kein Idiot!) und niemand dahinterkommt, tut er ja keinem weh, oder? Steph interessiert sich nicht für ihn. Sie ist kalt wie ein Fisch, und das hat er ihr auch gesagt. Wenn diese Worte sie verletzt haben – gut! Sie muss mal die Wahrheit hören.

Anfangs machte ihre distanzierte Art ihn scharf – er liebte das Gefühl, sie zu jagen, zu erobern, sie endlich zu besitzen und zum Schmelzen zu bringen. Jetzt schließt diese Kälte ihn nur noch aus. Je weniger sie ihn an sich heranlässt, desto stärker wird seine Paranoia, dass sie einen anderen hat. Schon ein paar Mal ist ihm so etwas herausgerutscht wie: »Warum bin ich der einzige Mann auf dieser Party, der nicht glaubt, dass er es heute Nacht mit dir treiben wird?« Scheiß auf sie. Sie untergräbt sein Selbstgefühl als normales sexuelles Wesen.

Steph hingegen empfindet Daniels Art als lüstern und rücksichtslos. Wenn er sie so dazu drängt, seine Bedürfnisse zu befriedigen, kommt ihr das beinahe wie eine Vergewaltigung vor, und das macht sie fertig. Er verzerrt ihre Realität. (Ist sie wirklich frigide? Hat sie Sex noch nie genossen?) Das Ganze ist eine sadomasochistische Dynamik kleiner, aber höchst wirkungsvoller Grausamkeiten. Beide leiden und können ihren Schmerz nicht annehmen – also projizieren sie ihn in den jeweils anderen, machen ihn zum Vorwurf. Beiden fehlt die Fähigkeit, ihr Handeln zu reflektieren und eine kreativere Möglichkeit zu finden, ihre Probleme zu lösen. Deshalb steht ihre Beziehung kurz vor der Implosion.

Aber könnte man einen von ihnen erwischen, wenn er mit sich und seinen Gedanken allein ist, würden beide sagen: Es war nicht immer so. Am Anfang ihrer Beziehung wussten sie, dass ihre sexuellen Bedürfnisse nicht perfekt zusammenpassten. Er wollte täglich Sex – zweimal am Tag, wenn es ging. Für Steph reichte ein-, zweimal die Woche. Eine Zeitlang behauptete er – und er glaubte auch daran –, es ginge gar nicht um Sex an sich, sie wolle nur mit ihm keinen. Früher einmal waren sie wie die entgegengesetzten Pole eines Magneten. Sie war beeindruckt von seiner mutigen Einstellung. Seine Impulsivität, seine unbekümmerte und draufgängerische Art, das Leben anzupacken, standen in krassem Gegensatz zu ihrem strengen, überkorrekten Elternhaus. So etwas hatte sie vorher nicht gekannt. Er fand ihre Ernsthaftigkeit aufregend, ihre konservative Haltung, die er vernichten konnte, indem er sie unter sich zum Stöhnen brachte. Es war, als würde er es mit einer Nonne treiben, oder mit der Schulrektorin. Sie hatte etwas von der Aufsichtsschülerin in seiner alten Schule, und er war verrückt danach, sie dabei zu sehen, wenn sie sich gehenließ.

Als die Kinder da waren, fiel Steph wieder in die fester etablierten Teile ihrer Persönlichkeit zurück – in die kontrollierte, unnahbare Ordnungsmacht des Hauses. Er erwartete trotzdem noch Sex, sogar im Urlaub in einem Hotelzimmer, in dem auch die Babys schliefen. »Du spinnst wohl«, wehrte sie ihn ab und nannte ihn einen »hormongesteuerten Teenager«. Sie war nicht mehr so beeindruckt von ihm, verlor ihr Selbstbild als kompetente Karrierefrau und erklärte Daniel, er müsse sich »endlich wie ein erwachsener Mann verhalten« und ein verantwortungsvoller Ehemann und Vater werden. Je weiter sie sich in ihr konservatives Wesen zurückzog, desto tiefer versank er in seiner Natur – seiner Impulsivität, die ihn dazu brachte, zu handeln und zu sprechen, ohne vorher darüber nachzudenken.

Steph, die Mutter, kann sich nicht so fallenlassen, sich nicht so gehenlassen wie Steph, die junge Geliebte. Daniel ist gedankenlos und chaotisch – um seinen erstaunlichen Erfolg anzuerkennen, müsste sie eingestehen, dass er diesen Erfolg nicht zuletzt den Risiken verdankt, die er eingegangen ist. Sie sieht nur, wie riskant seine Impulsivität ist und dass er jederzeit alles verlieren könnte – das wunderschöne Haus, das Geld auf der Bank, die Rücklagen für das Studium der Kinder. Da hat sie recht, er könnte alles verlieren, aber daran ist sie nicht ganz unschuldig. Ihr Drang, ihn zu kontrollieren, hat seinen Wagemut noch angestachelt, und sein Wagemut bringt sie dazu, ihn noch stärker kontrollieren zu wollen.

Wenn Steph erkannt hätte, wie ihre Persönlichkeit geformt wurde, könnte sie auch einsehen, wie und warum sie zu dieser Frau geworden ist, die sie gar nicht sein will.

## WAS STEPH ERLEBTE

Stephs Eltern heirateten sehr jung. Ihr Vater Mike war Klempner, ein lauter, jovialer Typ, der auf jeder Party für Stimmung sorgte. Ihre Mutter Jenny studierte Pharmazie und wurde Apothekerin. Deshalb glaubte Mike, Jenny halte sich in Wahrheit für »zu gut für ihn«, und das machte ihn wütend. Jenny wunderte sich über Mikes Minderwertigkeitsgefühle ihr gegenüber, nahm sie aber nicht wichtig. Wenn Jenny »auf ihrem hohen

Ross« saß, wie Mike sich ausdrückte – ob sie zu ihrem Literaturclub ging oder im Fernsehen eine Doku über neue wissenschaftliche Erkenntnisse oder über Stephen Hawking sehen wollte –, suchte er moralische Unterstützung bei Steph. Er manipulierte sie und zwang sie damit, sich auf die Seite ihres Vaters oder ihrer Mutter zu stellen. Er erklärte, er habe ein »Recht« auf Stephs emotionale Fürsorge, und selbst als sie schon ein Teenager war, platzte er nach Belieben in ihr Zimmer oder ins Bad. Wenn sie dann rief: »Dad, entschuldige mal!«, erwiderte er: »Herrgott, stell dich nicht so an, ich bin dein Vater!« Damit vermittelte er ihr, es sei nicht normal, dass sie ein gewisses Maß an Privatsphäre wünschte. Oft kam er in ihr Zimmer und schüttete ihr sein Herz aus, auch über Jenny, die so von sich eingenommen und »eingebildet« sei, im Gegensatz zu Steph, »der Einzigen, die ihn verstand«. Das sollte Steph das Gefühl geben, sie sei etwas ganz Besonderes, und das war ihre gemeinsame Geschichte – dass sie eine ganz besondere Verbindung hatten. Mike ging mit Steph zum Pferderennen statt mit Jenny, oder ins Fußballstadion, und wenn sie nicht mitgehen wollte, sagte er so etwas wie: »Bist du dir auch schon zu gut für deinen alten Dad, was? Genau wie deine Mutter.« Damit brachte er sie immer dazu, doch mitzukommen.

Steph kam sich eher wie Mikes Partnerin vor denn wie seine Tochter, und sie war wütend auf ihre Mutter, weil sie ihr diese Rolle aufbürdete. Sie begann, ihre eigenen Grenzen argwöhnisch zu bewachen, und wurde immer steifer, um allzu lockere Übergriffe abzuwehren. Das ging so weit, dass sie nicht mehr spontan oder spielerisch sein konnte. Sie hat gelernt, ihren Freiraum in sich zu schützen, und fürchtet, dass jeder Mann, dem sie Zugang zu ihrem Inneren gewährt, es rücksichtslos überrennen und plündern wird.

Wir haben alle unsere Geheimnisse. Also ist es vielleicht gar nicht schlimm, was Daniel hinter Stephs Rücken treibt, solange es niemand herausfindet? Was sie nicht weiß, kann sie auch nicht verletzen, oder?

Natürlich besitzen wir alle private Freiräume, die wir brauchen, um unser Selbst zu differenzieren und ganz zu bleiben. Aber was Daniel tut, geht über die Grenzen der Sorge für die eigenen Bedürfnisse hinaus, denn letztendlich zerstört er Vertrauen und Nähe in seiner Ehe. Indem er fremdgeht, schafft er unüberwindliche Gräben zwischen sich und Steph und füllt sie nicht nur mit sexueller Untreue, sondern mit Täuschung und Lügen, die oft viel schwerer zu vergeben sind als der Ehebruch selbst.

Daniels Rechtfertigung beruht auf der alten Vorstellung, jeder von uns sei eine in sich geschlossene, von allen anderen getrennte Einheit, wie eine Insel im Ozean. Aber selbst wenn Mitch ihn nicht gesehen hätte, wird Daniels Handlungsweise Konsequenzen haben, nicht nur für seine Ehe, sondern für alle Menschen, die mit ihm verbunden sind.

Die Quantenphysik hat die Illusion, wir seien einzelne, voneinander getrennte Wesen, längst gesprengt. Das Universum ist ein lebendiges Energiefeld, und jeder von uns ist nur ein Teil dieser Schwingungen, manche dichter, manche feiner. Die Moleküle, aus denen wir alle bestehen, sind ständig in Bewegung. Die Erkenntnis, dass wir alle miteinander verbunden sind, ist wunderbar und erschreckend zugleich. Uns alle verbindet ein Bewusstsein, das Jung als das kollektive Unbewusste bezeichnete. Es ist eine Sammlung sämtlicher Erfahrungen und Erlebnisse der Menschheit, die wir auf energetischer Ebene anzapfen können.

Ein ähnliches Konzept ist die hinduistische Akasha-Chronik als Weltgedächtnis. In manchen Stammeskulturen nennt man es das Ahnengedächtnis, im Buddhismus das Netz Indras. Wie wir es auch bezeichnen oder uns vorstellen, es gibt eine unsichtbare Leitung, die alle Menschen verbindet – eine Art spirituelles Internet. In der Chaostheorie erklärt der Schmetterlingseffekt (die Vorstellung, dass der Schlag eines Schmetterlingsflügels auf der anderen Seite der Welt einen Wirbelsturm auslösen kann), wie eine kleine Veränderung auch über große Distanzen hinweg gewaltige Umwälzungen bewirken kann. Ob wir das den »Dominoeffekt« nennen oder »chi sem«, die tibetanische Bezeichnung des Dalai Lama für das universelle Bewusstsein, oder mit Ralph Waldo Emerson die »Überseele« – was jeder Einzelne von uns tut, hat auf einer unsichtbaren Ebene Auswirkungen auf alle um uns herum. Diese Folgen können offensichtlich werden oder unsichtbar bleiben. Eine Scheidung oder ein Selbstmord in einer Gemeinschaft ist oft der Zündfunke für weitere Scheidungen oder Selbstmorde. Wenn Menschen, die wir kennen, in ihrer Beziehung scheitern, wirft das für uns Fragen über unsere eigene Beziehung auf. Joseph Campbell erklärt das so: Wenn Menschen eine Geschichte hören, sehen sie sich selbst darin und sagen »Das ist meine Geschichte«.

Daniel wird bald herausfinden, dass auch er eng mit jedem verbunden ist, der ihn kennt. Seine Affäre mit Shantelle wird Wellen schlagen, die sich durch sein ganzes soziales Umfeld ausbreiten und nicht nur Stephanie und seine Kinder schwer treffen werden. Unsere Geschichten sind mit den Geschichten anderer verwoben. Wir sind alle Co-Autoren nicht nur unseres eigenen Schicksals, sondern auch der Schicksale all jener, mit denen es verknüpft ist.

# 15. Spill-over

Daniel ist nicht der Einzige, der ein Geheimnis hat. Mitch, der unfreiwillige Zuschauer, trägt es jetzt auch mit sich herum. Ohne es zu wollen, hat Daniel Mitch in seine Lüge eingebunden.

Was geschieht, wenn Ihr Geheimnis in das Leben anderer Menschen überschwappt? Und was tun Sie, wenn Sie über das Geheimnis eines anderen stolpern? Wie wirkt es sich auf Ihre eigene Beziehung aus, wenn jemand, der Ihnen nahesteht, Beziehungsprobleme hat?

## GRENZEN UND GEHEIMNISSE

Nachdem Mitch Daniel im Park mit »dieser Frau« gesehen hat, ist er zunächst schockiert, dann wütend. Aber ganz ehrlich – es gibt noch ein weiteres Wort für das, was er empfindet: Schadenfreude. Seit Mitch durch Erin zu Daniels Kreis gestoßen ist, hat dieser ihn wie einen kleinen Jungen behandelt und mit seiner Firma und seinen Investitionen geprahlt. Mitch hat den Mund gehalten und Daniel insgeheim um diese Rolle als den Goldjungen in Erins und Stephs Familie beneidet. Sowohl Erins Mutter als auch Stephs Eltern vergöttern den Mann. Mitch weidet sich nicht gerade an Daniels Geheimnis, aber ihn einmal nicht perfekt, sondern im Scheitern begriffen zu sehen, hat etwas Befriedigendes.

Im Laufe der nächsten Tage flippt Mitch im Stillen aus. Was er gesehen hat, belastet ihn und stellt seine Aufrichtigkeit in seiner eigenen Beziehung mit Erin in Frage. Mitch mag keinen Tratsch, und ihm ist klar, wie gewaltig die Information ist, die er nun besitzt. Er muss sich entscheiden. Was ist die richtige Reaktion, schweigen oder dieses Wissen teilen? Etwa eine Woche lang denkt er die Sache gründlich durch. Nachts liegt er wach und lässt die Szene im Park immer wieder vor seinem geistigen Auge ablaufen. Sie hat in ihm eine Menge Fragen darüber aufgeworfen, was Integrität eigentlich ist. So etwas werde ich niemals tun, denkt Mitch. Aber sagen das nicht alle? Er kennt das berühmte Milgram-Experiment, bei dem ganz normale Menschen Fremden (die in Wahrheit Schauspieler waren) wissentlich »potenziell tödliche« Elektroschocks verabreichten. Unter den entsprechenden Umständen sind Menschen zu allem Möglichen fähig. Aber trotzdem … das könnte ich Erin nicht antun. Oder?

Mitch trifft sich mit Tom an der Bar. Er behält das Cricket-Spiel auf der großen Leinwand im Auge, isst ein Steak mit Pommes frites und erzählt Tom, was er beobachtet hat.

Tom zögert, ehe er antwortet. »Also, das musst du mit deinem Gewissen ausmachen, aber … möchtest du wissen, was ich tun würde?«

»Ja, bitte«, sagt Mitch.

»Ich würde vergessen, dass ich irgendetwas gesehen habe.«

»Im Ernst?«

»Ja. Im Zweifel ist es besser, sich nicht einzumischen. Du kannst nie wissen, was du damit auslöst. Und außerdem, wer sind wir schon, dass wir über andere urteilen? Wer ohne Sünde ist, der werfe den ersten Stein und so weiter.«

Mitch nickt. Sam hätte über Toms konservative Werte gelacht, aber Mitch ist an die Bibelzitate seines alten Kumpels gewöhnt. Tom kann eben nicht aus seiner Haut. Und jetzt schämt sich Mitch plötzlich dafür, wie sehr er sich insgeheim ins Fäustchen gelacht hat. Wer ist er, dass er sich erlaubt, über Daniel zu urteilen? Er trinkt einen Schluck Bier. Er will doch nur das Richtige tun – scheiß auf Daniel, was ist mit Erin? Er hat das Gefühl, sie zu belügen. Es fällt ihm schwer, ihr in die Augen zu sehen, weil er fürchtet, sie könnte es darin lesen – dass er etwas weiß und es ihr verheimlicht. Seine Beziehung mit Erin beruht auf Vertrauen. Sie haben einander alle ihre Geheimnisse erzählt – nun ja, alle wichtigen. Seit ihrer Hochzeit und den traumhaften Flitterwochen in der Serengeti sind gerade zwei Monate vergangen. Sie kennen einander noch nicht einmal zwei Jahre. Steph und Daniel sind – wie lange verheiratet, fünfzehn oder sechzehn Jahre? Vielleicht wird die Liebe nach so langer Zeit einfach schal. Er sollte nicht so vorschnell urteilen – wie leicht könnte er etwas falsch interpretieren. Er sollte sich auf seine Beziehung mit Erin konzentrieren. Sich fest vornehmen, dass er nie so enden will wie Daniel und Steph, die auf die Scheidung zusteuern.

»Aber, Tom«, fragt er, »was, wenn es um Phoebe ginge? Ich meine, ich weiß, dass euch beiden so etwas nie passieren wird, aber nehmen wir mal an, Erin wüsste, dass Phoebe es mit einem anderen Mann treibt. Würdest du das nicht erfahren wollen?«

Tom sieht so betroffen aus, als hätte Mitch ihm tatsächlich erzählt, Phoebe betrüge ihn. »Phoebe würde so etwas nie tun«, erwidert Tom hastig und wendet den Blick ab. Beide Männer starren auf die Großleinwand in stiller Übereinkunft, es gut sein zu lassen, was auch immer es sein mag.

»Ja, aber was …«

Tom fällt ihm mit verzerrtem Gesicht ins Wort. »Du solltest dich da einfach raushalten, Mitch«, sagt er. »Ehrlich. Das geht dich nichts an. Manchmal müssen Geheimnisse genau da bleiben, wo sie sind.«

Gesunde Nähe braucht Grenzen – unsichtbare energetische Barrieren, die anderen Menschen sagen, dass der Raum dahinter nicht für jeden frei zugänglich ist. Jeder von uns hat diese Grenzen um seinen persönlichen Freiraum; es gibt sie innerhalb von Familien, zwischen »Subsystemen« (das Paar, die Kinder oder diverse Schnittmengen daraus), zwischen der Kernfamilie und der erweiterten Familie (Großeltern, Tanten und so weiter) und anderen Menschen, die wir zu unserer Gemeinschaft zählen.

Allerdings können manche von uns mit diesen Grenzen besser umgehen als andere. Der eine versteht und respektiert Grenzen, während der andere ungeniert in den persönlichen Raum seiner Mitmenschen hineinplatzt und einfach davon ausgeht, er hätte das Recht, sich hier aufzuhalten.

Solche Grenzverletzungen liegen beispielsweise vor, wenn ein zwölfjähriges Kind im Bett seiner Eltern schläft, ein verheirateter Mann eine Affäre hat oder eine Schwiegermutter ihrer Schwiegertochter sagt, wie sie ihr Kind zu erziehen habe. Diese Übergriffe entstehen aus der unbewussten Dynamik einer Beziehung und dienen manchmal einem unbewussten Zweck (zum Beispiel hilft das Kind im Bett dem Paar, Intimität zu vermeiden), verfestigen sich dann jedoch und verschlimmern alle möglichen Probleme. Ein Paar kann einen »anderen« konstruktiv nutzen, um mehr Nähe zu erzeugen oder Ängsten entgegenzuwirken. Allerdings könnte dieser »Dritte« auch destruktive Folgen haben – nicht nur für das Paar, sondern vor allem für die Person, die für die Rolle des Dritten rekrutiert wird. Der Familientherapeut Murray Bowen bezeichnet diese Triangulierung als »Dreiecksbeziehung«, in der ein Zweipersonensystem eine dritte Partei vereinnahmt, um Spannungen zu reduzieren. Dreiecksbeziehungen sind natürlicherweise stabiler als Zweierbeziehungen, weil man Ängste und Unbehagen besser hin und her schieben kann. Die

»dritte Partei« muss nicht unbedingt ein anderer Mensch sein – irgendein Problem kann diese Rolle übernehmen, oder eine Drogensucht. Hauptsache etwas, das die Zweierbeziehung aus dem Fokus rückt.

Warum ist es wichtig für uns, auch in einer Beziehung individuelle Grenzen zu haben? Ohne Grenzen hätten wir kein gut ausgebildetes Selbstgefühl. Mit schwachen Grenzen werden Beziehungen verwirrend, unbewusste Projektionen nehmen zu, und schließlich weiß man kaum mehr, welcher Anteil hier eigentlich zu wem gehört.

## DER YOGA-KURS

Erin atmet tief in den Bauch hinein. Sie blickt von ihrer Yoga-Matte auf und lächelt. Tara und Phoebe haben sich in der Balasana-Stellung – »das Kind« – auf ihren Matten zusammengerollt. Erin freut sich, dass sie es endlich geschafft hat, Tara und Phoebe zusammenzubringen, nachdem Tara so albern war und seit der Hochzeit Phoebe gemieden hatte. Die dämliche Tara war doch tatsächlich beleidigt, weil Phoebe – die doch »nur Toms Frau« war – Erins Brautjungfer sein durfte. Sie hatte sogar laut gesagt, dass die vordersten Plätze im Hochzeitszug »echten Freundinnen« vorbehalten sein sollten, die schon seit der Schule mit der Braut befreundet seien. Erin war sauer auf Tara, die es damit geschafft hatte, ihr das gleiche Gefühl zu vermitteln wie ihre Mutter schon ihr Leben lang – dass sie keine engen Beziehungen haben dürfe, zu denen Tara nicht dazugehörte. Sie würde verdammt noch mal zu ihrer Brautjungfer machen, wen sie wollte.

Zu dieser Yoga-Stunde konnte sie Tara vor allem wegen Wadim überreden – dem russischen Yoga-Lehrer. »Er ist so heiß und trägt ganz kurze Shorts, so sexy ... er ist beim Yoga praktisch nackt«, hat sie Tara erzählt.

Nach der Stunde gehen die drei einen Kaffee trinken. Tara vermutet, dass Wadim, so geschmeidig und biegsam, wie er ist, ganz toll im Bett sein müsse. »Bestimmt beherrscht er auch alle möglichen Tragegriffe«, sagt sie und zwinkert dabei Erin zu.

Erin kapiert die Anspielung auf ihren Feuerwehrmann und kann sich ein Lächeln nicht verkneifen.

»Tara«, sagt Phoebe im Scherz, »du brauchst wirklich Hilfe.«

»Tja, die hole ich mir sogar«, sagt sie und wechselt einen Blick mit Erin. »Beim Seelenklempner.« Erin weiß darüber genau Bescheid. Manchmal bekommt sie einen minutiösen Bericht von Taras wöchentlicher Sitzung. »Ich dachte immer, Psychotherapie sei nur etwas für verkorkste Leute«, fährt Tara fort, »aber sie hat mir tatsächlich geholfen. Ich verstehe viel besser, was ich eigentlich so mache.«

»Toll, das freut mich«, sagt Phoebe und nimmt Taras Hände in ihre. »Du verdienst es, glücklich zu sein. Und jeder Mann, der mit dir zusammen sein darf, kann sich auch glücklich schätzen.«

Nachdem Erin und Phoebe den frischgebackenen Yoga-Fan Tara zu Hause abgeliefert haben, bemerkt Erin, wie still Phoebe auf einmal ist. »Alles in Ordnung, Phoebe?«, fragt sie.

Phoebes Gesicht ist angespannt, die braunen Augen starren trübselig durch die Windschutzscheibe. Erin hält am Straßenrand und greift stumm nach der Hand ihrer Freundin. Holprig stößt Phoebe hervor: »Tara so aufgeregt zu sehen ... und zu wissen, dass du und Mitch es ...« Sie zögert. »Ich ... Es ist nur ... Tom und ich haben seit zwei Jahren nicht mehr miteinander geschlafen.«

»Überhaupt nicht?«, fragt Erin nach und bemüht sich, nicht entsetzt dreinzuschauen.

Phoebe schüttelt niedergeschlagen den Kopf.

»Du meine Güte«, sagt Erin. »Warum? Ich meine, ich weiß, dass man ohne Sex leben kann. Zwischen Gus und Mitch herrschte bei mir auch gute acht Monate lang komplette Dürre. Aber das ist schon etwas anderes, wenn man jemanden neben sich im Bett liegen hat …«

»Ich habe einen Vibrator«, erklärt Phoebe traurig. »Den benutze ich oft.«

»Aber … ich meine, so sollte es doch in einer Ehe nicht sein, oder?«

»Alle sagen einem, dass die Leidenschaft nach dem ersten Ehejahr ein bisschen nachlässt, aber diese Paare schlafen noch miteinander, oder? Tom kriegt ihn nicht mal mehr hoch. Gott, ich komme mir ihm gegenüber so illoyal vor, weil ich dir das erzähle. Er würde sich in Grund und Boden schämen, wenn er wüsste, dass ich darüber rede …«

»Keine Sorge, ich werde es niemandem sagen.«

»Nicht einmal Mitch?«

»Nein, nicht einmal Mitch.«

»Als das zum ersten Mal passiert ist, war Tom so außer sich, dass er sich von Kopf bis Fuß untersuchen ließ. Ich glaube, er hat dem Arzt nicht mal den Grund genannt, sondern nur gesagt, er wolle sich durchchecken lassen. Der hat sich die Ergebnisse angesehen und gesagt, Tom bräuchte nur ein bisschen mehr Sport zu treiben. Ich habe alles getan, um ihm zu helfen. Ich habe ihm gesagt, dass es nicht so wichtig sei. Ich habe ihn nie unter Druck gesetzt, ein kleines Vermögen für sexy Dessous ausgegeben. An unserem letzten Hochzeitstag habe ich mal wieder versucht, etwas in Gang zu bringen, aber er hat sich überhaupt nicht für mich interessiert. Ich dachte, vielleicht findet er mich einfach nicht mehr attraktiv und ist zu lieb, um es mir zu sagen. Also habe ich diese Crash-Diät gemacht und sieben Kilo abgenommen – das war letztes Jahr, weißt du noch?«

»Phoebe, wie könnte ich das je vergessen? Mir hast du erzählt, du wolltest abnehmen, damit du in das Brautjungfernkleid für meine Hochzeit passt.«

Phoebe wischt sich die Tränen vom Gesicht und lacht gedämpft hinter ihrer Handfläche. »Wenigstens habe ich bei deiner Hochzeit richtig toll ausgesehen, denn zu Hause hatte ich weiß Gott nichts davon. Er hat dieselben Ausreden vorgeschoben, dass er so müde sei oder sich nicht gut fühle oder früh aufstehen müsse. Deshalb dieser Urlaub auf Hawaii. Der sollte eine Art Neustart für uns werden …«

»Und?«

»Ach, es war eine Katastrophe. Wir haben uns gestritten. Na ja, ich bin ihn angegangen. Er wollte sich nicht einmal mit mir streiten. Kannst du dir vorstellen, wie frustrierend es ist, mit jemandem streiten zu wollen, der einfach nicht darauf eingeht? Wie sollen wir denn je Kinder haben, wenn wir nicht miteinander schlafen? Künstliche Befruchtung? Stell dir mal vor, wir gehen zu einem Spezialisten, und der fragt uns, wie lange wir es schon versuchen. Wir wären wohl das erste vollkommen fruchtbare Paar, das eine künstliche Befruchtung braucht, weil wir keinen Sex haben!«

»Vollkommen fruchtbar?«, fragt Erin. »Woher weißt du das?«

Phoebe steigen neue Tränen in die Augen. Sie bringt kein Wort mehr heraus.

Erin drückt ihre Hand. »Es tut mir leid«, sagt sie. »War es von ihm?«

Phoebe nickt. »Da waren wir etwa vier Monate zusammen. Wir wollten auch beide zusammen bleiben, aber es war zu früh … einfach noch zu früh. Wir dachten …« Sie wendet den Blick ab. »Wir brauchen Hilfe. Letzte Woche habe ich mit meinem Vater gesprochen – ich habe ihm nur gesagt, wir hätten Eheprobleme. Aber ich glaube, er hat mich verstanden. Er hat mir vorgeschlagen, dass wir uns an einen Stammesältesten wenden. Offenbar wird er langsam dement. Er glaubt wohl, wir wären in Ghana. Ich habe ihn daran erinnert, dass wir so etwas hier nicht haben, und er hat darauf erwidert, dass es überall Älteste gibt. Und dass wir ein Heilungsritual bräuchten. Himmel! Ich meine, wie soll ich das Tom vorschlagen? Jemand würfelt mit ein paar Knochen und murmelt ein paar Worte, und schon kriegt er ihn wieder hoch …« Phoebe verstummt.

»He, weißt du was? Dein Vater hat recht«, sagt Erin. »Es gibt tatsächlich überall so etwas wie Stammesälteste. Nur in unterschiedlichen Formen. Therapeuten, Priester, Meditationslehrer … Mitch und ich waren bei einem traditionellen Heiler. Wie nennt man die gleich auf Swahili – Mganga? Das war während unseres Urlaubs in Tansania, nur so zum Spaß. Aber der war toll. Die Leute standen Schlange, um von allem Möglichen geheilt zu werden, von Liebeskummer bis Aids.«

»Ja, und was hat der Mganga euch gesagt?«

»Zwei Kinder«, antwortet Erin mit einem entschuldigenden Lächeln. »Einen Jungen und ein Mädchen. Und das Mädchen wird musikalisch sehr begabt sein. Das Komische ist: Er wusste sogar, dass Mitch Feuerwehrmann ist. Schon seltsam, oder?« Sie hält immer noch Phoebes Hand und drückt sie leicht. »Phoebe, du und Tom, ihr braucht nur jemanden, dem ihr beide vertraut und dessen Rat ihr annehmen könnt. So jemanden müssen wir finden. Dein Vater hat recht.«

Phoebe beugt sich zu Erin hinüber und umarmt sie. Ihren Kummer mit ihrer Freundin teilen zu können ist Balsam für ihre einsame Seele.

»Liebe sollte nicht so schwer sein, oder?«, fragt Phoebe traurig.

Es ist nicht leicht für ein Paar, sich Unterstützung zu holen. So gut wie immer verspürt einer der Partner den dringenden Wunsch nach Hilfe, während der andere dagegen ist. Diese Rollen können im Laufe der Zeit auch wechseln, wenn der Wunsch zwischen den beiden hin- und hergeschoben wird wie eine heiße Kartoffel. Das kann eine unbewusste Verschwörung sein – das System meidet auf diese Weise Veränderungen. Es geht schließlich nicht darum, eine Glühbirne auszuwechseln, sondern tiefeingefahrene Muster zu verändern. Und in einer Beziehung braucht es eben zwei Menschen (und oft die Unterstützung eines dritten), um etwas an der Dynamik zu ändern. Wenn das Problem sexueller Natur ist, fällt es den meisten sogar noch schwerer, zuzugeben, dass sie Hilfe brauchen. Wer sich ohnehin schon schämt und gedemütigt fühlt, findet die Vorstellung, diese höchst privaten Angelegenheiten vor einem Dritten bloßzulegen, erst recht entsetzlich.

Wenn das vordergründige Problem, wie es auch aussehen mag, ernst genug ist, wird irgendwann mindestens einer der Partner so unzufrieden und frustriert sein, dass er oder sie einfach nicht mehr weitermachen kann wie bisher. Phoebes Frust, Verzweiflung und Wut, die sich über Jahre hinweg aufgestaut haben, lassen sich nicht mehr zurückhalten. Sie und Tom haben sich bisher an das Tabu gehalten, niemals Konflikte in ihre Partnerschaft zu bringen – und dieses Tabu ist gefallen.

Tom spürt, dass sich in Phoebe etwas verändert. Er weiß, dass ihm Ärger droht. Deshalb hat er so heftig auf Mitchs hypothetisches Beispiel mit Phoebes Untreue reagiert. Auf einmal starrte Tom in den Spiegel von Stephs und Daniels scheinbar glücklicher, erfolgreicher Beziehung – genau wie seine und Phoebes. Wenn das den beiden passieren kann, warum nicht auch uns? Der katastrophale Hochzeitstag und der totale Flop mit Hawaii rütteln ihn allmählich aus seiner starren Verleugnung auf. Und jetzt hat Mitchs Geschichte über Daniel ihn auf geradezu paranoide Gedanken gebracht. Zum ersten Mal fragt er sich, ob Phoebe wirklich oft so lange arbeiten muss, und ertappt sich dabei, dass er argwöhnisch und nervös wird, wenn sie eine SMS bekommt. Er kann sie nicht befriedigen, also sucht sie womöglich anderswo nach Befriedigung, wie Daniel.

Sie stehen am Abgrund. Noch ein, zwei Schritte, und sie werden abstürzen. Als Phoebe von der Yoga-Stunde nach Hause kommt und erklärt: »Ich kann so nicht mehr weitermachen, Tom. Wir müssen uns helfen lassen«, ist er deshalb durchaus bereit dazu.

»Ja, du hast recht. Wir brauchen Hilfe.«

Sie schluckt hinunter, was ihr auf der Zunge liegt, nämlich »Also, eigentlich brauchst du Hilfe«, denn wenn er sich in die Defensive gedrängt fühlt, würde er es sich womöglich anders überlegen. Außerdem erscheint ihr seine Fähigkeit zur Selbstreflexion inzwischen so eingeschränkt – es kommt ihr vor, als müsste sie dafür sorgen, dass er sich seinen Problemen stellt. Sie ist an einem Punkt angekommen, an dem sie genau feststellen muss, wozu er wirklich fähig ist. Wenn er sie nicht begehren und ihr nicht das Leben bieten kann, das sie will, wird sie eine schwere Entscheidung treffen müssen.

# 16. Schweigen, Sex und Scham

Manchmal müssen wir durch eine Tür gehen, obwohl wir bis gerade eben so getan haben, als sei sie gar nicht da. Was passiert, wenn wir uns der zerstörerischen Dynamik stellen, die wir bisher unter den Teppich gekehrt oder rational wegerklärt haben?

## PHOEBE UND TOM
## WENDEN SICH AN EINEN ÄLTESTEN

Es hat ein paar Wochen gedauert, bis sie auf Pater Gareth Keane gestoßen sind, einen Priester Anfang sechzig, der zugleich Psychotherapeut ist. Obwohl Tom so oft aus der Bibel zitiert, hat er alles andere als fromm oder gläubig gelebt, seit er zu Hause ausgezogen ist (er kann sich nicht einmal erinnern, wann er zuletzt im Gottesdienst war). Die Begegnung mit Pater Gareth versetzt ihn zurück zu den Abenden mit Pater Brian und Pater Danilo, den beiden Gemeindepfarrern, die öfter mit seiner Familie am Esstisch saßen.

Bei ihrer ersten Sitzung windet sich Tom vor Verlegenheit, doch Phoebes betontes Schweigen zwingt ihn schließlich, dem Pater zu erklären, sie seien hier, weil es Probleme mit den ehelichen Pflichten gebe. Dabei wirft er Phoebe einen Blick zu und sieht ihr an, dass sie denkt: Er kann nicht einmal das Wort »Sex« aussprechen. Tom belässt es bei ein paar eher vagen Erläuterungen. Als Phoebe an der Reihe ist, wählt sie ihre Worte mit Bedacht, denn ihr ist be-

237

wusst, wie leicht Tom sich persönlich kritisiert fühlt. Sorgsam zählen sie Pater Gareth all die »Segen« ihrer Beziehung auf und alles, was sie aneinander lieben und schätzen. Beide bekräftigen ihren dringenden Wunsch, die Beziehung zu retten.

Nach einer Weile äußert sich Pater Gareth. »Oberflächlich gehen Sie beide äußerst höflich miteinander um. Ich frage mich, ob Sie das meinetwegen tun oder ob Sie zu Hause auch so sind?«

Phoebe antwortet wie aus der Pistole geschossen: »Genauso sind wir auch zu Hause.«

»Pater, Sie sehen uns so, wie wir sind«, stimmt Tom stolz zu.

»Tja«, sagt der Priester, »könnte das der Grund sein, weshalb Sie hier sind? Vielleicht müssen Sie etwas sehen, was Sie nicht sein wollen?«

Tom blickt verwirrt drein, und Phoebe seufzt ungeduldig. Warum kapiert er es denn nicht?, fragt ihr Blick beinahe flehentlich. Pater Gareth wendet sich ihr zu. Tom schweigt. Schließlich kann Phoebe dem Blick des Priesters nicht mehr ausweichen, und eine Mischung aus Wut, Traurigkeit und Erleichterung spiegelt sich auf ihrem Gesicht.

Der Priester sagt zu Tom: »Sagen Sie Phoebe, was Sie an ihr nicht mögen.«

Tom lacht. »Nichts. Ich finde sie wundervoll. In jeder Hinsicht.«

»Es gibt wirklich gar nichts an ihr, was Sie nervt oder ärgert?«

Tom schüttelt den Kopf. »Sie ist wirklich die ideale Ehefrau.« Er greift nach Phoebes Hand.

Phoebe entzieht sie ihm. »Nein, Tom«, sagt sie. »Bitte denk mal ernsthaft über Pater Gareths Frage nach. Sag mir etwas, das du ganz anders siehst als ich oder das du an mir nicht magst.«

Tom rutscht unbehaglich auf seinem Stuhl herum. »Süße, warum bist du so? Du weißt doch, dass ich alles an dir …«

Phoebe unterbricht ihn. »Genau das ist das Problem, oder?«

»Aber …«, stammelt Tom verständnislos, »wie kann es ein Problem sein, dass ich dich anbete?«

»Ich glaube«, erklärt Pater Gareth sanft, »ich weiß, was Phoebe damit sagen will. Wenn Sie nie Ärger oder Uneinigkeit ausdrücken können, wird es auch schwierig, andere leidenschaftliche Gefühle auszudrücken.«

»Genau!«, ruft Phoebe aus. »Es geht nicht nur darum, dass wir nicht mehr miteinander schlafen, alles ist irgendwie so … fade.«

Tom verzieht das Gesicht. »Was soll das heißen?«, fragt er steif.

»Du weißt, wie ich meine Frühstückseier am liebsten mag. Ich weiß, welchen Fisch du gern isst. Du lobst alles, was ich koche, selbst wenn es wie verbranntes Leder schmeckt. Wir suchen Filme füreinander aus. Aber, weißt du, eigentlich mag ich diese Actionfilme gar nicht. Und an unserem Hochzeitstag habe ich den Tisch in diesem jämmerlich langweiligen italienischen Lokal reserviert, obwohl ich so gern in das afrikanische Restaurant gegangen wäre. Aber wir beklagen uns nie über das, was der andere aussucht. Da ist keine …«

»Spannung?«, schlägt der Priester vor.

»Aber, Pater«, protestiert Tom, »was gibt es denn an einer harmonischen Beziehung auszusetzen? Hat Christus nicht gelehrt, dass wir in Harmonie leben sollen?«

»Das ist nicht harmonisch, sondern scheintot, Tom!« Phoebes Stimme wird schrill. »Langweilig. Flau. Fade. Immer nur nett mag ich gar nicht. Ich habe dich nie unter Druck gesetzt, mit … mir zu schlafen. Wir sind sogar nach Hawaii geflogen, und es ist immer noch nichts passiert. Du warst zu müde. Im Urlaub!« Phoebe bricht in Tränen aus. »Du findest mich nicht mehr attraktiv! Warum sagst du es nicht einfach? Sag mir, dass du mein

Abendessen grässlich fandest. Sag mir, dass ich fett und absolut nicht begehrenswert bin! Sag es mir einfach!«

Tom sieht diesen Ausbruch hilflos mit an.

Nach ein, zwei Minuten angespannten Schweigens greift Phoebe nach einem Taschentuch und sagt zu Pater Gareth: »So ist es immer, wenn ich versuche, über unsere Probleme zu sprechen. Er zieht sich zurück. Wir können nicht einmal miteinander reden.«

»Sie beide können sich nicht streiten«, verdeutlicht der Priester.

»Warum sollten wir uns streiten wollen?«, fragt Tom. »Ich mag Konflikte nicht.«

Halleluja! Tom hat sich soeben etwas eingestanden, das den Berg zwischen ihm und Phoebe letztendlich versetzen könnte. Wie er mit dieser Erkenntnis umgeht, wird über die Zukunft ihrer Beziehung entscheiden. Warum mag er keine Konflikte? Was bewirkt mangelnde Harmonie emotional bei ihm? Und wie trägt Phoebe zu dieser Dynamik bei? All das sind hilfreiche Hinweise, kluge Fragen, aber die beiden haben eben erst begonnen, sich damit zu befassen, und sie brauchen Zeit.

Am Ende der Sitzung fragt Pater Gareth, ob er »Gott zu uns bitten« dürfe. Er beende seine Sitzungen gern mit einem kurzen Gebet. Tom stimmt sofort zu. Phoebe ist zwar von einer Atheistin und einem sunnitischen Moslem großgezogen worden und lebt praktisch im religiösen Niemandsland, erklärt sich aber gern zum Mitmachen bereit.

Alle drei schließen die Augen, und der Geistliche beginnt zu beten. »Heiliger Geist, wir bitten dich, sei bei uns in dieser Zeit voller Schwierigkeiten. Wir bitten dich, komm zu uns in diesen Raum und hilf diesem Paar, Tom und Phoebe, die um ihre Beziehung ringen und den Weg zueinander nicht finden können. Wir bitten dich, himmlischer Vater, heile die Wunden der Vergangenheit, damit sie einander in Liebe, Mitgefühl und Vergebung wiederfinden ...«

Plötzlich fängt Tom an zu hyperventilieren.

Phoebe blickt ihn verwundert an. So hat sie ihren Mann noch nie gesehen. »Alles in Ordnung?«, fragt sie.

Der Priester erklärt, Angst und Aufregung können dazu führen, dass der Atem ungleichmäßig und zu schnell wird, und bringt Tom ein Glas Wasser. Tom nippt daran, und bald atmet er wieder normal.

Schließlich bringt er auch die Worte heraus.

»Entschuldigung«, sagt er. »Ich weiß auch nicht, was mich da überkommen hat, vielleicht ... Ich habe lange nicht mehr gebetet. Und ... und es ist etwas passiert ... Es geht um Leute, die wir kennen, ein ... ein Vorzeigepaar. Unglaublich erfolgreich. Und jetzt löst sich alles auf ...«

»Von wem sprichst du, Tom?«, fragt Phoebe.

Tom zögert, dann sagt er es. »Steph und Daniel. Offenbar führt er ein Doppelleben, tut Dinge, von denen sie nichts weiß. Mit Prostituierten ... oder vielleicht einer Geliebten.«

Phoebe reißt die Augen auf. »Oh Gott. Weiß Steph davon? Hast du das von Mitch gehört?«

»Darum geht es doch nicht!«, platzt Tom heraus. »Du bist so sexbesessen! Was ich wissen will, ist ... ob du mit einem anderen geschlafen hast!«

Phoebe wirkt wie vor den Kopf geschlagen, ihr bleibt der Mund offen stehen.

»Was? Wie bitte?«

Toms Wangen werden flammend rot. »Du hast mich schon verstanden«, faucht er.

So hatte sich der Priester das Ende der Sitzung nicht vorgestellt, aber gut. Tom hat etwas gefunden, das er sich bisher nicht anzusprechen getraut hat – seine Angst und Wut. Das ist ein Fortschritt. Und der liebe Gott wird warten – seine Geduld ist unendlich.

Während der nächsten Sitzungen mit Pater Gareth erkunden Tom und Phoebe ihre Vergangenheit. Phoebe stellt überrascht fest, wie viele Einzelheiten aus Toms Familiengeschichte sie gar nicht kennt. Von Toms Großvater väterlicherseits, der Selbstmord beging, als Toms Vater sieben Jahre alt war, hört sie zum ersten Mal. Er hatte als Infanterist im 157. Regiment der 7. US-Armee im Zweiten Weltkrieg gekämpft und war als gebrochener Mann heimgekehrt. Er hatte unvorstellbare Zerstörung gesehen und war bei der Befreiung des Konzentrationslagers Dachau dabei gewesen. Überwältigt von Wut und Grauen, hatte er Häftlingen geholfen, mörderische Rache an den besiegten Folterern zu nehmen.

Toms Vater wuchs in seinen ersten Jahren als Sohn eines Mannes auf, der von schrecklichen Bildern verfolgt wurde. Die Traurigkeit der ganzen Welt schien auf seinen Schultern zu lasten, und er wollte sich nicht auf Konflikte mit seinen beiden Söhnen einlassen, weil er fürchtete, seine eigene Brutalität dann nicht zügeln zu können. Toms Großvater musste so viel in sich zurückhalten, dass er sich kaum irgendeine emotionale Regung gestattete. Als er das nicht mehr ertragen konnte, wandte er seine Aggression gegen sich selbst und hinterließ seiner Familie ein Vermächtnis der Angst – Angst vor Feindseligkeit, vor Leidenschaft, vor dem Leben. Toms Vater fand Halt und Sinn im katholischen Glauben. Solange er nicht vom rechten Pfad abwich, fühlte er sich sicher und geborgen.

Als Phoebe an der Reihe ist, erfährt Tom zum ersten Mal, dass Phoebe ihre Mutter gehasst hat, wenn ihr Vater wieder einmal vor einem ihrer Wutausbrüche geflohen war. Dass sie fast krank gewesen war vor Angst, er könnte nicht zurückkommen, obwohl er das immer tat – zumindest, bis sie siebzehn war. Er kam zurück und kroch förmlich auf dem Boden, um seine Frau zu besänftigen. Phoebe sah, wie ihr Vater sich demütigte und ihre Mutter abscheulich triumphierte, und hatte das Gefühl, dass ihre Welt auseinanderbrach. Um sich zu beruhigen, rollte sie sich auf dem Fußboden zusammen und wiegte sich hin und her.

Beide wussten bisher sehr wenig über die emotionale Landschaft ihrer Herkunftsfamilien. Im geschützten Rahmen von Pater Gareths gemütlicher Praxis darüber zu sprechen lässt die riesigen Unterschiede umso krasser wirken. Es vertieft ihr Verständnis für die eigene Geschichte und für die des jeweils anderen. Sie begreifen allmählich, wie ihre »Verhaltensregeln im Konfliktfall«, die sie als kleine Kinder gelernt haben, sich miteinander verknotet und sie in diese sexuelle und emotionale Sackgasse geführt haben. Tom erkennt jetzt, dass in seiner Familie unangenehme Gefühle – von Konflikten ganz zu schweigen – höchst selten in aufgeregter oder gesteigerter Form zum Ausdruck gebracht wurden. Und ihm wird klar, dass er Phoebes Verhalten ihm gegenüber bisher durch diesen starken Filter betrachtet hat. Deshalb empfindet er selbst ihre vorsichtigsten Versuche, sich mit ihm auseinanderzusetzen, als übermäßig aggressiv und bedrohlich. Pater Gareth weist Tom darauf hin, dass er möglicherweise die emotionalen Wunden der Männer in seiner Familie übernommen hat und genau wie sie gelähmt wird von der Angst, jemanden zu verletzen. Es ist beinahe, als hätte sich ein kleiner Splitter vom Trauma seines Großvaters über seinen Vater weitervererbt und in Tom festgesetzt. Der Priester bringt ihn auf den

Gedanken, dass er vielleicht Teile seines Selbst verstecke. Tom scheint sexuell zu »abgeschaltet«, um sich auszuagieren. Stattdessen trägt er den Kampf mit seinen Dämonen nach innen.

In ihrer siebten Sitzung wird Phoebe zu ihrer Überraschung klar, dass sie beide in Familien aufgewachsen sind, die mit Konflikten nicht umgehen konnten. Wegen ihrer Auseinandersetzungen mit ihrer Mutter und ihrer stolzen, starken feministischen Haltung als farbige Frau hatte sie geglaubt, sie scheue vor Konfrontationen nicht zurück, und deshalb müsse das Problem bei Tom liegen. Jetzt erkennt sie, dass sie sich beinahe ebenso sehr vor Konflikten fürchtet wie Tom. Wie die meisten Paare mit solchen gemeinsamen Ängsten haben sie, als sie zueinanderfanden, ihre Beziehung unbewusst so aufgestellt, dass sie sich vor diesen Ängsten möglichst schützen konnten. Phoebe hatte geglaubt, sie ginge mit Tom zur Eheberatung wegen seines Problems. Jetzt sieht sie ein, dass sie Verantwortung für ihren Anteil an der Geschichte übernehmen muss – für die unbewussten Gründe, aus denen sie sich für Tom entschieden hat, und für ihre Mitwirkung an ihrer leidenschaftslosen Beziehung. Sie erkennt, dass sie die ganze Beziehung genauer betrachten muss.

Aber so wahr ihr Gott helfe, sie will die Beziehung zu ihrer Mutter mit niemandem wiederholen. Tom hat sich in Phoebe verliebt, weil sie lebhaft war, ohne ihn und die Grenzen seiner Komfortzone zu strapazieren. Sie fühlten sich zueinander hingezogen, weil der jeweils andere scheinbar Aussicht auf eine harmonische, konfliktfreie Beziehung bot. Tja, die haben sie auch bekommen. Aber zu welch einem Preis …

»Ich habe solche Angst, dich zu verlieren«, gesteht Phoebe Tom unter Tränen. »Ich habe Angst davor, dass wir uns streiten und du dann entweder zusammenbrichst oder mich verlässt. Ich will nicht so sein wie meine Mutter!«

»Du bist kein bisschen wie deine Mutter«, protestiert Tom und wirft dem Priester einen Blick zu in der Hoffnung auf Bestätigung.

»Oder wenn ich dich bedränge, weil ich Zärtlichkeit brauche. Wenn für uns praktisch feststeht, dass wir nie wieder miteinander schlafen werden, dann kann diese Beziehung doch nicht weitergehen, oder? Wie sollen wir denn je Kinder bekommen? Ich will nicht in dem Wissen leben, dass ich nie mehr Sex haben werde. Ich bin ein sexuelles Wesen, Tom. Andere Männer finden mich sexy. Ich will nicht von meinem eigenen Ehemann abgewiesen werden, weil du mich nicht mehr willst.«

»Das ist es doch nicht. Ich will keine andere. Wenn ich nur endlich meine gesundheitlichen Probleme in den Griff kriegen …«

»Tom! Hör auf mit dieser alten Ausrede!« Phoebe schlägt die Hände vors Gesicht, um ihr zorniges Schluchzen zu dämpfen.

»Das ist keine …«

»Herrgott noch mal«, unterbricht Phoebe ihn, und ihre Stimme bebt vor Frustration. Sie wendet sich Pater Gareth zu. »Wissen Sie eigentlich, wie das ist, nie Sex zu haben?«

Tom und der Priester starren sie sprachlos an.

Phoebe stammelt in das verlegene Schweigen hinein: »Ich … ich … Pater, es …«

Doch dann beginnt der Priester, leise zu lachen, und Phoebe lächelt. Tom lässt sich von Pater Gareths Lachen anstecken, und dann kann Phoebe ihr Kichern nicht mehr unterdrücken.

Humor – eine Art natürliche dritte Position – löst die Anspannung, und Tom und Phoebe fühlen sich nach der Sitzung erleichtert.

Am Abend kommt Phoebe nackt aus dem Bad ins Schlafzimmer. Tom liegt schon im Bett und liest. Sie kuschelt sich an ihn und schmiegt die Brüste an sein T-Shirt. Er schaltet das Licht aus und dreht sich zu ihr um. Sie hilft ihm aus T-Shirt und Shorts.

»Keinen Druck«, flüstert sie. »Lass uns nur ein bisschen kuscheln.«

Ihr Oberschenkel ruht an seinen Genitalien, und sie streichelt seine Brust. Mit den Fingerspitzen streicht sie von seiner Stirn über die Nase hinab zum Mund, und dann langsam tiefer. Sie liebkost spielerisch seinen Bauch und vermeidet es, seinen Penis zu berühren, der weich an ihrem Bein liegt.

»Es tut mir leid«, sagt er nach einer Weile. Sein ganzer Körper ist so steif vor Anspannung wie sein Penis schlaff. Er zieht ihre Hand von seinem Bauch. »Ich kann einfach nicht … es … es fühlt sich falsch an, als wären wir Geschwister oder so.«

## SEX, AGGRESSION UND SCHAM

In der nächsten Sitzung ist die Stimmung ernst und gedämpft. Erst jetzt – und nicht etwa allein, unter sich – sprechen sie über ihren jüngsten fehlgeschlagenen Versuch, intim zu werden.

Phoebe ergreift die Initiative. »Ich möchte Tom etwas fragen.«

Pater Gareth wendet sich mit fragender Miene an Tom, ob er damit einverstanden ist.

»Okay«, sagt Tom ein wenig nervös.

»Ich habe darüber nachgedacht, was du neulich gesagt hast.« Sie wendet sich dem Priester zu und erklärt: »Wissen Sie, nach unserer letzten Sitzung habe ich mich an Tom gekuschelt, und er hat gesagt, er könne nicht zärtlich mit mir sein, weil sich das falsch anfühle, so als seien wir Geschwister. Und, na ja, ich habe etwas darüber gelesen, dass eine schlimme Erfahrung in der Kindheit Scham und Schuldgefühle auslösen und man davon sogar impotent werden kann. Das hat mich an einen Ex-Freund von mir erinnert, der als Kind sexuell missbraucht wurde. Deshalb habe ich mich gefragt, Tom, ob dir vielleicht auch so etwas passiert ist?«

Tom ist hellauf entsetzt. »Wie bitte? Willst du damit sagen, jemand aus meiner Familie ...«

»Nein, ich beschuldige niemanden aus deiner Familie. Ich frage mich nur, ob du deshalb so ein Problem mit Sex haben könntest, weil du als Kind etwas Schlimmes erlebt hast. Ich kann einfach nicht verstehen, warum jemand sonst etwas so traumatisch finden sollte, das für mich das Natürlichste auf der Welt ist.«

Tom schüttelt den Kopf und mustert Phoebe mit einem schiefen Blick. Er fühlt sich ihr immer ferner.

Dass Phoebe verzweifelt nach einer Erklärung sucht, ist verständlich. Wenn Tom sexuell missbraucht worden wäre, dann hätte sie recht damit, eine Verbindung zwischen dem missbrauchten Kind und dem impotenten oder von sonstigen sexuellen Problemen belasteten Erwachsenen zu sehen. Einige kritische Phasen menschlicher Bindung finden sehr früh im Leben statt, und Sexualität ist durchaus ein Teil davon. Wenn Kinder ihre Genitalien und die Unterschiede zwischen den Geschlechtern entdecken, spielen sie damit herum, masturbieren und erleben frühe, äußerst vage Gefühle der Erregung. Kleine Jungen und Mädchen spielen »Doktor« und andere Spiele, die solche beginnenden Erkundungen und Entdeckungen legitimieren. Sie sind neugierig darauf, woher Babys kommen und was ihre Eltern hinter geschlossener Schlafzimmertür treiben, und all das ist gesund und normal. Aber die psychosexuelle Entwicklung von Kindern ist äußerst empfindlich und formbar. Sexueller Missbrauch ist unter anderem deshalb so zerstörerisch, weil er die späteren intimen

Beziehungen des missbrauchten Kindes völlig verzerren und entstellen kann. Er hinterlässt Schuldgefühle, Scham und Wut, die unter Umständen sexuell ausagiert werden oder zu einer Unterdrückung der eigenen Sexualität führen. Kinder fühlen sich oft – unbewusst – für Dinge verantwortlich, über die sie keinerlei Kontrolle haben, als hätten sie den Täter dazu eingeladen. Die meisten Missbrauchsopfer müssen sich mit komplexen, oft widersprüchlichen Gefühlen und posttraumatischen Symptomen auseinandersetzen. Sie sind zum Beispiel hilflos und wütend, weil ihnen Gewalt angetan wurde, fühlen sich aber zugleich entsetzlich schlecht und wertlos. Die Landkarte der Sexualität, die unsere frühe Umwelt in uns anlegt, mag veränderlich sein, aber je einschneidender ein Trauma ist, umso schwieriger ist es zu heilen.

In einer Familie, die eine solche Angst vor emotionaler »Unordnung« und Konflikten hat wie die von Tom, muss Sexualität an sich schon ein latent schuldbeladenes Thema gewesen sein – auch ohne die möglichen Schandtaten eines Pädophilen. Wie gesagt, Phoebes Bedürfnis nach einer dramatischen Erklärung dafür, dass Tom sie nicht mehr erregend findet, ist verständlich. Doch sie irrt sich. Tom wurde nicht missbraucht. Die komplexe Dynamik seiner kindlichen Entwicklung, seiner Familie und möglicher genetischer Einflüsse in Kombination mit der Dynamik, die Phoebe in die Beziehung mitbringt, erklärt seine Impotenz vollkommen.

# 17. Neuverfilmung

Es heißt, wenn man für jedes Mal Sex im ersten Jahr einer Ehe einen Dollar in eine Spardose wirft, würde man den Rest seines Lebens brauchen, um die Spardose wieder zu leeren, wenn man für jedes Mal Sex nach dem ersten Jahr wieder eine Münze herausnimmt. Aber solche Buchhalterei im Schlafzimmer kann die Romantik ganz schnell in den Ruin treiben, vor allem, da geringere Quantität normalerweise von gesteigerter Qualität ausgeglichen wird – im Laufe der Zeit wird man nämlich immer besser darin, ein und denselben Menschen zu lieben. Trotzdem stimmt es, dass in den ersten Jahren ziemlich viel gevögelt wird und wir uns mit Sex mästen wie bei einem »All you can eat«-Büfett. Dieser Marathon im Bett ist jedoch auf Dauer nicht durchzuhalten – dafür sorgen anstrengende Jobs, Kinder, Kabelfernsehen und andere Ablenkungen. Aus »All you can eat«-Völlerei wird Nouvelle Cuisine à la carte. Und manchmal, in einem besonders miesen Monat, erhaschen wir vielleicht gerade mal einen Blick auf die Speisenkarte.

Das ist normal. Solche Veränderungen sind in einer Beziehung unvermeidlich. Wenn man daran arbeiten will, Nähe und Intimität zu erhalten, muss man diese Schwankungen akzeptieren, ohne sich bedroht zu fühlen und zu befürchten, der Partner fände einen nicht mehr attraktiv oder die Partnerin sei gelangweilt.

Wenn es heißt, dass wir uns in einer Beziehung »häuslich niederlassen« und »zur Ruhe kommen«, ist damit oft gemeint, dass wir weniger Sex haben. Während die Romantik verblasst und die emotionale Bindung stärker wird, beginnt in Wahrheit ein viel komplizierterer Prozess kleiner Veränderungen auf sexueller und emotionaler Ebene.

Erin und Mitch sind aus den Flitterwochen zurückgekehrt und leben seit zwei Monaten zusammen, als sie die ersten subtilen Veränderungen im Bett bemerken. Sie schlafen immer noch oft miteinander, aber nicht mehr ganz so oft. Der Sex ist nicht immer heiß und drangvoll, sondern manchmal auch zärtlich und langsam. Sie kommt nicht immer zum Orgasmus und ist damit zufrieden, einfach einzuschlafen. Manchmal ist ihr nicht danach, ihm einen zu blasen, also besorgt sie es ihm rasch mit der Hand. Innerhalb dieser neuen Dimensionen erleben sie ein paar kostbare Augenblicke, in denen sie beim Sex die Grenze zu beängstigenden neuen Erfahrungen überschritten haben – zu einer Nähe, die keiner von beiden je zuvor erlebt hat. Er ist tief in ihr, und sie spürt ihn, aber nicht nur körperlich. Sie haben nie wieder über »diese Nacht« gesprochen. Aber wenn Erin daran zurückdenkt, lächelt sie in sich hinein. Das war in ihren Flitterwochen in Tansania. Sie haben sich in dem Himmelbett in der Gästehütte der Lodge geliebt, nur ein Moskitonetz zwischen ihnen und der nächtlichen Serengeti. Als sie im selben Augenblick kamen, brach Mitch auf ihr zusammen, presste das Gesicht an ihren Hals, und seine Tränen liefen über ihre Brüste; er konnte nicht erklären, woher sie kamen oder warum er weinte.

## DIE ANGST VOR DER INTENSITÄT

Der Weg zu wahrer Nähe hat es in sich und kann selbst die entschlossensten Reisenden zusammenbrechen lassen. Manchmal berühren wir diese einmalige geteilte Lust und Freude mit einem

anderen Menschen und empfinden dabei etwas so Außerge-
wöhnliches, so Himmlisches, dass wir es nicht in Worte fassen
können – und daran kann eine Beziehung zerbrechen. Dort draußen in der Weite Afrikas erlebte Mitch etwas, wonach er sich als
Baby verzehrte und sein Erwachsenenleben lang sehnte: tiefe
Verbundenheit mit einer liebenden Frau. Und dieses Erlebnis
machte ihm eine Scheißangst. Bis zum Abendessen am nächsten
Tag hatte er schon etwas gefunden, worüber er sich ärgern konnte: Erin brauchte ewig, um sich ausgehfertig zu machen. Leise
fluchend trat er hinaus auf den Balkon, gereizt, nervös und verschlossen. Die Mischung aus kindlichem Bedürfnis und erwachsenem Begehren, die ihre wundervolle Liebesnacht hervorgerufen hatte, fühlte sich für ihn unerträglich an. Er kannte bisher
nur eine Reaktion auf seine Bedürfnisse – eine gehetzte, depressive Mutter, die es zwar gut meinte, sich aber von ihm zurückzog,
wenn er zu viel brauchte. Um zu überleben, lernte er damals,
eben nicht zu viel zu brauchen, sich mit weniger zufriedenzuge-
ben und seine Bedürfnisse und Wünsche zu verleugnen. Nun, als
erwachsenem Mann, wird ihm die Aussicht auf diese Art von
Nähe geboten, und Mitchs unbewusste Ängste laufen Amok. Er
fühlt sich der Panik nahe, als könnte er jeden Moment die Kontrolle verlieren.

In diesem Augenblick tiefer Verbundenheit mit Erin hat
Mitch eine exquisite Leere in sich berührt. Das könnte einer der
erhellendsten Momente seines Erwachsenenlebens gewesen sein.
Aber es macht ihn fix und fertig, zu spüren, wie schwierig diese
Freude und Intimität zu finden und wie leicht sie zu verlieren
sind. Da war plötzlich eine Verbindung nicht nur zu der Frau, die
er liebt, sondern auch zu etwas in sich, das er noch nie gespürt
hat: das Gefühl, dass er einen anderen Menschen bis ins tiefste
Innere kennt und dieser andere Mensch auch ihn. Plötzlich

stand ihm auch vor Augen, wie viel er sein Leben lang vermisst und verloren hat, wie arm seine Beziehungen zu Verwandten, Freunden und Partnerinnen bisher waren. Und damit kam das Grauen davor, das, was er jetzt erst erfahren hat, wieder zu verlieren. Er könnte Erin verlieren. All das ist mehr, als er ertragen kann, und er muss von der vordersten Front der Nähe und Verbundenheit ein Stück zurückweichen.

Nach den Flitterwochen, zurück im wahren Leben, ist er also wieder in sein gewohntes Selbst zurückgefallen: Er ist der verlässliche, schweigsame Feuerwehrmann. Er versucht, nicht an dieses Erlebnis in Tansania zu denken. Vielleicht hatte er einen Virus oder etwas Schlechtes gegessen oder etwas in der Art. Sie wissen schon, der übliche Blödsinn, den wir uns einzureden versuchen, wenn wir uns vor etwas schützen wollen. Doch ihm ist bewusst, dass dort etwas Bedeutendes geschehen ist, und er weiß, dass Erin es auch weiß. Das ist der Riss in seiner Rüstung. Es hat den Einsatz in ihrer Beziehung erhöht. Er rückt von Erin ab, um sich wieder so unverletzlich zu fühlen wie vorher. Und das soll zu einer Art Neuverfilmung seiner Vergangenheit führen, die ihn und Erin gewaltig durchschütteln wird, so dass Stückchen ihrer Vergangenheit, die bisher recht gut verborgen waren, ihnen jetzt vor die Füße kullern.

### ERIN UND MITCH
### FALLEN IN EIN TIEFES FAMILIÄRES LOCH

»Vergiss nicht, dass wir morgen alle zusammen mit meiner Mutter ausgehen – sie hat Geburtstag«, sagt Erin.

»Ach ja?«, fragt Mitch und blickt verwirrt drein. »Wer sind denn wir alle?« Er kann sich ehrlich nicht daran erinnern, dass sie ihm davon erzählt hätte.

»Das habe ich dir doch letzte Woche gesagt. Wir alle – Rob und Tariq, Steph und Daniel, Tante Jenny und Onkel Gabe und wir beide.«

»Steph und …« Er spricht Daniels Namen nicht aus. Noch hat er Erin nichts davon erzählt, was er neulich Abend im Park gesehen hat. Er wartet immer noch auf den richtigen Zeitpunkt, das Thema anzusprechen.

Erins Lächeln wirkt bemüht. »Ich habe einen Tisch reserviert, in diesem tollen neuen Restaurant bei meiner Mutter um die Ecke.«

»Oh, Mann, morgen fängt die neue Fußballsaison an. Das hätte ich dir bestimmt gesagt, wenn du ein Abendessen erwähnt hättest.« Er ist erst einmal erleichtert, einen Vorwand gefunden zu haben, damit er nicht mit diesem Arschloch Daniel am Tisch sitzen und Smalltalk machen muss.

»Doch, ich habe dir Bescheid gesagt.«

»Schatz, bei diesem Spiel darf ich nicht fehlen … meine Mannschaft zählt auf mich. Es ist zu spät, um jetzt noch einen neuen Torwart aufzustellen.«

»Aber das ist doch nur ein Spiel, Mitch! Es geht um den Geburtstag meiner Mutter. Bitte lass mich nicht hängen. Du spielst schließlich nicht gerade für Manchester United.«

»Wir spielen in der ersten Liga.« Er spürt, wie sich sein Kiefer verkrampft. Na gut, die Regionalliga, aber trotzdem die erste … Regionalliga.

»Verdammt noch mal, Mitch. Wird das etwa wieder so wie in der letzten Saison? Dass du ständig abhaust, um Fußball zu spielen?«

»Ich habe einmal Training und ein Spiel pro Woche – das ist wohl kaum ›ständig‹.«

»Aber immer dann, wenn ich dich brauche, so als wolltest du vor mir davonlaufen.«

»Das ist das Einzige, was ich für mich tue. Das Einzige, worauf ich mich die ganze Woche lang freue.«

Erin sieht ihn betroffen an. »Du freust dich also nicht darauf, Zeit mit mir zu verbringen?«

»Nein, so habe ich das nicht gemeint.« Mitch schnürt es die Kehle zu.

»Wie hast du es denn dann gemeint? Du bist so verschlossen, seit wir aus den Flitterwochen zurück sind. Es fühlt sich so an, als würdest du vor mir weglaufen.« Erin brennen Tränen in den Augen. Sie weiß, dass sie sich kleinlich, kindisch und unfair verhält, aber sie hat auf einmal das gleiche Gefühl wie damals, als sie dahinterkam, dass Gus sie betrogen hatte. Sie wendet den Blick ab und versucht, die Worte hinunterzuschlucken. Sie platzen trotzdem aus ihr heraus. »Bereust du es, dass wir geheiratet haben?«

»Ach, hör schon auf, Erin. Sei doch nicht albern. Natürlich bereue ich es nicht. Aber du klammerst auf einmal so.«

Mitch sucht innerlich verzweifelt nach Worten für die emotionalen freien Radikale, die auf einmal in ihm herumsausen. Sie ist kleinlich, weinerlich, bedürftig. Er kann es nicht artikulieren, aber unbewusst erinnert sie ihn an früher, als er für seine verzweifelte, weinende Mutter verantwortlich war. Er sollte dafür sorgen, dass sie sich besser fühlt, aber gerade jetzt will er das nicht. Er will Fußball spielen gehen. Und es ist ihm egal, ob er Erin verletzt. Einen Augenblick lang fragt er sich, ob das bedeutet, dass er sie doch nicht liebt. Er will nur noch weglaufen.

»Du beschissener, egoistischer Mistkerl«, sagt Erin. Am liebsten hätte sie ihm etwas an den Kopf geschleudert. Sie soll klammern? Blödsinn! »Ich bin nicht diejenige, die sich albern aufführt. Ich habe dir gesagt, dass wir morgen essen gehen. Meine Mutter wird ausrasten, wenn du stattdessen lieber mit deinen Kumpels Ball spielen gehst. Das würde sie dir nie verzeihen. Und mir auch nicht. Jahrelang werde ich mir deswegen bissige Bemerkungen anhören müssen. Und wenn sogar der Mann meiner Cousine sich die Zeit nimmt, wie kann ihr Schwiegersohn dann nicht dabei sein?«

»Daniel!«, platzt es aus ihm heraus. »Dieser Ausbund an Tugend! Mit dem solltest du mich lieber nicht vergleichen.« Er hatte Daniel da heraushalten wollen. Scheiße. Das ist wirklich nicht der richtige Moment, um Erin die Wahrheit über den ach so tollen Mann ihrer Cousine zu sagen. Er schwenkt auf eine andere Richtung um. »Außerdem bin ich nicht egoistisch! Ich kann nichts dafür, dass deine Mutter verbittert und einsam ist. Sie ist diejenige, die deinen Vater nicht halten konnte. So, wie sie sich aufführt, ist es doch kein Wunder, dass er sie verlassen hat.«

Das ging jetzt unter die Gürtellinie. Mitch bläst die Backen auf und stößt den Atem aus. Wie ist er nur in diese Situation geraten? Erins wunderschöne Augen mustern ihn kalt, als wäre er ihr völlig fremd. Ihm wird schlecht.

Sie beäugt ihn mit gerunzelter Stirn. »Ich dachte, du magst Daniel.«

Mitch schüttelt den Kopf. Ein ganzer Abend mit Trish, die einen auf Königin macht und sich betrinkt, während Daniel das Gottesgeschenk der Familie spielt. Und all das anstelle seines Fußballspiels. Nur beim Fußball ist er wirklich frei, nur dort hängt niemandes Leben von ihm ab. Er kehrt Erin den Rücken zu. Er muss raus, an die frische Luft.

»Geh nicht einfach weg!«, fleht Erin. »Wir müssen darüber reden.«

Mitch weiß, dass er das Falsche tut, als er zur Tür geht und mit hängenden Schultern in die kalte Nacht hinausstapft.

Eigentlich streiten sie gar nicht um das Geburtstagsessen und das Fußballspiel. Sie streiten nicht einmal wegen Daniel und Steph. All das sind nur Auslöser.

Dass es in einer zunehmend komplexen Beziehung zu einer solchen Explosion kommt, wenn die Aufregung und Idealisierung der Flitterwochenphase nachlassen wie eine örtliche Betäubung, ist nur verständlich. Auf einmal bemerkt jeder am anderen Dinge, die er nicht mag – der Partner entpuppt sich als egoistisch, kleinlich, unordentlich, spießig, arrogant, gemein, weinerlich oder neurotisch. War das alles schon vorher da? Tja, das haben beide übersehen, weil ihre Sinne von Lust und Romantik benebelt waren. Jetzt müssen sie alles, was sie auf den Partner projiziert haben, irgendwie in den Griff kriegen, damit sie einander – und sich selbst – besser kennenlernen können.

## DER KLEINE JUNGE IN SEINEM ZIMMER: MITCHS ZUFLUCHT

Als kleines Kind zog sich Mitch an einen sicheren Ort in sich selbst zurück, um sich vor seinen abgelenkten Eltern zu schützen. Er lernte, seine Emotionen und Sehnsüchte zu unterdrücken, denn sobald er sie ausdrückte, wurde er doch nur enttäuscht. Niemand kam ihm je zu Hilfe. Und als diese verstoßenen Emotionen in der Serengeti auf einmal wieder auftauchten, tat Mitch das Einzige, was ihm einfiel – er zog sich zurück, obwohl Erin im Gegensatz zu seiner »nicht verfügbaren« Mutter für ihn da wäre. Erin weigert sich sogar, ihm den Rückzug so leicht zu machen. Sie folgt ihm und zerrt ihn aus seinem Schlupfwinkel heraus, was seine deprimierte Mutter und sein distanzierter Vater nie getan haben. Einerseits wünscht er sich so sehr, dass sie genau das tut.

Andererseits hasst er sie manchmal dafür, weil er nicht weiß, wer er ist oder sein könnte, wenn er sich erlauben würde, seine Gefühle zuzulassen. Zu Beginn ihrer Beziehung hat er diese Unerbittlichkeit an ihr geschätzt. Im Laufe der Zeit wird er immer argwöhnischer. Es macht ihm Angst, ihr so eng und lebendig verbunden zu bleiben, wie es ihm am Anfang gelungen ist – als der Schatten der Vergangenheit noch nicht so lang war und weniger auf dem Spiel stand.

Mitch fühlt sich unter anderem deshalb zu Erin hingezogen, weil sie so gar nicht wie seine Mutter ist. Bei Meinungsverschiedenheiten kämpft sie mit Energie und deutlichen Worten (nicht Depression) für ihre Interessen. Sie ist stark genug, seine verletzlichen Seiten zu verstehen und ihn dafür nicht zu beschämen. Er kann sich an ihr reiben, weil sie einen soliden Widerstand bietet. Das gibt ihm die Freiheit, auch seinen Ärger über sie auszudrücken – was er bei seiner Mutter nicht tun durfte, wohl aber bei seiner Schwester Kayla.

Deshalb fühlt sich Mitch bei ihrem Streit sicher genug, um seine Wut ungebremst an Erin auszulassen, als er wegen ihrer Mutter Trish explodiert. Dabei hätte er eigentlich gar keinen Grund, sich wegen seiner Schwiegermutter so aufzuregen, die er sonst stets mit Humor und mildem Gleichmut erträgt. Sein ungewöhnlich heftiger Wutausbruch ist ein wichtiger Hinweis – auf eine gewaltige Projektion seiner unterdrückten Gefühle für seine eigene Mutter. Wenn er so etwas von sich gibt wie »Sie ist diejenige, die deinen Vater nicht halten konnte«, dann meint er damit in Wirklichkeit, dass seine eigene Mutter den kleinen Mitch nicht »halten« konnte.

Mitch will nicht, dass Erin sich von ihm zurückzieht, denn genau das hat seine deprimierte Mutter immer getan. Wenn Erin sich tatsächlich deprimiert zurückziehen würde, stünde Mitch wieder am Anfang und würde sich völlig verlassen fühlen. Erin hat in diesem Moment etwas für Mitch getan: Sie hat ihm geholfen, seinen Verlust und seine Enttäuschung wiederzufinden, denen Mitch sich jetzt als erwachsener Mann stellen kann. Er ist bereit, die Traurigkeit zuzulassen und die schlimmen Gefühle hoffentlich aufzulösen, wenn sie ihm gespiegelt werden von der Frau, die er liebt und der er vertraut – und die ihn nicht im Stich lassen wird.

## EINE ANMERKUNG ZUM ALLEINSEIN

Enge Verbundenheit und Nähe kann man nicht lange aufrechterhalten, wenn man nicht in sich selbst gefestigt ist, und das erreicht man, indem man lernt, gut allein sein zu können. Kleine Pausen, Zeit für Tagträume oder einfach »Lass mich in Ruhe«-Zeiten erlauben einem, das Gleichgewicht zu wahren, damit man dann wieder mit seinem Partner zusammen sein kann. Kinder schaffen sich diesen Freiraum instinktiv, wenn sie Spiele für sich allein oder mit Phantasiefreunden erfinden. Als Erwachsene suchen wir Übergänge, Grenzräume auf, die als Pausen oder Brücken zwischen Nähe und Unabhängigkeit fungieren.

Aber was geschieht, wenn man zu sehr an diesen Räumen hängt – wenn sie keine Durchgänge mehr sind, sondern fester Bestandteil im Inneren, ein Aufenthaltsraum, in dem man Zuflucht vor Beziehungen sucht? Während man aus der gesunden Trennung mit mehr Bereitschaft zur Nähe in die Beziehung zurückkehrt, kommt man aus solchen Bunkern genauso defensiv wieder heraus, wie man sich hineingeflüchtet hat. Oder man fühlt sich dem anderen noch ferner, so dass man sich bei der körperlichen »Rückkehr« zur Nähe sogar noch verlassener, noch getrennter vorkommt. An dieser Stelle kann man steckenbleiben, abgeschnitten von jedem echten Kontakt zum eigenen Partner wie Mrs. Brown in Michael Cunninghams preisgekröntem Roman *Die Stunden*. Sie nimmt sich ein Hotelzimmer für einen Tag, damit sie ihr Buch lesen kann, ohne ständig unterbrochen zu werden. Endlich einmal ist sie frei von den belastenden Anforderungen an sie als Ehefrau und Mutter – Rollen, die sie als vernichtend empfindet. Manche Menschen treten in eine Gang oder Sekte ein, schließen sich einem Pokerclub, einer Meditationsgruppe, einem Literaturzirkel oder einer Yoga-Schule an. Maler und Schriftsteller gehen auf und davon, um zu malen, zu schreiben und zu erschaffen. Manche Leute ziehen sich auch in eine Abhängigkeit zurück (wie Drogen- oder Spielsucht), in die Arbeit (»Aber, Schatz, ich tue das doch für dich und die Kinder«) oder in den Sport (»Das ist gesund und ein gutes Ventil, bis nächsten Dienstag dann«). Man sucht sich seine Zuflucht, um die Angst im Griff zu behalten.

Ob Mitchs Rückzug gesund oder destruktiv ist, kann man nur daran erkennen, ob er von seiner Zuflucht aus mit neuer innerlicher Ruhe in sein Leben mit Erin zurückkehren kann. Wenn sein Wunsch nach Nähe und Verbindung dann stärker ist, ist sie für ihn richtig. Taucht er aber mit einem flauen Gefühl daraus auf und zählt die Tage, bis er wieder »entkommen« kann, sollte er sich vielleicht fragen, warum ihm Flucht attraktiver erscheint als Nähe.

## DAS KLEINE MÄDCHEN IN SEINEM SCHLOSS: ERINS ABHÄNGIGKEIT

Erin hat sich immer als unabhängige Frau betrachtet. Und sie würde niemals in dieselbe Falle tappen wie ihre Mutter – die Verbitterung. Sie würde es sich nicht in einem riesigen Haufen Groll und Unmut gemütlich machen. Als sie Gus dabei erwischte, dass er sie betrog, zögerte sie nicht damit, ihm den Laufpass zu geben. Als Kind hat Erin mit angesehen, wie ihr Vater ihre Mutter zugleich enttäuschte und erregte. Doch mit etwa sechs Jahren wurde Erin »Daddys kleines Mädchen«. Er überhäufte sie mit Liebe, Aufmerksamkeit und Geschenken. Nach der Scheidung, als sie im Teenageralter war, veränderte sich ihr Verhältnis zu ihm erneut. Er hatte zu viele Freundinnen, gegen die sie um seine Aufmerksamkeit konkurrieren musste, und in seiner Rangfolge der Zuneigung sackte sie praktisch auf den Status »vergessen« ab. Sie hasste ihn dafür, ließ es ihn spüren und sah ihn manchmal monatelang nicht.

Die Psyche ist sehr flexibel, wenn es darum geht, uns mit unseren alten Wunden zu verkuppeln. Allen guten Absichten zum Trotz fühlte Erin sich immer wieder zu Männern wie ihrem Vater hingezogen – ehrgeizigen, charmanten Machtmenschen. Das ist eine Neuverfilmung, die man häufig sieht – wir suchen uns Menschen aus, die uns an die Leute erinnern, die uns weh getan haben, damit wir das Ganze neu verfilmen können, aber diesmal mit Happy End. Auf der Suche nach der Liebe ihres Vaters wurde Erin beinahe süchtig nach der aufregenden Aufmerksamkeit narzisstischer Männer.

Aber Mitch war ganz anders. Deshalb hat sie ihn ja geheiratet. Als sie aus den Flitterwochen zurückkamen, war sie high vor Liebe. Doch in den zwei Monaten seither ist der Rausch verflogen. Sie ist frustriert und manchmal sogar besorgt. Wenn Mitch nicht zur erwarteten Zeit nach Hause kommt, wird sie unruhig – ist ihm etwas zugestoßen? – und dann wütend auf ihn, weil er zu spät kommt oder ihr nicht Bescheid gesagt hat. Liebt Mitch sie etwa nicht mehr? Hat sie irgendetwas falsch gemacht? Warum zieht er sich von ihr zurück? Tut er ihr das an, was ihr Vater ihrer Mutter angetan hat? Wenn Mitch so anders ist als ihr Vater oder Gus, warum hat sie jetzt dasselbe Gefühl, von einem egozentrischen, abwesenden Mann sitzengelassen zu werden? Wird Trish etwa bald sagen können: »Siehst du, Männer sind doch alle gleich«?

Es ist nur natürlich, aus den rätselhaften Gipfeln und Tälern in der Persönlichkeit des Partners eine Art Durchschnitt zu bilden und sich dann einzubilden, man kenne ihn sehr gut. Erin jedoch kennt die Situation nur so, dass ein distanzierter Mann seine Aufmerksamkeit anderswohin richtet und das übel ausgeht, nämlich mit einer verletzten, verlassenen Frau. Dieses »Wissen« projiziert sie auf Mitch und nimmt an, sein Rückzug müsse bedeuten, dass er etwas oder jemand anderen mehr liebt als sie (da haben wir den bedrohlichen »Dritten«). Sie kann sich nicht vorstellen, dass er nur ein unvollkommener Mann ist, der damit ringt, wie sehr er sie liebt und wie sehr die Nähe und die Verbundenheit ihrer Beziehung ihn ängstigen. Sie fühlt sich durch seine Distanziertheit bedroht und ist zu sehr in ihre unbewussten Gefühle des Verlassenseins verstrickt, um das Ganze aus einer anderen Perspektive betrachten oder angesichts seiner Unbeständigkeit standhaft bleiben zu können. Sie kann einfach nicht anders über ihn oder über ihre Beziehung denken.

Also fleht sie ihn an – »Bitte lass mich nicht im Stich« – und beleidigt ihn – »Du spielst schließlich nicht gerade für Manchester United«.

Die starke, unabhängige Erin hat große Mühe, nicht zusammenzubrechen, als alte Enttäuschung und Wut an die Oberfläche steigen. Sie entdeckt, dass es ihr außerdem schwerfällt, ihm zu vertrauen, dass sie unter Verlustangst leidet und dass sie Schwierigkeiten hat, in der Verbundenheit mit Mitch ihr stabiles Selbstgefühl nicht zu verlieren. Sowohl Mitch als auch Erin stehen etwa auf demselben Level, was die Differenzierung des Selbst angeht – sie nehmen dabei nur unterschiedliche Rollen ein. Erin trägt die Verantwortung dafür, immer wieder Nähe herzustellen, während Mitch Distanz reguliert.

Erin ist furchtbar wütend, weil Mitch behauptet, sie klammere. Sie kann einen Mann mit einem einzigen energischen »Verschwinde aus meinem Leben« loslassen. Da braucht er nur Gus zu fragen. Sie kann sehr wohl für sich selbst eintreten! Sie »braucht« niemanden. Mitch hingegen versteht nicht, wie sie darauf kommt, dass er »egoistisch« sei. Im Ernst? Er hat sein ganzes Leben in den Dienst für andere gestellt. Was für ein Blödsinn. Erin dramatisiert und klammert doch bloß.

Was spielt sich hinter den Kulissen dieser Schlammschlacht tatsächlich ab? Wenn jemand etwas über Sie sagt, das nicht zu Ihrem Selbstbild passt, gibt es nur zwei Möglichkeiten: Der andere täuscht sich, oder Sie täuschen sich. Das nennt man kognitive und emotionale Dissonanz. Und hassen wir es nicht alle wie die Pest, Feedback zu bekommen, das unserer Selbstwahrnehmung widerspricht? Solche Rückmeldungen über uns selbst, die uns nicht gefallen, streiten wir meistens ab. Sowohl Erin als auch Mitch haben viel Energie in ein Bild von sich investiert, das sie als unabhängig und altruistisch zeigt. Doch in ihrer Beziehung spannt jeder den anderen für die eigene Narration ein, durch projektive Identifikation. Mitch hat seine eigenen klammernden, bedürftigen Anteile abgespalten, indem er sie in Erin hineinprojiziert. Das ist gleich doppelt unfair, denn jetzt darf Erin nicht nur Mitchs Klammerei ausleben, sondern hat durch ihre Abhängigkeit auch noch eigene Bedürfnisse, die sich mit denen verbinden, die er in sie projiziert hat.

Erin ist so wütend, dass sie Mitch beleidigt und die Teile ihres Selbst verleugnet, die mit ihrer Mutter identifiziert sind, indem sie sich genau der gleichen Methoden bedient wie Trish (den anderen demütigen und beschämen). Diese Gefühle werden in

Mitch projiziert und tun sich dort fröhlich mit seinem eigenen Vorrat an Scham zusammen. Et violà – sie haben soeben gemeinsam die Neuverfilmung ihrer Kindheitsdramen gedreht.

So wird es Erin und Mitch noch oft ergehen, denn im Laufe ihrer Beziehung werden sie immer wieder in solche Neuverfilmungen hineingeraten. Je mächtiger die ungelösten Wiederholungen zweier Menschen sind, desto häufiger werden sie von genau dieser Situation angezogen, bis von dem, was an ihrer ursprünglichen Beziehung anders und gut war, nicht mehr viel übrig ist. Zu einer verbitterten Trennung kommt es fast immer auf diesem Wege. Die Partner, die einander ursprünglich geliebt haben, hassen sich zum Schluss. Sie haben diese Beziehung in der Hoffnung angefangen, einen anderen Ausgang zu erleben, doch die Verflechtung ihrer inneren Dynamik sorgt unweigerlich dafür, dass sie wieder einmal dieselbe Erfahrung machen und schier verzweifeln.

Ist dies also in Erins und Mitchs Fall der Anfang vom Ende? So weit könnte es kommen, aber diese ersten Auseinandersetzungen gehören dazu, wenn Nähe und Vertrautheit wachsen. Wenn sich die beiden ihren Problemen stellen, indem sie über diesen Streit sprechen und ihn verarbeiten, könnten sie sich aber auch noch mehr ineinander verlieben. Letztendlich lassen sich Nähe und Vertrautheit daran messen, wie wir mit Konflikten umgehen. Wir haben da eine Menge Möglichkeiten. Wir können kreativ, destruktiv, humorvoll, grausam oder gar nicht damit umgehen. Wenn sich die beiden Partner verbünden, um Traumen und alte Wunden gemeinsam aufzulösen und zu überwinden, indem sie die Vision ihrer festen Beziehung aufrechterhalten, finden sie auch einen Weg dorthin.

Mitch kommt nicht weit. Kaum auf der Straße, bleibt er stehen, weil er im Geiste die Erin vor sich sieht, die er liebt und die jetzt traurig und verzweifelt da oben sitzt. Sein Zorn ist verraucht. Er kann den Gedanken, sie zu verlieren, nicht ertragen. Seine eigene dumme, überzogene Reaktion wundert ihn jetzt. Er weiß, dass sie es nicht verdient hat, so behandelt zu werden. Er fühlt sich elend, den Tränen nahe, und erinnert sich daran, wann er das letzte Mal geweint hat – auf ihrer Hochzeitsreise. Etwas in ihm öffnet sich. Er will sie nur noch im Arm halten und von ihr gehalten werden. Er rennt zurück ins Haus.

»Es tut mir leid«, sagt er und schüttelt den Kopf. »Ich weiß auch nicht, was mit mir los ist, seit wir aus Tansania zurück sind. Ich habe mich aufgeführt wie ein Idiot. So jemanden wie dich habe ich noch nie gekannt. Ich kenne solche Gefühle nicht. Du weißt schon, so große Liebe und so weiter … Manchmal kann ich einfach nicht damit umgehen. Erin, ich liebe dich. Ich bin glücklich darüber, dass wir verheiratet sind. Ich gehe mit zu dem Abendessen, ich tue alles, was du willst. Ich will nur, dass es wieder so wird wie vorher.«

Er nimmt ihre Hände. Sie sträubt sich einen Moment lang, aber seine offene Verletzlichkeit schmilzt ihren Zorn. Sie will auch nicht mit ihm streiten. Er breitet die Arme aus, und sie schmiegt sich an ihn. »Mach das nie wieder, einfach so weglaufen«, mahnt Erin. »Das erinnert mich an meinen Vater.« Sie tritt ein Stück zurück, damit er ihr Lächeln sehen kann. »Und ich werde mich bemühen, keine nörgelnde Ehefrau mehr zu sein.« Wie meine Mutter, denkt sie, aber das auszusprechen, bringt sie noch nicht über sich.

Danach lieben sie sich, und es ist ganz anders als die Serienversöhnungen von Erins Eltern. Erin und Mitch sehen sich in die

Augen. Sie haben einen Weg zueinander gefunden, der ihre Sicht der Beziehung völlig verändert. Beide erkennen, wie sie selbst sich aufgeführt haben, und übernehmen die Verantwortung dafür. Sie können nachvollziehen, wie das auf den anderen gewirkt hat, und empfinden sich wieder als Paar. Ihr Streit um das Abendessen mit Erins Mutter war nur der Schwanz des Elefanten. Was sie jetzt gemeinsam erkunden, ist der ganze wunderbare Elefant der Liebe. Sie haben es geschafft, die Dynamik einzudämmen, dass Erin Nähe herstellt und Mitch Distanz. Wenn sie vor neuen Herausforderungen stehen, werden sie wieder auf diese Dynamik stoßen, doch je besser sie sie durchschauen, desto schneller können sie wieder gesunde Nähe herstellen.

Das war eine Mini-Krise. Krisen rütteln uns auf. Dann können wir uns festklammern und abriegeln oder uns neuen Möglichkeiten öffnen. Manchmal muss man sich verteidigen, ehe man seine Schutzmechanismen loslassen kann. Jede Krise ist wie eine Weggabelung: Rechts liegt die Neuverfilmung ungelöster Konflikte aus der Vergangenheit, links geht es zu einem neuen, kreativeren Umgang mit solchen Herausforderungen in Sachen Nähe. Wir werden immer wieder vor derselben Weggabelung stehen, und vor vielen anderen. Paare und Familien müssen solche Übergänge gemeinsam bewältigen. Nicht oder nur teilweise gelöste Weggabelungskrisen werden sich im nächsten Stadium verschlimmern, und ohne tiefgreifende heilende und stärkende Erfahrungen geht es immer so weiter, bis die Beziehung nicht mehr zu retten ist.

Der Macht der Neuverfilmung kann sich kaum ein Paar entziehen. Sie gehört einfach zum Leben dazu. So sind wir eben. Wir sind komplexe Geschöpfe. Wenn wir solche Geschichten nachspielen, ist das kein Versagen, sondern nur das Material, mit dem wir arbeiten müssen. Eine Bildhauerin, die sich ein Stück Holz vornimmt, muss mit dem arbeiten, was sie vor sich hat: Sie muss Textur, Maserung, Form und Astlöcher berücksichtigen. Genauso muss ein kreatives Paar sich vor sein Stück Holz setzen – die Interaktion seiner psychischen Dynamik – und damit arbeiten. Wichtig ist, wie wir mit dieser Neigung umgehen. Das ist eine großartige Gelegenheit zu wachsen. Dinge können sich verändern. Drehbücher kann man verändern. Die Unterschiede, die uns einmal zueinander hingezogen haben, können wieder anziehend werden. Und wenn nicht, lernen wir eben, damit zu leben. Wir wissen doch alle, dass wir nicht perfekt sind, warum sollten wir das also von unserem Partner erwarten?

Um Ihre Neuverfilmungen umzuschreiben, müssen Sie sie erkennen, verstehen und damit arbeiten. Das geht nicht, wenn Sie tun, als seien sie gar nicht da, wenn Sie Ihren blinden Flecken ausweichen oder all das lieber im Dunkeln lassen. Und glauben Sie nicht, Sie könnten sie alle auf einen Schlag loswerden – das wäre, als würden Sie sämtliche Stützbalken eines Hauses auf einmal entfernen wollen. Das ist ein langsamer Prozess des Spiegelns und Reflektierens, der viel Geduld erfordert. Dafür brauchen wir einen Partner. So können wir unsere eigenen Schatten besser erkennen. Jede bewusste Neuverfilmung bringt Licht in diese dunklen Ecken und gibt uns eine Chance, etwas fallenzulassen, das uns behindert.

Später, als sie aneinandergekuschelt daliegen, findet Mitch den Mut, Erin noch etwas zu gestehen, das er ihr bisher verschwiegen hat. »Ich muss dir etwas über Daniel sagen.«

# 18. Festgefahren

Was geschieht, wenn ein Paar sich völlig festgefahren hat? Was, wenn zwei Menschen sich wirklich lieben, aber wegen irgendeines Problems aneinandergeraten sind und sich nichts mehr rührt? Sie will aufs Land ziehen und Gemüse anbauen, während sein Job ihn zwingt, in der Stadt zu wohnen. Er will das gemeinsame Kind taufen lassen, sie will eine Bar-Mizwa. Sie ist dafür, seinen Jahresbonus in die Rückzahlung der Hypothek zu stecken, er will damit ein neues Auto kaufen. Ein Partner glaubt, »ein Klaps hat noch keinem Kind geschadet«, während der andere nicht einmal »Auszeiten« durchsetzen kann. Wer gewinnt, wenn die Bedürfnisse zweier Menschen sich gegenseitig ausschließen? Sollen sie das durch einen Ringkampf entscheiden? Eine Münze werfen? Oder die Beziehung zum Fenster rausschmeißen?

## DIE MODERNE FAMILIE

Es läuft ihre Lieblings-Sitcom, *Modern Family*. Rob und Tariq kuscheln auf dem Sofa und trinken ein Fläschchen Merlot. In dieser Folge hat Lily, die Adoptivtochter des schwulen Paares Mitchell und Cameron, Geburtstag, und Cameron will als Clown verkleidet zu ihrer Geburtstagsparty gehen. Mitchell gibt sich alle Mühe, ihn davon abzubringen. Rob lacht Tränen. Tariq ist still. Rob wirft ihm einen Blick zu – da ist wieder einmal dieser seltsame Ausdruck auf Tariqs Gesicht. Rob weiß, was das bedeutet. Als der Abspann läuft, wendet Tariq sich Rob zu und sieht ihn mit diesen großen braunen Augen flehentlich an.

»Rob, ich weiß, dass wir schon darüber gesprochen haben und …«

»Vergiss es, Tariq. Das wusstest du von Anfang an, ich habe es dir bei unserer ersten Verabredung gesagt … Erinnerst du dich nicht?«

Tariq nickt.

»Und du hast dich trotzdem für mich entschieden. Dachtest du vielleicht, du würdest mich schon irgendwann umstimmen, oder was?«, fährt Rob seufzend fort. Wenn doch noch etwas von dem Merlot da wäre.

»Ich dachte, wenn wir erst lange genug zusammen sind, um uns unserer gemeinsamen Zukunft sicher zu sein, würdest du es vielleicht anders sehen. Und wenn du siehst, wie wichtig es mir ist … Wünschst du dir denn nichts für die Zukunft? Etwas, das du der Welt hinterlassen kannst?«

»Tariq, ich will keine Kinder. Wollte ich nie und werde ich nie wollen. Ich verbringe den ganzen Tag damit, Kinder zu unterrichten, das ist mein Beitrag zur Zukunft der Menschheit. Ich habe mich nicht verändert. Du wusstest Bescheid und hast dich sehenden Auges auf diese Beziehung eingelassen. Da kannst du dich jetzt nicht beklagen.«

In Tariqs Augen brennen Tränen. »Aber ich kann mir nicht vorstellen, mein Leben zu leben und alt zu werden, ohne je Vater zu sein. Ich habe Kinder schon immer geliebt. Ich habe so viel Liebe zu geben. Sehnst du dich nicht danach, deinem Kind das Fußballspielen beizubringen oder mit ihm ins Ballett zu gehen?«

»Nein, ich würde mir lieber mit dir ein Fußballspiel oder ein Ballett anschauen. Du hast ein paar Dutzend Nichten und Neffen – kannst du diese überschwappende Liebe nicht denen schenken? Und ich könnte auch etwas davon gebrauchen«, sagt Rob und greift nach Tariqs Hand.

Tariq reicht sie ihm nicht. »Aber es ist für homosexuelle Paare inzwischen so viel leichter, ein Kind zu adoptieren. Wir könnten auch versuchen, eine Leihmutter zu finden, und dein Sperma verwenden. Es ist mir gar nicht mal wichtig, der leibliche Vater zu sein. Ich will nur Kinder haben. Wenigstens eines, damit wäre ich schon zufrieden. Nur eines. Ich wette, wenn ich eine Frau wäre und du hetero, wäre das überhaupt kein Thema. Dann hätten wir schon Kinder. Nur, weil wir schwul sind ...«

Rob holt tief Luft. Eine heiße Faust ballt sich in seinem Magen. »Erstens sind solche hypothetischen Überlegungen völlig sinnlos. Eine heterosexuelle Beziehung wäre für mich sowieso nie in Frage gekommen. Zweitens hat meine Mutter schon fast der Schlag getroffen, als ich mich geoutet habe. Du erinnerst dich doch sicher noch daran, wie sie sich benommen hat, als ich dich ihr vorgestellt habe? Was würde erst passieren, wenn ich ihr sagen würde, dass wir ein Kind bekommen?«

»Siehst du? Alles nur, weil wir schwul sind. Wir können kein Kind haben, weil du Angst davor hast, wie deine Mutter darauf reagieren würde?« Tariq schüttelt den Kopf. »Das ist echt erbärmlich, Rob. Wie alt bist du, zwölf? Was kümmert es dich, wie deine Mutter auf irgendetwas reagiert? Sie macht dich doch nur verrückt. Man könnte beinahe glauben, dass sie dir wichtiger ist als ich.«

Rob findet seine Mutter ja selbst unmöglich. Sie würde eine Grenze nicht erkennen, wenn man einen Elektrozaun mit Stacheldraht aufstellen würde. Sie steht oft unangemeldet einfach so bei ihnen vor der Tür, mit unangemessen teuren oder völlig nutzlosen Geschenken. Rob hat jedes Mal das Gefühl, dass sie nur kommt, um herumzuschnüffeln. Insgeheim hofft sie, dass ihr einziger Sohn, ihr »Prinz«, irgendwann aus dieser »kleinen homosexuellen Phase« herauswachsen und sich ein nettes Mädchen suchen wird. Obwohl sie Tariq mag, sondiert sie immer mal wieder das Terrain, indem sie von irgendjemandes Tochter schwärmt, die Medizin oder Jura studiert. Rob hat die Hoffnung aufgegeben, dass sie es irgendwann begreifen wird.

Er sieht den Mann an, den er liebt. Tariq leidet wirklich. Aber Rob weiß nicht, wie er etwas daran ändern könnte. Er fragt sich, ob er diese Beziehung lieber beenden würde, als Kinder zu bekommen. Der Gedanke schnürt ihm schmerzhaft die Brust ein, und er legt eine Hand auf Tariqs.

»Ich möchte jetzt nicht darüber reden. Können wir ein andermal darüber sprechen?«

»Wann denn, Rob? Wir haben nicht ewig Zeit. Ich bin über dreißig. Wenn wir das wirklich wollen, sollten wir jetzt anfangen, denn der ganze Prozess dauert eine Weile.«

»Würdest du mich verlassen, wenn ich es mir nicht anders überlege?«, fragt Rob.

»Ich weiß es nicht. Ich will mich nicht zwischen dir und einem Kind entscheiden müssen.«

»Aber es ist doch gar nicht sicher, ob wir überhaupt Kinder bekommen könnten.«

»Es ist auch nicht sicher, ob wir zusammenbleiben werden«, erwidert Tariq wütend.

»Ein Kind würde alles ändern, unser gemeinsames Leben, unseren Lebensstil … Du kannst nicht einmal sicher sein, dass dein Kind gesund sein wird. Kinder können gesundheitliche Probleme haben, Behinderungen, und sie kosten so viel …«

»Ich bin müde, Rob. Ich gehe ins Bett«, sagt Tariq, sammelt die Weingläser ein und geht in die Küche. Rob bleibt allein auf dem Sofa zurück.

Es gibt eine alte Geschichte von einem gewissen Zhuangzi, der eines Tages mit seinem Freund Huizi an einem Fluss spazieren ging. Zhuangzi blickte ins Wasser und sagte: »Sieh nur, wie glücklich die Fische sind.« Worauf Huizi erwiderte: »Du bist kein Fisch, woher willst du also wissen, dass die Fische glücklich sind?«

»Und woher willst du wissen, dass ich nicht weiß, ob die Fische glücklich sind oder nicht? Du bist nicht ich«, gab Zhuangzi zurück.

Es wird immer vorkommen, dass zwei Menschen verschiedener Ansicht sind. Jedes Paar hat seine Differenzen und verhandelt permanent über ethische Werte, die richtige Beladung des Geschirrspülers, Geschlechterrollen, wen man wählen und wie oft man miteinander schlafen und zu wem – wenn überhaupt – man beten sollte. Konflikte darüber, wofür wie viel Geld ausgegeben wird, wessen Aufgabe es ist, nach dem Abendessen den Tisch abzuräumen, oder wie viel Kontakt man zu den jeweiligen Eltern haben sollte, sind vergleichsweise nebensächlich und lassen sich mit etwas gutem Willen lösen – obwohl auch solche Probleme schon zu Scheidungen geführt haben. Hier spielen die Ähnlichkeiten, die uns zusammengeführt haben, eine große Rolle: Sie helfen uns, eine gemeinsame Sprache zu finden und eine Grundlage, auf der wir uns einigen können.

Aber was ist mit K.-o.-Kriterien – mit Problemen, die sich nicht lösen lassen und für die es keinen Kompromiss gibt? Mit der Art »unüberbrückbarer Differenzen«, die in vielen Rechtssystemen als Scheidungsgrund gelten? Ganz egal, wie viele Leitern man zusammen erklimmt, an einem gewissen Punkt rutscht man immer wieder ab. Das Thema wird ein ums andere Mal vergeblich durchgekaut, man fühlt sich alleingelassen und unverstanden, und es wird mit jedem Mal schlimmer. Beide können von ihrer Position nicht abrücken, obwohl doch der eine recht hat und der Partner nicht. Man verliert den Sinn für Humor sowie für Zärtlichkeit und Güte. Stattdessen wächst einem eine Hülle aus stacheliger Kritisiererei und Schuldzuweisungen. Im Laufe der Zeit polarisieren sich beider Standpunkte immer weiter, bis es einem schließlich egal ist, was der eigene Partner in dieser Sache denkt oder fühlt – oder wie es ihm sonst mit irgendetwas geht. Bei einem solchen Konflikt muss man sich klarmachen:

- Ist das ein lösbares Problem oder ein K.-o.-Kriterium?
- Wenn es lösbar ist, finden wir einen guten Kompromiss?
- Wenn nicht, was bedeutet das für die Beziehung?

Sie können niemanden zwingen, Ihre Sicht der Welt zu teilen oder alles genau so zu empfinden wie Sie, obwohl manche Leute sich nach Kräften bemühen. Wenn Sie auf der Zustimmung Ihres Partners bestehen müssen, um Ihr eigenes emotionales und kognitives Gleichgewicht zu wahren, ist das ein Rezept fürs Scheitern. Nähe ist nicht mit der Kunst der Partner-Bildhauerei zu verwechseln, bei der Sie jemanden so formen oder zurechtbiegen können, wie es Ihnen passt. Sie können auch nicht erwarten, dass jemand seine Träume aufgibt, weil sie mit Ihren unvereinbar sind. Was kann man also tun? Wie löst man solche Probleme und bleibt zusammen?

Robs und Tariqs Problem sieht ganz nach K.-o.-Kriterium aus. Aber stimmt das auch? Gibt es eine Möglichkeit, mit diesen Differenzen so umzugehen, dass sie gemeinsam weiterkommen? Wenn man feststeckt, ist man irgendwann ganz auf das Problem fixiert und verliert den Blick, wofür das Problem in Wahrheit steht und wie man tatsächlich damit umgeht. Wie ein Paar streitet (nicht worüber), sagt uns mehr über die Beziehung als die offenkundigen Unterschiede. Sture Partner, die dem anderen gegenüber Verachtung zeigen und sich gegenseitig die Schuld an ihren Problemen zuweisen, werden ganz sicher steckenbleiben – schon wegen Kleinigkeiten.

Rob und Tariq kommen im Moment nicht über die Äußerung ihrer Wünsche hinaus: »Ich will ein Kind« und »Ich aber nicht«. Rob hat Angst, Tariq zu verlieren, wenn er nicht nachgibt, und Tariq kann seine Trauer und Enttäuschung beim Gedanken daran, niemals Vater zu werden, nicht verbergen – und daran wäre dann Rob schuld. So drückt sich der Konflikt aus, aber was steckt dahinter? Warum will Rob keine Kinder? Warum will Tariq unbedingt welche? Hat Robs Weigerung etwas mit seiner Neigung zur Eifersucht zu tun? Wenn er schon mit einem Abendessen mit Tariq und Steven nicht klarkam, wie würde er dann mit einem allgegenwärtigen Kind fertig werden? Hat er Angst davor, in einer neuen Dreierbeziehung zu kurz zu kommen? Und hat Tariq sich wirklich gut überlegt, was ein Kind für seine Beziehung mit Rob bedeuten würde? Ist er bereit für die Veränderungen, die ein Kind mit sich bringen wird?

Was nach festgefahrenen, diametral entgegengesetzten Standpunkten aussieht, hat manchmal mehr damit zu tun, wie wir unseren Schutz gegen Veränderungen oder Eindringlinge organisieren. Tariq scheint ganz klar zu wissen, was er will, aber das ist auch sehr einfach, solange Rob unnachgiebig bleibt. Was, wenn Rob es sich eines Tages anders überlegen und sagen würde: »Okay, suchen wir uns eine Leihmutter und bekommen ein

Kind«? Würde Tariq kalte Füße kriegen, wenn es plötzlich ernst wird? Vielleicht zögert er dann doch oder denkt zumindest realistischer darüber nach, was ein Kind bedeuten würde. Paare nehmen oft gegensätzliche Standpunkte ein, manchmal beinahe willkürlich, um Veränderungen zu vermeiden. Vielleicht fällt einem von beiden immer die Rolle des Spielverderbers zu und dem anderen die des Draufgängers.

Mit ein wenig mehr Einsicht würde Rob vielleicht erkennen, dass volle Windeln und schlaflose Nächte nicht der wahre Grund für seine Ablehnung sind, sondern seine Angst davor, Tariq zu teilen oder zu verlieren. Wenn er diese Angst annehmen und den projizierten Verlust zurückholen würde, könnte er unter anderen Voraussetzungen darüber nachdenken, was es für ihn bedeuten würde, Vater zu werden. Und wenn Tariq Robs Angst verstehen könnte, würde er dessen Gegenwehr nicht persönlich nehmen, sondern mitfühlender reagieren und Rob helfen, sich darüber klarzuwerden, welche Herausforderungen, aber auch welche Chancen ein Kind für ihre Beziehung wirklich bedeuten würde.

Rob geht ins Schlafzimmer. Tariq kniet auf dem Boden vor einer kleinen Holzfigur von Ganesha, dem hinduistischen Gott der Weisheit. Rob erinnert sich an ihren Besuch bei Tariqs Eltern in Indien im vergangenen Jahr und wie die Menschen in Mumbai vor der großen Statue der Gottheit mit dem Elefantenkopf Kokosnüsse zerbrachen und sich zu Boden warfen. Rob konnte kaum fassen, dass es im Zeitalter des Internets noch Leute gab, die Götzenbildern Opfer darbrachten. Als er das Tariq sagte, gab der ihm einen Klaps mit ihrem Reiseführer und warnte ihn, sich von seinen westlichen Vorstellungen nicht so leicht zu solchen Urteilen verleiten zu lassen. »Ganesha ist der Gott, der Hindernisse beseitigt. Die Kokosnuss symbolisiert Ego und Einbildung, die gebrochen werden – das solltest du mal ausprobieren«, scherzte Tariq. Rob sah wieder hin, diesmal mit anderen Augen. Er hatte es nicht so mit Ritualen, aber er spürte die Hingabe und Selbstaufgabe in dieser Zeremonie. Als Wiedergutmachung hatte er heimlich diese kleine Holzstatue von Ganesha gekauft und sie Tariq an ihrem letzten Abend in Indien geschenkt.

Tariq blickt von der Statue auf und sieht, dass Rob ihn beobachtet.

»Und, was sagt Ganesha?«, fragt Rob leise.

»Nicht viel«, erwidert Tariq.

Rob setzt sich aufs Fußende des Betts. Tariq hat allein vor sich hin geweint, während Rob die Küche aufgeräumt hat.

»Hör mal, Tariq, ich weiß nicht, was ich tun soll. Aber wir haben schon eine Menge Probleme überwunden. Das hier schaffen wir auch noch.«

Tariq nickt.

Rob nimmt die Statue und hält sie sich ans Ohr. Er nickt, als würde er jemandem zuhören, und sagt dann: »Aha, alles klar. Ja, verstanden.«

Tariq lächelt schwach. Er weiß, dass Rob die Spannung mit Humor aufzulockern versucht, aber im Moment kann er an der unüberwindlichen Kluft zwischen ihnen nichts Komisches finden.

»Was hat er denn gesagt?«, fragt Tariq.

»Er hat gesagt, dass wir beide ein tolles Paar sind. Und dass er noch nie ein Lebewesen mit so schönen braunen Augen wie deinen gesehen hat … höchstens diese eine besonders hübsche Kuh vielleicht.«

»Weißt du«, sagt Tariq und lehnt den Kopf an Robs Knie, »ich kenne nicht viele Leute, die einen so phantastischen Vater abgeben würden wie du.«

Unsere Worte manifestieren unsere Gedanken und haben Konsequenzen, auch wenn wir sie als heiße Luft oder Schall und Rauch abtun. Was und wie wir etwas sagen, ist eine Entscheidung, die wir treffen. Menschen wechseln so viele Worte ohne einen Gedanken an die Wirkung auf diejenigen, die sie lieben. Wir platzen mit allem Möglichen heraus, labern, tratschen, teilen aus. Wir machen eine Menge Lärm. Im Buddhismus ist eine Regel des achtfachen Pfades zur Erleuchtung die rechte Rede – bevor man spricht, sollte man sich fragen: »Ist es wahr, ist es gütig und ist es zweckmäßig?« In der Kommunikation mag Ehrlichkeit eine Tugend sein – aber Güte ist auch eine. Brutale Ehrlichkeit, die den anderen verletzt, ist nicht unbedingt eine mitfühlende Reaktion; sie wird uns kaum helfen, den festgefahrenen Konflikt zu lösen. Wie wir mit den Menschen kommunizieren, die wir lieben, ist für die Qualität unserer Beziehungen ganz entscheidend.

Rob geht zu Tariq ins Schlafzimmer, und sie schaffen es, die feindselige Stimmung zu verschieben. Tariq hält ein kleines Ritual aus seiner religiösen Tradition ab – eine natürliche dritte Position, in der er sanft eine höhere Macht als Logik und menschliches Ego anerkennt und die Unvollkommenheit seiner menschlichen Beziehung annimmt. Statt in der Defensive zu verharren (Rob in seiner Vermeidungstaktik, Tariq in seinem Ärger und seinem passiv-aggressiven Rückzug), beginnen sie, sich der Situation zu stellen und in ihr gegenwärtig zu sein. Traurigkeit, Verletzlichkeit, Liebe und vielleicht sogar ein bisschen Hoffnung stellen sich ein. Es spielt keine Rolle, dass sie sich dessen nicht bewusst sind – sie strecken sich nach der dritten Position, und das ist wohl genau dann am wichtigsten, wenn es darum geht, scheinbar unüberbrückbare Differenzen zu überwinden. Wenn wir unsere Kapazität für wahre Nähe erweitern wollen, müssen wir lernen, unsere Bedürfnisse und Wünsche und die unseres Partners als gleichwertig anzusehen.

Persönlichkeiten prallen nun einmal aufeinander. Manchmal erzeugen sie dabei gesunde Reibung. Konflikte helfen uns bei der Differenzierung unseres Selbst, so dass es uns gelingt, ein gutes, solides Selbstgefühl zu wahren. Sogar eine festgefahrene Situation ist zu überwinden, wenn wir unser Ego außer Acht lassen und uns genauer ansehen können, woran wir so ängstlich festhalten. Selbst wenn sich keine Lösung findet, durch die beide Partner bekommen, was sie ursprünglich wollten, können wir den Verlust überwinden, der unvermeidlich ist, wenn wir unseren Standpunkt ändern. In einer festgefahrenen Situation ist es nicht so wichtig, was man entscheidet, sondern wie und wie man die Träume des jeweils anderen in das Muster einer Beziehung einarbeitet.

Wir müssen die »Gewinner-Verlierer«-Mentalität aufgeben, unseren Stolz und den Drang, recht haben zu wollen. Nähe gedeiht nicht gut auf Dominanz und Manipulation – sie bevorzugt Demut. In der dritten Position, gleich welcher Art, wollen wir beide das, was das Beste für uns beide ist, nicht nur das Beste für einen von uns. Wenn nämlich ein Partner verliert, verliert die Beziehung, und das ist uns bewusst.

Wenn auch nur einer von zwei Partnern in der Lage ist, diesen Platz einzunehmen und zu versuchen, den Schmerz des anderen zu verstehen, kann sich viel verändern. Vielleicht überlegen Sie es sich doch anders, wenn Ihnen klarwird, dass Sie sonst die Person, die Sie lieben, verlieren könnten. Oder Sie sind zu einem Kompromiss bereit, weil Sie erkennen, dass Ihr Standpunkt in dieser Sache nicht so eng mit Ihrem Lebensziel verknüpft ist wie bei Ihrem Partner. Durch Containing können Sie den Störfaktor Vergangenheit abfangen, indem Sie Ihren Anteil an der Bande familiärer Beziehungen anerkennen, die sich mit Ihnen beiden im Bett drängeln. Rob zum Beispiel muss lernen, die Wünsche seiner Mutter von seinen eigenen zu trennen (oder sie als Projektionen erkennen).

Der erste Schritt ist, dass Rob zu seinen Gefühlen steht – dem Ausgeschlossensein. Wenn er zudem noch erkennt, dass es Tariq viel mehr bedeutet, Vater zu sein, als es ihm selbst bedeutet, kein Vater zu sein, ist er vielleicht sogar bereit, sich in Tariqs Richtung zu bewegen. Eventuell kommt Rob zu dem Schluss, dass ein Kind unbedingt zu Tariqs Lebensglück dazugehört, und Tariqs Glück wiederum hat einen hohen Stellenwert in Robs Vision ihrer Beziehung.

Rob und Tariq können eine Lösung finden. Sie könnten mit einem gemeinsamen Freund sprechen, einem Elternteil. Ein Therapeut könnte ihnen helfen, einander zuzuhören und zu erkennen, welchen Teil des Elefanten sie jeweils berühren, und auch das ganze Geschöpf zu sehen – alles, was sie als Paar verbindet und worauf sie hingearbeitet haben.

Phoebe und Tom haben uns gezeigt, dass es richtig ist zu streiten, wenn es Grund zum Streiten gibt, und dass es nicht unbedingt in einer Katastrophe enden muss, wenn man mal aufeinanderprallt. Aber wenn man damit nicht gut umgeht, so wie Daniel und Steph, kann Streit auch eine Beziehung zerstören. Jede Beziehung hat ihre eigenen Queensberry-Regeln, die Grundsätze für eine faire Auseinandersetzung. Manch ein Streitmodus treibt vielleicht besorgte Nachbarn dazu, die Polizei zu rufen, während ein anderer für eisiges, beleidigtes oder passiv-aggressives Schweigen sorgt. Manche Kämpfe werden nach einer regelrechten Choreographie türenknallend und wild gestikulierend ausgetragen, andere mit spitzen Zungen bei ein paar Gläsern Chardonnay in einem Restaurant ausgefochten. Hauptsache, man findet als Paar eine funktionierende Methode, sich auch mal Luft zu machen.

Ganz egal, worum wir streiten, wir können uns zumindest bemühen, fair zu streiten. Auch wenn wir uns nicht einig sind, können unsere Worte Achtung vermitteln. Beleidigungen und nicht jugendfreie Kraftausdrücke schaden einem guten Streit genauso wie subtilere Sabotage: etwa einen fiesen Zeitpunkt wählen, um das Thema anzusprechen, ganz auf den eigenen Schmerz konzentriert sein und den des Partners ignorieren oder sich weigern, Verantwortung für den eigenen Anteil an dem Konflikt zu übernehmen. Siegerformeln hingegen lauten: »Ich will mit dir gemeinsam eine Lösung finden« oder »Ich bin bereit, die innere Arbeit zu leisten, damit wir es schaffen«. Sie haben die Wahl: Sie können dem anderen vorwerfen, er würde Ihr Leben versauen, oder stattdessen seine Schwächen und Eigenheiten lustig oder niedlich finden. Sie können sich dafür entscheiden, mit ihnen und um sie herum zu arbeiten, sie als Teil des ganzen Menschen sehen, milder werden und toleranter gegenüber dem, was Sie an Ihrem Partner wahnsinnig macht, und ihn als komplex und interessant betrachten, auch wenn das frustrierend ist. Sie können sich dafür entscheiden, Ihren Partner als den Menschen anzunehmen, der er ist, und ihm seine Verletzungen, Sorgen und Kämpfe verzeihen. Das ist es, was Bindung von Ihnen verlangt. Eine gesunde Partnerschaft sollte zwei verschiedene Menschen darin unterstützen, sie selbst zu sein und die zu werden, die sie sein wollen.

Werden Tariq und Rob das Kinderproblem lösen? Das hängt vor allem davon ab, welche Entscheidungen sie treffen.

In Beziehungen ist man oft gefordert, sich um des geliebten Partners willen über die eigene Komfortzone hinaus zu bewegen. Man tauscht Güte und Großzügigkeiten aus, man reckt und streckt sich, um die Träume des Partners und die eigenen zugleich festhalten zu können. Das sind die Bedingungen für Nähe. Sie achten den Menschen, den Sie lieben, und unterstützen ihn nach Kräften dabei, ein möglichst erfülltes Leben zu leben. Aber wenn das nur möglich ist, indem Sie Ihre Vision für Ihr eigenes Leben missachten, haben Sie beide sich festgefahren. Sie dürfen sich nicht bis zur Selbstaufgabe opfern, um die Träume eines anderen zu erfüllen. Vielleicht sind Sie bereit, gewisse Teile Ihres Selbst aufzugeben, aber Ihr innerstes Wesen dürfen Sie nicht opfern. Und damit das nicht passiert, müssen Sie wissen, wer Sie sind, was Sie im Kern ausmacht, welche Träume für Sie wirklich wesentlich sind. Nur dann können Sie unterscheiden, was Sie aufgeben können und was nicht.

# 19. Brechen (auf- und auseinander)

Erin hat Mühe, sich auf ihren Atem zu konzentrieren. Der Kurs ist heute ganz schön voll. Immer wieder drängeln sich Gedanken in ihren Geist. Bilder von Daniel, der sich im Park von einer Fremden einen blasen lässt. Igitt. Atme, ermahnt sie sich. Sie versucht, unter das Zwerchfell hinab zu atmen, wie sie es gelernt hat, aber es ist, als wollte ihr Atem ihr nicht erlauben, zu tief in sich zu gehen. Scheiße, so kann sie nicht meditieren – da ist einfach zu viel Drama in ihrem Inneren.

Sie berührt ihren Bauch und lächelt. Mitchs Gesichtsausdruck, als sie ihm erzählte, dass ihre Periode überfällig sei, wird sie nie vergessen, und als die Schwangerschaft dann bestätigt wurde, hatte er Tränen in den Augen … und seitdem kann er gar nicht mehr aufhören, albern zu grinsen. Sie fragt sich, ob Daniel genauso reagiert hat, als Steph ihm von ihrer ersten Schwangerschaft erzählte. Daniel! Verdammt, warum muss er jetzt alles verderben?

Die Stimme ihres Meditationslehrers erinnert sie daran, dass sie hier ist, jetzt, und dass all die Gedanken, die in ihrem Kopf Amok laufen, nichts weiter sind als – Gedanken. Die sie einfach wahrnehmen soll, ohne zu urteilen oder zu kritisieren. Ja, klar, vielen Dank – nicht so einfach, neutral zu bleiben, wenn es um außereheliche Aktivitäten des Mannes ihrer Lieblingscousine geht. Erin kann sich nicht darüber klarwerden, was sie tun soll. Sollte sie es Steph sagen und sie damit furchtbar verletzen? Oder soll sie es ihr verheimlichen und sie damit auch verletzen, nur auf andere Art und Weise? Wenn es um ihren eigenen Mann ginge, würde sie es wissen wollen. Und Tara hätte natürlich überhaupt kein Problem damit, mit »schlimmen Neuigkeiten« herauszuplatzen, falls sie je davon erführe, dass Mitch sich gelegentlich von irgendwem einen blasen lässt. In gewisser Weise genießt Tara die Liebessorgen anderer Leute. Erin fragt sich, was der Buddha tun würde. Dem ging es doch immer um rechte Gedanken, rechte Rede und rechtes Handeln. Sagt sich so leicht, brummt Erin innerlich und öffnet ein Auge einen Spalt weit, um nachzusehen, ob sonst noch jemand Schwierigkeiten hat, »beim Atem zu bleiben«. Aber alle um sie herum sind ganz ruhig. Niemand sieht aus, als würde ihm der geistige Frieden mit pornographischen Kurzfilmchen vollgespammt.

»Du kannst es Steph nicht sagen«, hatte Mitch erklärt, aber er löscht Brände. Er mag keine Konflikte. Er würde alles tun, um den Frieden zu wahren.

»Was, wenn deine Schwester von ihrem Mann betrogen würde?«, hatte Erin gefragt.

Mitch hatte mit den Schultern gezuckt. »Für kein Geld der Welt würde ich Kayla so etwas sagen wollen. Eher nehme ich das Geheimnis mit ins Grab.«

Ein paar Tage nach dieser Unterhaltung hatte Erin festgestellt, dass sie schwanger war, und das verdrängte eine Zeitlang alles andere.

Und jetzt weiß Erin immer noch nicht, was sie tun soll. Sie findet, Steph sollte es wissen, aber sie will nicht diejenige sein, die es ihr beibringt. Vielleicht eine anonyme Nachricht in ihrem Briefkasten? Blödsinn, wie feige. Während sie grübelnd auf ihrem Kissen sitzt, sagt der Lehrer, dass sie die heutige Stunde nun mit einer Meditation der *Liebenden Güte* beenden werden.

»Denke an jemanden, den du liebst«, sagt der Lehrer. Erins Herz öffnet sich, und Steph ist da. Die arme, wunderbare, erschöpfte Steph.

»Und jetzt sage in Gedanken zu dieser Person: ›Mögest du sicher und geborgen sein, mögest du glücklich und gesund sein und mögest du friedvoll sein.‹« Erin schickt Steph diese liebevollen Gedanken.

»Jetzt denke an jemanden, mit dem du Schwierigkeiten hast«, sagt der Lehrer. »Kein Problem«, brummt Erin vor sich hin. Daniel. Das Arschloch. »Und jetzt sage im Stillen zu dieser Person: ›Mögest du sicher und geborgen sein, mögest du glücklich und gesund sein und mögest du friedvoll sein.‹«

Erin spürt, wie sich etwas in ihr zusammenzieht. Widerstand. Sie atmet hinein. Etwas in ihr wird weicher. Und sie schickt diese liebevollen Gedanken zu Daniel, dem Dreckskerl.

Am Ende ihrer Meditation weiß Erin, was sie zu tun hat.

Die meisten von uns begegnen Hindernissen im Leben wie einem feindseligen Fremden – mit Abneigung, Adrenalin und Widerstand, bereit, zu kämpfen, zu fliehen oder zu erstarren. Der spirituelle Lehrer Stephen Levine schlägt vor, es einmal anders zu versuchen und Schmerz (körperlichem wie emotionalem) mit einem »weichen Bauch« zu begegnen. Statt uns dagegen anzuspannen, rät er, uns dem Schmerz zu öffnen, ihn aufzunehmen und »mit ihm zu sein«. Ja, das widerspricht zunächst unserer Intuition – als sollte man jemanden, der einem ein Messer in den Rücken gestoßen hat, auf eine Tasse Tee hereinbitten. Aber nicht, wenn wir uns der Wahrheit bewusst sind, dass alles – auch Schmerz und Schwierigkeiten – vergänglich, unvollkommen und unvollständig ist. Sie werden vergehen. Wir können wählen, wie wir ihnen begegnen wollen. Wir können sie ausschließen und ein gerichtliches Kontaktverbot gegen sie erwirken wie gegen einen psychotischen Stalker.

Oder wir können uns mit liebevoller Güte bemühen, genau das Gegenteil zu tun. Wir können den Menschen, die uns verletzt haben, Liebe senden. Das ist die Reaktion gegen den Uhrzeigersinn, das Gegenmittel für unseren Narzissmus, der wissen will »Was bringt mir das?« oder »Warum sollte ich?« oder der schlicht sagt: »Mir ist nicht danach.« Liebevolle Güte lenkt uns zum Verständnis für das Unverständliche, zur Liebe für nicht Liebenswertes. Sie bringt uns zu einer innerlichen dritten Position, von der aus wir (und sei es nur für einen Augenblick) das Gesamtbild wahrnehmen können, darunter die Schwäche und Menschlichkeit einer Person, die wir in unseren rationalen Gedanken verabscheuen. Indem wir unser Herz auf diese Weise öffnen, räumen wir die Möglichkeit ein, dass wir nicht alles wissen, was es zu wissen gibt. Wenn wir etwas aber nur teilweise kennen und verstehen, können wir nicht darüber urteilen. Also entscheiden wir uns, das Einzige zu tun, was niemandem schaden kann und alle anderen Möglichkeiten schon beinhaltet – wir können Menschen immer lieben, gebrochen und unvollkommen, wie sie sind.

Das größte Hindernis für diese Großzügigkeit in intimen Beziehungen ist die Angst, dass die Forderungen des Partners einen verschlingen könnten, wenn man ihnen nichts entgegensetzt. Wenn Sie Ihre Klagen und Forderungen dem anderen gegenüber aufgeben, könnte er dieses frei gewordene Territorium übernehmen. Sie haben Angst davor, dass der andere gierig den Raum ausfüllen wird, den Sie gerade freigeräumt haben, und dass die Beziehung dann ganz ungleich wird, weil Sie all die schwere Arbeit leisten. »Das ist nicht fair!«, protestieren Sie jetzt vielleicht. Aber diese Haltung bedeutet nicht, dass ab sofort nur noch der Partner bekommt, was er braucht. Sie sollen Ihre Rechte nicht aufgeben und dürfen weiterhin entschlossen Grenzen ziehen. Liebendes Mitgefühl ist kein Schachzug, mit dem Sie sich selbst schaden. Wenn der Narzisst in uns allen doch nur erkennen könnte, dass da jede Menge »für ihn drin ist«. Wenn Sie beim Mitgefühl bleiben und es auf andere überfließen lassen, gibt es einen schönen Nebeneffekt: Es fließt auch auf Sie zurück, Sie werden selbst weicher gegenüber Ihren eigenen Fehlern und Schwächen. Jedes Mal, wenn Sie einen anderen nicht verurteilen, zügeln Sie Ihren inneren Kritiker, der ansonsten nicht nur Gift und Galle über andere spucken würde, sondern auch über Sie selbst. So wie Sie anderen nicht weh tun können, ohne sich damit selbst weh zu tun, können Sie andere nicht lieben, ohne sich damit selbst zu lieben. Liebe kommt automatisch im Superpack – Sie bekommen immer einmal Liebe gratis dazu.

Wir wissen noch nicht genug über die Macht des Gebets oder der Liebende-Güte-Meditation in diesem Universum der Quantenphysik. Manche behaupten, die Energie dieser liebevollen Schwingungen habe tatsächlich kausale Wirkung, so wie Hass oft in Gewalt umschlägt. Indem wir anderen liebevolle Güte senden, nehmen wir Widersprüchliches an und erweitern den Kreis dessen, womit wir uns verbunden und wofür wir uns verantwortlich fühlen. Wir nehmen unseren Platz in der Familie aller lebenden, liebenden, unvollkommenen Geschöpfe ein.

»Erin! Was für eine nette Überraschung.« Steph lächelt, doch es wirkt gezwungen. Sie sieht müde aus, denkt Erin. »Meine Lieblingscousine«, sagt Steph. »Komm rein und setz dich, ich habe gestern Abend Karottenkuchen gebacken.«

Erin geht durch das weitläufige Wohnzimmer in die fabelhafte Küche, die Steph und Daniel vor ein paar Jahren haben einbauen lassen. Bis vor kurzem hat Erin all das als Teil von Stephs und Daniels perfektem Leben betrachtet.

»Kaffee?«, fragt Steph.

Erin schüttelte den Kopf. »Wasser, danke«, sagt sie.

»Alles in Ordnung?«, fragt Steph. »Du siehst aus, als wäre etwas Wichtiges passiert. Du bist doch nicht schwanger, oder? Oh mein Gott, du bist schwanger?« Steph sieht sie aufgeregt an.

Erin kann kaum glauben, dass Steph es so leicht erraten hat, und lächelt unwillkürlich. Doch Stephs Freude lenkt sie von ihrer eigentlichen Mission ab. So war das nicht geplant.

»Ach, Erin, wie aufregend!« Steph streichelt Erins Bauch. »Ich will unbedingt deine Babyparty organisieren, ja? Wann kommt es denn?«

Erin lässt Steph noch eine Weile fröhlich über das Baby schwatzen und wartet auf eine Pause.

»Hör mal, Steph, eigentlich bin ich vorbeigekommen, weil ich mit dir über etwas anderes reden wollte …« Erin beißt sich auf die Lippe und erinnert sich daran, in den Bauch zu atmen. Sie will das geschickt und hilfreich angehen und möglichst wenig Schaden oder Schmerz verursachen. »Wie läuft es denn zwischen dir und Daniel?«

Steph zieht die Augenbrauen hoch. »Ach, du weißt schon – wie immer.« Sie lacht klimpernd.

»Nein, ehrlich«, beharrte Erin. »Wie läuft es wirklich zwischen euch?«

Steph sieht sie verwundert an. »Na ja, also, ich würde sagen, soso. Muss das verflixte siebzehnte Jahr sein oder etwas in der Art. Warum fragst du?«

Erin legt eine Hand auf Stephs. »Ich will dir das nicht sagen müssen, und ich habe mich weiß Gott lange damit herumgequält, ob ich es dir überhaupt sagen soll oder nicht ... Ich will dir nicht weh tun oder einen Keil zwischen dich und Daniel treiben ...«

»Er hat eine Affäre, oder?«, fragt Steph plötzlich. Sie atmet tief aus. »Verdammt, ich hab's doch gewusst!«

»Nein, das ist es nicht, na ja, ich weiß es nicht genau«, sagt Erin. »Mitch hat ihn nur neulich Abend im Park gesehen und ...«

Erin erzählt Steph, was Mitch gesehen hat. Die Worte purzeln nur so aus ihr hervor wie aus einem vollgestopften Schrank, dessen Tür plötzlich aufgerissen wird.

Erin rechnet jeden Moment damit, dass Steph explodieren, einen Wutanfall bekommen, weinen oder ... sonst etwas tun wird. Aber Steph hört ihr nur zu. Sie stellt nicht einmal in Frage, ob Mitch sicher sein kann, was er da gesehen hat. Vielleicht hat er etwas falsch interpretiert. Es war schon fast dunkel, vielleicht war das nur eine Kollegin ... Erin wünscht sich allmählich, dass Steph endlich wütend würde. Dass sie es leugnet oder sagt, Mitch müsse sich geirrt haben. Doch Steph steckt diesen Schlag nur ein.

»Es tut mir leid«, schließt Erin, »aber ich fand, du solltest das wissen.«

Steph greift nach ihrer Kuchengabel und gräbt sie in das Stück Karottenkuchen auf ihrem Teller. »Ist schon gut, Erin. Zwischen uns läuft es schon lange nur noch beschissen. Im Grunde überrascht mich das nicht.« Stephs Stimme bricht. »Meine Ehe ist wohl so gut wie am Ende. Es tut mir nur so leid für die Kinder.«

»Ist sie wirklich am Ende? Gibt es keine andere Möglichkeit?«, fragt Erin.

»Ich weiß es nicht. Ich weiß nicht, wie wir unsere Ehe noch retten könnten. Ich weiß nicht, wie man über so etwas hinwegkommen sollte.«

»Liebst du ihn denn noch?«, fragt Erin.

Steph zuckt mit den Schultern. »Ich bin nicht sicher.«

## DER UNGELADENE GAST

Diese letzte Feststellung ist für eine Beziehung so etwas wie eine Krebsdiagnose. Man wird von Grauen, Angst und Hilflosigkeit gepackt und hat das Gefühl, aus seinem eigenen Leben hinausgeworfen zu werden. Wie Dante in der *Göttlichen Komödie* schreibt: »Als ich auf halbem Weg stand unsers Lebens / Fand ich mich einst in einem dunklen Walde / Weil ich vom rechten Weg verirrt mich hatte.« Der Dichter Mark Nepo, der selbst als junger Mann an Krebs erkrankte, bezeichnet eine solche schwierige Erfahrung – Untreue, eine Krankheit, den Verlust eines geliebten Menschen – als unliebsamen Gast. Solche Zeiten sind Initiationen, die uns einladen, in unserem Leben ganz präsent zu bleiben, und zwar genau dann, wenn wir keine Ahnung haben, was das Leben eigentlich von uns will.

Viktor Frankl betont in *Der Mensch auf der Suche nach Sinn*, dass das Leben unter allen Umständen, selbst in unsagbarem Leid, einen Sinn hat, den man finden kann. Denn selbst wenn wir an den äußeren Umständen nichts ändern können, können wir immer noch selbst entscheiden, wie wir darauf reagieren. Eine Krise kann uns brechen. Aber was geht da kaputt? Unsere Illusion, dass unser Leben, unsere Gesundheit, unsere Beziehung perfekt war? Was ist eigentlich so schrecklich daran zu zerbrechen? Nepo schreibt, solche Krisen könnten uns

288

entweder brechen oder uns aufbrechen – eine Konfrontation mit den Wahrheiten erzwingen, denen wir lange Zeit ausgewichen sind. Alles, was zwischen Steph und Daniel verleugnet und unterdrückt wurde, hat sich nun so zugespitzt, dass es nicht mehr zu übersehen ist. Die Dämonen sind zum Vorschein gekommen. Da so etwas schmerzhaft ist, halten wir es für ganz schrecklich. Aber wenn eine Krankheit diagnostiziert wird, ist das auch ein Neuanfang. Wir bekommen eine Chance auf Heilung.

An der Haustür brennt kein Licht. Das ist seltsam. Steph schaltet es normalerweise ein, wenn es dunkel wird, damit Daniel, sobald er in die Einfahrt abbiegt, von einer beleuchteten Haustür empfangen wird. Vielleicht ist die Birne kaputt. Er steigt im Dunkeln die Stufen zur Haustür hinauf und hat etwas Mühe, den Schlüssel ins Schloss zu bekommen.

Drinnen ist es still. Auch das Wohnzimmer liegt im Dunkeln, nur in der Küche brennt Licht.

»Steph?«, ruft er. »Justin? Georgia? Wo steckt ihr denn alle?« Hat er irgendeinen Termin vergessen? Ist Steph bei ihren Eltern zum Abendessen? Nein, das hätte er bestimmt nicht vergessen.

Er lässt seine Aktentasche aufs Sofa fallen und zieht sein Jackett aus. Er geht in die Küche. Kein Essen im Ofen oder auf dem Herd. Sieht so aus, als seien die Arbeitsflächen schon abgewischt worden, und die Spülmaschine läuft. Er öffnet den Kühlschrank, um sich ein Bier zu nehmen – am Wochenende hat er ein Sixpack leckeres deutsches Bier gekauft und erst zwei Dosen davon getrunken. Aber es steht kein Bier im Kühlschrank. Steph trinkt kein Bier. Wer hat seine Bierchen getrunken?

Auf einmal hört er ihre Schritte auf der Treppe.

»Da bist du ja«, sagt er, als sie in die Küche kommt. »Ich wollte schon die Polizei alarmieren. Was zum Teufel ist hier los? Es ist erst halb acht, wo sind die Kinder?«

Steph geht an ihm vorbei, ohne ihn anzusehen.

»Oben in ihren Zimmern«, antwortet sie kühl.

»Jetzt schon? Kein Fernsehen heute?«

Steph antwortet nicht.

»Habt ihr schon gegessen?«, fragt Daniel.

»Ich habe keinen Appetit.« Sarkasmus hängt wie Eiszapfen an ihren Worten.

»Also, ich bin am Verhungern«, sagt Daniel. »Gibt es heute kein Abendessen? Oder wenigstens Reste? Und wo ist, bitte schön, mein Bier?«

»Nein, es gibt kein Abendessen. Auch keine Reste.« Steph geht zum Mülleimer. Sie holt vier leere Bierdosen heraus und stellt sie übertrieben sorgfältig auf die Arbeitsfläche. »Ich habe es in den Ausfluss gekippt.«

»Was zum Teufel ist los mit dir?«, fragt Daniel. Das war bestes Importbier! Auf einmal kocht Daniel vor Wut. Was ist nur in Steph gefahren? Hat sie den Verstand verloren?

»Oh, tut mir leid, du schäbiger Mistkerl. Ich dachte nur, wenn du genug Geld hast, um eine Prostituierte zu bezahlen, dürfte es dir nicht schwerfallen, dein verdammtes Importbier zu ersetzen!«

»Wovon redest du eigentlich?«, fragt Daniel und fährt sich mit den Fingern durchs Haar. »Eine Prostituierte? Leidest du unter Wahnvorstellungen?«

»Nein, Daniel, ich bin hier nicht die Wahnsinnige. Ich bin nicht diejenige, die so schäbig ist, sich im Auto auf einem Parkplatz einen blasen zu lassen.«

Daniel bleibt die Luft weg.

»Was?«

»Du hast mich schon verstanden. Wie lange läuft das schon? Ich weiß ja, dass du sabbernd vor irgendwelchen Pornoseiten sitzt, aber zu einer Prostituierten zu gehen ...« Steph würgt.

»Sie ist keine ...« Daniel unterbricht sich.

»Was ist sie dann?«, fragt Steph. »Deine Freundin? Deine Geliebte? Ach, ist mir doch egal, wie du sie bezeichnest. Du bist pervers. Das hätte ich längst erkennen müssen. Du bist sexsüchtig. Du brauchst Hilfe.«

Daniel ringt nach Luft. Adrenalin schießt durch seinen Körper. Wie ist Steph dahintergekommen? Wer könnte es ihr gesagt haben? Ihm kommt die Galle hoch. Gleich muss er sich übergeben. »Ich brauche Hilfe? Was ist mit dir? Du hast mich verdammt noch mal dazu getrieben, du kaltes Miststück! Was erwartest du denn, wenn ich von dir nicht mal einen Kuss oder eine Umarmung bekomme – ich meine, Sex käme nicht auf deine To-do-Liste, wenn du sie für die nächsten zehn Jahre im Voraus schreiben würdest. Ich habe alles versucht ...« Daniel rauft sich buchstäblich die Haare. »Es ... ich war so verzweifelt ...«

»Tja, das bleibt dir in Zukunft erspart«, erklärt Steph und verschränkt die Arme vor der Brust. »Du kannst auf der Stelle deine Koffer packen und zu deiner Freundin gehen. Verschwinde aus diesem Haus und aus unserem Leben.«

»Was soll das heißen?« Daniel gerät in Panik. »Ich ziehe doch nicht aus – ich will nirgendwo hin. Ich ... ich ... was ist mit den Kindern?«

»Was kümmern dich die Kinder? Sie sind ohne dich besser dran. Was für ein Mensch ... was für ein Vater ...?« Tränen schnüren Steph die Kehle zu.

»Steph, bitte«, fleht Daniel und geht auf sie zu. »Es tut mir leid.«

Steph weicht zurück. »Komm mir nicht zu nahe. Lass deine dreckigen Finger von mir. Bleib bloß weg von mir, du Scheißkerl.«

Daniel bleibt stehen. Er schlägt die Hände vors Gesicht. Kein Laut ist zu hören, aber seine Schultern zucken. Weint er? Steph funkelt ihn an, und ein Teil von ihr genießt diesen triumphalen Augenblick – ihr Mann bricht vor ihr zusammen. Sie spürt die Macht über ihn, die moralische Rechtschaffenheit, die sie weit über ihn erhebt. Während sie ihn leiden sieht, fühlt sie sich stärker als je zuvor in ihrem Eheleben. Und seltsamerweise elender. Der Gedanke an Alistair schießt ihr durch den Kopf. Sie schiebt ihn beiseite – nein, das ist wirklich nicht dasselbe. Ganz und gar nicht. Sie haben Kontakt per Facebook. Na und? Das ist nur ein harmloser Flirt. Alistair wohnt schließlich weit weg in Los Angeles. Sie hat ihm nicht den Schwanz gelutscht. Obwohl … Steph erinnert sich daran, wie ihr die Hitze ins Gesicht stieg, als sie diese Nachricht von ihm las, in der er ihr von seinem Traum erzählte, sie beide hätten sich geliebt.

»Das habe ich verdient«, sagt Daniel, und als er endlich den Kopf hebt, ist sein Gesicht tränenüberströmt. »Beschimpf mich ruhig. Es tut mir leid. Ich liebe dich. Ich habe einen Fehler gemacht. Das werde ich nie wieder tun. Bitte wirf mich nicht raus. Wirf mich nicht aus dem Leben unserer Kinder. Gib mir noch eine Chance.«

Stephs Wut ringt mit ihrem fassungslosen Staunen darüber, Daniel weinen zu sehen. »Ich hasse dich«, stößt sie erstickt hervor.

Daniel nickt.

»Du bist ein Schwein.«

»Ja.«

»Du hast mich betrogen, und die Kinder.«

Daniel laufen Tränen übers Gesicht. Seine Knie drohen nachzugeben.

»Sie hat mir nichts bedeutet ... Ich war nur so ... so ... einsam.«

Steph schluckt. »Einsam oder geil?«

»Vielleicht beides. Aber hauptsächlich einsam. Schon sehr lange.« Daniel sinkt auf einen Barhocker und stützt die Ellbogen auf den Frühstückstresen. Sein Gesicht ist verzerrt. »Ich will nur ... etwas ... ein bisschen Zärtlichkeit von dir. Aber du willst mich nicht. Man könnte glauben, ich widere dich an.«

»Ich weiß nicht, was du meinst«, erwidert Steph eisig. »Ich will eine Menge von dir. Ich will jemanden, der sich dafür interessiert, wie es mir geht und was ich durchmache. Der mir zuhört und Verständnis dafür hat, wie hart mein Tag oft war. Ich weiß, mein Leben ist längst nicht so glamourös wie dein wichtiger Tag in der Firma, aber es ist immer noch mein Leben.« Stephs Stimme versagt. Seit ein paar Monaten erzählt sie Alistair haarklein, was sie den ganzen Tag lang erlebt – verdammt, Alistair weiß mehr über Stephs alltägliche Dramen als Daniel! Weil er sich für ihr Leben interessiert.

Daniel schweigt. Steph steht auf der anderen Seite der Küche. Zwischen ihnen auf dem Küchentisch die vier leeren Bierdosen. Die Uhr an der Wand tickt laut in der Stille. Dann piepst die Spülmaschine – das Spülprogramm ist fertig.

Schließlich sagt Daniel: »Bitte wirf mich nicht raus, Steph. Ich liebe dich. Ich habe dich immer geliebt. Ich weiß, dass es dir schwerfällt, mir das zu glauben, aber es ist wahr. Mein Schwanz ist mir in die Quere gekommen, aber ich bin viel mehr als nur mein Schwanz. Und selbst wenn du nie wieder mit mir schlafen willst, wäre mir das lieber als ein Leben ohne dich. Jeden Morgen für den Rest meines Lebens neben dir aufzuwachen wäre mir wichtiger als Sex. Nur zusehen zu können, wie du schläfst.«

Steph findet seine Worte abstoßend. Seine jämmerliche Bettelei macht alles nur noch schlimmer. Das ist nicht das, was sie will – einen gebrochenen Mann.

»Erin und Mitch wissen Bescheid«, sagt Steph. »Mitch hat dich gesehen! Hast du nicht einmal so viel Verstand, dich diskret zu verhalten? Nein, du musstest es in aller Öffentlichkeit tun. Hast du irgendeine Ahnung, wie demütigend das ist? Ich muss mit Menschen leben, die wissen, dass mein Mann es mit Fremden auf der Straße treibt. Ich weiß nicht, ob ich dir das verzeihen kann.« Steph wendet sich ab und verlässt die Küche.

»Steph, bitte, darf ich bleiben?«

Ohne sich umzudrehen, antwortet sie: »Du kannst auf dem Sofa schlafen. Aber steh ja früh auf, damit die Kinder nichts merken. Wenn sie nicht wären, würde ich dich auf der Stelle vor die Tür setzen.«

Und damit steigt sie die einsame Treppe zu ihrem kalten Bett hinauf, das schon seit Jahren still und allmählich immer leerer geworden ist.


## DIE GESCHICHTE VON KISA GOTAMI

Vor vielen Jahren, zu Lebzeiten des Buddha, starb der einzige Sohn von Kisa Gotami, der Frau eines wohlhabenden Mannes, eines Nachts im Schlaf. Die arme Frau war so außer sich vor Trauer, dass sie schließlich zum Buddha ging und ihn anflehte, ihren Sohn wieder lebendig zu machen. Er erklärte sich einverstanden und verlangte, dass sie ihm dafür eine Handvoll Senfkörner aus einem Haus brachte, dessen Bewohner noch nie einen geliebten Menschen verloren hatten. Überglücklich machte sie sich auf die Suche nach diesen besonderen Senfkörnern. Sie klopfte an die Tür des ersten Hauses, erzählte ihre Geschichte und bat um eine Handvoll Senfkörner, die ihr auch gern geschenkt wurden. »Ach, nur eines noch – in eurem Haus ist niemand gestorben, oder?« Daraufhin machte die Frau ein betrübtes Gesicht. »Doch, erst vergangene Woche ist mein geliebter Vater verstorben.« Traurig gab Kisa Gotami der Frau die Senfkörner zurück und ging zum nächsten Haus. Doch in jedem Haus hatte jemand einen geliebten Menschen verloren – in jedem Gesicht fand sie ihre eigene Trauer gespiegelt. Und so wanderte sie von Haus zu Haus. Sie erkannte, dass sie mit ihrem Leid nicht allein war, und kehrte als Erwachte zum Buddha zurück. Die schreckliche Trauer, die sie gebrochen hatte, hatte sie zugleich aufgebrochen und der Erleuchtung geöffnet.

Stephs und Daniels Beziehung steht auf der Kippe. Sie sind gefordert, dieser Erfahrung einen Sinn zu geben. Das können nur sie beide tun, indem sie sich über den kleinen Teil des Elefanten hinaus bewegen, den sie jeweils berühren. Die Wahrheit ihrer Beziehung ist nicht einfach, sondern ein Teppich aus Schweigen, Verrat, Traurigkeit und ihrem Versagen darin, aneinander festzuhalten. Sie sind keine energetisch getrennten Wesen, sondern Teile eines Ganzen. Auch wenn Daniel sozusagen den Schattenanteil der Beziehung auslebt, der schließlich im Ehebruch gipfelte, und Steph die tugendhafte Energie verkörpert (trotz ihrer Gewissensbisse wegen des Facebook-Flirts mit Alistair), haben sie diese Situation gemeinsam geschaffen. Daniel ist nicht nur der Ehebrecher, und Steph ist nicht nur treu. In ihrem gemeinsamen Schlafzimmer steht noch ein viel größerer Elefant. Sie haben jetzt die Chance, einander nicht nur teilweise zu verstehen, sondern noch besser kennenzulernen und ihre Beziehung durch diesen Vorfall zu verwandeln. Wer weiß, vielleicht muss diese Ehe bis auf die Grundmauern niederbrennen, damit der Phönix aus der Asche auferstehen kann?

Daniel ist zu weit gegangen. Dadurch hat er sie beide unbewusst an den Rand des Abgrunds gebracht. Manchmal müssen wir vor dem Nichts stehen, um Haaresbreite alles verlieren, ehe wir endlich aufwachen. Das ist jetzt der letzte Weckruf.

# 20. Wenn es Zeit wird, sich zu trennen

Niemand entscheidet sich für eine monogame Beziehung und stellt sich dabei vor, wie er eines Tages wird Schluss machen müssen. Wir schwören jemandem die Treue, verpflichten uns der Liebe, wie eine Frau ein Kind bekommt – voller Hoffnungen und Träume von einer glücklichen Zukunft. Selbst in den besten Beziehungen gibt es diese Augenblicke, in denen einem durch den Kopf geht: »Was habe ich mir nur dabei gedacht, den zu heiraten?« und »Hätte ich wirklich keine Bessere finden können?«. Hin und wieder wünschen wir uns, mal mit jemand anderem schlafen zu dürfen oder uns noch einmal neu zu verlieben. Im Laufe der Jahre ändern sich unser Lebensstil, unsere Essgewohnheiten, unser Geschmack, was Filme angeht, und unsere politischen und religiösen Überzeugungen. Das ist ein unvermeidlicher Teil der persönlichen Weiterentwicklung. Die Monogamie unterwirft uns einer einmaligen Beschränkung: Wir sind für immer auf diese eine Person festgelegt, ganz egal, wie sehr sich unsere Lebensumstände, unsere Persönlichkeit und unsere Beziehung verändern mögen. Manche Religionen und Gesellschaften machen Scheidung und Trennung geradezu unmöglich, zu einer Qual oder zumindest zu einer entsetzlichen Schmach und Schande, so dass es vielfach leichter ist, zusammenzubleiben und weiter zu leiden. Aber das Leben ist zu kurz, um viele Jahre lang unglücklich zu sein. So schmerzlich es auch ist, manchmal kommt einfach die Zeit, eine Beziehung aufzugeben.

In Toms und Phoebes Fall blutet die Beziehung allmählich aus, weil der Sex fehlt. Doch eine Beziehung geht nicht an mangelnden nassen Flecken per se zugrunde, sondern daran, was fleckenlose Bettlaken für jeden Einzelnen bedeuten. Für manche stellt »kein Sex« schon einen Grund dar, die Beziehung zu beenden; für andere ist das keine große Sache. Wenn zwei Menschen lieber zusammen ein schönes Glas Wein trinken, als schwitzend Akrobatik im Bett zu treiben, gibt es keine Differenz in ihrem Begehren. Weniger großartig ist es, wenn einer schmusen möchte und der andere lieber den Hund ausführen, CSI gucken oder das Auto waschen würde. Wenn Sex auf beider Prioritätenliste ungefähr dieselbe Hausnummer hat (nicht auf einer ganz oben und auf der anderen ganz unten steht, sondern ungefähr auf gleicher Höhe), wird keiner das Gefühl haben, zu kurz zu kommen. Besteht jedoch zwischen der Libido der beiden Partner eine große Differenz, so kontrolliert, wie David Schnarch in *Die Psychologie sexueller Leidenschaft* schreibt, der Partner mit der geringeren Libido, wie häufig die beiden Sex haben (sofern die Beziehung nicht von Gewalt und Missbrauch geprägt ist). Und der andere wird zum knisternden Bündel sexueller Frustration.

Wir müssen also unserer jeweiligen individuellen Entwicklung gegenseitig Raum geben und einander sowie der Beziehung genug Aufmerksamkeit schenken. Wir müssen uns vergewissern, dass beide Partner mithalten und sich verändern. Damit Nähe und Vertrautheit weiter wachsen, müssen wir uns ein offenes Herz und einen offenen Geist bewahren. Während wir unweigerlich schmerzhafte Neuverfilmungen durchspielen, treten manche von uns aus dieser Endlosspirale heraus und bemühen sich um tiefere, bewusstere Kommunikation. Andere wiederum bleiben darin stecken, wiederholen dasselbe Muster immer wieder und finden keinen Weg hinaus, wie ein Hamster in seinem Laufrad. Einer von uns könnte in Richtung Osten wachsen und der andere nach Westen. Der eine erblüht vielleicht in neuer Bewusstheit, während der andere lieber in der dunklen, muffigen Höhle seines »So bin ich eben, lieb mich oder lass es« sitzen bleibt. Vielleicht wollen auch beide dasselbe, können es aber nicht erreichen, weil die Beziehung nicht mehr elastisch genug ist. Wenn man sie lange genug vertrocknen lässt, sind eben irgendwann nur noch Fossilien übrig.

Es gibt unzählige Gründe dafür, dass Menschen in Beziehungen bleiben, die anscheinend keine Zukunft mehr haben. Angst vor Veränderungen, finanzielle Unsicherheit, die geschätzte (unter Umständen gar nicht so komfortable) Komfortzone und nicht selten Co-Abhängigkeit. Partner können sich so ineinander verstricken, so machtvolle Drehbücher immer wieder neu verfilmen, dass sie sich selbst nicht mehr lösen können und buchstäblich das Gefühl haben, ohne die Beziehung wüssten sie gar nicht, wer sie sind. Selbst in gefährlich destruktiven Beziehungen, etwa in Fällen häuslicher Gewalt, entscheidet sich der misshandelte Partner oft, zu bleiben und – zum hundertsten Mal – dem scheinbar reuigen Gewalttäter zu verzeihen. Von außen betrachtet erscheint das unerklärlich, aber innerhalb einer Beziehung sind komplexe Kräfte am Werk. Sie lassen beide Partner wie Marionetten an den Fäden der projektiven Identifikation ihre Rollen ausspielen, die zwar verzerrt sind, aber einander ergänzen. Natürlich ist hier nicht die Rede von Fällen, in denen eine Frau gegen ihren Willen von einem gesellschaftlichen oder religiösen Diktat zum Bleiben gezwungen wird oder um ihr Leben und das ihrer Kinder fürchten müsste, wenn sie ihren Mann verließe. Ungesunde Neuverfilmungen führen zu ungesunden Beziehungen.

Wenn man als Kind »ausreichend gute« Liebe erfahren hat, landet man mit größerer Wahrscheinlichkeit in einer Beziehung, die sich »ausreichend gut« anfühlt, und spielt ein gesünderes Drehbuch nach.

Es fällt uns leicht, etwas zu beenden, das uns eher gleichgültig ist – die lauwarmen, halbherzigen, langweiligen Beziehungen, in denen wir uns irgendwann fühlen, als hätten wir ständig Verstopfung. Beziehungen mit vielen Konflikten und reichlichen Dramen sind schwerer zu beenden, weil sie auf einer viel stärkeren Bindung beruhen – wenn uns etwas wütend macht und zutiefst verletzt, ist es uns auch unbewusst enorm wichtig, wir hängen daran. Wir spielen unsere Rolle in diesem Stück, und sei es nur, um jemanden als Container für die Teile unseres Selbst zu haben, die wir nicht ausstehen können. Hass ist eine leidenschaftliche Dynamik. Dahinter verbirgt sich oft ein tiefes, beängstigendes Bedürfnis, und deshalb reicht Hass allein als Antrieb nicht aus, um eine Beziehung zu beenden. Bei vielen Paaren schwankt die Stimmung auch zwischen gut und schlecht, erträglich und unerträglich – sie pendeln zwischen Hass und Liebe hin und her.

Oft versucht ein Partner, die Frage »Ist es Zeit, sich zu trennen?« dadurch zu umgehen, dass er sich in jemand anderen verliebt, ein ganz besonderer Fall der Triangulation. Wenn man eine Alternative vor Augen hat – ein anderes Bett zum Hineinhüpfen, das viel einladender aussieht als das schwierige zu Hause –, ist es viel leichter, sich zu verabschieden. Vor allem, weil die neue Beziehung dann normalerweise noch in der Phase sexuellen Begehrens und romantischer Liebe steckt. Doch auch dann können Pflichtgefühle gegenüber Kindern, Eltern, Gott (falls man vor Ihm die Treue geschworen hat) oder finanzielle Belastungen und hundert weitere Sorgen zwischen diesem Partner und der Tür stehen.

Manche Leute sind dazu fähig, einfach zu verschwinden. Sie setzen sich ins Auto und fahren davon, ohne sich noch einmal umzuschauen, weil die Zerstörung, die sie zurückgelassen haben, ihnen zu viel Angst macht oder gleichgültig ist. Andere verlassen einen Partner, sogar die Kinder, die man gemeinsam hervorgebracht hat, ohne besonders aufgewühlt zu wirken. Vielleicht haben sie zu lange versucht, in dieser Beziehung glücklich zu sein, und sind innerlich vollkommen überzeugt von diesem Schritt, der für den Partner dennoch wie aus heiterem Himmel kommen kann. Vielleicht haben sie sich auch selbst etwas vorgelogen. In so einer Lage wusste man vielleicht von Anfang an, dass das nicht die richtige Beziehung ist, hat aber erst jetzt die Kraft und Entschlossenheit gefunden, sie zu beenden. Es könnte aber auch sein, dass man sich zu weit von seiner eigenen Wahrheit entfernt hat, um sich der Realität zu stellen.

Aber wenn wir Zeit, Mühe, Emotionen oder Geld in eine Beziehung gesteckt haben, werden wir uns wahrscheinlich eine Zeitlang bemühen, sie zu retten, und sei es nur, damit wir anschließend sagen können »Ich habe getan, was ich konnte« – aber meist eher in der Art, wie wir alles versuchen würden, um einen geliebten Menschen zu retten, der langsam vor sich hin stirbt. Wir halten an der Beziehung fest und tun alles, um sie wiederzubeleben, denn sollten wir eine Beziehung verlieren, fühlen wir uns … na ja, wie ein Verlierer. Eine Trennung ist ein Eingeständnis, dass wir versagt haben und öffentlich einen schweren Liebesirrtum zugeben müssen – einen persönlichen Fehler, der zu einer Belastung wird, die wir erst verarbeiten müssen, ehe wir uns auf eine neue Beziehung einlassen können.

Niemand nimmt gern Abschied. Auch wenn eine Beziehung nur noch von Apparaten am Leben erhalten wird, ist es trotzdem ein endgültiger Akt, den Stecker zu ziehen. Eine Partnerschaft zu beenden ähnelt einer energetischen Abtreibung. Wir verlieren die Lebenskraft, die wir hineingesteckt haben. Also werden auch Tom und Phoebe natürlich alles versuchen, um ihre Beziehung zu retten.

Pater Gareth empfängt Tom und Phoebe jede Woche mit einer Tasse Tee und einem Teller Kekse. Doch nach Monaten der Therapie schleicht sich eine gewisse Verzweiflung ein. Pater Gareth, der das junge Paar vor sich anfangs sehr hoffnungsvoll betrachtet hat, beginnt zu zweifeln. Eine Scheidung anzuraten kommt für ihn nicht in Frage, nicht nur, weil er katholischer Priester ist – er versteht noch nicht, warum die Liebe dieser beiden in Verbindung mit Gebeten nicht ausreicht, um ihr Problem zu überwinden. Sie lieben sich, das ist offenkundig. Und beide wollen die Beziehung retten. Warum schaffen sie es nicht?

Pater Gareth erklärt schließlich, eine Psychotherapie für Tom unabhängig von der Paartherapie könnte hilfreich sein.

»Warum nicht für Phoebe?«, fragt Tom getroffen.

»Ich würde auch eine Psychotherapie machen – ich würde alles tun«, sagt Phoebe. In dieser nackten Bereitschaft, alles zu versuchen, erkennt Tom den Grund, weshalb Pater Gareth ihn zur Einzeltherapie schicken will und nicht Phoebe. Er ist derjenige, der nicht weiterkommt. Phoebe steckt nicht fest.

Tom erklärt sich einverstanden. Und die Einzelsitzungen helfen ihm tatsächlich, denn hier braucht er sich nicht selbst zu zensieren aus Angst, er könnte etwas sagen, das Phoebe verletzt. Er wird ein wenig offener und bricht zu seiner Überraschung eines Tages in Tränen aus, als er davon erzählt, wie er als kleiner

Junge immer wieder seine Mutter verlor, wenn sie erneut schwanger wurde. Dann blieb sie jedes Mal wochenlang im Bett, um die befürchtete Fehlgeburt vielleicht zu verhindern.

Im Laufe der Zeit erkennt Tom, dass seine Angst vor Aggression unbewusst mit Sex verknüpft ist, und das seit seiner frühen Kindheit. Wenn seine Mutter schwanger wurde (»Daddy steckt seinen Pipimann in Mummy, und sein Ei trifft Mummys Ei, und daraus wird ein Baby«, hatte seine Mutter ihm erklärt), wurde sie ihm weggenommen, musste im Bett liegen und sich schonen, sich aufsparen, nicht für ihn, sondern für das Kind in ihrem Bauch. Allmählich erinnert er sich an seine Wutanfälle im Vorschulalter, als er seine Mutter anbrüllte: »Warum spielst du nicht mit mir? Den ganzen Tag liegst du da mit dem Baby! Das Baby soll weggehen!« Als es dann zur Fehlgeburt kam, hatte er das Gefühl, sein Wunsch sei in Erfüllung gegangen und er sei schuld am Tod dieser ungeborenen Babys.

Schließlich erzählt Tom auch Phoebe und Pater Gareth davon. Phoebe hört diese Geschichte zum ersten Mal. Sie wird blass.

»Tom«, sagt sie leise, »was bedeutet das für … ich meine … die Abtreibung …« Sie unterdrückt den Impuls, dem Priester einen schuldbewussten Blick zuzuwerfen. Sie wird ihre feministischen Prinzipien nicht verraten und sich Schuldgefühle anhängen lassen. Es ist ihr unveräußerliches Recht, über ihren eigenen Körper selbst zu entscheiden.

Toms Hände ballen sich unwillkürlich zu Fäusten. Er starrt aus dem Fenster.

Nach einer Weile fragt Pater Gareth so sanft wie möglich nach: »Sie beide haben eine Schwangerschaft abgebrochen?«

Phoebe nickt. »Da waren wir erst seit ein paar Monaten zusammen. Wir waren nicht sicher, ob unsere Beziehung langfristig halten würde, und ich wollte auf keinen Fall allein ein Kind großziehen. Es war einfach noch zu früh. Und ich wollte eigentlich erst mit mindestens dreißig Mutter werden.«

»Und wie ging es Ihnen damit, Tom?«, fragt Pater Gareth.

»Damals war er damit einverstanden«, sagt Phoebe, »nicht wahr, Schatz?«

»Nein, war ich nicht«, faucht Tom, der immer noch aus dem Fenster starrt. Phoebe zuckt zusammen. Das hat sie bei Tom bisher so selten erlebt – Wut. Und dann bricht alles aus ihm heraus: Wie qualvoll es für ihn war, das mitmachen zu müssen. Dass er versucht hatte, Phoebe die Abtreibung auszureden, weil er das auf keinen Fall wollte. Dass sie sich nicht hatte umstimmen lassen. »Ich habe versucht …«, stammelt er, »versucht … unser Baby zu retten …«

»Es war ein sieben Wochen alter Fötus, Tom«, erklärt Phoebe streng. »Weißt du, du hättest dich auch um Empfängnisverhütung kümmern können. Das wäre auch deine Sache gewesen. Ich trage die Verantwortung dafür nicht allein.«

»Ein sieben Wochen alter Fötus … es war trotzdem unser Baby«, erwidert Tom verbittert. Phoebe sieht ihn an, als säße ein Fremder neben ihr. Damals hatte er seine wahren Gefühle mit keinem Wort geäußert. Sie hatte keine Ahnung, dass er es so empfunden hat. Vor ihrem inneren Auge tost ein ganzer Ozean zwischen ihnen.

Impotenz. Davon träumt kein Mann. Wenige Dinge sind so entmannend und doch so verbreitet. Häufig wird sie von finanziellen Sorgen, gesundheitlichen Problemen, psychologischen Traumata oder allen möglichen anderen Faktoren ausgelöst. In Toms Fall hängt sie mit dem Gefühl der Machtlosigkeit zusammen, weil er ihr ungeborenes Baby nicht retten konnte. Schmerz und

Scham über Phoebes Abtreibung haben sich in Toms Psyche eingenistet und mit den sehr tief unterdrückten Schuldgefühlen wegen der Fehlgeburten seiner Mutter verbündet. Als Phoebe die Schwangerschaft beenden ließ, wurde sie in Toms Geist mit seiner eigenen Mutter verknüpft. Tom hat seine Mutter zwar geliebt, aber jemanden, der ihn stark an sie erinnert, kann er nicht sexuell erregend finden. Außerdem kann er wahrscheinlich die Vorstellung nicht ertragen, Phoebe noch einmal zu schwängern, und das beste Verhütungsmittel ist Impotenz.

Das ist ein Durchbruch. Tom versteht seine innere Welt immer besser. Im Laufe der nächsten Wochen arbeiten Phoebe und Tom mit diesen neuen Erkenntnissen. Phoebe ist sehr verständnisvoll und beinahe entschuldigend. Aber Toms Wut scheint verraucht zu sein, und die Bresche in seiner Verteidigung wird bereits eifrig geflickt. Nach mehreren Wochen wird Phoebes Frustration zu einem nervtötenden, beinahe hörbaren Summen, das ihr keine Ruhe lässt. Zu Hause – nicht einmal sie würde das vor einem Priester erwähnen – schlägt sie Tom vor, es mal mit einem Dreier zu versuchen. Vielleicht könnten sie einen Profi anheuern, eine Prostituierte, die Tom attraktiv findet? Tom starrt sie entgeistert an, kann aber nicht eingestehen, welche Erregung diese Vorstellung in ihm auslöst. In seinen Einzelsitzungen spielt er mit dem Gedanken, doch er will ihn nicht weiter verfolgen. Falls das funktionieren würde, dann deshalb, weil er ihn bei einer Hure hochkriegen würde, aber nicht bei seiner Frau. Und dann würde er sich Phoebe gegenüber noch beschämter und distanzierter fühlen.

Phoebe geht mit Erin Kaffeetrinken und vertraut ihr an, dass sie sich fragt, ob sie sich jemals wirklich körperlich zu Tom hingezogen fühlte. »Du weißt schon, richtig hingezogen – so, dass ich ihn besinnungslos vögeln wollte?« Vielleicht war das, was sie für sexuelle Erregung hält, in Wirklichkeit Sehnsucht nach ausgiebigem Kuscheln? Sie gesteht sich ein, dass sie Sex mit Tom nie so erregend fand wie ihre Phantasien über Jake und andere Männer. »Was zum Teufel habe ich da angerichtet? Ich komme mir vor, als wäre ich auf einer verdorrten Insel gestrandet, und drüben auf dem Festland steppt der Bär. Im Prinzip tue ich das, was ich als kleines Mädchen gemacht habe, wenn meine Eltern sich gestritten haben – mich in meinem Zimmer zusammenkauern und hin und her schaukeln. Aber jetzt bin ich eine erwachsene Frau, die sich mit einem verflixten Vibrator tröstet!«

Dennoch liebt sie Tom. »Weißt du, es heißt ja oft, eine Frau würde immer ihren Vater heiraten. Ich glaube, so ist es bei mir auch. Einen liebenswerten, wunderbaren Mann, bei dem ich mich sicher und geborgen fühle.«

Sie würde sich ja schon mit einer halbwegs brauchbaren sexuellen Beziehung abfinden, jammert sie. Erin schlägt Viagra für Tom vor. Phoebe spricht ihn darauf an (natürlich ohne zu erwähnen, dass das Erins Idee war). Auf keinen Fall, erklärt Tom. Er hat von Nebenwirkungen gehört. Manche Männer hatten tagelang eine Erektion, es gab auch Todesfälle, und das waren nicht nur alte Männer mit zu hohem Blutdruck.

»Vielleicht hat Tom Depressionen«, sagt Erin. »Wäre ein Antidepressivum eine Möglichkeit?«

»Damit wäre er niemals einverstanden«, sagt Phoebe. »Außerdem glaube ich, wenn einer von uns depressiv ist, dann bin ich das.« Am selben Abend versucht sie es zu Hause mit dem allerletzten Rettungsring: »Tom, vielleicht sollten wir mal zu einem Sexualtherapeuten gehen.«

Sie setzen die Therapie bei Pater Gareth vorerst aus und konsultieren einen Sextherapeuten, der ein mehrwöchiges Übungsprogramm vorschlägt, das sexuelle Ängste verringern und erotische Gefühle stimulieren soll. Nach drei Sitzungen kehren Tom und Phoebe noch verzweifelter zu Pater Gareth zurück. Versagen hängt so schwer an ihnen wie eiserne Ketten.

Still sitzen sie da. Kein Wort wird gesprochen, und doch wird in diesem Raum gerade eine Geschichte erzählt. Pater Gareth kommt sich vor, als sollte er die Sterbesakramente reichen. Er bittet die beiden um Erlaubnis, die Sitzung mit einem Gebet zu beginnen, und sie nicken. Er bittet Gott um Führung für seine Kinder Tom und Phoebe, damit sie eine Entscheidung treffen können, die ihnen beiden Frieden bringt. Als er fertig ist, greift Phoebe nach Toms Hand. Ihre Tränen fallen, noch ehe sie ein Wort über die zitternden Lippen bringt.

Tom blickt kurz zu Phoebe hoch, sieht ihr nur einen Moment lang in die Augen und blickt dann zu Boden.

»Tom, mein Liebling …« Phoebes Stimme bricht, und sie wendet den Blick nicht von seinem Gesicht ab. »Du musst mich gehen lassen.«

## LOSLASSEN

Die Arbeit, die wir in uns selbst und gemeinsam mit unserem Partner tun, führt üblicherweise zu Veränderungen. Aber nicht unbedingt in die Richtung, die wir uns vorgestellt hatten. Selbsterkenntnis kann einen neuen Weg eröffnen – der uns nicht wieder zueinander-, sondern aus der Beziehung hinausführt. Phoebe und Tom wollen unbedingt zusammenbleiben, doch sie müssen sich der Tatsache stellen, dass ihre Partnerschaft zu sehr aus unreifen Teilen ihrer selbst, aus ungelösten Schatten der Vergangenheit entstanden ist. Tom wird hoffentlich weiter daran arbeiten, sein Aggressions-Potenz-Problem zu lösen, und wenn er damit weit genug gekommen ist, wird er seine Blockaden überwinden und mit einer Frau, die er liebt, ein Kind bekommen. Doch das wird nicht Phoebe sein. Auf neuronaler Ebene ist die Verkabelung in Toms Hirn, was Phoebe angeht, so wirr und verschmolzen, dass sie nicht mehr zu bereinigen ist.

Trotz ihrer neu erworbenen Fähigkeit zum Streiten entsteht einfach keine erotische Reibung, nichts, was diesen Funken zünden könnte. Beider Bedürfnis nach Sicherheit hat zu dieser Partnerwahl geführt; es hat die Leidenschaft übertrumpft und letztendlich erstickt. Wenn sie sich dieser Probleme früher angenommen hätten, wäre der völlige Verlust sexueller Anziehung – die von vornherein schon recht zahm war – vielleicht zu verhindern gewesen. Manchmal verfestigt sich eine Dynamik zwischen zwei Menschen dermaßen, dass eine Trennung die einzige Lösung darstellt. Beide Partner haben eine bessere Chance auf eine intime Beziehung, wenn sie ihre Lektion aus dieser Beziehung lernen und sich trennen. Irgendetwas zwischen ihnen ist so festgebacken, so versteinert, dass es sich keinen Zentimeter mehr bewegen lässt.

Tom hätte diese eingeschlafene Beziehung wahrscheinlich noch ewig weiterlaufen lassen, aber Phoebe konnte sich damit nicht arrangieren. Sie war die Stimme dieser Beziehung, diejenige, die die Wahrheit ausspricht.

Jemanden zu verlieren, den man liebt, zerreißt einem das Herz. Phoebe wird bald erkennen, dass sie ein wichtiger – vielleicht unvermeidlicher – Teil von Toms Entwicklung war und er ein Teil von ihrer. Eine zweite Ehe ist oft erfolgreicher als die erste, weil zwei Menschen schon etwas gelernt haben, gereift sind, sich selbst besser kennen und beim zweiten Mal bessere Entscheidungen treffen können.

Im südlichen Myanmar werden Affen für den Kochtopf gejagt. Obwohl sie zu den intelligentesten Geschöpfen der Natur gehören, genügt dazu eine sehr einfache Falle. Die Jäger schneiden ein Loch von der Größe einer Affenpfote in eine Kokosnuss, füllen die ausgehöhlte Kokosnuss mit Erdnüssen oder Reis und binden sie in einem Baum fest. Die Affen, angelockt vom köstlichen Duft, greifen hinein und schnappen sich eine Handvoll Reis oder Erdnüsse. Dann können sie die Pfote nicht wieder herausziehen, weil die Öffnung nun zu klein für die geballte Faust ist. Und so bleiben sie sitzen, mit einer Hand voller Erdnüsse oder Reis, gefangen, weil sie nicht loslassen können.

Manchmal hält uns das, was wir festhalten, in einer Falle gefangen. Wir müssen loslassen, um frei zu sein.

# TEIL 5

# NÄHE PRAKTIZIEREN

# 21. Krisenintervention

*Wir sagen »Ein Mensch ist Mensch durch andere Menschen«.*
*Ich brauche dich, um ich zu sein*
*Und du brauchst mich, um du zu sein.*

Erzbischof Desmond Tutu

Was wird also nun aus Steph und Daniel? Ist ihre Beziehung zum Scheitern verurteilt wie Toms und Phoebes? Gibt es nach einem solchen Sturz einen Weg, zueinander zurückzufinden? Und wie wird sich ihre Krise auf ihre Freunde und Familien auswirken?

## DER ZEUGE

Erin überprüft ein letztes Mal die Tischdekoration. Zwischen den angerichteten Platten sind Rosenblütenblätter verstreut.

»Das sieht toll aus«, sagt Mitch, küsst sie auf den Kopf und umfängt ihren Babybauch mit beiden Händen. »He, ich glaube, er hat gerade ein Tor geschossen.«

»Mitch! Auf einmal bist du sicher, dass es ein Er ist?«

»Na gut, dann hat sie eben ein Tor geschossen.«

»Ich hoffe nur, ich schieße hiermit kein Eigentor«, bemerkt Erin.

»Bist du nervös?«, fragt Mitch.

»Ja, ein bisschen«, gesteht Erin.

»Keine Sorge. Rob und Tariq sind ja da, als moralische Unterstützung. Und mich darfst du nicht vergessen, ich bin auch da.«

»Da wir gerade von meinem lieben Bruder sprechen, wo zum Teufel bleibt der Kerl? Womöglich kommen Steph und Daniel noch als Erste hier an. Du weißt doch, wie überpünktlich sie immer ist.«

Der Abend war Erins Idee gewesen. Eines Nachts lagen sie und Mitch eng aneinandergekuschelt im Bett und überlegten Namen für das Baby, das in vier Monaten kommen sollte. Unvermittelt fragte sie: »Du würdest mir so etwas nicht antun, oder? Selbst wenn ich alt und hässlich wäre und wir seit zehn Jahren nicht mehr miteinander geschlafen hätten, würdest du mich nicht betrügen, oder?«

Mitch seufzte. »Das kann ich mir im Traum nicht vorstellen, Böhnchen.«

»Aber du kannst dir doch gar nicht sicher sein. Oder? Ich meine, was, wenn wir uns in zehn Jahren einfach, na ja, auseinanderentwickeln? Uns einfach nicht mehr lieben?«

Mitch strich Erin das Haar aus dem Gesicht, zeichnete ihre Augenbrauen mit den Fingerspitzen nach, dann ihre Nase, ihre Lippen, die Konturen des Gesichts, das er inzwischen so gut kannte. Etwas Langsames, Solides war zwischen ihnen gewachsen – als hätten sie beide am selben Fleck angehalten und Wurzeln geschlagen, die sich umeinander wickelten. Er konnte sich nicht vorstellen, jemals etwas zu tun, das ihre Liebe gefährden könnte. Wie zum Teufel war es bei Daniel zu diesem Moment im Park gekommen?

Mitch braucht nicht fremdzugehen, um zu wissen, wie es sich anfühlen würde, Erin zu verlieren. Er hat das Gefühl, in zwei

Universen zugleich zu leben. In einem wacht er mit Erin und dem Baby in ihrem Bauch auf, hält sie in seinen kräftigen Armen, bis er die Pflichten des Tages nicht mehr aufschieben kann. Er steht auf, zieht sich an, geht zur Arbeit, kommt nach Hause, isst mit Erin zu Abend, darf vielleicht noch ein bisschen Liebe machen (er schätzt sich sehr glücklich, dass Erin zu den Frauen gehört, die im zweiten Drittel der Schwangerschaft richtig scharf werden) und schläft dann ein. In dem anderen Universum stürzt er in alptraumhafte Szenerien der Einsamkeit. Er versteht das selbst nicht. Er hat alles, was er sich nur wünschen könnte, aber wann immer er das fühlt, das High dieser Verbundenheit und Dankbarkeit richtig spürt, blickt er über die Schulter zurück und rennt los, gehetzt von Ängsten. Wenn er sich erlaubt, Erin aus tiefstem Herzen zu lieben, hat er sofort das Gefühl, sie schon zu verlieren, als läge sie im Sterben oder hätte einen anderen. Und dann ist es wieder genauso wie in der Serengeti: Diesem schmerzlich schönen Gefühl tiefer Verbundenheit folgt unweigerlich seine Flucht in den Rückzug, und ein verwirrendes, unbegreifliches Gefühl der Leere bleibt zurück.

Seit ihr Baby in Erin wächst, ängstigt Mitch auch der Gedanke, dass sich zwischen ihnen noch so viel mehr Liebe entwickeln kann. Diese Unendlichkeit erschüttert ihn und schnürt ihm manchmal richtig die Luft ab. Er fragt sich, ob jeder dieses Gefühl irgendwann einmal hat, um dann festzustellen, dass es wie das Leben im Ozean ist – empfindlich, endlich.

Wenn er sich so leer fühlt, schlägt ihm das aufs Gemüt; er ist schlecht gelaunt und mürrisch und bemüht sich, das vor Erin zu verbergen, um sie nicht damit zu belasten. Das ist sein persönlicher Kampf, und er ist fest entschlossen, ihn zu gewinnen. Nur ein einziges Mal hat er es geschafft, ihr seine Ängste einzugestehen, zumindest eine stark abgemilderte Version davon. Sie hatte zärtlich seine Hand genommen und gesagt: »Würdest du etwas Seltsames mit mir machen?«

»Wie seltsam?«

»Eine Umarmungsmeditation«, antwortete sie. »Davon habe ich in einem meiner Bücher gelesen.« Sie erklärte ihm, dass sie beide ein paar Mal tief durchatmen und sich dann voreinander »verneigen« müssten. Mitch kam sich albern vor, machte es ihr aber nach. »Jetzt nehmen wir einander in den Arm, und beim Einatmen denken wir stumm ›Ich spüre dich lebendig in meinen Armen‹ und beim Ausatmen ›Ich bin so glücklich‹. Das machen wir drei Atemzüge lang.«

Mitch fand das ganz leicht.

»Jetzt wird es ganz schön hart«, warnte Erin ihn.

»Also, etwas wird jedenfalls jetzt schon hart«, neckte Mitch sie.

»Du böser Junge, wir meditieren«, schalt sie ihn. »Jetzt umarmen wir uns und sagen jeder still in Gedanken ›Ich sehe mich schon tot, und du, meine Liebe, lebst‹.« Eigenartigerweise war ihm das auch nicht allzu schwergefallen.

Aber auf der nächsten Stufe tat er sich wirklich schwer – er musste Erin im Arm halten und in Gedanken sagen: »Du bist schon tot, und ich lebe noch.« Er hielt sie in den Armen und spürte einen schmerzhaften Zug in der Brust, ein Schluchzen. Erin hielt ihn fest. Sie ließ ihn nicht los. Sie war da.

Und schließlich erklärte Erin, als letzten Schritt müssten sie sich wieder sagen: »Ich spüre dich lebendig in meinen Armen, und ich bin so glücklich.«

Seither hatten sie die Umarmungsmeditation noch ein paar Mal gemacht, und wenn er sich auf diese Weise der Vergänglichkeit ihrer Liebe, ihrer Körper, dieses Augenblicks zwischen ihnen stellte, tat es immer so weh. Aber er lernte allmählich, nicht so viel Angst davor zu haben.

Doch in jener Nacht, als sie da lagen und Erins »Was, wenn«-Frage zu ihrer Zukunft über ihnen hing, drückte Mitch sie an sich und ließ sie dann los, weil er plötzlich fürchtete, er könnte dem Baby weh tun. »Das ist wohl wie bei den Dingen, die ich bei der Arbeit sehe. Niemand glaubt vorher daran, dass er je in einem brennenden Haus oder einem Unfallauto eingeschlossen sein wird. Wir könnten mit dem ständigen Gedanken an diese Möglichkeit nicht leben, also gehen wir unserem Leben nach und denken lieber, dass uns so etwas nicht passieren wird. Dabei passiert es ständig irgendjemandem. Allerdings werde ich todsicher nicht das Feuer legen.«

Erin seufzte und sank weich wie ein kleiner Sitzsack an seine Brust. »Aber wenn es dir passieren würde … was würdest du dir von deinen Freunden wünschen? Ich meine, was sollten sie in dieser Situation tun?«

»Meine Freunde? Geht die das etwas an?«

»Wie könnte es sie nichts angehen? Wenn Menschen, an denen einem etwas liegt, in Schwierigkeiten stecken, ist man dann nicht verpflichtet, ihnen zu helfen? Warum sollte so etwas unsere Freunde nichts angehen?«, fragte Erin. »Justin und Georgia sehen so verloren und verwirrt aus. Habe ich dir schon erzählt, dass Georgia zur Bettnässerin geworden ist? Mit zehn Jahren!«

»Wünschen wir uns nicht eher, dass die Leute sich aus unserer Ehe heraushalten? Privatsphäre und so weiter … Wer will sich da schon einmischen?«

»Aber wenn eine Ehe zu zerbrechen droht? Ist das nicht das Problem? Ich fühle mich so hilflos, wenn ich nur daneben stehe und zusehe, wie Steph und Daniel sich quälen. Ich war Brautjungfer bei ihrer Hochzeit. Ich habe ihr Ehegelübde bezeugt. Ich stand daneben, als sie einander versprochen haben, sich für immer zu lieben und treu zu sein, das ganze Leben lang, in Gesundheit und Krankheit, in guten wie in schlechten Zeiten. Das ist so eine schlechte Zeit.« Sie schwieg nachdenklich und fuhr dann fort: »Die beiden waren in Sachen Ehe meine Vorbilder, weißt du? Du hättest sie damals sehen sollen. So glücklich … und sie konnten die Finger kaum voneinander lassen. Sie waren … wie wir jetzt.«

»Worauf willst du hinaus?«

»Ich musste nur an etwas denken, was Phoebe einmal gesagt hat. Da, wo sie herkommt, sagt man, es bräuchte ein ganzes Dorf, um eine Ehe zu erhalten, nicht nur, um ein Kind großzuziehen. Wenn sie und Tom mehr Unterstützung gehabt hätten, wären sie vielleicht …«

»Statt uns also aus Daniels und Stephs Angelegenheiten her-auszuhalten, meinst du …«

»Sollten wir nicht etwas für sie tun, ihnen zeigen, dass wir sie unterstützen?«

»Eine Art Krisenintervention?« Mitch kicherte. »Sollen wir mit der Rettungsschere angerannt kommen?«

»Schatz.« Sie zupfte an einem kleinen Büschel Haare auf sei-ner Brust. »Sie sind in etwas gefangen, und wir müssen ihnen helfen, da herauszukommen. Zum Beispiel, indem wir sie daran erinnern, wie viel sie gemeinsam erlebt haben. Was, wenn sie sich gar nicht mehr daran erinnern können, was für ein tolles Paar sie einmal waren? Tja, ich weiß das noch genau. Ich kann sie daran erinnern. Und du weißt ja, wie es jetzt aussieht – Dani-el ist der böse Bube, und Steph sitzt so hoch auf ihrem morali-schen Ross, dass die Luft schon dünn werden müsste. Aber ist es wirklich so einfach? Ich dachte auch immer, mein Dad sei der Bösewicht und meine Mum die arme, betrogene Ehefrau. Aber inzwischen weiß ich, dass es viel komplizierter ist. Wie wäre es, wenn wir Steph und Daniel zeigten, dass wir keinen von beiden verurteilen oder für irgendwen Partei ergreifen, sondern einfach für sie da sind? Für ihre Beziehung?«

Mitch lächelte. »Wir wissen doch gar nicht, ob sie überhaupt noch ein Paar sein wollen. Steph wird sich nie darauf einlassen.«

Seit dem Vorfall im Park waren über drei Monate vergangen. Daniel war ausgezogen, und Steph hatte eine Vollzeitkraft als Haushälterin und Babysitterin eingestellt, damit sie abends ausgehen konnte. Und nach allem, was man so hörte, ließ sie es ordentlich krachen. Erin bekam eine ganz neue Seite ihrer Cousine zu sehen. Steph öffnete sich auf bisher ungekannte Art. Ihre erste Wut schien ein wenig nachgelassen zu haben, und sie und Daniel hatten eine Paartherapie begonnen.

Trotz Mitchs Einwänden nahm Erin all ihren Mut zusammen und rief Steph an.

»Würdest du mit Daniel zu einem besonderen Abendessen kommen, bei uns zu Hause – euch zu Ehren?«, fragte sie.

»Du lieber Himmel, was soll denn das?«, fragte Steph. »Uns zu Ehren? Da wäre eine Trauerfeier wohl angemessener. Verstehst du das nicht? Auf wessen Seite stehst du eigentlich?«

Erin schluckte. »Auf der Seite eurer Beziehung.«

Steph schwieg eine Weile. »Ich bin immer noch furchtbar wütend auf ihn, weißt du? Aber ich werde darüber nachdenken.«

Zwei Tage später schrieb sie Erin eine SMS: »Nur zu, lad den Dreckskerl ein.«

Wir neigen dazu, die Liebe als privaten Raum zu betrachten, aber jede dieser intimen Inseln gehört zur Landschaft unserer Gemeinschaft. Die intime Beziehung ist ein geheimer und geheimnisvoller Mikrokosmos zweier Menschen, eingebettet in den Makrokosmos der Gesellschaft, ihrer Familien, ihrer Gemeinde. Indigene Kulturen messen der Gemeinschaft oft mehr Bedeutung zu, als westliche Kulturen das tun. Dahinter steht ein Bewusstsein dafür, dass Gemeinschaften einzelne Menschen halten, so wie Plasma Zellen durch den Körper trägt oder die Luft Licht transportiert.

Im mittleren und südlichen Afrika bedeutet der Begriff »Ubuntu« (den sich das Restaurant, in dem Phoebe und Tom dann doch nicht waren, als Namen ausgesucht hat) wörtlich übersetzt »Menschen sind Menschen durch andere Menschen«. Die Shona in Zimbabwe begrüßen einander so:

»Makadii?« (Wie geht es dir?)

»Ndiripo Makadiwo.« (Ich bin hier, wenn du hier bist.)

»Ndiripo.« (Ich bin hier.)

Ohne den anderen gibt es kein »Ich«. Jungs kollektives Unterbewusstes verbindet uns psychisch mit der Vergangenheit, mit allen Menschen überall, als gehörten wir alle zu denselben nachgespielten »Geschichten«. Das Konzept der Privatsphäre ist hauptsächlich in der westlichen Welt verbreitet. Es ist entstanden, weil wir gelernt haben, Individualität einen hohen Stellenwert beizumessen, und es ist in unsere Menschenrechtserklärungen eingeflossen, weil historische Greueltaten sich nicht wiederholen sollen. Das Internet ist mehr als nur ein virtueller Raum aus Informationen. Genauso können wir unsere einmalige Individualität betrachten – eingebettet in die Vorstellung, dass wir alle eins sind, alle untereinander energetisch und psychisch verbunden. Das ist ein Paradox, dem wir nicht entrinnen können.

Wenn eine Beziehung geboren wird, heißen wir sie oft mit einem Gemeinschaftsritual willkommen, das wir »Hochzeit« nennen. Unsere historisch gewachsenen Versionen dieser öffentlichen Zeremonie wurzeln zwar eher im Wunsch der Obrigkeit, Eheschließungen zu »kontrollieren« und zu »sanktionieren«, aber man kann sie auch in einem größeren Zusammenhang betrachten. Einen Schwur im Beisein anderer Menschen abzulegen, das verankert uns in der Gemeinschaft und stellt unsere Verpflichtung in einen viel weiteren Rahmen. Zeugen der Zeremonie werden zu »Dritten« in unserer Beziehung, die Stabilität und Containing bieten. Als Zeuge wird man zum »Container« für die Partnerschaft anderer Menschen und übernimmt einen Teil der Verantwortung für ihren Erfolg. Die Beziehung anderer zu bezeugen ist außerdem eine Chance für jeden von uns, die eigene Beziehung zu reflektieren, und dient damit als »dritte Position« in unserer eigenen Partnerschaft.

In der Nacht der Konfrontation mit Daniel fand Steph keinen Schlaf. Kurz vor vier Uhr morgens stopfte sie ein paar seiner Klamotten in eine Reisetasche. Um Viertel nach fünf ging sie nach unten und fand ihn schnarchend auf dem Sofa vor. Sie ließ die Tasche neben ihm fallen, schüttelte ihn grob an der Schulter und befahl ihm, das Haus zu verlassen. Als er protestierte und dann zu betteln begann, zischte sie: »Wenn du auch nur die geringste Chance haben willst, das wieder in Ordnung zu bringen, gehst du jetzt, sofort. Ich bin so wütend, dass ich dich umbringen könnte. Geh mir aus den Augen.« Sie erzählte den Kindern, Daniel sei »ein paar Wochen geschäftlich verreist«, und verbat Daniel zunächst, sie zu sehen. Justin zuckte mit den Schultern und schien sein gewohntes Leben unter Teenager-Gebrummel fortzusetzen. Georgia jedoch bekam nach einigen Tagen Alpträume, und binnen einer Woche begann sie, nachts ihr Bett zu nässen. Jedes Mal, wenn Steph es neu bezog, fluchte sie innerlich. Daniel sollte das verdammte Bettzeug wechseln müssen.

Steph wandte sich an einen Scheidungsanwalt, der ihr dazu gratulierte, dass sie Daniel aus dem Haus geworfen hatte – »das schwächt seine Position« –, und ihr erklärte, welche Rechte und Ansprüche sie hatte. Daniel rief zwei- oder dreimal pro Tag an, um mit den Kindern zu sprechen und Steph anzuflehen, ihn nach Hause kommen zu lassen. Schließlich gelang es Stephs Mutter Jenny, sie davon zu überzeugen, dass die Kinder ihren Vater brauchten. »Er hat dich betrogen, nicht die Kinder, und er hat das Recht, sie wenigstens zu sehen.« Und so begann das scheußliche Match der getrennt lebenden Ehegatten – Streitereien um Absprachen wegen der Kinder, angespannte Übergaben, Vorwürfe wegen nicht erledigter Hausaufgaben oder Informationen der Schule, die nicht weitergegeben worden waren.

Eines Abends schleppte Erin Steph mit zu ihrem Meditationskurs, während Mitch mit den Kindern Wii spielte.

»Ich würde lieber ins Kino gehen«, nörgelte Steph, ging aber trotzdem mit, weil sie immer froh war, aus dem Haus zu kommen. Als sie den Meditationssaal erreichten, wurde sie zappelig. »Ich weiß doch gar nicht, wie ich mich verhalten soll.«

Erin schlang ihrer Cousine einen Arm um die Schultern und sagte: »Du brauchst nichts zu tun, als da zu sein.«

Während der ersten halben Stunde auf der Meditationsmatte konnte Steph nur daran denken, wie unbequem sie saß und wie ihr Rücken und ihre Knie schmerzten. Irgendwann richtete sie ihre Aufmerksamkeit wieder auf den Meditationslehrer, der die Teilnehmer bat, in ihren Körper hineinzuspüren und Gefühle wie Wut, Schuld, Stress oder Angst loszulassen. Steph tastete geistig ihren Körper ab und bemerkte, dass ihr Nacken weh tat. Außerdem hatte sie Schmerzen im Bauch, beinahe wie Krämpfe. »Statt gegen den Schmerz in deinem Körper anzukämpfen und dich dagegen zu verkrampfen, wende dich ihm jetzt zu, ganz weich und sacht«, sagte der Lehrer. Steph hatte keine Ahnung, was er damit genau meinte, aber irgendetwas an seiner sanften Anweisung trieb ihr Tränen in die Augen. Während der restlichen Stunde konnte sie nicht mehr aufhören zu weinen. Immer neue Erinnerungen an sie und Daniel in glücklicheren Zeiten stiegen in ihr auf. Sie erinnerte sich daran, wie er sie vor einer Weile mit einem Wochenende nur für sie beide in einem exotischen Fünf-Sterne-Resort überrascht hatte. Und sie hatte sich geweigert, weil die Kinder schon zu viele Termine hatten. »Kannst du dich nicht ein einziges Mal in deinem durchgeplanten Leben einfach entspannen und spontan sein?«, hatte Daniel gebrüllt. Aber er hatte sie doch damit überrumpelt und ihr keine Chance gegeben vorauszuplanen. Jetzt wird ihr klar, wie kleinlich es von ihr war, ihm seine Überraschung an den Kopf zu werfen. Sie waren an diesem Wochenende nur kalt schweigend aneinander vorbeigegangen, wenn sie sich bei ihren Fahrdiensten zu Sportveranstaltungen oder Freunden der Kinder begegneten.

Steph fragt sich, ob es wahr ist, dass sie Daniel irgendwie dazu »getrieben« hat, sich außerhalb ihrer Ehe umzusehen. Sie denkt an ihren Kontakt zu Alistair per Skype und Facebook. Wenn sie eine Nachricht von ihm sieht, spürt sie dieses Kribbeln im Bauch, und auch nur fünf Minuten mit ihm zu sprechen ist meist das Highlight ihres Tages. Aber das ist nicht dasselbe. Sie haben nicht miteinander geschlafen. Ach was, sie haben sich nicht einmal geküsst.

»Wo bist du in deinem Leben präsent und wo nicht?«, dringt die leise Stimme des Lehrers in Stephs chaotische Gedanken.

Steph fragt sich unwillkürlich, seit wann sie eigentlich in ihrer Ehe nicht mehr präsent ist, wann sie emotional ausgecheckt hat. Sie denkt an diese Frau mit dem Penis ihres Mannes im Mund, und etwas in ihr lodert auf wie ein Hochofen. Wie kann sie es wagen? Das ist Stephs Ehemann, nur sie darf seinen Penis berühren. Daniel hat geschworen, dass er exklusiv ihr gehören würde. Nicht, dass sie seinem Penis in den letzten paar Monaten oder gar Jahren sonderlich viel Aufmerksamkeit gewidmet hätte …

und plötzlich will sie Daniel. Sie begehrt ihn wahrhaftig. Sie will von ihm in den Armen gehalten werden, und sie will ihn in sich spüren. Sie erschauert, und der Augenblick ist so rasch und unerklärlich vorbei, wie er auf einmal da war. Er weicht einem überwältigenden Gefühl der Abscheu und der Überzeugung, dass er sie nie wieder anrühren wird.

»Ganz gleich, was für Gefühle oder Empfindungen in dir aufsteigen«, fährt der Lehrer fort, »kannst du sie wahrnehmen, ohne zu urteilen? Mitfühlend und verzeihend?«

Verzeihend … wird sie Daniel je verzeihen können? Die Worte wirbeln in ihr herum wie Lotteriekugeln.

## VON DER FAUST ZUR AUSGESTRECKTEN HAND

Es ist leicht, Menschen zu lieben, die uns nicht verletzen. Jemanden zu lieben, der uns nicht nervt, in Frage stellt oder uns an unsere Grenzen bringt, ist keine Herausforderung. Liebe wird erst dann richtig echt, wird erwachsen, wenn wir jemanden trotz vieler Schwierigkeiten in schweren Zeiten geliebt haben, wenn wir weglaufen wollen, uns aber fürs Bleiben entscheiden, wenn wir jemanden hauen könnten, aber stattdessen die Arme ausbreiten, und wenn Beschimpfungen sich auf unserer Zungenspitze zusammenkringeln und wir den Mund halten, bis uns eine bessere, klügere Erwiderung eingefallen ist.

In einem buddhistischen Kloster lebten einst zwei Mönche, die trotz vieler Jahre der Meditation und buddhistischen Praxis nicht miteinander auskommen konnten. Die Feindseligkeit zwischen ihnen wurde so groß, dass einer einmal bei einer Auseinandersetzung zum anderen sagte: »Machen wir das draußen aus.« Die beiden stürmten hinaus, um sich zu prügeln. Der eine Mönch ballte schon die Hand zur Faust, da führte er plötzlich die Hände zum Gebet zusammen, fiel auf die Knie und verneigte sich vor dem anderen. In diesem Augenblick rechtschaffener Wut, Auge in Auge mit seinem Erzfeind, nahm der Mönch auf einmal die dritte Position ein, erwachte und erkannte den ganzen Elefanten, zu dem auch die Menschlichkeit, Verletzlichkeit, Fehlbarkeit und Unvollkommenheit seines Ordensbruders gehörten. Er fiel ehrfürchtig auf die Knie und verbeugte sich nicht nur vor der Menschlichkeit des anderen Mönchs, sondern auch vor seiner eigenen.

Läufer, die sich auf einen Marathon vorbereiten, trainieren oft bei extremer Hitze oder starkem Regen, damit sie am Tag des großen Laufs ganz gleich unter welchen Wetterbedingungen im Körpergedächtnis gespeichert haben, dass sie schon zuvor solche Widrigkeiten und Schmerzen überwunden haben, und so ihre Kraft wiederfinden. Für die Liebe trainieren wir auch unter krassen Bedingungen. Affären, Abhängigkeiten, Untreue und andere schmerzliche Kapitel lehren uns, wie wir jemanden auch dann lieben können, wenn wir ihm gegenüber nicht gerade liebevolle Gefühle hegen. Wir lernen, Mitgefühl aufzubringen, auch wenn es uns schwerfällt und wir buchstäblich den letzten Rest davon zusammenkratzen müssen. Wenn wir unser Gegenüber verprügeln möchten, uns aber dafür entscheiden, vor ihm auf die Knie zu sinken und ihn wertzuschätzen.

Rob und Tariq sind endlich da, und Erin begrüßt sie sehr erleichtert. Tariq trägt eine Platte liebevoll in Scheibchen geschnittener und arrangierter Früchte durch den Flur, und Rob hat eine Flasche Champagner dabei. »Die Eherettungsstaffel meldet sich zum Dienst, Ma'am«, sagt Rob.

»Ach, Rob«, tadelt Tariq milde und stellt die Obstplatte auf den Tisch. Dann bewundert er Erins Babybauch.

»Darf ich?«, fragt er, die Handflächen in Richtung ihres Bauches ausgestreckt, und wartet auf ihre Erlaubnis.

»Klar«, antwortet sie lächelnd und zieht seine Hände auf ihren melonenförmigen Bauch.

Er spürt ihre Körperwärme durch die dünne Baumwollbluse, und dann eine Bewegung wie eine langsame Welle, als das Baby sich in ihr umdreht. »Wow«, sagt er und lässt die Hände sinken.

Erin küsst ihn auf die Wange und umarmt dann ihren Bruder. »Du musst diesem Mann ein Kind schenken«, flüstert sie Rob ins Ohr. »Ich glaube, ich weiß schon, wo ich als Nächstes intervenieren werde.«

Rob seufzt. »Du auch noch, Schwesterherz?«

»Du wärst bestimmt ein großartiger Vater«, sagt Erin und verzichtet darauf, weiterhin zu flüstern.

»Im Gegensatz zu unserem Vater meinst du?«

»Oh nein, er war ein guter Vater – in mancher Hinsicht.«

»Bis er uns hat sitzenlassen«, sagt Rob mit schiefem Lächeln.

»Wärst du an seiner Stelle bei Trish geblieben?«, fragt Erin spitz.

»Mit genug Alkohol lässt sich alles ertragen.« Rob lacht. »Aber da muss ich dir recht geben.«

»Ja, und deine und Tariqs Beziehung ist völlig anders als die unserer Eltern.«

»Das stimmt allerdings.« Rob findet ausnahmsweise eine Antwort, die nicht wie sonst vor Sarkasmus trieft. »Aber konzentrieren wir uns erst einmal auf unsere heutige Mission, ja? Wann wird das glückliche Paar erwartet?«

»Sei lieb, Rob«, mahnt Erin. »Dir ist klar, worum es heute Abend geht.«

»Ja, wir werden uns um sie scharen und ihnen versichern, dass alles wieder gut wird, solange Daniel seinen Schwanz nur noch zum ehelichen Gebrauch rausholt.«

»Sehr hilfreich, Rob«, sagt Erin.

»Ich mache doch nur Witze. Aber im Ernst, Dad hat genau dasselbe getan, nur auf noch billigere, erbärmlichere Art und Weise.«

Erin stutzt. So hat sie die Angelegenheit noch gar nicht betrachtet. »Wir sind hier, um ihnen Unterstützung anzubieten, Rob.«

»Ja, ja, ich weiß. Tariq hat sogar darauf bestanden, ihnen Gutscheine für eine Tantra-Massage zu kaufen. Er glaubt, so etwas würde all ihre Probleme lösen. Na ja, wahrscheinlich braucht Steph tatsächlich dringend einen guten Fick. Sie ist so verdammt prüde, dass ich mich immer wundere, wie sie zwei Kinder zustande gebracht haben.«

Erin stemmt die Hände in die Hüften. »Jetzt, da du dir das alles von der Seele geredet hast, könntest du vielleicht …«

»Schon gut, keine Sorge, ich werde ganz brav sein«, versichert Rob und schenkt ihr dieses jungenhaft-freche Lächeln. Mit dem Charme, den er dabei versprüht, hat er sich schon unzählige Male aus brenzligen Situationen gerettet.

»Ich verlasse mich auf dich.«

Steph kommt als Nächste an. Sie sieht fahl und nervös aus, wie sie da vor der Haustür steht. Als sie hereingekommen ist, sind ihre ersten Worte: »Das ist doch bescheuert. Was habe ich mir nur dabei gedacht? Daniel kommt wahrscheinlich gar nicht erst.«

Erin führt sie zum prächtig gedeckten Tisch im Esszimmer. Steph schluckt. Sie entdeckt ihren Lieblingssalat – Haloumi und

Rote Bete – und eine Platte Sashimi, die Daniel ganz allein verschlingen würde, wenn man ihn ließe.

»Du meine Güte, du hast dir aber viel Mühe gemacht.«

»Hallo«, sagt Mitch, der von der Küche herüberkommt und erst Steph, dann Rob und Tariq zur Begrüßung umarmt. »Was möchtet ihr denn trinken?«

»Einen doppelten Whisky, glaube ich«, sagt Steph und folgt Erin in Richtung Küche.

Es klingelt an der Tür. Alle erstarren. »Ich mache auf«, sagt Mitch lächelnd.

Steph kommt aus der Küche. Und da steht Daniel vor ihr – im Smoking. Er sitzt wohl etwas knapp und sieht unbequem aus. Oh mein Gott. Das ist der Smoking von unserer Hochzeit. Aber seit damals hat Daniel etwa zehn Kilo zugenommen. Den obersten Hosenknopf muss er unter dem schimmernden Kummerbund offen gelassen haben. In der Linken hält er einen Strauß rosa Rosen. Die Rechte verbirgt er hinter dem Rücken. Er wirkt verlegen und unsicher.

»Die sind für dich«, sagt er zu Erin und überreicht ihr die rosa Rosen. »Und die«, sagt er betont und holt die rechte Hand hinter dem Rücken hervor, »ist für dich.« Er reicht Steph eine einzelne Blume. Über dem Reifrock aus weißen Blütenblättern prangt der lavendelblaue Strahlenkranz, und aus dem dunkelvioletten Herzen der Blüte ragt wie eine organisch gewachsene Skulptur ein leuchtender Stern aus Staubgefäßen hervor.

Steph schnappt nach Luft. Eine Passionsblume. Woher hat Daniel das gewusst?

Anfangs etwas hölzern. Erin hat Steph und Daniel nebeneinander an dem runden Esstisch plaziert, Mitch links von Daniel und sich selbst rechts von Steph. Niemand weiß, welche Gesprächsthemen als salonfähig gelten und welche tabu sind. Steph und Daniel sind seit einer Weile kein »Paar« mehr, und er sitzt da völlig overdressed in seinem zu engen Smoking, fast wie auf einer Kostümparty. Alle sechs zögern wie verängstigte Kinder. Tariq ist schließlich derjenige, der zu reden anfängt. Er erzählt von einem Gebäude, das er in der Innenstadt errichtet, und von dem Bauherrn, der ein verrückter Millionär ist – mehr Geld als Verstand, aber wie sagt man so schön, die dümmsten Bauern und so weiter. Rob steuert seine respektlosen Kommentare bei, und bald wird rund um den Tisch gekichert. Das Essen ist fabelhaft. Sechs sitzen am Tisch, und ein weiterer unsichtbarer Gast drückt sich still in einer Ecke herum – der Elefant. Bis Erin ihn einlädt, sich zu ihnen zu gesellen.

Sie hebt ihr Weinglas voll Mineralwasser. »Steph und Daniel – wir wissen, dass ihr gerade eine schwere Zeit durchmacht, und wahrscheinlich windet ihr euch schon innerlich bei der Frage, was ich euch wohl zu sagen habe. Ich werde gar nicht viel sagen, nur dass ich Brautjungfer bei eurer Hochzeit war. Ich erinnere mich an diesen Smoking, Daniel. Du hast so umwerfend ausgesehen …«

»Ja, Daniel, du warst ein toller Hecht – damals«, wirft Rob dazwischen.

»Ist natürlich lange her«, stimmt Mitch zu.

Daniel lacht. Selbst Steph ringt sich ein Lächeln ab.

»Und Steph … du warst eine so wunderschöne Braut. Bis dahin hatte ich zwar noch nicht viele Bräute gesehen, zugegeben,

329

aber ich habe zugesehen, wie du den Strand entlanggegangen bist, weißt du das noch? Mit all den Lampions und weißen Steinen und gelben Rosenblüten … und ich wusste, dass ich dich nicht aus den Augen lassen sollte, aber ich habe es trotzdem getan. Ich habe mich zu Daniel umgedreht. Und er hatte einen Gesichtsausdruck, den ich gar nicht beschreiben kann. Ich weiß noch, dass ich dachte, eines Tages soll mein Mann mich auch so ansehen …«

»Oh, Tariq guckt mich immer so an«, behauptet Rob.

»Psst, unterbrich sie nicht«, tadelt Tariq. »Dies ist ein bedeutsamer Augenblick, Robert.«

»Ja, halt mal einen Moment die Klappe, Bruderherz«, sagt Erin. »Vielleicht bleibt die Liebe nicht über viele Jahre gleich, und wir müssen uns den Veränderungen anpassen. Ich wollte mich nur noch einmal gemeinsam mit euch an diesen Augenblick erinnern. Denn manchmal vergisst man, warum man sich liebt. Ich trinke also aufs Erinnern.«

Alle heben ihre Gläser und trinken aufs Erinnern.

# 22. Erwacht

Ehe Siddharta der Buddha wurde, war er ein verdammt gut-aussehender Prinz. Eines Tages, nicht lange nach seiner Er-leuchtung, spazierte er in goldene Gewänder gehüllt mit einem seligen Lächeln auf dem Gesicht dahin und dachte vermutlich über Vergänglichkeit ohne Anhaftung oder so etwas nach. Alle blieben stehen und starrten ihn an, wie wir es heute mit Promis machen. »Wer ist dieser Kerl?«, überlegten die Leute. »Warum ist er so glücklich?«

Sie fragten ihn: »Bist du ein Engel?«

Der Buddha schüttelte den Kopf.

»Bist du ein Gott?«

»Nein.« Der Buddha lächelte.

»Ein Zauberer vielleicht?«

»Nee.«

»Dann bist du also ein Mensch? Was bist du?«

Der Buddha sagte nur: »Ich bin erwacht.«

Im Gegensatz zu Dornröschen, die nach hundert Jahren endlich ihren Kuss bekam und auch »Ich bin erwacht« hätte sagen kön-nen, meinte der Buddha damit mehr als »Ich schlafe nicht«. Die-se bescheidenen drei Wörtchen verraten nicht, wie viele Jahre lang der Buddha sich darum bemüht hatte, das menschliche Lei-den zu verstehen, von extremer Askese bis hin zu seiner Medita-tion unter dem Bodhi-Baum – er schwor, sich nicht vom Fleck zu rühren, bis ihm klarwurde, worum es bei diesem Menschen-Ding ging. »Erwacht« sein bedeutet, ganz im Augenblick gegenwärtig zu sein. Im jüdischen Mystizismus kennt man das hebräische Wort »hineni« aus der Bibel: Es bedeutet »Hier bin ich« und ist die Antwort auf einen Ruf Gottes. Wenn jemand erwacht ist oder hier ist, dann versteht er, wer wir sind. Warum sollte sich jemand die Mühe machen, viel Zeit in seinem Inneren zu verbringen und Freundschaft mit seinem Kummer und seiner Vergangenheit zu schließen? Damit er aus seiner Überheblichkeit, seinen ungesunden Anhaftungen, Erinnerungen, Impulsen und Begierden »erwachen« kann. Er ist so einige innere Pfade entlanggewandelt, hat das Verlies besucht und seine psychischen Gefangenen freigelassen und sich selbst gütig und mitfühlend sehr gründlich betrachtet. Mit anderen Worten: Er hat die Realität erfasst. Er unterliegt keinen Täuschungen und Illusionen.

Das Problem daran ist, dass wir nicht wissen, in welcher Hinsicht wir schlafen oder blind sind für das, was wir vor der Nase haben. Als Siddharta den Palast zum ersten Mal verließ und alte, kranke und sterbende Menschen sah, begann er den Weg zum Erwachen aus diesem Entsetzen heraus. Und wenn wir endlich »sehend« geworden sind, müssen wir weiterhin stets den Staub und Schmutz von unserer Wahrnehmung wischen, müssen uns erinnern. Zahllose Wege führen zum »Erwachen« – Psychologie, Spiritualität, Religion, Mystik, Selbsthilfe –, wir müssen uns nur einen aussuchen. Es ist nicht so wichtig, wie man zum Erwachen kommt – viele Wege führen zu demselben Ziel, wie bei Abrahams Zelt aus der Bibel, das vier Eingänge hatte, so dass Gäste stets am Haupteingang eintrafen, ob sie aus Norden, Süden, Osten oder Westen kamen.

Das einzige Hindernis besteht darin, dass man vielleicht nicht erwachen und die Sicherheit seiner Komfortzone verlassen will. Für manche Menschen ist die Aussicht auf Veränderung oder Selbsterkenntnis zu erschreckend und beängstigend. Das sieht so furchtbar schwer aus, aber in Wirklichkeit muss es gar nicht schwer sein. Man kann überall anfangen, jederzeit, allein oder in einer Beziehung. Denn ob es einem gefällt oder nicht: Wenn das, was man bisher getan hat, nicht mehr funktioniert, wird eine Krise oder unerträgliches Unglücklichsein einen irgendwann in den Hintern treten, damit man seine Bequemlichkeit zurückstellt und sein Inneres erkundet.

Eine Möglichkeit zu »erwachen« ist eine Beziehung. Nähe und Verbundenheit bieten gute Bedingungen für die innere Arbeit, indem sie Konflikte, Gelegenheiten zur projektiven Identifizierung, Auslöser für den Schmerz alter Wunden und inneren Aufruhr bereithalten. Doch manche Menschen verbringen lange Phasen ihres Lebens ohne eine Beziehung. Aber allein zu sein ist kein Drama – sondern eine weitere großartige Gelegenheit, zu erwachen und die nötige Arbeit an uns selbst anzupacken. Im Gegensatz zu einer Massage kann man sich Nähe und Verbundenheit auch selbst verabreichen. Als Single kann man lernen, sich selbst ganz nah und vertraut zu werden. Man kann den Teilen seines Selbst, von denen man sich losgesagt hat, Liebe und Mitgefühl entgegenbringen. Man kann innere Geduld und Großzügigkeit kultivieren. Man kann das Erwachen üben und heilen, was auch immer in einem verletzt sein mag.

Single zu sein ist kein Verbrechen und auch kein Versagen. Das ist kein Makel der Persönlichkeit. Manche Menschen entscheiden sich bewusst dafür, andere müssen sich damit abfinden. Wenn einem davor graut, als »alte Jungfer« zu enden, niemanden abzubekommen, den Anschluss zu verpassen, dann lebt man in diesem Alleinsein mit einer dumpfen Angst und wartet darauf, von einer Beziehung aus der Einsamkeit errettet zu werden. Stattdessen kann man diese Ängste auch als Chance nutzen, um innerlich auf neue Art aufzuleben und Verantwortung dafür zu übernehmen, wer man ist.

Tara setzt ihre Therapie noch eine Weile fort. Sie hat erkannt, dass sich in ihr etwas verändern muss, und nimmt sich vor, mindestens ein halbes Jahr lang mit keinem Mann auszugehen. Stattdessen will sie dahinterkommen, wie ihre Beziehungen aus der Vergangenheit ihre Suche nach Liebe sabotieren. Oft weint sie sich nachts in den Schlaf. Sie hat schreckliche Angst davor, zu alt zu werden – eine von diesen Frauen, die Männer einfach nicht anrühren wollen. Nach den sechs Monaten nimmt sie Kontakt zu Ben auf und fragt, ob er mit ihr einen Kaffee trinken gehen möchte. Seinen knappen Worten ist deutlich anzuhören, dass sie ihn verletzt hat.

»Ich bin mit jemandem zusammen«, sagt er.

»Das ist schön«, sagt sie. »Ich hoffe, sie ist bezaubernd, und ihr seid glücklich miteinander. Dieser Kaffee … das soll kein Date sein. Ich bin nur … das ist mir ein bisschen unangenehm, aber ich würde dir gern erklären, was damals mit mir los war. Du brauchst diese Erklärung sicher nicht, aber ich würde trotzdem gern mit dir darüber sprechen.«

Ben erklärt sich bereit, sie zu treffen.

Bei einer Tasse Kaffee erklärt Tara Ben, dass sie eine Psychotherapie macht und tief in sich hineinschauen musste, um zu verstehen, warum sie »nette Männer« immer abweist.

Ben lächelt. Das Kompliment ist zweischneidig, aber immerhin erkennt sie ihn als netten Mann an.

»Das interessiert dich wahrscheinlich gar nicht«, beginnt sie, »aber …« Sie erzählt ihm von ihrer Familie und wie es dazu kam, dass sie jetzt steht, wo sie steht, dass sie allein und unglücklich ist. Dabei fängt sie an zu weinen.

Ihre Hand liegt auf dem Tisch, und Ben legt seine darüber. »Sei nicht so streng mit dir, Tara. Du bist eine tolle Frau. Jeder Mann könnte sich glücklich schätzen, dich an seiner Seite zu haben. Ich habe noch nie verstanden, was Frauen an Männern finden, die sie wie Dreck behandeln, aber ...« Er zuckt mit den Schultern. »Ich hoffe, du kannst das ändern, denn langfristig willst du einen Mann, der dir Frühstück macht, glaub mir.«

»Es war sehr lieb, dass du dir die Zeit für mich genommen hast«, sagt Tara und bezahlt die Rechnung.

»Gern geschehen.« Ben umarmt sie zum Abschied.

»Hätte ich dich nur jetzt kennengelernt«, sagt Tara.

## UND, FINDET TARA DOCH NOCH LIEBE?

Nun, sie leistet die schwere innere Arbeit. Sie hat die Verantwortung für ihr Leben und ihr Glück übernommen. Wahrscheinlich hat sie noch ein Stück des Weges vor sich, aber sie erwacht schon. Wenn sie sich jetzt zu üblen Kerlen hingezogen fühlt, erkennt sie, dass das ihre gewohnheitsmäßigen Muster sind und sie mit den Verletzungen aus ihrer Kindheit fertigzuwerden versucht hat, indem sie diesem »Glamour« nachjagte – dem scharfen Typen mit dem tollen Job und der arroganten Haltung. Sie versteht, warum sie unbeirrbar auf solche Männer zusteuerte, die genau zu ihrer eigenen ungelösten Dynamik »passten« – Männer, die sie lockten und dann abblitzen ließen.

Vor allem ist ihr jetzt klar, dass sie beide Seiten dieser Dynamik in sich hat, dass sie den Gegenpart – die heiße Frau mit der arroganten Haltung gegenüber Männern gespielt hat, die sich wirklich in sie verlieben wollten. Jetzt hat sie akzeptiert, dass sie bei dieser traurigen, zum Scheitern verurteilten Suche nach Nähe sowohl Opfer als auch Täterin war.

Wird sie auch den nächsten Schritt gehen und Liebe erkennen und festhalten können, die ein »netter Mann« ihr anbietet? Jemand, der sich nicht wie ein Arsch benimmt, um sich vor seiner eigenen Verletzlichkeit zu schützen? Na, das hoffen wir doch! Und warum sollte sie es nicht schaffen? Sie lernt in der Therapie, Gefühle wie Verletzlichkeit, Traurigkeit, Scham und Verlassensein auszuhalten, bei ihnen zu bleiben und ihnen gütig und mitfühlend zu begegnen. Also hat sie gute Chancen, bald bei einem Mann zu bleiben, der ebenfalls zu solchen Gefühlen stehen kann. Gut gemacht, Tara.

## WAS GESCHIEHT MIT ANTONIO?

Solange Antonio Spaß daran hat, wird er noch lange so weitermachen wie bisher.

Aber irgendwann muss jede Party einmal zu Ende sein. Vielleicht bekommt er mit Ende vierzig die Diagnose, dass der Leberfleck, den Tara bei ihrem One-Night-Stand bemerkt hat, ein Melanom ist. Antonio verlässt die Arztpraxis, geht heim in sein leeres Haus und trinkt allein eine ganze Flasche Whisky, mit seinen Hunden zu Füßen.

Er überlegt, wen er anrufen kann, um darüber zu reden. Er wählt Sams Nummer.

Sams Voicemail meldet sich. »Hey, Mann«, nuschelt Antonio. »Hab heute Nachmittag was ziemlich Beschissenes erfahren. Anscheinend ist das Ding an meinem Rücken ein Melanom.« Er lacht. »Prognose steht noch nicht fest. Bin natürlich nicht gerade begeistert. Melde dich, wenn du in der Nähe bist, oder wir treffen uns mal auf ein Bierchen.«

Antonio schläft betrunken auf seinem Sofa ein. Vixen und Nixon strecken sich auf dem Teppich daneben aus. Um kurz nach halb sieben in der Früh wird er vom lauten Klingelton seines Handys und einem nassen, klebrigen Gefühl im Gesicht geweckt. Nixons Zunge. Vixen ist wegen ihrer Arthritis immer sehr steif, wenn sie aufwacht, und kann sich nicht mehr zu einem Guten-Morgen-Schlecker aufraffen. Claptons »Layla« dudelt laut durch den Raum. Herrgott, warum hat er ausgerechnet diesen Song als Klingelton eingestellt? Benommen sortiert er die ersten Informationen auseinander, die schlabbernde Zunge und das Liebeslied und die immer deutlicher werdende Gewissheit – du hast Krebs –, die ihm unerbittlich aus dem Alkoholnebel entgegenschlägt. Er legt eine Hand auf Nixons Kopf. Nixon ist der einzige Gesunde von allen dreien hier im Haus. Und wer wird sich um ihn kümmern?

Normalerweise würde Antonio so früh nicht ans Telefon gehen. Trotzdem greift er danach. Es ist Sam, dem es »furchtbar leidtut, das zu hören«. Sie verabreden sich auf einen Drink. Als Antonio auflegt, wird ihm bewusst, dass er Sam im Grunde kaum kennt. Er scrollt sich von oben bis unten durch seine Kontakte, aber da ist niemand dabei, den er jetzt einfach anrufen könnte. Herrgott! Die Erkenntnis trifft ihn wie ein Schlag. »Layla« hat er als Klingelton seit sieben oder acht Jahren. Seit ... seit die Beziehung mit Claudette den Bach runtergegangen ist. Jedes Mal, wenn sein Telefon klingelt, hört er also einen Song über Sehnsucht und unerwiderte Liebe. Schei-i-i-ße.

Er erinnert sich an dieses Mädchen, wie hieß sie noch – Tina? –, die vor ein paar Jahren gefragt hat: »Was hast du da am Rücken?« Er hätte schon damals zum Arzt gehen sollen. Vielleicht sollte er sie anrufen und es ihr erzählen, aber er findet keine Tina in seinen Kontakten. Also scrollt er sich durch das »T«: Talia, Tamika, Tammy ... da stehen mindestens vierzig Frauennamen, die mit T anfangen, in seinen Kontakten. Wozu hat er all ihre Nummern gespeichert, obwohl er sie ja doch nie anrufen wollte? Doch plötzlich erkennt er glasklar ihren Namen wieder: Tara. Das Foto von dem kleinen, blond gelockten Mädchen mit dem gemalten Schmetterling auf der Wange. Tara mit den resignierten Augen. Er ruft sie an. Voicemail.

»Hallo, Tara, hier ist Antonio. Ich weiß nicht, ob du dich noch an mich erinnerst. Wir haben uns vor … ein paar Jahren mal getroffen. Ich habe gerade erfahren, dass ich ein malignes Melanom am Rücken habe. Und ich weiß noch, dass du es gesehen hattest. Also, ich weiß, ein bisschen verrückt … Ich habe es jetzt erst untersuchen lassen, weil es beim Duschen ein paar Mal geblutet hatte, und … also, na ja … ich wollte dir nur sagen, dass … äh … also, ich hoffe, dir geht es gut und … ja, jedenfalls … bis dann.« Er legt auf und kommt sich vor wie ein Vollidiot. Warum sollte sie das überhaupt interessieren?

Tara hört seine Nachricht ab und schreibt ihm einen Tag später eine SMS: »Tut mir leid, das zu hören. Ich wünsche dir alles Gute. Viel Glück, Tara.«

Antonio versteht zwar nicht, warum, aber als er ihre Worte liest, bricht er weinend zusammen.

Wird Antonio sterben? Den Krebs besiegen? Wird ihn diese unmittelbare Konfrontation mit der eigenen Sterblichkeit »aufwecken«? Nichts ist so wirksam wie eine gesundheitliche Krise, wenn es darum geht, uns aus unserem bequemen Trott zu reißen und zu tieferen Gedanken darüber anzuregen, wer wir sind und wie wir den Rest unseres Lebens verbringen möchten. Wird Antonio diese Chance nutzen, sein Leben und seine Entscheidungen neu zu bewerten? Wer weiß? Möglich wäre es. Wenn er begreift, dass auch er nicht ewig leben wird, kommt er vielleicht zu dem Schluss, dass er die Zeit, die ihm noch bleibt, lieber mit jemandem zusammen verbringen möchte – wenn es dazu noch nicht zu spät ist. Vielleicht wendet er sich um hundertachtzig Grad, sucht Heilung bei allen möglichen alternativen Therapien – Reiki, traditionelle chinesische Medizin, Meditation, Visualisierung. Die könnten seinen Geist für eine neue Denkweise öffnen und ihm die Möglichkeit bieten, mehr darüber zu erfahren, wie er zu dem Mann wurde, der er heute ist.

Es könnte aber auch ziemlich tragisch enden. Vielleicht verdrängt er in echter Macho-Manier, was mit ihm los ist, und rückt damit noch weiter von der inneren Arbeit ab. Er könnte beschließen, noch so viele junge Frauen wie möglich zu vögeln und dann mit einem Paukenschlag abzutreten, ehe der Krebs ihn so zerfrisst, dass er keinen mehr hochkriegt.

In einer möglichen Version der Geschichte ist der Krebs weit fortgeschritten, und ihm bleibt nur noch wenig Zeit zu leben; also lässt er seine Hunde einschläfern und stirbt allein. In einer anderen Version überlebt er den Krebs und verbringt entweder den Rest seines Lebens in seiner leeren Villa oder beschließt doch noch, dass es höchste Zeit ist, sich seinem Inneren zu stellen und wahre Nähe bei jemandem zu finden. Wie seine Prognose auch sein mag, all diese Dinge sind allein Antonios Entscheidung. Er kann sich dafür entscheiden, »aufzuwachen« oder so zu bleiben, wie er ist. Sie wissen bestimmt, was wir ihm wünschen würden.

## NICHT-ANHAFTUNG
## UND DAS STREBEN NACH GLÜCK

Wir alle sind hinter dem Glück her, als könnte man es einfangen und festhalten. In einer Beziehung zu sein ist für viele Leute ein Synonym für glücklich zu sein, obwohl in Wahrheit alle Beziehungen schwierig und anstrengend sind. In *Der Mensch auf der Suche nach Sinn* rät Viktor Frankl dazu, dass wir nicht nur Genuss suchen und Schmerz meiden, sondern uns darauf konzentrieren sollten, einen Sinn in unserem Leben zu finden. Es ist unsere Aufgabe, einen »tragischen Optimismus« zu wahren – ja zu allem zu sagen, was das Leben uns bietet, obwohl dazu auch Schmerz, Leid und schließlich der Tod gehören. Frankls logotherapeutischem Ansatz zufolge kann man diesen Sinn unter anderem durch »jemanden« oder »etwas« finden. Er erklärt, dass man dem Glück genauso wenig nachjagen kann wie dem Erfolg – es stellt sich als unbeabsichtigter Nebeneffekt ein, wenn man sich von ganzem Herzen einer Sache oder einem anderen Menschen widmet. Wir finden Sinn, indem wir jemanden lieben, und mit dem Sinn stellt sich auch das Glück ein.

Wenn wir unser Streben nach Glück und die Suche nach der idealen Beziehung einstellen, wird es leichter, ganz in der Realität unseres Lebens präsent zu sein. Wir hören auf, es mit unserem Ego führen zu wollen, und bewegen uns stattdessen aus dem Herzen heraus. Wir hören auf, uns selbst und andere zu verurteilen. Wir lernen, innerlich vertrauenswürdig, verbindlich, liebevoll, leidenschaftlich und zuverlässig zu werden. Wir legen angstmotiviertes Verhalten ab und sorgen gut für uns, geben uns genug Zeit, um uns auszuruhen, gut zu ernähren, kreativ und aktiv zu sein. Wir übernehmen Verantwortung für unsere Gedanken, unsere Worte und unser Handeln. Und wir sind endlich uns selbst gegenüber treu und liebevoll.

# 23. Vergebung –
# und was jenseits liegt

*Jenseits von richtig und falsch liegt eine weite Wiese.*
*Da treffen wir uns.*

Rumi

Können wir jemandem, der uns betrogen hat, jemals wirklich verzeihen? Und wenn es uns gelingt, welche Hoffnung besteht noch für eine Beziehung, die von Vertrauensbrüchen gezeichnet ist?

## DIE PASSIONSBLUME

Vor Erins und Mitchs Wohnung stehen Daniel und Steph im Schein einer Straßenlaterne. Steph hält die Passionsblume in der Hand, die Daniel ihr mitgebracht hat, und berührt mit den Fingerspitzen die wächsernen Blütenblätter.

»Sie ist wunderschön … meine Lieblingsblume«, sagt sie.

»Ich weiß. Nelken waren ein Fehler. Herrgott, für diese Nelken könnte ich mir in den Hintern treten.«

Zu ihrem letzten Hochzeitstag hatte Daniel ihr einen Strauß rosa Nelken mit nach Hause gebracht – Nelken! Ebenso gut hätte er »Ich habe in den letzten fünfzehn Jahren auf kein Wort von dem geachtet, was du gesagt hast« auf eine Karte schreiben können. Schäumend vor Wut warf sie die Blumen in den Müll. Das musste jetzt über ein Jahr her sein – damals besuchte sie jeden Dienstagvormittag diesen Aquarellkurs für gelangweilte Hausfrauen. Als eines ihrer Motive wählte sie ein Foto aus einer National-Geographic-Ausgabe – eine Passionsblume in all ihrer plastischen Schönheit. Daniel sagte kein Wort zu dem Bild, das wochenlang ungerahmt in ihrem Arbeitszimmer herumlag, ehe sie es bei ihren anderen Träumen abheftete.

»Ich bin immer noch wütend«, sagt Steph.

Daniel verzieht das Gesicht. »Das ist dein gutes Recht. Und es tut mir leid. Du kannst dir gar nicht vorstellen, wie leid es mir tut …« Diese Worte erscheinen ihm so unzureichend für das, was er tatsächlich empfindet, aber sich in Worten auszudrücken war noch nie seine Stärke. Er möchte ihr erzählen, dass er sich letzte Woche in eine Synagoge verirrt hat. Sie würde ihm nicht glauben. Er kann es ja selbst kaum glauben, geschweige denn erklären. Auf dem Heimweg von der Arbeit kam er an einer Synagoge vorbei, die ihm zuvor noch nie aufgefallen war. Leute gingen einzeln und in kleinen familiären Grüppchen hinein. Ihm fiel wieder ein, dass heute Jom Kippur war, der jüdische »Versöhnungstag« – aber nur, weil Adam ein Meeting früher verlassen hatte, um rechtzeitig zur letzten Mahlzeit vor dem 24-stündigen Fasten zu Hause zu sein. Daniels Vater hatte ihn an diesem Feiertag, dem bedeutendsten im jüdischen Kalender, früher immer in seine kleine Synagoge mitgenommen. Und Daniel hatte es immer grauenhaft langweilig gefunden.

Ohne darüber nachzudenken, hielt Daniel an und ging in die Synagoge. Sie war voll Männern mit weißen Gebetsmänteln, die vor sich hin beteten. Der Anblick war ein wenig bizarr, aber eigenartig tröstlich. Daniel stellte fest, dass er in den Kol-Nidre-Gottesdienst hineingeschneit war, mit dem man den Tag der Reue beginnt. Daniel hatte keine Kippa, die traditionelle Kopfbedeckung für Männer. Also faltete er sein Taschentuch ein wenig zurecht, legte es sich auf den Kopf und setzte sich ganz hinten hin. Ein Mann tippte ihm auf die Schulter, deutete auf seinen

Kopf, griff in eine Tasche und holte eine Kippa hervor, die er Daniel reichte. Daniel bedankte sich. Er wartete, weil er gern gehört hätte, wie der Rabbi in das Schofarhorn blies. Das Widderhorn hatte er zuletzt als kleiner Junge gehört, und aus irgendeinem Grund wollte er diesen ursprünglichen, unheimlichen Klang heute unbedingt hören. Daniel erinnerte sich vage an die Bedeutung der Tradition – dass Abraham einen Widder opferte und nicht seinen Sohn Isaak, den Gott im letzten Moment gerettet hatte. Daniel fragte sich, ob er mit seiner Riesendummheit seine Familie geopfert hatte und ob Gott ihn retten würde. Aber er glaubte nicht an Gott, also hatte Gott vermutlich auch keine Zeit für einen Juden wie ihn, der sich längst vom religiösen Stamm entfernt hatte und sich selbst verachtete. Während er da in der Synagoge saß, umgeben von anderen Juden, stellte er trotzdem fest, dass er innerlich vor sich hin murmelte und um Vergebung bat. Vielleicht war ein Gebet eher eine Art Beichte, die man vor sich selbst ablegte. Ein Blick nach innen, bei dem man sich dem stellte, was man nicht sehen wollte. Und dann war der Gottesdienst vorbei und alle gingen, doch das Schofarhorn war noch nicht erklungen. Als er die Kippa ihrem Besitzer zurückgab, erkundigte er sich danach. »Erst am Ende der Fastenzeit, morgen Abend. Kommen Sie dann wieder, wenn Sie es hören möchten«, erklärte der Mann lächelnd. Und das tat Daniel tatsächlich, diesmal mit einer Baseballkappe auf dem Kopf. Der klagende Laut durchdrang ihn wie ein Laserstrahl.

Steph erkennt eine ganze Geschichte, die sich in Daniels Gesicht spiegelt, und will schon eine spitze Bemerkung machen. Doch sie hält sich zurück. Letzte Woche hat sie einen Dokumentarfilm über Nelson Mandela angeschaut, ganz allein in ihrem Schlafzimmer. »Groll ist wie Gift trinken und hoffen, dass es die Feinde tötet«, hatte er gesagt. Ja, sie grollte. Nicht nur wegen des

Ehebruchs. Auch wegen der vielen Jahre ihres Lebens, die in Hausarbeit und Unzufriedenheit versickert waren – und das hier hatte sie jetzt davon? Er war derjenige, der die Eheberatung vorgeschlagen hatte, während sie nach einem guten Scheidungsanwalt suchte. Sie stimmte der Paartherapie nur zu, weil er dort vielleicht noch mehr Verfehlungen eingestehen würde, die er sich im Laufe der Jahre geleistet hatte. Sie war sicher, dass er sich zu mindestens ein, zwei weiteren Affären bekennen und es mit der üblichen »Sie hat mir nichts bedeutet, ich liebe nur dich«-Ausrede versuchen würde. Tat er aber nicht. Stattdessen bekannte er sich dazu, ihr nicht zugehört zu haben. Dazu, dass er den Raum zwischen ihnen mit seinen Wünschen und seinem Begehren gefüllt hatte, statt herauszufinden, warum ihre nicht zu seinen passten. Aber dann – Shantelle. Steph hatte alles wissen wollen. Wie oft sie sich geliebt hatten. »Das war nur Sex«, hatte er gesagt. »Von Liebe kann keine Rede sein. Zweimal Cybersex im Chatroom. Echten Sex einmal. Und einmal hat sie mir einen geblasen – das war, als Mitch mich im Park gesehen hat. Oh Gott, es tut mir so leid.« Aber nicht leid genug, dachte Steph, denn sonst hätte er es gar nicht erst getan. Unter der Demütigung, der Scham und dem Schmerz kam sie sich einfach nur dumm vor. Hereingelegt und betrogen wie diese Idioten, die auf Betrugsmaschen im Internet hereinfielen. Vielleicht wäre es besser gewesen, sie hätte nie davon erfahren.

In ihrer dritten Sitzung bei dem Paartherapeuten hatte Steph entschlossen an ihrer Wut festgehalten, und Daniel hatte sie daraufhin noch einmal angefleht, ihm zu verzeihen. »Eher friert die Hölle zu«, hatte sie gefaucht und verkündet, dass sie die Eheberatung nicht fortsetzen wolle. Jetzt nicht und vielleicht niemals.

Während der nächsten Wochen konzentrierte sie sich noch mehr als sonst auf die Kinder und ihren Alltag, kontrollierte wie besessen ihre Hausaufgaben, ihre Freizeitaktivitäten, Georgias Gewicht, Justins Schreibübungen. Abends verhielt sie sich umso leichtsinniger. Sie überließ die Kinder Ayumi, ihrer jungen japanischen Babysitterin, und zog mit ihrer Freundin Sandy bis in die frühen Morgenstunden durch die Clubs. Als könnte sie sich besser fühlen, wenn sie Margaritas trank und mit Männern tanzte, die halb so alt waren wie sie. Natürlich fühlte sie sich davon nicht besser. Sandy erklärte, sie könne es Daniel nur heimzahlen, indem sie ausging und mit so vielen Männern wie möglich vögelte. Steph fragte sich, wie sich das anfühlen würde. Na ja, vielleicht, wenn Alistair in der Nähe wohnen würde … Sie schrieb ihm in einer E-Mail, dass ihre Ehe am Ende sei und sie daran denke, sich von Daniel zu trennen. Statt wie üblich sofort zu antworten, ließ er sich diesmal ein paar Tage Zeit, bis er sich bei ihr meldete. Es tue ihm leid, er hoffe, sie würden ihre Ehe noch retten können, alle Beziehungen hätten holprige Phasen, blablabla. Warum drängte er sie nicht dazu, Daniel zu verlassen?

Dann, eines verkaterten Morgens, begriff sie: Alistair ist verheiratet. Nicht mit »wer sie auch sein mag«, sondern mit einer Frau namens Cassandra (da steht es doch bei Facebook, jeder kann es sehen), die wahrscheinlich sehr nett ist. Was für eine bescheuerte Idee, Steph, sagte eine leise Stimme in ihrem Kopf. Später am selben Tag folgte eine noch tiefere Erkenntnis. Ich habe bei Alistair etwas gesucht, was ich brauchte. Daniel hat etwas bei Shantelle gesucht. Wir beide wollten uns begehrt und angenommen fühlen, aber Daniel und Shantelle hatten Sex. Und dann meldete sich dieses leise Stimmchen wieder. Und was, wenn Alistair in der Nähe und zu einem Treffen bereit gewesen wäre? Was dann?

Sie saß sehr lange vor ihrem Computer. Alistair hatte nur mit ihr geflirtet, hätte vielleicht gern eine kurze Affäre mit ihr gehabt.

Aber dass Steph bald frei für eine Beziehung wäre, hatte ihn offensichtlich abgeschreckt. So sehr stand er nicht auf sie. Das tat weh. Aber was hatte sie denn erwartet? Was hatte sie eigentlich von ihm gewollt? Sie war gelangweilt und deprimiert gewesen, hatte sich von Daniel enttäuscht und entfremdet gefühlt und jemanden gebraucht, der sie als begehrenswerte Frau wahrnahm und schätzte. Das hatte sie von Alistair gewollt. Schließlich begann sie zu tippen: Hi, Al, da hast du recht, alle Beziehungen haben ihre Höhen und Tiefen. Und ich muss mir gut überlegen, was ich wegen meiner Beziehung machen soll, ohne nach Ablenkungen zu suchen. Also vielen Dank für deine Unterstützung, aber ich glaube, es wäre besser, wenn wir hier Schluss machen. Alles Gute, Steph. Sie klickte auf »Senden«, schauderte unwillkürlich und begann zu weinen. Ihre Traurigkeit in diesem Moment kam ihr ganz pur vor, ohne Zorn und Schuldzuweisungen.

Daniel weiß nichts von alledem. Und nun steht Steph mit ihm unter dieser Straßenlaterne vor Erins und Mitchs Haus, und ihr Herz wird weich. Daniel mochte sexuell fremdgegangen sein, aber sie war emotional fremdgegangen. Vielleicht ist das nicht dasselbe, vielleicht ist es sogar schlimmer.

»Das Kunstmuseum hat mir eine Stelle angeboten. Ich soll das Kinderprogramm koordinieren«, bemerkt Steph.

»Wow, das ist toll.«

»Aber dann bin ich nicht mehr den ganzen Tag zu Hause. Ich habe schon jemanden, der auf die Kinder aufpasst. Ich werde auch öfter ins Ausland reisen müssen. Ausstellungen und so weiter.«

Sie funkelt, sprüht vor Leben wie früher, als sie sich kennengelernt haben. Er nickt und lächelt. »Ich kann dir die Kinder auch mal abnehmen«, sagt er. »Ich meine, ich helfe dir gerne.«

Daniel freut sich aufrichtig für sie. Steph merkt erst jetzt, dass sie sich danach gesehnt hat, diese Neuigkeit jemandem zu erzählen, der sich genauso für sie freut wie sie selbst. In diesem Moment flammt etwas in ihr auf. Daniel versucht keineswegs, sie zu bremsen; er wünscht sich ebenfalls eine Veränderung für sie.

»Vielleicht …«, sagt Steph.

»Das ist wirklich großartig. Ich freue mich riesig für dich.« Er tritt unbehaglich von einem Fuß auf den anderen. »Diese Hose kneift fürchterlich. Ich muss dringend ein paar Pfund abnehmen … Ich weiß, dass ich lächerlich aussehe.«

»Ja. Wie ein Mann in einem Jungenanzug.«

Daniel löst den Kummerbund. Der oberste Knopf seiner Hose steht offen. Sie kann seine Unterwäsche hervorblitzen sehen. »Das ist kein eleganter Look, Dan.«

Daniel hält eine Hand vor seinen klaffenden Hosenbund. »Ich weiß, das ist eine große Bitte, und ich würde es verstehen, wenn du nein sagst und lieber ohne mich … aber …« Er verstummt, denkt an seine Besuche in der Synagoge, und die Entscheidungen, die er getroffen hat – volle Konzentration auf seine Karriere, Nächte in Chatrooms, Shantelle, seine verdrängte Familiengeschichte. Seine Scham, Reue und Verzweiflung reihen sich vor ihm auf wie Verdächtige bei einer Gegenüberstellung. Wenn er doch nur die Zeit umkehren und alles in Ordnung bringen könnte.

Er sieht Steph flehentlich in die Augen. »Glaubst du an eine zweite Chance?«

Steph schüttelt den Kopf. »Ich weiß nicht. Die Kinder werden in ein paar Jahren erwachsen sein und ausziehen, und dann wären wir beide allein. Wir waren schon so lange nicht mehr glücklich miteinander. Was hätten wir denn noch gemeinsam, wenn die Kinder nicht mehr da sind? Ich will nicht noch länger unglücklich sein. Oder dich unglücklich sehen.«

»Vielleicht könnten wir uns mal sonntagabends im Supermarkt treffen, in der Obst- und Gemüseabteilung. Ich arrangiere vorher ein paar angematschte Bananen, und dann mache ich ein paar ganz schreckliche Bananenwitze.«

Da muss Steph lachen. Richtig lachen.

Wärme strömt durch Daniels Adern. So hat er sie nicht mehr lachen sehen seit … seit Jahren. Tränen brennen ihm in den Augen. »Ich dachte, ich hätte die Fähigkeit verloren, dich … Ich liebe dein Lachen.«

Steph wischt sich die Augen. »Du bist immer noch witzig.«

Daniel seufzt, und hat wie schon mehrmals in letzter Zeit das Gefühl, von etwas so überflutet zu werden, dass er glaubt, kein Wort herauszubringen.

So stehen sie noch eine Weile schweigend nebeneinander.

Schließlich fragt Daniel: »Glaubst du, du könntest mir je verzeihen?«

Steph zuckt mit den Schultern. »Ich weiß es nicht, Daniel. Ich weiß es nicht.«

Daniel lässt den Kopf hängen.

»Aber ich würde es gern versuchen«, sagt Steph. »Und ich könnte auch für einiges um Verzeihung bitten. Lass uns gegen Ende der Woche mal telefonieren.«

Sie hält ihm die Wange für einen Abschiedskuss hin und legt dabei unwillkürlich eine Hand leicht auf seinen Unterarm.


## RACHE UND VERGEBUNG

Warum ist Vergeben so schwer? Wir wissen alle, dass wir vergeben sollten. Andererseits sagt die Bibel auch »Auge um Auge, Zahn um Zahn«. Wie steht es dann mit Fick um Fick?

Gandhi verkündete, dass Auge um Auge die ganze Welt erblinden ließe. Mit noch weniger Sehfähigkeit werden wir den ganzen Elefanten nie erkennen können. Aber wir sind nur Menschen und nicht Jesus am Kreuz, der seinen Folterern verzieh und verkündete: »Vergib ihnen, Vater, denn sie wissen nicht, was sie tun.« Schmerz engt uns ein. Wenn alles weh tut und wir uns klein fühlen, wollen wir nur diesen Schmerz loswerden – oder ihn an jemand anderen weitergeben.

Vergebung ist zum Teil deshalb so schwierig, weil wir unbewusst an unseren Wunden hängen. Wir halten an unserem Hass und unserer Wut fest wie an Trophäen, die unsere Ehre beweisen. Wir malen uns aus, mit welchen fürchterlichen Strafen wir uns rächen könnten. Der andere soll spüren, was wir selbst gespürt haben. Wir wollen ihm eine Lektion erteilen. Wir bekommen hohen Blutdruck, Magengeschwüre, Depressionen. Und das ist noch längst nicht alles! Wir haben jemandem, dem wir die Schuld an allem geben können, was in unserem Leben schiefläuft. Wir dürfen uns als Opfer betrachten, pflegen diesen Status. Wir werden so gut darin, dass wir unsere Identität um diese Verletzung herum errichten, als sei sie ein Rankgerüst für unsere Persönlichkeit. Wir können uns nicht davon lösen, selbst dann nicht, wenn uns klar ist, dass wir festsitzen, weil wir an etwas festhalten – wie die Affen mit der Hand in einer Kokosnuss.

Schmerzen zu erleiden oder sie jemandem zuzufügen, das erschafft ein starkes, unsichtbares energetisches Band zwischen zwei Menschen. Wenn man diesem Schmerz Aufmerksamkeit und Emotionen widmet, bleibt umso weniger Energie für das Hier und Jetzt. Man kann sich das mathematisch als Subtraktion vom eigenen Leben vorstellen. An Verletzungen der Vergangenheit festzuhalten ist eines der Mittel, mit denen wir uns von der Gegenwart ablenken. Solange wir ein »Opfer« sind, können wir ja nicht ganz im gegenwärtigen Augenblick präsent sein. Wir touren noch mit der »Ich Armes Ding«-Show durch die Vergangenheit. Wenn wir uns wirklich auf eine Beziehung einlassen wollen – mit einem anderen Menschen oder mit uns selbst –, müssen wir mit der Vergangenheit abschließen. Und die einzige Möglichkeit, die Verbindung zu alten Schmerzen zu kappen, ist die Vergebung.

Für Steph hat es alle möglichen Vorteile, die »betrogene Ehefrau« zu sein, etwa das uneingeschränkte Recht auf das moralische hohe Ross und eine Opfer-Freikarte, die sie den Rest ihres Lebens zücken kann. Sie darf sich weiterhin als diejenige sehen, der Unrecht geschehen ist, und steht obendrein auch vor dem Gesetz als diejenige mit der reinen Weste da – das könnte sie sogar in einem Scheidungsprozess nutzen, um das alleinige Sorgerecht für die Kinder zu erhalten oder eine bessere finanzielle Einigung zu erzielen. Gemeinsame Freunde werden sich eher für sie entscheiden als für Daniel. Statt diese Karte auszuspielen, könnte sie ihn auch wieder zu Hause aufnehmen, zu ihren Bedingungen – »um der Kinder willen«. Und das könnte auch funktionieren, zumindest so lange, bis Daniel der Ansicht ist, nun genug Buße getan zu haben. Aber diese Neuauflage unter verschärften Bedingungen wäre so von böswilligen Tendenzen geprägt, dass die Beziehung nie vom Fleck käme. Wenn Steph sich dafür entscheidet, Daniel zu verzeihen, ihm eine zweite Chance zu geben, wieder zur Paartherapie zu gehen, seine Entschuldigung anzunehmen und zu würdigen, dass er sich seines Fehlers bewusst ist … dann könnte sie die Vergangenheit loslassen. Und sie hätte Gelegenheit, ihm zu erklären, was sie meinte, als sie ihm unter dieser Straßenlaterne gesagt hat: »Ich könnte auch für einiges um Verzeihung bitten.« Wenn ihre Beziehung noch eine Chance haben soll, dann nur durch Vergebung.

Um eine Beziehung zu retten, müssen wir gesunde Entscheidungen treffen. Ein Unrecht zu verzeihen fühlt sich spontan falsch an, weil es nicht logisch ist. Es widerspricht vielleicht sogar unserem »Gerechtigkeitsgefühl«, vor allem, wenn jemand uns ein Leid angetan hat. Doch da liegen wir falsch: Wir verzeihen dem anderen nicht, weil er es verdient hätte. Vergeben hat mit dem anderen gar nichts zu tun. Es geht dabei um uns selbst. Vergebung ist eine Entscheidung, die wir treffen. Wir entscheiden uns dafür, unseren Schmerz loszulassen. Und dadurch bekommen wir uns selbst energetisch wieder ganz zurück.

## JENSEITS DER VERGEBUNG

Authentische Vergebung findet auf dem Gebiet der dritten Position statt. Sie ist möglich, wenn wir tiefe Einsicht in eine Beziehung gewinnen. Also dröseln wir das mal auf:

PHASE 1: Daniel hat Sex mit einer anderen Frau. Steph fühlt sich durch seine Untreue im tiefsten Herzen getroffen. Der Schmerz der Gegenwart wird durch den der Vergangenheit vervielfacht, aber insgesamt der Gegenwart zugeschrieben. Das Dreieck – sie, Daniel und Shantelle – wirft sie unbewusst zurück auf das ursprüngliche Dreieck, das so schreckliche Schamgefühle in ihr wachrief: ihre Mutter, ihr Vater und sie selbst. Der ungelöste Ehekonflikt ihrer Eltern drängte sie unfreiwillig in die Rolle der Ersatzehefrau ihres Vaters. Diese Position ist für niemanden gut, und die Andeutung, Steph solle oder wolle ihre Mutter verdrängen, verursacht Scham. Um sich gegen diese Scham zu schützen, wurde Steph steif und übervorsichtig.

PHASE 2: Alistairs Reaktion lässt Stephs Illusionen über ihn zerplatzen, und sie muss sich fragen, ob sie mit ihm so etwas hatte wie eine emotionale Affäre. Das ist eine weitere Quelle von

Scham, und sie wehrt sich mittels »Haarspalterei«: Daniels Affäre war sexueller Natur, also ist er der Unmoralische hier. Indem sie ihn als den Bösen hinstellt, kann sie weiterhin die Gute sein, der übel mitgespielt wurde.

PHASE 3: Eine weitere, entscheidende Quelle der Scham ist die Art und Weise, wie beide zum Untergang der Beziehung beigetragen haben. Steph muss verstehen, was sie als Co-Autorin zu der unehelichen Sexszene in Daniels Skript beigetragen hat und umgekehrt. Hier kommt die dritte Position zum Tragen. Beide müssen ihre defensiven Muster der Verbitterung durchschauen. Sie müssen erkennen, dass sie jahrelang miteinander gewetteifert und für sich in Anspruch genommen haben, »Sieh mich an!« sagen zu dürfen, während sie dieselbe Bitte von ihrem Gegenüber ignorierten. Nicht wahrgenommen zu werden löst auch alte Scham aus Erfahrungen in der Kindheit aus, in denen sie sich ausgeschlossen und im Stich gelassen fühlten. Diese Scham werfen sie einander zu wie eine heiße Kartoffel in der Hoffnung, dass sie im Schoß des anderen liegen bleiben werde.

Wenn sie dieses Netz der Scham aufdröseln können, erkennen sie vielleicht, dass Daniels sexuelle Affäre und Stephs Kontakt zu Alistair nicht mehr sind als eine Alarmglocke und Vergebung paradoxerweise darin liegt, dass jeder zu seiner eigenen Scham steht und sich selbst vergibt. Einander zu verzeihen ist dann schon fast überflüssig.

Stephs Verbindung zu Alistair hilft ihr vielleicht, eine andere Perspektive einzunehmen. Wenn man sich betrogen fühlt und glaubt, selbst ganz im Recht zu sein, fällt es einem schwerer, das Problem genau zu erkennen, vor allem, wenn man noch dazu ein schwach ausgeprägtes Selbstgefühl hat. Natürlich kommt es vor, dass das Problem in einer Beziehung mehr beim einen Partner liegt als beim anderen – erinnern Sie sich an Erins Freund Gus?

In diesem Fall lautet die Frage vielleicht, wann es Zeit ist, sich zu trennen. Das ist allerdings nicht die Situation, in der Steph und Daniel sich befinden.

Nähe zu einem Ex-Freund zu suchen ist nur eine Möglichkeit, einen »Dritten« zu involvieren, um mehr Distanz zu schaffen. Es gibt noch andere destruktive Anhaftungen, etwa Alkohol- oder Drogenmissbrauch oder übermäßige Beschäftigung mit der Arbeit, einem Hobby oder Facebook. Hinter alldem kann sich emotionaler Rückzug verbergen, manchmal sogar noch mit einem selbstgerechten Bonus: »Ich arbeite so viel, damit wir es schön haben« oder »Ein Hobby ist ein gesunder Ausgleich«. Wenn Steph weiterhin mehr Wert darauf legt, »recht zu haben«, als ihre Rolle in der Dynamik ihrer Beziehung zu Daniel zu erkunden, wird sie damit die Trennung beschleunigen. Und wenn Daniel nur den reuigen Ehemann spielt und Lippenbekenntnisse ablegt aus Angst, sie und die Kinder zu verlieren, aber in Wahrheit daran glaubt, dass Steph ihn »dazu getrieben« habe, dann zerstört auch er ihre gemeinsame Zukunft. Bemüht er sich hingegen, zu verstehen, warum er sich so verhalten hat, und verpflichtet sich (innerlich), in seiner Ehe mit Steph präsent zu bleiben und neue Wege zu ihr zu suchen, dann besteht Hoffnung.

Jemandem zu vergeben, der Sie betrogen hat, verlangt Weisheit und Großzügigkeit, aber reicht das auch? Es muss doch wohl reichen, schließlich war es schon schwer genug.

Vergebung ist der erste Schritt, aber der allein bringt Sie nicht weit. Da liegt noch einiges vor Ihnen.

Wenn Sie jemandem verzeihen, dann tun Sie das von Ihrem Platz auf dem Opferpodest herab. Dem Verzeihen liegt nun mal die dualistische Vorstellung von Opfer und Übeltäter zugrunde, richtig und falsch. Es hat zwar vielversprechende, positive Auswirkungen, aber wir stecken damit immer noch in Urteilen und Schuldzuweisungen fest. Es gibt eine offene Weite jenseits dieser Vorstellungen, wie Rumi sagt. Und auf der stehen eine Menge Elefanten.

Steph könnte wirklich die Macht über ihr Leben übernehmen, indem sie das Bedürfnis loslässt, »recht« zu haben oder die Märtyrerin in der Beziehung zu sein. Sie hat eigenverantwortliche Entscheidungen getroffen und erste Schritte getan: Sie hat sich eine Stelle gesucht und ihre Kommunikation mit Alistair beendet. Steph und Daniel können wieder zur Paartherapie gehen und ergründen, wie es mit ihrer Ehe so weit kommen konnte.

Das wird seine Zeit dauern. Beider Egos müssen stabilisiert werden, damit sie den Schaden reparieren können. Beide werden einiges an innerer Arbeit leisten müssen, allein und mit Hilfe eines Dritten (Therapeut, Heiler, spiritueller Lehrer oder Freund), um das Trauma zu verarbeiten. In der Eheberatung kann ihr Therapeut ihnen helfen, die dritte Position einzunehmen, damit sie ihre gesamte Beziehung überschauen können. Sie müssen akzeptieren, dass sie manche Dinge nicht verändern können – dass Daniel außerehelichen Sex hatte und dass ihre Beziehung nicht perfekt ist. Sie sollten das Gefühl ablegen, ein selbstverständliches Recht auf alles Mögliche zu haben (Wie kann er es wagen, mir das anzutun?), und sich stattdessen darauf konzentrieren, ihr Interesse und Engagement füreinander zu erneuern. Sie können die Illusion einer perfekten Ehe loslassen und einfach ihre reale Ehe so annehmen, wie sie ist. Mit ausreichend Großzügigkeit, Mitgefühl und Demut schaffen es beide, sich an dem Teil des Elefanten festzuklammern, auf den sie sich fixiert haben (»Du willst nie Sex mit mir« – »Du hast mich betrogen«), und sich bemühen, ihre Beziehung als Prozess zu sehen, der viel größer ist als ein einzelner Vorfall.

Obwohl es ganz und gar nicht danach aussieht, haben Steph und Daniel in Wahrheit eine großartige Gelegenheit erhalten. Erins Abendessen hat sie daran erinnert, dass sie für die Pflege ihrer Beziehung selbst verantwortlich sind. Sie sind es, die ihre Zärtlichkeit und Liebe hegen und schützen. Beziehungen sind eine Chance für uns, aufzuwachen, uns dem zu öffnen, was vor uns liegt, und in jedem Augenblick ganz gegenwärtig zu sein.

## WORAUF WARTEST DU NOCH?

Einst überschwemmte die Flut ein ganzes Dorf. Ein Mann kletterte auf das Dach seines Hauses und wartete dort auf Hilfe. Ein paar Leute in einem Ruderboot kamen vorbei und riefen: »Steig ein!«, doch der Mann schüttelte den Kopf und erklärte: »Gott wird mich retten«, also ruderten die Leute weiter. Später kam ein Hubschrauber vorbei und ließ ein Seil zu ihm herunter, doch der Mann wollte es nicht ergreifen. Er erklärte: »Ich vertraue auf Gott, er wird mich retten.« Das Wasser stieg und stieg, und während der Mann noch darauf wartete, von Gott gerettet zu werden, ertrank er. Als er im Himmel vor den Allmächtigen trat, fragte er Gott: »Mein Glaube an dich war immer so stark, warum hast du mich nicht aus meiner Not errettet?« Und Gott erwiderte: »Das verstehe ich nicht. Ich habe dir doch ein Ruderboot und einen Hubschrauber geschickt.«

Also, worauf warten Sie? Wie soll die Liebe Ihrer Meinung nach aussehen? Die Ausschau nach etwas, das unseren größenwahnsinnigen Illusionen entspricht, beschäftigt uns so sehr, dass wir nicht sehen, was uns schon geschickt wurde. Was, wenn die größte Lehre der Liebe in Gestalt der Untreue daherkäme? Zu welch tiefen Erkenntnissen könnte die Liebe uns führen, wenn wir nach einer Wunde namens »Shantelle« wieder einen Weg zueinanderfänden? Spirituelle Weisheit führt uns immer wieder genau an den Punkt, an dem wir jetzt sind. Das sind Leid, Schmerz, Verwirrung, Jubel, Niedergeschlagenheit, Abneigung, Widerstand und Erleuchtung – alles auf einmal. Wir können dem Jetzt nicht entrinnen. Wir können nur dem begegnen, was da ist. Das sind die ganz gewöhnlichen Qualen des Lebens, die wir transformieren können, indem wir sie annehmen. Was immer wir suchen, es ist schon direkt vor uns. Dass wir den ganzen Elefanten nicht sehen können, bedeutet nicht, dass er nicht da ist.

# 24. Sich ganz einer Sache widmen

Wie halten wir also durch die Stürme und Ausrutscher, die vor uns liegen, aneinander fest? Können wir unsere Phantasievorstellungen von »Romantik« mit der täglichen Schwerstarbeit menschlicher Interaktion vereinen? Können Nähe und Vertrautheit als tiefe innere Arbeit eine Freude werden?

## EIN KUSS UND 101 BEDEUTUNGEN

»Das war gar nicht so schlimm, oder?«, fragt Erin und sammelt ein paar Teller ein, wobei ihr Babybauch auf der Tischplatte liegt.

»Ein paar peinliche Momente gab es schon«, sagt Rob grinsend, »aber das hast du toll gemacht, Schwesterherz. Auch wenn vielleicht nichts daraus wird.«

»He«, sagt Mitch und tritt zu Erin, um ihr eine schwere Dessertplatte abzunehmen. »Setz dich hin. Wir machen das.«

»Erin, das war sehr großherzig von dir«, erklärt Tariq. »Ich glaube, damit könntest du etwas bewirkt haben.«

Erin lächelt müde und lässt sich auf einen Stuhl sinken. »Danke, Jungs.« Als endlich die Last von ihren Knien und Füßen genommen wird, befreit sich noch etwas in ihr.

»Ich war eher skeptisch, muss ich gestehen«, sagt Mitch. »Aber wer weiß? Daniel hat sich ja schier überschlagen vor Dankbarkeit.«

Rob kichert. »Er freut sich nur so, dass wir ihn nicht in die Schmuddelecke verbannt haben. Steph natürlich schon, und das

Problem ist, dass sie ihn da offenbar nicht wieder herausbitten will. Ich glaube, sie nimmt ihn wieder zu Hause auf, wenn es in der Hölle Eiscreme zum Nachtisch gibt. Unsere liebe Cousine ist einfach zu verklemmt. War sie schon immer. Hochmut kommt vor dem leidenschaftlichen Fall und so weiter.«

Tariq boxt ihn spielerisch mit der Faust an. »Danke für deinen pessimistischen Input, Rob. Stephanie braucht nur ein bisschen Zeit. Sie wird es sich schon gründlich überlegen, ob sie die Familie wegen so etwas kaputtgehen lässt. Und es scheint ihm wirklich leidzutun. Er dreht nicht nur seinen jungenhaften Charme auf.«

»Ja«, sagt Mitch, »aber ich an ihrer Stelle würde mich immer fragen, wie ich ihm je wieder vertrauen kann.«

Erin seufzt. »Das geht alles am Kern vorbei. Daniels Affäre ist nur ein Symptom für ein viel tiefer liegendes Problem. Ich weiß nicht, ob Steph je über sein Fehlverhalten hinwegsehen wird, aber darum geht es eigentlich gar nicht, so beschissen und dämlich das auch von ihm war. Es geht um das, was schon seit Jahren zwischen ihnen läuft.«

»Oder vielmehr nicht läuft«, sagt Rob grinsend. »Ich meine, wenn der Kerl am Verhungern war, kann man es ihm kaum verdenken, wenn er sich mal unterwegs einen Happen zu essen holt.«

»Ach, Rob, nun hör aber auf«, mischt Tariq sich ein. »Du rastest doch schon aus, wenn ich einen anderen Mann auch nur ansehe.«

»Ja, aber du bekommst zu Hause ja auch Gourmet-Mahlzeiten.«

Mitch hüstelt. »So genau wollte ich das alles gar nicht wissen, Jungs.«

»Na, jedenfalls«, fährt Rob fort, »was ist denn, wenn Steph Daniel gar nicht mehr liebt? Das kann man nicht klären oder überwinden.«

»Ich weiß nicht, ob es so einfach ist«, erwidert Erin. »Vielleicht liebt sie ihn nicht mehr so wie zu Anfang. Aber Liebe muss sich entwickeln, wenn eine Beziehung überleben und immer enger werden soll, oder?« Sie lächelt Mitch an. »Und Daniel ist gar kein so schlechter Kerl – er hat ein paar tolle Eigenschaften.«

Rob lacht. »Sein Erscheinungsbild in diesem Smoking gehört nicht dazu.« Er steht am Fenster und schielt durch einen Spalt zwischen den Vorhängen hinaus auf die Straße. »Womöglich muss ich alles zurücknehmen, was ich gerade gesagt habe ... der Körpersprache nach zu schließen. Heilige Scheiße, schaut euch das an! Sie lacht!«

»Rob!«, tadelt Erin. »Beobachtest du die beiden etwa?«

»Na, willst du denn gar nicht wissen, ob deine Intervention all das Geld und die Zeit wert war?«

Erin weiß nicht, ob sie ihn schimpfen soll, weil er den beiden nachspioniert, oder sich zu ihm ans Fenster stellen. »Wisst ihr, die Ehe meiner Eltern wurde arrangiert«, bemerkt Tariq, »und sie waren ihr Leben lang glücklich miteinander. Einmal habe ich meine Mum gefragt, wie das war, sich den Lebenspartner nicht selbst aussuchen zu dürfen, und sie hat gesagt: ›Man entscheidet sich dafür, jemanden zu lieben. Und ich habe mich eben dafür entschieden, deinen Vater zu lieben.‹«

Rob lässt den Vorhang los und wendet sich vom Fenster ab. »Und dann haben sie dich bekommen, weshalb ich für immer in ihrer Schuld stehe. Aber was, wenn sie Kinder gewollt hätte und er nicht?«

Tariq zuckt mit den Schultern, doch die Geste drückt keine Resignation aus. »Ob ein Berg unbezwingbar ist, liegt allein beim faulsten Bergsteiger, der sich daran versucht.«

»Soll das heißen, ich bin faul?«

»Ich sage nur, dass du deine Emotionen komplett outsourcen würdest, wenn du könntest«, erwidert Tariq.

»Wozu soll diese ganze Zivilisation denn sonst gut sein, wenn man nicht jemanden dafür bezahlen kann, dass er einem die Drecksarbeit abnimmt?«

»So landet man nur da, wo Daniel und Steph jetzt stehen«, sagt Mitch. »Mit dem Dreck von Jahrzehnten, der sich vor der Schlafzimmertür auftürmt.«

»Und wie eure Freunde Tom und Phoebe, oder wie Mum und Dad, oder ...« Rob späht schon wieder aus dem Fenster. »Oooh, ich glaube – ja, meine Damen und Herren, er hat sich soeben vorgebeugt und sie geküsst! Nur auf die Wange, aber bitte sehr, das war ein Kuss!«

»Rob!«, protestiert Erin. »Jetzt komm vom Fenster weg.«

Mitch lacht. »Rob ist der Einzige, der sich getraut hat, was wir alle gern tun würden.«

»So ist es, danke, Mitch. Und ich möchte noch anmerken, dass ich ab sofort Bergsteiger im Training bin. Muss den Himalaja überqueren, mit so einem niedlichen Inder auf dem Rücken«, sagt er und zwinkert Tariq zu.

Erin und Mitch verstehen die Andeutung nicht, aber Tariq sagt leise: »Du wirst ein wunderbarer Vater sein.«

»He, ich habe nur gesagt, dass ich trainieren werde. Heure noch keine Sherpas an, ja?« Aber Rob verlässt seinen Ausguck am Fenster, geht zu Tariq hinüber und küsst ihn. »Ich kann mir nicht vorstellen, ohne dich zu leben ...« Er verstummt und versucht ausnahmsweise einmal nicht, seine Emotionen zu delegieren.

Mitch legt einen Arm um Erin. Ihr dicker Bauch hält ihn auf Abstand. Er beugt sich vor und küsst sie auf die Stirn, und sein Herz fühlt sich eigenartig voll an.

Da haben wir es. Wir entscheiden uns zu lieben. Auch dann, wenn es schwer ist. Wir entscheiden uns dafür, uns einem anderen Menschen zu verpflichten und einen Schwur abzulegen, von dem wir nicht wissen, ob wir ihn halten können. Wir entscheiden uns dafür, zu bleiben, wenn etwas schiefläuft.

Bindung ist nicht etwas, das passiert, wenn man zusammenlebt. Oder heiratet. Oder der Kinder wegen zusammenbleibt. Bindung ist keine Entscheidung, die wir nur einmal treffen, kein kaltes eisernes Tor, das hinter uns ins Schloss fällt. Sie ist eine Entscheidung, die wir immer und immer wieder treffen, wie ein Musiker ein Stück übt oder ein Meditierender zu seinem Atem zurückkehrt. An manchen Tagen werden wir sie genießen, an anderen verabscheuen. Manchmal wird sie uns langweilen, ein andermal vor Ehrfurcht erschauern lassen. Aber jedes Mal, wenn wir uns dafür entscheiden, noch einmal hinzuschauen, aufmerksamer zuzuhören, uns wieder zuzuwenden, binden wir uns aufs Neue. Wir geben uns demütig dem hin, was wir noch nicht kennen. Stellen Sie sich einmal vor: Pablo Neruda hat einhundert Liebesgedichte an seine Geliebte verfasst. Der japanische Künstler Hokusai hat den Fuji aus hundert verschiedenen Blickwinkeln gemalt und versucht, sein innerstes Wesen wiederzugeben. Der großartige spanische Cellist Pablo Casals wurde einmal gefragt, weshalb er im Alter von 93 Jahren immer noch mehrere Stunden täglich übe, und er antwortete: »Ich bemerke allmählich eine Verbesserung.« Jack Kornfield, der buddhistische Lehrer, sagt, wenn man glücklich werden wolle, müsse man sich für eine Sache entscheiden und sich ihr hingeben – sich ihr ganz und gar schenken. Indem wir uns für eine Beziehung, eine Person entscheiden und immer wieder dorthin zurückkehren, vertiefen wir das, was wir mitbringen. Wir werden besser darin.

Und, ehrlich, niemand braucht gleich ein Heiliger zu werden. Gewöhnliche Menschen wie Mitch und Erin, die beide ihre Wunden und Narben noch spüren, müssen hart an sich arbeiten, um Entscheidungen zu treffen, die sie sich selbst und einander näherbringen. Man braucht Neugier, Geduld, Mut zur Verletzlichkeit und viel Achtsamkeit, aber es ist jedem von uns möglich. Man muss lernen, ambivalente Gefühle für den anderen auszuhalten, ohne sie in irgendetwas umzusetzen: »So ist es für mich«, »So ist es für dich« und »So ist es für uns«. Auf diese Weise wird die Beziehung selbst zu einem unlösbaren Kōan, einer paradoxen Sentenz, die uns hilft, zu erwachen und uns zu wandeln. Sie wird außerdem zu einer dritten Position für jeden, der das Paar kennt. Wie Mitch und Erin können wir zu Hütern nicht nur unserer eigenen intimen Beziehung, sondern auch der anderer Menschen werden – dadurch, wie wir einander lieben und wie wir andere unterstützen, wenn sie Schwierigkeiten haben.

Selbst Menschen, deren Beziehung entgleist ist – vielleicht sogar besonders jenen Menschen –, bringt jeder Tag eine Gelegenheit zur Erneuerung. Steph und Daniel stehen vor Erins und Mitchs Haus und lachen zusammen. Etwas ist wieder zum Leben erwacht. Das ist der erste wahrhaft fröhliche Augenblick seit langer, langer Zeit, den sie als Paar erleben. Sie sind an einen Ort zurückgekehrt, an dem sie schon einmal waren, aber der Ort ist nicht mehr genau derselbe. Eine Krise war nötig, um sie dorthin zurückzuführen, und in diesem Augenblick sind der Schmerz und das Potenzial ihrer Krise enthalten. Viele Jahre lang war ihre Nähe nicht mehr so authentisch. Sie erwachen. Was sie von nun an tun, liegt ganz bei ihnen.

Wir bitten unseren Partner, uns beim Umgang mit unserer emotionalen Welt zu helfen, indem er aufnimmt, festhält, erklärt und entschärft, was wir allein nicht verstehen können, ganz ähnlich wie unsere Eltern es für uns getan haben, als wir noch klein waren. Geteiltes Leid ist halbes Leid, heißt es, und kann umso schneller wieder Freude bringen. Wenn Daniel sich weiterhin öffnet, kann er von Steph viel darüber lernen, wie er Nähe und Intimität sucht und was er tut, wenn er keine bekommt. Lässt er sich hingegen weiterhin von seinem Schwanz leiten, wird er die Nähe, die er sucht, nicht finden. Er muss lernen, Steph auf andere Art in seinem aufmerksamen Bewusstsein zu halten. Seit er beinahe den Untergang dieser Beziehung ausgelöst hatte, leidet er unter diesem drohenden Verlust. Doch sein Schmerz bietet ihm Gelegenheit, einmal anders darüber nachzudenken, welchen Platz Beziehungen in seinen Gedanken einnehmen.

Auch Stephanie kann viel von Daniel lernen, sowohl aus der Beobachtung seines dämlichen Verhaltens als auch, indem sie seinen Begierden aufmerksamer zuhört – vor allem, wenn die auf eine Art geäußert werden, die Steph nicht versteht (etwa, indem er sich an ihrem Po reibt). Wenn sie seinen Schmerz erkennt, denkt sie vielleicht darüber nach, warum sie sich so fest gegen Unordnung und Verlust verhärtet hat und wie ausgeschlossen Daniel durch diesen undurchdringlichen Panzer ist. Warum hat sie die junge Frau, deren Begeisterung Daniels Wildheit damals geweckt hatte, eigentlich weggesperrt, und wo kann sie sie wiederfinden? Vielleicht hat sie in ihrem Lachen unter jener Straßenlaterne einen kurzen Blick auf diese verschollene junge Frau erhascht, aber sie wiederzufinden wird nicht reichen. Steph muss die Frau finden, die die dritte Position einnehmen kann. Erst von dort aus kann sie die Wirkung ihres harten Panzers auf Daniel erkennen, und die Mischung aus tröstlich vertrauten und neuen, aufregenden Dingen, die ihre Leidenschaft am Leben erhalten wird. Die richtige Balance werden sie gemeinsam herausfinden müssen.

Wir alle können uns einen Weg zur dritten Position aussuchen, der sich für uns richtig anfühlt – einen eher strukturierten wie Psychotherapie oder Meditation oder einen spirituellen wie Rituale und Gebete. Andere tun sich uns auf, ohne dass wir uns ihrer ganz bewusst sind. Wir sind einander ständig »Container« und Beobachter und erfüllen auch damit die Rolle eines Dritten. Erin sagt im Scherz zu ihrem Bruder Rob, dass sein Widerstand gegen Tariqs Kinderwunsch ihr nächstes Interventionsprojekt sei. Aber offenbar haben an jenem Abend gleich zwei Interventionen zugleich stattgefunden, ohne dass irgendjemand sich bewusst darum bemüht hätte.

Im Laufe des Abends löst sich etwas in Rob, und er deutet zum allerersten Mal an, dass er bereit sei, über ein Kind nachzudenken. »Ich trainiere Bergsteigen«, verkündet er. Darüber hat er vorher nicht nachgedacht. Der Augenblick hat ihn nur irgendwie mitgerissen. Vielleicht war es das Gefühl der Kameradschaft, die Nähe dieser vier Menschen, vereint in ihrer Mission, die Liebe dorthin zurückzubringen, von wo sie sich verlaufen hat. Dazu noch das Gefühl – das sie dem Lachen und dem Kuss unten auf der Straße verdanken –, dass sie es vielleicht sogar geschafft haben ... Steph und Daniel senden Rob damit die Botschaft, dass er sich irrt und dass man sich sehr wohl von einem solchen Tiefschlag erholen kann. Wenn sie das können, warum dann nicht Rob? Dennoch fällt es ihm nicht leicht. Als Tariq seine Geste sofort annimmt, zieht Rob sich auf seine übliche Festung zurück, seinen sarkastischen Humor: »Heure mal noch keine Sherpas an«, warnt er Tariq. Aber dann wendet er sich vom Fenster ab und geht zu Tariq hinüber, um ihn zu küssen und ihm zu sagen, dass er sich ein Leben ohne ihn nicht vorstellen kann.

So knapp an einer echten Tragödie vorbeizuschrammen macht uns bewusst, wie gewaltig das ist, was wir schon haben. Das macht uns dankbar. Und wenn wir dankbar sind, fühlen wir uns großmütig. Rob ist sich bewusst, dass er Tariq verlieren könnte, wie er sich auch entscheidet – an ein Kind, das dann den ersten Platz bei Tariq einnehmen wird, genauso, wie wenn er sich weigert, dieses Kind großzuziehen. Aber sich eines möglichen Verlusts bewusst zu sein und zu spüren, dass er auszuhalten wäre, kann unendlich befreiend wirken. Dann treffen wir unsere Entscheidungen voller Hoffnung, statt uns aus Angst dagegen zu sperren.

Und den kleinsten Zeugen jenes Abends dürfen wir nicht vergessen – das Baby in Erins Bauch. Dieser jüngste Anwesende hat womöglich am meisten zu einer Atmosphäre der Ehrfurcht und Hoffnung beigetragen – denn wenn es möglich ist, neues Leben zu erschaffen, was sollte dann noch unmöglich sein?

## DIE SPINNE UND DER WEISE

Nun ist es Zeit für eine allerletzte Geschichte. In uralten Zeiten lebte einmal ein alter Mann, der täglich zum Ganges ging, um zu beten. Eines Morgens sah er eine Spinne im Wasser zappeln. Er wusste nicht, dass sie giftig war, und hob sie vorsichtig aus dem Wasser, doch als er sie ans Ufer trug, biss sie ihn. Da er ein heiliger Mann war, konnte das Gift der Spinne ihn nicht töten. Am nächsten Morgen stand er wieder im Ganges und betete, als er dieselbe Spinne im Wasser zappeln sah. Wieder holte er sie heraus und trug sie ans Ufer, und wieder biss sie ihn. Am dritten Morgen stand er erneut betend im Wasser, als dieselbe Spinne angezappelt kam. Zum dritten Mal holte er sie aus dem Wasser und brachte sie in Sicherheit, und da sagte die Spinne: »Verstehst du denn nicht? Ich werde dich jedes Mal beißen, denn das tue ich nun einmal.« Worauf der Weise erwiderte: »Ja, aber verstehst du nicht, dass ich dich jedes Mal herausholen werde, weil ich das nun einmal tue?«

## WAS TUN SIE?

In einer Beziehung sind wir mal der Weise und mal die Spinne. Manchmal beißen wir und manchmal retten wir. Wir können uns in jedem Augenblick entscheiden zwischen Dankbarkeit und Gleichgültigkeit, Annehmen und Verurteilen, Vergebung und Groll, Dienen und Beherrschen, Mitgefühl und Wut, Verletzlichkeit und Zynismus. Jede Entscheidung, die wir treffen, ist ein Akt unserer Schöpferkraft.

Nähe bietet uns alle Voraussetzungen für Selbsterkenntnis und spirituelle Praxis – Frustration, Enttäuschungen, Jubel, Zugehörigkeit, Geborgenheit, Leidenschaft, Empathie … Durch Beziehungen lernen wir uns selbst auf eine Art und Weise kennen, die in Isolation niemals möglich wäre. Außerdem wird uns dadurch bewusst, dass wir niemals alles über uns selbst oder einen geliebten Menschen wissen können. Eine Beziehung entfaltet sich immer weiter, führt uns immer tiefer. Langweilig? Schwer vorzustellen …

Nur Huren können ein Happy End liefern – für uns andere bleibt Intimität ein permanentes Ringen zwischen Einsamkeit und Verbundenheit, Annäherung und Rückzug, Festhalten und Loslassen. Und dabei kommen wir Schritt für Schritt aus der Blindheit heraus und erkennen immer besser, was wir wirklich vor uns haben.

Antonio Machado, der spanische Dichter, verlor tragischerweise seine Ehefrau, als sie noch sehr jung war – sie starb an Tuberkulose. Er war am Boden zerstört und wusste nicht, wie er weiterleben sollte. Doch in seinen Gedichten erinnert er uns daran, dass wir wieder lebendig werden können, selbst wenn wir glauben, es sei schon alles verloren: »Letzte Nacht im Schlafe / träumte mir – wunderbarer Irrtum! – / ich hätte einen Bienenstock / hier in meinem Herzen / und die goldenen Bienen / bauten weiße Waben / und machten süßen Honig / aus meinen alten Fehlern.«

Nähe und Vertrautheit erlauben uns, aus alten Fehlern süßen Honig zu machen durch die Entscheidungen, die wir treffen. Es liegt ganz bei uns – wir können uns dafür entscheiden, der Weise zu sein und nicht die Spinne, die offene Hand und nicht die Faust. Wir können unsere eigenen Fehler annehmen, statt uns auf die Fehler anderer zu konzentrieren, unser Herz öffnen, statt unseren Geist zu verschließen. Wir können Demut wählen statt Arroganz, Vergebung statt Schuldzuweisungen, und wir können großzügig schenken statt ängstlich vorzuenthalten.

Wenn wir die Fruchtbarkeit annehmen können, die in alten Fehlern liegt, dann sind wir ganz von Bedeutung umgeben im alltäglichen Rhythmus des Lebens. Es gibt viele Wege, zahllose Geschichten, Hunderte Möglichkeiten, der Nähe zu begegnen. Mit jeder Entscheidung, die wir treffen, erschaffen wir Bedeutung. Wir schreiben selbst das nächste Kapitel unserer Liebesgeschichte.

# EPILOG

## WIE WIR UNSEREN ELEFANTEN FANDEN

Das war durchaus riskant.

Alle möglichen Leute warnten uns davor, dass unsere Ehepartner eifersüchtig werden könnten. Wir könnten uns verlieben oder uns am Ende hassen. Berufliches und Privates zu vermischen geht nie gut. Einer von uns würde mehr beitragen als der andere. Man kann ein Buch nicht als Team verfassen – Schreiben ist ein Eine-Person-Abenteuer. Irgendeine Stimme müsse doch deutlicher hervortreten. Wir würden die schmuddeligen Ecken des jeweils anderen zu Gesicht bekommen – die Ecken, die zivilisierte Freunde bewusst voreinander verbergen. Einer von uns würde sich garantiert zurückgesetzt, übervorteilt, ausgenutzt oder übergangen fühlen. Und am Ende würde unsere Freundschaft komplett im Eimer sein.

Wir ignorierten sämtliche Ratschläge und unterschrieben den Vertrag. Dann stolperten wir wochenlang in diesem neuen Projekt herum und warfen mit Ideen nur so um uns wie mit Konfetti. Wir klammerten uns an unsere jeweilige Stimme und experimentierten mit geschriebenen »Unterhaltungen« zu zweit. »Ich will nicht, dass jemand anderes für mich spricht, und ich will mich auch nicht von seinen Ideen vereinnahmen lassen«, war

Jos Standpunkt, während Graeme in aller Stille nach zu vielen spirituellen oder, Gott bewahre, religiösen Bezügen Ausschau hielt. Das Ergebnis war zweidimensional, lahm und leblos. Und das war uns beiden klar.

Unsere Freunde und Ehepartner fragten ständig, wie es denn laufe. In mancher Hinsicht lief es wie der Teufel – Kapitel flogen per E-Mail hin und her und wurden mit jeder Runde bunter vor nachvollziehbar markierten Änderungen. Schließlich schlug einer von uns entnervt vor: »Lassen wir das mit dem ›Änderungen nachvollziehen‹.« Das klingt vielleicht nicht sonderlich dramatisch, aber für uns war es eine große Sache. Es bedeutete, dass die Veränderungen, die der andere vornahm, nicht mehr hervorgehoben wurden und unserer Zustimmung bedurften. Sie würden einfach drin sein in unserem Manuskript. Wir mussten beide loslassen, einander und dem Schaffensprozess vertrauen. Wir mussten unser Ego in Quarantäne stecken, unseren Stolz hinunterschlucken und uns dem Fluss überlassen, in dem unsere Worte überarbeitet, verändert, gelöscht oder hinterfragt wurden. Schlimmer noch – Gedanken, die einem von uns nicht »gehörten«, würden dennoch wie von einer Stimme geäußert stehen, als wären es doch unsere eigenen. Wir konnten Unangenehmes nicht mehr von uns weisen. Wir gaben den »Er hat gesagt und sie hat gesagt«-Ansatz auf, obwohl wir nicht daran glaubten, dass wir je eine geeinte Stimme finden würden. Und irgendwann mittendrin erinnerten wir uns daran, dass wir uns in einer Autorengruppe kennengelernt hatten – wir liebten beide Geschichten und erzählten sie Lesern. Figuren zu erfinden und ihre Geschichten zu schreiben hatte uns zusammengeführt. Und allmählich, kaum merklich, schüttelte das Buch uns sozusagen ab und wurde ein Drittes – ein Ding, das unsere schreibende Beziehung geboren hatte.

Unsere Nervosität wich allmählich der Bewunderung, während der Text Gestalt annahm. Der Prozess des Schreibens reflektierte eben die Dinge, über die wir schrieben. Welch ein Klischee, aber wenn es nun einmal wahr ist?

Eine Geschichte spielt sich ab, wenn sich eine Figur verändert – das nennt man den »Charakterbogen«. In diesem Buch wollten wir unter anderem zeigen, wie wir uns durch die Geschichte unserer Beziehungen verwandeln. Allerdings hatten wir nicht damit gerechnet, wie wir uns durch das Schreiben dieser Geschichten verändern würden. Wenn man etwas so Riskantes tut, riskiert man mehr, als dass jemand einem ein paar Worte ändert.

## WAS WÄHREND DES SCHREIBENS MIT JO GESCHAH

Ich praktiziere seit über zwanzig Jahren Einsichtsmeditation. Es gibt nicht viele Selbsthilfebücher auf dem Markt, die ich nicht gelesen habe. Seit meinem vierzehnten Lebensjahr führe ich ein Tagebuch, in dem ich meine »Probleme« anhand der Chakren und der Akasha-Chronik, anhand von energetischen Heilungen, Visualisierungen, Gebeten, Körperarbeit, Tapping und Atemarbeit analysiert habe. Es fuchste mich also mächtig, als Graeme mich auf meinen Widerstand gegen Psychotherapie ansprach und einfach nicht lockerließ. Ich hatte das mit Mitte zwanzig ein paar Mal versucht, und verdammt, das war richtig mühselig. Meine Therapeuten »verstanden« mich einfach nicht, und mein Erkenntnisgewinn beschränkte sich offenbar darauf, wie man eine gute Patientin wird.

Als ich an einigen der stark psychoanalytisch geprägten Kapiteln mitschrieb, fragte ich mich dann doch, wie es wäre, jemanden zu haben, der »einfach da ist«, um meinen Schmerz aufzunehmen und zu spiegeln. Warum habe ich eigentlich immer darauf beharrt, alles allein zu machen? Also beschloss ich, der Psychotherapie noch eine Chance zu geben. Ich wollte herausfinden, was ich vielleicht zurückgelassen hatte und ob meine Herangehensweise in puncto Beziehungen – »die Tür muss immer offen bleiben« – vielleicht doch mehr mit frühkindlichen Verletzungen zu tun hat als mit meiner heldenhaften Unabhängigkeit. Ich musste meinen inneren Widerstand jede Woche niederringen, um zu diesem Termin zu gehen. Ich ließ mir immer neue Ausreden einfallen, warum ich nur »ein paar« Sitzungen machen und nicht zu lange bleiben würde (zu teuer, Friseurtermin, Deadline bei einem Projekt, Kostümschwimmparty eines meiner Kinder – he, es ist mein Geburtstag!). Was ging ich da so beharrlich aus dem Weg?

So eine Therapie sollte für mich schnell gehen und sich nicht ewig hinziehen wie eine tödliche Krankheit. Ich wollte nicht als schniefendes, jämmerliches Wrack dahinsiechen. Aber bald stellte sich heraus, dass meine Ungeduld nicht nur ein Charakterzug ist. Ich hatte Schwierigkeiten mit dem »Bleiben« und dem »Langsam-Gehen«. Wer, ich? Unsinn. Ich kann stundenlang meditieren. Jeden schmerzhaften Piks, den ich aus der Psychotherapie mitnahm, schleppte ich zu unseren Treffen mit und bat Graeme, mir zu spiegeln, was ich an mir selbst nicht sehen konnte. Er war ehrlich, gütig und geduldig. Er nahm Dinge an und hielt sie mit mir, an die ich noch nie jemanden herangelassen hatte. Und ich rannte nicht davon!

Die Geschichte dieser Veränderung ist noch nicht abgeschlossen. Belassen wir es dabei: Ich habe es jetzt kapiert. Ich werde langsamer.

Von Jo hörte ich zum ersten Mal die Geschichte von den vier Blinden und dem Elefanten, und ich verliebte mich sofort in sie. Psychoanalytische Konzepte haben mir einen üppigen Rahmen für die Erkundung meines Inneren und für meine Arbeit als Psychotherapeut geschaffen. Mir war schon lange klar: Je mehr ich weiß, desto mehr wird mir bewusst, was ich alles noch nicht weiß. Doch selbst diese Erkenntnis kann zum Schutzmechanismus gegen Offenheit werden. Das machte mir die Geschichte von dem Elefanten klar, und ich begann, Bücher über Beziehungen aus anderen als meinem eigenen Fachbereich zu lesen.

Dann buchte meine Frau für unseren Jahresurlaub zufällig einen Aufenthalt in Thailand (obwohl Jo natürlich sagen würde, dass es keine Zufälle gebe). Wir reisten an mit dem Vorhaben, uns zwei Wochen lang in der Sonne zu aalen, und stellten dann fest, dass das Resort zweimal täglich Yoga-Stunden anbot. Jos Vorstellungen von Spiritualität und Achtsamkeit hatten meine Abwehr aufgeweicht. Die Phang Nga Bay mit ihren Kalksteinfelsen, die wie Götter aus dem Meer aufragen, erledigte den Rest. Ich verbrachte also täglich Zeit damit, in meinen Bauch zu atmen, und konnte Jo beinahe jubeln hören, denn ihrer Ansicht nach lebe ich viel zu viel »im Kopf«.

Nach dem Thailand-Urlaub nahm ich mir ein Buch von einem buddhistischen Psychoanalytiker vor. In derselben Woche brachte mir ein Patient aus heiterem Himmel ein weiteres Buch desselben Autors mit. Es war, als meinte der Zufall es wirklich ernst – ich sollte meine zynische Haltung gegenüber den Geheimnissen des Universums hinterfragen. Ich wollte eine rationale Erklärung. Ich dachte an meine Sitzungen mit diesem Patienten zurück. Ich war sicher, dass ich diesen Autor nicht erwähnt hatte. Vielleicht hatte ich mal von Achtsamkeit gesprochen – seit ich an diesem Buch arbeitete, hatte ich solche Konzepte in meine Arbeit integriert. Ja, das musste es sein – ich konnte dieses zufällige Auftauchen eines weiteren Buches über buddhistisch geprägte Psychoanalyse auf die projektive Identifizierung schieben! Ich musste in einer unserer Sitzungen irgendetwas gesagt haben, das mein Patient dann für mich »ausgelebt« hatte. Wenn ich Jo das sagte, würde sie mich nur auslachen, das war mir klar. Sie würde mir sagen, dass man nicht alles mit psychoanalytischen Konzepten erfassen könne, dass wir manche Dinge einfach nicht wissen könnten – und warum mir das so unangenehm sei? Der Schriftsteller in mir kann das Mysterium und die Schönheit dieser Möglichkeit durchaus akzeptieren, aber der Therapeut in mir steht unter Druck, hilfreich zu sein, und er giert nach Gewissheit. Das ist ein Paradoxon, und nun wird von mir verlangt, es einfach auszuhalten.

Als ich mit der Arbeit an diesem Buch begann, dachte ich, ich würde mich in Toleranz gegenüber Jos spiritueller Weltsicht üben müssen. Ich würde die Integrität meiner Gedanken sorgsam hüten, unsere Unterschiede managen und darauf achten, dass ihre Ansichten meine nicht überrannten. Es war demütigend, erkennen zu müssen, wie defensiv ich an diese Sache heranging. Wieder einmal wurde mir gezeigt, dass ich meine wichtigsten Lektionen im Laufe meines Lebens viele Male wiederholen muss. Der Lohn besteht darin, dass meine Welt durch immer mehr Gedanken und Liebe bereichert wird.

Der Zen-Meister Thich Nhat Hanh sagt: »Wenn wir etwas Neues hören oder lesen, vergleichen wir es mit unseren eigenen Vorstellungen. Wenn es dazu passt, akzeptieren wir es und sagen, das ist richtig. Wenn nicht, behaupten wir, es sei falsch. In beiden Fällen lernen wir nichts Neues.«

Für uns beide gilt: Die Arbeit an diesem Buch stellte unsere grundsätzlichen Überzeugungen in Frage, was es bedeutet, ein Mensch zu sein und zu lieben. Wir mussten voneinander »etwas Neues« wirklich anhören und zur Kenntnis nehmen, bemerkten ein Echo dieses Neuen in uns selbst und veränderten unsere Position. Anfangs hatten wir vor, ein Buch zu schreiben, aber am Ende hatten wir so viel mehr getan – neue Erkenntnisse und Fragen gewonnen, neue Arten des Seins entdeckt.

Vor jedem Einzelnen von uns nimmt eine neue Welt Gestalt an, in der die rationale Sichtweise des Westens und die spirituellen Praktiken des Ostens sich zu einem einzigen Wissen verbinden. Die Stellen, an denen jeder von uns festhält, schließen nicht mehr die Stellen aus, die wir nicht sehen können. Das ist aufregend und beängstigend zugleich. Denn ganz gleich, wen wir lieben oder welchen Weg zu größerer Nähe wir wählen, uns stehen immer Überraschungen bevor, die uns dem Lernen öffnen und uns neue Dinge zeigen werden.

Haltet die Augen nach Elefanten offen.

# DANKSAGUNG

Bei einem Buch über die Liebe ist es besonders schwierig, sich zu entscheiden, wem man zuerst danken sollte von all den Menschen, die uns geholfen haben – indem sie uns geliebt, verletzt, umworben, sitzengelassen, betrogen und die Treue gehalten haben in all den verschiedenen Arten von Liebe und Nähe. Wir danken unseren Familien, Freunden, Lehrern, Kollegen und allen, die wir geküsst, mit denen wir geschlafen haben und neben denen wir aufgewacht sind. Jeder von euch hat mitgeholfen, unsere Herzen zu formen. Wir können euch nicht alle beim Namen nennen, aber wir danken euch allen.

Und dann sind da jene Freunde, Lehrer und geliebten Menschen, die Geistesblitze, Weisheit, Ermunterung und bessere Syntax zu diesem Manuskript beigetragen haben: Thanissara, Jos geliebte buddhistische Lehrerin und Freundin, war großzügig und einfühlsam beim Lesen eines Entwurfs und hat viele Erklärungen und Präzisierungen vorgeschlagen. Tracey Segel hat uns beim Feinschliff von Stil und Inhalt sehr geholfen. Belinda Blecher hat uns an ihren tiefen Einsichten darüber teilhaben lassen, wie Kinder »Liebe« lernen. Michelle Aarons mit ihrem scharfen Blick fürs Detail hat den Text weiter verfeinert, und Joyce Kornblatt Originalversionen der Geschichte von Ch'ien recherchiert.

377

Wir danken dem Team von Random House, vor allem Mark Lewis, unserem Verleger. Er hat uns geholfen, diesem Projekt klarere Formen zu verleihen, an uns geglaubt, uns ermuntert und uns als Co-Autoren sehr geschickt geführt (unter anderem, indem er uns mit Kaffee abgefüllt hat). Elena Gomez, unserer Lektorin, danken wir für die harte Arbeit, dieses Manuskript durch den Lektoratsprozess zu steuern, und für ihre Geduld mit zwei »Kann ich nur noch ein paar Sätze ändern?«-Autoren, die offenbar glauben, ein Lektorat sei – wie eine Beziehung – ein niemals endender Prozess.

Jo dankt vor allem ihrem Mann Zed und ihren Kindern Jesse und Aidan dafür, dass sie Nähe so ausgiebig mit ihnen üben durfte, und für die zahllosen Gelegenheiten, ihre Kapazität im »Trotzdem-Lieben« auszubauen. Ihretwegen will sie lernen, immer noch mehr zu lieben. Sie möchte außerdem klarstellen, dass sie nicht der Elefant im Schlafzimmer ist, aber trotzdem danke für den Vorschlag …

Graeme dankt all den Menschen, mit denen er im Laufe der Jahre als Psychotherapeut zusammengearbeitet hat. Sie haben ihre individuelle Geschichte der Nähe mit ihm geteilt und ihn immer besser verstehen lassen, was es bedeutet, ein Mensch zu sein. Sein größter Dank jedoch geht nach Hause, zu seiner Frau Tracey und seinen Kindern Dave, Matt und Asha, die sein Leben mit ihren witzigen, wunderschönen Persönlichkeiten erfüllen und die großzügigsten Lehrmeister im Lieben sind, die er sich nur wünschen könnte.

# LITERATURNACHWEIS

ARNDT, BETTINA: The Sex Diaries: Why Women Go Off Sex And Other Bedroom Battles. Melbourne University Press, Carlton (Victoria) 2009

BATCHELOR, STEPHEN: Buddhismus für Ungläubige. Fischer Taschenbuch Verlag, Frankfurt 2011

BEHREND, GREG/TUCCILLO, LIZ: Er steht einfach nicht auf dich. Blanvalet, Berlin 2011

BOBES, TOBY/ROTHMAN, BARBARA: Doing Couple Therapy: Integrating Theory with Practice. W.W. Norton & Company, New York 2002

BOWEN MURRAY: Family Therapy in Clinical Practice. Jason Aronson Inc., Northvale (New Jersey) 1985

BRIA, GINA: The Art of Family: Rituals, Imagination and Everyday Spirituality. Dell Publishing, New York 1998

BRITTON, RONALD: »The Oedipus Situation and the Depressive Position«, in: Anderson, Robin (Hrsg.): Clinical Lectures on Klein and Bion. Routledge, London 1992

BRITTON, RONALD: »Die fehlende Verbindung. Die Sexualität der Eltern im Ödipuskomplex«, in: Britton, Ronald/Feldman, Michael/O'Shaughnessy, Edna (Hrsg.): Der Ödipuskomplex in der Schule Melanie Kleins. Klett-Cotta, Stuttgart 1998

BRIZENDINE, LOUANN: Das weibliche Gehirn. Goldmann Verlag, München 2008

CAMPBELL, JOSEPH mit MOYERS, BILL: Die Kraft der Mythen. Artemis & Winkler, Mannheim 1994

CHOPRA, DEEPAK: Die sieben geistigen Gesetze des Erfolges. Allegria Verlag, Berlin 2004

CHOPRA, DEEPAK: Buddha. Die Geschichte einer Erleuchtung. Scherz Verlag, Frankfurt 2008

CLAXTON, GUY: The Heart of Buddhism: Practical Wisdom for an Agitated World. Thorsons, London 1990

CLULOW, CHRISTOPHER: Sex, Attachment and Couple Psychotherapy: Psychoanalytic Perspectives. Karnac, London 2009

CRASTNOPOL, MARGARET: »The Rub: Sexual Interplay as a Nexus of Lust, Romantic Love, and Emotional Attachment«, in: Psychoanalytic Dialogues, Bd. 16 (2006), S. 687–709

CUNNINGHAM, MICHAEL: Die Stunden. btb Verlag, München 2001

DALAI LAMA: Das Buch der Menschlichkeit. Eine neue Ethik für unsere Zeit, Bastei Lübbe, Bergisch Gladbach 2002

DE BOTTON, ALAIN: Versuch über die Liebe. Fischer Taschenbuch Verlag, Frankfurt 1997

DOIDGE, NORMAN: Neustart im Kopf. Wie sich unser Gehirn selbst repariert. Campus Verlag, Frankfurt 2008

DOWRICK, STEPHANIE: The Almost-Perfect Marriage: One-minute Relationship Skills. Allen & Unwin, Crows Nest, Sydney 2007

DOWRICK, STEPHANIE: Forgiveness and Other Acts of Love. Penguin Books, Australia 1997

DOWRICK, STEPHANIE: Zu zweit allein. Über Nähe und Distanz. Frauenoffensive, München 1995

ENSLER, EVE: Die Vagina Monologe. Piper, München 2005

EPSTEIN, MARK: Going To Pieces Without Falling Apart. Broadway Books, New York 1999

FISHER, HELEN: Why we love: The Nature and Chemistry of Romantic Love. Henry Holt, New York 2004

FORDHAM FRIEDA: Eine Einführung in die Psychologie C.G. Jungs. Rascher, Zürich 1959

FRANKL, VIKTOR: Der Mensch auf der Suche nach Sinn. Herder, Freiburg 1976

FREUD, SIGMUND: »A Case of Hysteria, Three Essays on Sexuality and Other Works«, in: The Standard Edition of the Complete Psychological Works of Sigmund Freud, Bd. VII., 1905

GERHARDT, SUE: Die Kraft der Elternliebe: Wie Zuwendung das kindliche Gehirn prägt. Patmos Verlag in der Schwabenverlag AG, Ostfildern 2006

GILBERT, ELIZABETH: Committed. Bloomsbury, London 2010

GOTTMAN, JOHN/SILVER, NAN: Die 7 Geheimnisse der glücklichen Ehe. Ullstein, Berlin 2014

GRAYSON, HENRY: Mindful Loving: 10 Practices for Creating Deeper Connections. Gotham Books, New York 2004

HANH, THICH NHAT: The Art of Mindful Living: How to Bring Love, Compassion and Peace into your Daily Life (CD). Sounds True, Unified Buddhist Church, USA 2000

HANH, THICH NHAT: Being Peace. Rider, USA 1987

HARVEY, STEVE: Act like A Lady, Think like A Man: What Men Really Think About Love, Relationships, Intimacy, and Commitment. Amistad, USA 2009

HITE, SHERE: The Hite Reports: Women as Revolutionary Agents of Change. Bloomsbury, London 1976

JONG, ERICA: Angst vorm Fliegen. Fischer, Frankfurt 1976

JUDITH, ANODEA: Eastern Body, Western Mind: Psychology and the Chakra System as a Path to the Self. Celestrial Arts, USA 1996

JUNG, C. G.: The Protable Jung. Penguin Books, New York 1976

KERNER, IAN: Mehr Lust für sie: Was Frauen beim Sex verrückt macht. Goldmann, München 2013

KERNER, IAN: Passionista: The Empowered Woman's Guide to Pleasuring a Man. Harper, New York 2008

KHEMA, AYA: Being Nobody, Going Nowhere: Meditations on the Buddhist Path. Wisdom Publications, USA 1987

KINSEY, ALFRED C.: Das sexuelle Verhalten des Mannes. S. Fischer, Frankfurt 1964

KORNFIELD, JACK: Nach der Erleuchtung Wäsche waschen und Kartoffeln schälen: Wie spirituelle Erfahrung das Leben verändert. Goldmann, München 2010

KORNFIELD, JACK: A Path with Heart: A Guide Through the Perils and Promises of Spiritual Life. Rider, New York 1994

LARKIN, GERI: Stumbling Towards Enlightment. Celestial Arts, California 1997

LERNER, HARRIET: Zärtliches Tempo. Wie Frauen ihre Beziehungen verändern, ohne sie zu zerstören. Fischer, Frankfurt 1999

LEVINE, STEPHEN und ONDREA: Embracing the Beloved: Relationship as a Path of Awakening. First Anchor Books, USA 1996

LIPTON BRUCE: Intelligente Zellen – Wie Erfahrungen unsere Gene steuern. Koha Verlag, Burgrain 2007

MACHADO, ANTONIO/LOPEZ, DOLORES ROMERO: Soledades. University of Exeter Press, Großbritannien 2006

MITCHELL, STEPHEN: Can Love Last? The Fate of Romance Over Time. Norton, New York 2002

MORGAN, MARY: »Unconscious Beliefs about Being a Couple«, in: Fort Da, Bd. 16 (2010), S. 36–55

MORGAN, MARY: »First Contacts: The Therapist's ›Couple State of Mind‹ as a Factor in the Containment of Couples Seen for Consultations«, in: Grier, Francis (Hrsg.): Brief Encounters With Couples: Some Analytical Perspectives. Karnac, London 2001

NEPO, MARK: Ankommen im Jetzt! Inspirationen und Meditationen für jeden Tag im Jahr. Koha Verlag, Burgrain 2011

O'DONOHUE, JOHN: Eternal Echoes. Perennial, USA 1999

O'DONOHUE, JOHN: Anam Cara: Das Buch der keltischen Weisheit. dtv, München 1998

PEREL, ESTHER: Wild Life. Die Rückkehr der Erotik in die Liebe. Piper, München 2010

RICHO, DAVID: Reif werden füreinander. Wie man in Beziehungen erwachsen wird. Windpferd, Oberstdorf 2009

RILKE, RAINER MARIA: Briefe an einen jungen Dichter. Insel Verlag, Berlin 2007

RINPOCHE, PATRUL: Die Worte meines vollendeten Lehrers. Arbor Verlag, Freiburg 2012

ROSE, LORRAINE: Learning to Love. Acer Press, Camberwell (Victoria) 2000

RUMI: The Essential Rumi. Übers. von Coleman Barks mit John Moyne. Penguin Books, London 1995

SCHNARCH, DAVID: Intimität und Verlangen. Sexuelle Leidenschaft in dauerhaften Beziehungen. Klett-Cotta, Stuttgart 2012

SHRIVER, LIONEL: Liebespaarungen. Piper, München 2010

SILVERSTEIN, SHEL: Missing Piece trifft Big O. Junfermann, Paderborn 1995

SKYNNER, ROBIN/CLEESE, JOHN: ... Familie sein dagegen sehr. Junfermann, Paderborn 2006

SOLMS, MARK/TURNBULL, OLIVER: Das Gehirn und die innere Welt. Patmos Verlag, Mannheim 2010

SOMÉ, SOBUNFU: Die Gabe des Glücks. Rituale für ein anderes Miteinander. Orlanda Frauenverlag, München 2007

STEINER, JOHN: Psychic Retreats: Pathological Organizations in Psychotic, Neurotic and Borderline Patients. Routledge, London 1994

SWIFT, JONATHAN: The Poems of Jonathan Swift, Bd. II. Harold Williams (Hrsg.). Oxford University Press, Großbritannien 1937

SZUCHMAN, PAUL/ANDERSON, JENNY: Spousonomics. Bantam Press, London 2011

TENNOV, DOROTHY: Love and Limerence: The Experience of Being in Love. Scarborough House Publishers, New York, USA 1998

TISDALE, SALLY: Talk Dirty To Me: An Intimate Philosophy of Sex. Pan Books, New York 1994

TUTU, DESMOND: »Let South Africa Show the World How to Forgive«. Knowledge of Reality, 19

WALSCH, NEALE DONALD: Applications for Living from Conversations with God. Hodder & Stoughton, London, Großbritannien 1999

WHYTE, DAVID: The Three Marriages: Reimagining Work, Self and Relationship. Riverhead Books, New York 2009

WILLIAMS, GIANNA: Internal Landscapes and Foreign Bodies: Eating Disorders and Other Pathologies. Routledge, London 1998

WINNICOTT, D.W.: »The Theory of the Parent-Infant Relationship«, in: International Journal of Psycho-Analysis, Bd. 41 (1960), S. 585–595

YOVELL, YORAM: »Is there a drive to love?«, in: Neuro-Psychoanalysis, Bd. 10, Nr. 2 (2008), S. 117–144